Martin Seel

Aktive Passivität

Über den Spielraum des Denkens,
Handelns und anderer Künste

S. FISCHER

Erschienen bei S. FISCHER

© S. Fischer Verlag GmbH, Frankfurt am Main 2014
Satz: Dörlemann Satz, Lemförde
Druck und Einband: CPI books GmbH, Leck
ISBN 978-3-10-000138-2

Inhalt

Vorwort 7

I. Vom Wahren
1. Die Fähigkeit zu überlegen.
   Elemente einer Philosophie des Geistes 13
2. Kenntnis und Erkenntnis. Zur Bestimmtheit in Sprache,
   Welt und Wahrnehmung 43
3. Perspektivität und Objektivität. Überlegungen
   mit Rücksicht auf Robert Brandom 72
4. Vom Nachteil und Nutzen des Nichtwissens
   für das Leben 90
5. Paradoxien der Verständigung. 17 Stichworte 106
6. Über sich selbst schreiben.
   Betrachtungen zu Nietzsches Spätstil 122

II. Vom Guten
7. Spuren einer eudaimonistischen Ethik
   in der Kritischen Theorie 145
8. Neugier als Laster und als Tugend 162
9. Anerkennung und Aufmerksamkeit.
   Über drei Quellen der Kritik 177
10. Ist eine rein säkulare Gesellschaft denkbar? 202
11. Dialoge zwischen Kunst und Natur im Zeichen
    ökologischer Krisen 223
12. Aktive Passivität.
    Über die ästhetische Variante der Freiheit 240

III. Vom Schönen
13. Was geschieht hier? Beim Verfolgen einer Sequenz in Michelangelo Antonionis Film *Zabriskie Point* . . . 269
14. Bewegtsein und Bewegung. Elemente einer Anthropologie des Films 285
15. Die Imagination der Fotografie 307
16. Expressivität. Eine kleine Phänomenologie 324
17. Notwendige Beliebigkeit. Kontingenz als Organisationsprinzip künstlerischer Objekte 340
18. Schönheit – eine kurze begriffliche Reise 355

Nachweise 377
Personenregister 379

Vorwort

Mit jedem Wort, das wir gebrauchen, mit jeder anderen Handlung, die wir vollziehen, jedem Blick, den wir werfen, jedem Gedanken, den wir fassen, in jedem Gespräch, das wir führen, jeder Pflicht, die wir übernehmen, jedem Recht, auf das wir pochen, vor jedem Kunstwerk, das uns anspricht – jedes Mal sind wir bestimmt und bestimmend zugleich. Von dieser aktiv-passiven Natur des Menschen handeln die Beiträge dieses Bandes. Aus unterschiedlichen Perspektiven erkunden sie den inneren Zusammenhang des Bestimmens und Bestimmtwerdens, der unser Tun und Lassen überall prägt. Personen können ihre Unabhängigkeit nun einmal nur in Abhängigkeit von anderen und anderem gewinnen.

Zu der Polarität von Aktivität und Passivität gesellt sich eine weitere, die nicht minder für die Art der menschlichen Freiheit kennzeichnend ist – diejenige von Bestimmtheit und Unbestimmtheit. Wir können die Bestimmtheit der Welt nur von den Möglichkeiten und Grenzen unseres Bestimmens her denken. Alles Bestimmen spielt sich in Horizonten des vorläufig oder nachhaltig Unbestimmten ab. Dieses Verhältnis betrifft gleichermaßen das theoretische wie das praktische Wissen. Wir verfügen weder über die Welt noch über uns selbst. Die Kräfte der Fusion und Diffusion treffen sich dort, wo wir die Kraft zum Denken und Handeln haben. Bestimmen heißt begrenzen und ist darum seinerseits begrenzt – auch und gerade da, wo wir uns selbst zu bestimmen vermögen.

Die Texte in diesem Buch sind in drei Abteilungen gegliedert. Deren Überschriften – »Vom Wahren«, »Vom Guten«, »Vom Schönen« – dürfen mit einer gehörigen Prise Ironie gelesen werden. Sie wollen weder eine strikte Identität noch eine radikale Differenz der Leitbegriffe der Philosophie signalisieren; beide Alternativen entwerfen ein falsches Bild. Die philosophische Tätigkeit vollzieht sich vielmehr als eine reflexive Aufklärung wechselseitig voneinander abhängiger und aufeinander verweisender Grundbegriffe und Grundverständnisse, die nicht voneinander isoliert werden können. Sie müssen ein ums andere Mal zueinander in Beziehung gebracht werden, was wegen der Dynamik historischer Lebensformen niemals ein für alle Mal gelingen kann. Die Einheit der Philosophie besteht in einem beständigen Verfolgen dieser Verbindungen über ihre inneren Grenzen hinweg. Nur in dieser Überschreitung kann die Philosophie den Selbstauslegungen der menschlichen Praxis auf der Spur bleiben und ihren inneren Spannungen gerecht werden. Sie übt sich darin, die Sprachen des Philosophierens immer wieder neu zu übersetzen und sie dabei stets von neuem in ein kritisches Verhältnis zu den Koordinaten unseres Wissens und Wollens zu setzen.

So jedenfalls geschieht es hier. In der Abteilung über das Wahre, die vorwiegend der theoretischen Philosophie gewidmet ist, erhält auch die praktische Philosophie das Wort. Eine Philosophie des Geistes und der Sprache darf nicht ausklammern, was ihre Ermittlungen für den Spielraum der Freiheit bedeuten. Hierbei kommt auch der Ästhetik eine signifikante Rolle zu – denn wie sollte man über Wahrnehmung und Erkenntnis ohne Scheuklappen sprechen können, wenn man ihre ästhetischen Formen nicht wenigstens im Blick behält. Entsprechend haben in dem Teil über das Gute neben der praktischen Philosophie auch die beiden anderen Disziplinen ihren Auftritt. Besonders die Titelabhandlung bringt sie alle eng miteinander ins Gespräch. Die bei Adorno geliehene Formel einer »aktiven Passivität« erhellt die Verfassung unseres Denkens und Handelns weit über eine Theorie der Künste hinaus. Nicht anders verhält es sich schließlich in der Sektion über das Schöne. Wir verstünden die Attraktion des Schönen innerhalb und außerhalb der Künste nicht, würden wir dieses nicht als eine eigensinnige, ebenso betörende wie irritierende Spielart des Guten verstehen, die auch unseren theoretischen Spürsinn animiert.

In dieser innerdisziplinären Offenheit nimmt der vorliegende Band den Leitgedanken meines älteren Buches *Sich bestimmen lassen* (Frankfurt/M. 2002) wieder auf. Zugleich verfolgt er viele Motive meiner fragmentarischen *Theorien* (Frankfurt/M. 2009), in denen ich die Karten der Philosophie noch erheblich wilder gemischt habe, in einem vergleichsweise prosaischen Gestus weiter.

An den hier zusammengestellten Texten habe ich allerlei stilistische Korrekturen stillschweigend vorgenommen sowie einige Wiederholungen getilgt. Die wenigen inhaltlichen Ergänzungen sind in zusätzlichen Anmerkungen markiert. Sebastian Esch bin ich für seine überaus gründliche Redaktion des Bandes verpflichtet. Eva Backhaus, Frederike Popp und Jochen Schuff haben mich bei der Korrektur der Fahnen und der Erstellung des Registers zusätzlich unterstützt. Alexander Roesler vom S. Fischer Verlag war wie immer ein ebenso umsichtiger wie geduldiger Lektor. Ihnen allen möchte ich herzlich danken.

Frankfurt, im März 2014   M. S.

I. Vom Wahren

1. Die Fähigkeit zu überlegen.
Elemente einer Philosophie des Geistes

1.

Die Fähigkeit zu überlegen ist neben der des Betrachtens von Bildern, der Herstellung von Werkzeugen und der Entwicklung politischer Gemeinschaften eine der Grundfähigkeiten des Menschen. Sie ist aber nicht irgendeine dieser Grundfähigkeiten – sie ist diejenige, ohne die es die anderen nicht gäbe. Denn sie ist es, durch die der Mensch ein *handelndes* Lebewesen ist, das in theoretischer wie praktischer Absicht sondieren kann, worauf es sich in seinem Verhalten festlegen will. Diese Sondierung betrifft Möglichkeiten, die gegeben oder noch nicht gegeben, die zu schaffen oder zu erinnern, die zu erhoffen oder zu befürchten – und die darum zu beachten oder zu missachten, zu ergreifen oder zu vermeiden sind. Es ist das Überlegen, das eine Welt eröffnet, die sich im Blick auf Vergangenheit, Gegenwart und Zukunft in vielfältige Zustände gliedert, auf die wir uns unterschiedlich einstellen können. Es eröffnet eine Sphäre erreichbarer und unerreichbarer Möglichkeiten des Fürwahrhaltens und Wahrmachens, die wir in Wahrnehmung, Reflexion und Imagination vor uns bringen und so einer Beurteilung und Behandlung zuführen können. In Prozessen des Überlegens geschieht eine Auffächerung von Gelegenheiten des Innehaltens, Dafürhaltens und Vollbringens, in denen sich das geschichtliche Leben des Menschen bewegt. Ohne das Überlegen gäbe es keine historisch-kulturelle Welt, in der Gedanken formuliert und weitergegeben, Geschichten erzählt und tradiert werden, Handlungen gelingen oder scheitern, Reiche entstehen und vergehen, Hoffnungen enttäuscht werden oder sich erfüllen.

Die Fähigkeit zu überlegen, über die ich hier spreche,[1] ist keine theoretische *oder* praktische Fähigkeit, sondern diejenige einer theoretischen *wie* praktischen Sondierung beliebiger Umstände. Herder hat hierfür das schöne Wort »Besonnenheit« geprägt.[2] Lebewesen, die in diesem Sinn Besonnenheit *haben, können* sich besinnen: Sie können zu klären versuchen, wie es sich mit etwas verhält und wie sie sich zu etwas verhalten sollen. Auch unüberlegt handeln und reden – und voreilig denken – können sie nur, da sie in der Lage sind, sich zu besinnen. Die Herder'sche Besonnenheit kann daher als Grundausstattung eines *rationalen* Lebewesens verstanden werden. Zu dieser gehört auch das Vermögen, sich dann und wann – und manchmal nachhaltig – irrational zu verhalten. Denn es liegt im Begriff einer Fähigkeit, dass sie gelegentlich unter Niveau gebraucht oder ihre Aktualisierung von Fall zu Fall versäumt werden kann. Wer überlegen kann, verhält sich also keineswegs durchgängig überlegt; er ist vielmehr mit einer fragilen Kompetenz ausgestattet, deren Besitzer nicht davor gefeit, ja sogar in besonderem Maß dazu disponiert sind, in Verwirrung zu geraten und sich selbst in die Irre zu führen. Diese Unsicherheit und Unwägbarkeit des Überlegens reicht so weit, dass man sich bei jemandem, der durchgängig überlegt *handelte* und in diesem Sinn ganz und gar überlegt *wäre*, fragen müsste, ob er überhaupt überlegen *kann*.

So heikel die Kompetenz des Menschen, sich im Überlegen zu orientieren, auch ist, sie ist die Wurzel dessen, was die Tradition »Geist« genannt hat. Sie ist nicht eine Wurzel *dieses oder jenes* Vernunftgebrauchs, sondern *allen* Verstehens unserer selbst und der Welt. Die Frage nach der Natur des Überlegens hält sich daher an einem Punkt der Indifferenz von theoretischer, praktischer und sonstiger Vernunft auf. So jedenfalls hat es Hegel gesehen.

---

1 Dieser Beitrag basiert auf meiner Antrittsvorlesung an der Johann Wolfgang Goethe-Universität Frankfurt/M. am 27.4.2005.
2 J.G. Herder, Abhandlung über den Ursprung der Sprache, Stuttgart 1981, 28 ff.

»Der Geist«, notiert er in einem Zusatz zu § 4 seiner *Rechtsphilosophie*, »ist das Denken überhaupt, und der Mensch unterscheidet sich vom Tier durch das Denken. Aber man muß sich nicht vorstellen, daß der Mensch einerseits denkend, andererseits wollend sei und daß er in der einen Tasche das Denken, in der anderen das Wollen habe, denn dies wäre eine leere Vorstellung. Der Unterschied zwischen Denken und Willen ist nur der zwischen dem theoretischen und praktischen Verhalten, aber es sind nicht etwa zwei Vermögen, sondern der Wille ist eine besondere Weise des Denkens: das Denken als sich übersetzend ins Dasein, als Trieb, sich Dasein zu geben.«[3] Das menschliche Denken, meint Hegel, kann unterschiedlich auf Unterschiedliches zielen, erkennend auf das Sosein, vollbringend auf das Seinsollen der Welt, vernehmend auf das Erscheinen der Kunst, reflektierend auf das Begreifen der dabei verwendeten Begriffe – aber es ist jedes Mal Denken. Es ist Geist nicht allein in seinem denkenden Vollzug, sondern ebenso in seinem gedanklichen oder intentionalen Resultat. Es ist Geist nicht allein als subjektive, sondern ebenso als intersubjektive, an andere adressierte Leistung. Es ist Geist nicht allein im individuellen Tun und Lassen, sondern ebenso in kollektiven Gestaltungen, die das Tun und Lassen von Einzelnen weit übersteigen, wie es bei Regeln, Ritualen und Institutionen der Fall ist oder in den Systemen der Ökonomie, des Rechts, der Politik, der Religion und der Wissenschaft. Diese Verhältnisse, so unabhängig sie auch von den einzelnen Vollzügen des individuellen Denkens bestehen mögen, »sind« Geist in dem Sinn, dass sie in ihrem Bestehen von der Übung des Überlegens und Verstehens abhängig sind. Deswegen ist das, was ich hier ausführe, ein Beitrag zu einer Philosophie des Geistes – in einer durchaus altmodischen Bedeutung des Begriffs, die unter »Geist« nicht allein psychische Zustände aller Art, sondern die gesamte Sphäre der

---

3 G.W.F. Hegel, Grundlinien der Philosophie des Rechts, in: Ders., Werke in zwanzig Bänden, hg. v. E. Moldenhauer u. K.M. Michel, Frankfurt/M. 1970, Bd. 7, 46 f.

menschlichen Praxis fasst. Subjektiver wie objektiver Geist, um es noch einmal in Hegels Sprache zu sagen, haben ihre Wurzel in der Fähigkeit des Überlegens.

2.

Was ich im Folgenden darlegen werde, wird also den Charakter einer Wurzelbehandlung haben, von der ich hoffe, dass sie nicht allzu schmerzhaft ausfallen wird. Um diese durchzuführen, müssen wir uns klarmachen, dass auch das Überlegen ein Handeln ist, eines freilich, das nicht mit äußerer Bewegung oder mit Eingriffen in die Welt verbunden sein muss. »Überlegst du oder starrst du nur vor dich hin?«, können wir ein Kind fragen, das über seinen Hausaufgaben sitzt. »Überlegen Sie doch!«, können wir einem Prüfling sagen, der sich in widerstreitenden Aussagen verheddert hat. In Aufforderungen dieser Art wird der Tätigkeitscharakter des Überlegens deutlich; Überlegungen sind Akte, die man vornehmen oder unterlassen kann, und setzen Prozesse in Gang, auf die man sich einlassen oder von denen man sich fernhalten kann. Andererseits sagen wir aber auch: »Hör auf zu überlegen, tu endlich was!«, und markieren damit eine charakteristische Differenz zwischen dem Überlegen und dem sonstigen Handeln, worin die Polarität von »Denken und Handeln« ihre Berechtigung hat. Wer bloß überlegt, lässt alle *andere* Tätigkeit ruhen. In Situationen, in denen es auf schnelle Entscheidung und rasches Zupacken ankommt, erweckt dies nicht selten den Eindruck, dass die Betreffenden *gar nichts* tun. Jedoch ist dies lediglich ein komparatives Nichtstun, denn sie sind durchaus mit etwas beschäftigt, womit sie jetzt aufhören und später wieder beginnen könnten. Das Denken ist nun einmal kein Machen, keine *Poiesis*, aber doch eine – und nicht irgendeine – *Praxis*.

Diese Praxis hat einen wesentlich intersubjektiven Charakter. Natürlich bewegt sie sich allein vermöge subjektiver Vollzüge, da niemand an der Stelle eines anderen überlegen kann. Zwar kann man in einem bestimmten Sinn *für* den anderen überlegen – so wie es Eltern für ihre Kinder tun, wenn sie darüber nachdenken, wann und wo sie eingeschult werden sollten –, aber man kann nicht die Überlegung eines anderen anstellen. Auch wenn mehrere zusammen darüber nachdenken, was von Hegel zu halten ist oder wohin der nächste Urlaub gehen soll, muss jeder einzelne sein *eigenes* Überlegen ins Spiel bringen. Überlegen kann nur, wer es auch alleine kann. Trotzdem gehört es zur Fähigkeit des Denkens, dass sie für andere identifizierbar ist. Von Grenzfällen abgesehen – »Starrt er noch oder denkt er schon?« – ist das Überlegen eine Handlung, die im Kontext *anderer* Handlungen steht, die öffentlich zugänglich sind. Es äußert sich in charakteristischen Verhaltensweisen, in Mimik und Gestik, im Reden und Schreiben sowie in weiteren Hervorbringungen, die als Ausdruck eines überlegten Vorgehens interpretierbar sind. Ein Überlegen, das in seinen Vollzügen und Konsequenzen nicht ans Licht treten, das in der gemeinsamen Welt keine Spuren hinterlassen könnte, wäre keines. Wer überlegen kann, bewegt sich in einer Welt, in der Überlegende *einander* die Fähigkeit zum Überlegen zuschreiben.

Diese Zuschreibung gelingt aber nur, soweit das Überlegen der anderen grundsätzlich verständlich ist. So sehr einzelne Überlegungen eines Menschen für andere unverständlich bleiben können – wenn sein *Denken* für sie unverständlich bleibt, beginnen sie zu zweifeln, ob er überhaupt denken kann. Denkende können auch sich selbst nur verstehen, wenn sie in ihrem Denken weitgehend verständlich sind. Wer seine Überlegungen nicht mitteilen kann, kann nicht mitteilen, dass er denken kann und also gar nicht sicher sein, dass er zu denken vermag. Sein Denken mitteilen aber kann nur, wer Gedanken anderer zu *teilen* weiß – gewiss nicht alle ihrer Gedanken, aber doch so viele, dass man sich über naheliegende Dinge verständigen und auf dieser Basis über weniger Naheliegendes auch streiten kann. Denken zu können bedeutet, sich auf eine für andere verstehbare Weise auf eine auch anderen zugängliche Welt beziehen zu können. Denn nur wenn es eine auch *anderen* zugängliche Welt ist, auf die sich Denkende in ihrem Denken beziehen, können sie sicher sein, dass es eine *Welt* ist, auf die sie sich beziehen. Und nur wenn sie sich auf eine Welt beziehen können, die nicht lediglich die Ausgeburt ihres Denkens ist, können sie für ihre Überlegungen *Erkenntnis* in Anspruch nehmen – die Erkenntnis, dass es sich hiermit und damit so verhält, wie auch *andere* es müssten einsehen können. In diese kommunikative Situation ist alles Denken auch dann eingebunden, wenn es sich nicht in kommunikativen Akten vollzieht. Als Denken spielt es sich in einer sozialen Welt ab – in einer Welt, in der Gedanken den intersubjektiven Anspruch auf Wahrheit oder Plausibilität erheben und daher geteilt und kritisiert werden können. Als Denken aber spielt es sich nicht allein in einer *sozialen* Welt ab, sondern in einer, die in vielen Hinsichten *unabhängig* von den Prozessen des menschlichen Meinens und Planens besteht. Nur weil die Welt kein Produkt des Denkens ist, nur weil sie nicht durchweg Geist ist, sind für andere verständliche Reaktionen auf die soziale wie die natürliche Welt möglich. Im Denken wie in vielen anderen Verhaltensweisen beziehen wir uns auf Verhältnisse, die nicht insgesamt in unserer Macht liegen und an denen wir deswegen unsere Macht versuchen können.

Die zugleich intersubjektive und objektive Kontur des subjektiven Überlegens ist in den Arbeiten von Wittgenstein, Davidson, Brandom und der jüngeren Frankfurter Philosophie – ich denke vor allem an Karl-Otto Apel, Jürgen Habermas und Friedrich Kambartel – so gut beleuchtet worden, dass ich mich mit diesen kurzen Hinweisen begnügen kann. Ich benutze diese Erinnerung, um den Stellenwert des Überlegens für eine Philosophie des Geistes hervorzuheben. Nur im Umkreis des Überlegens gibt es Intentionalität in dem anspruchsvollen Sinn einer in Raum und Zeit ausgreifenden Voraussicht und Planung, Erinnerung und Imagination. Und nur im Umkreis des Überlegens gibt es so etwas wie Verbindlichkeit – und zwar Verbindlichkeit aller Art, von der logischen bis hin zu derjenigen moralischer und rechtlicher Natur. Denn nur wer überlegen kann, hat *Gründe* zu glauben, was er glaubt, und zu wollen, was er will. Nur wer überlegen kann, kann sich – für sich selbst und gegenüber anderen – nach Maßgabe seiner Gründe festlegen in dem, was er denkt und will. Und nur wer dies kann, kann seine Festlegungen variieren und revidieren. Nur wer überlegen kann, kann sich aus eigenem Antrieb verändern. Nur wer überlegen kann, ist in seinem Tun und Lassen frei.

Warum das so ist, lässt sich an der Differenz zwischen dem Guten und Schlechten einerseits und dem Richtigen bzw. Wahren und Falschen andererseits erläutern. Was gut oder schlecht für ein Lebewesen ist, sei es Mensch, Tier oder Pflanze, lässt sich feststellen, ohne dass man ihm die Fähigkeit zubilligt, ein Urteil darüber zu haben, was für es gut oder schlecht ist (obwohl es natürlich beim Menschen häufig mit solchen Urteilen verbunden ist). Was hingegen richtig oder falsch im Verhalten eines Lebewesens ist, davon ist nur zu sprechen, wenn das betreffende Lebewesen *selbst* um diesen Unterschied weiß. Freilich gibt es Grade dieses Wissens, wie man sich an Kleinkindern leicht klarmachen kann; aber im vollen Sinn erreicht ist dieses Wissen erst dort, wo ein Handelnder die Unterscheidung von »richtig« und »falsch« auf sich selbst, d. h. auf sein Verhalten, anwenden kann – und diejenige von »wahr« und »falsch« auf seine Meinungen. Nach einem Argument von Davidson hat Meinungen über die Welt nur, wer Meinungen über seine Meinungen (und über diejenigen anderer) hat: wer Meinungen als wahr und falsch einzuschätzen vermag.[4] Wer aber in diesem Sinn Meinungen hat, hat Meinungen auch darüber, was in instrumenteller bis moralischer Bedeutung richtig und falsch ist. Wer also Meinungen in diesem Sinn hat, kann sich mit Hilfe korrigierbarer Meinungen über sich und die restliche Welt organisieren. Nichts anderes aber bedeutet es, zum Überlegen fähig zu sein, weswegen man sagen kann: Im Unter-

---

4 D. Davidson, Vernünftige Tiere, in: Ders., Subjektiv, intersubjektiv, objektiv, Frankfurt/M. 2004, 167–185.

schied zu »gut« und »schlecht« gibt es »richtig« und »falsch« nur im Kontext des Überlegens.

Und damit Verbindlichkeit im Denken und Handeln. Diese rührt daher, dass der Überlegende sich auf eine bestimmte Weise bindet – nämlich an das *Resultat* seiner Überlegung und darauf, was aus diesem für das eigene Meinen und Beabsichtigen folgt. Das Resultat einer Überlegung aber ist dies nur, wenn diese Bindung nicht willkürlich, einfach so, ausfällt, sondern auf Gründen basiert, die für oder gegen diese und jene Überzeugung, Absicht oder Einstellung sprechen. Gründe sind kein Privatbesitz, sondern etwas, was durch andere und mich selbst korrigierbar ist: worüber ich mir und anderen Rechenschaft ablegen und wofür ich zur Rechenschaft gezogen werden kann. »Du widersprichst dir doch!«, »Das kann nicht dein Ernst sein!«, oder im moralischen Kontext: »Das kannst du nicht machen!« – das sind gängige Reaktionen, wie wir sie einander, aber manchmal auch uns selbst zukommen lassen. Begründete Festlegungen nämlich haben Konsequenzen: nicht nur was den Haushalt von Überzeugungen, sondern auch, was das weitere Handeln und das Selbstverständnis einer Person betrifft. Nur weil sie Konsequenzen haben, sind sie Teil eines *Netzes* von Orientierungen, das Umsicht und Einsicht über das Hier und Jetzt hinausreichen lässt – eine Grundbedingung der Herder'schen Besonnenheit. Selbst diejenigen meiner Gründe, von denen ich sagen kann, dass sie nur für mich welche sind, zum Beispiel meine Tapeten gelb anzumalen, sind Gründe nur dann, wenn auch andere einsehen könnten, dass *ich* hinreichende Gründe habe, meine vier Wände so zu gestalten. Hätten wir nicht für viele unserer Verhaltensweisen Gründe und wären diese nicht im Verhalten erkennbar und in verschiedenen Medien – Gestik, Mimik, Wort, Schrift, Bild, Musik (einschließlich ihrer Kombinationen) – kommunizierbar, so wären wir nicht verstehbar – weder für andere noch für uns selbst. Gäbe es nicht die Verbindlichkeit, wie sie mit der intersubjektiven Währung von Gründen gegeben ist, so hätte unser Verhalten nicht die von Wilhelm von Humboldt in bewegenden

Worten beschriebene Durchsichtigkeit *und* Undurchsichtigkeit, die das Reden und Schweigen unter Menschen überhaupt interessant macht.[5] Normativität und Verständlichkeit gehören zusammen: Wir verstehen uns und einander und verstehen einander und uns selbst gelegentlich nicht, wir teilen die Auffassung der anderen oder teilen sie nicht, weil wir durch unterschiedliche Arten von Gründen gestützte Vorstellungen darüber haben, was im Denken und sonstigen Handeln richtig ist. Das macht uns verletzlich in einer Weise, in der es nicht-rationale Lebewesen nicht sind, aber es macht uns auch beweglich in einer Weise, die es ohne Rationalität nicht gibt. In seinem Tun und Lassen durch andere und sich selbst korrigierbar zu sein ist das Wahrzeichen des Geistes. Wer aber, um es zu wiederholen, seine Gedanken, Vorhaben und Leistungen korrigieren kann, kann *sich* korrigieren – und ist insoweit in seinem Handeln frei.

3.

Jedoch könnte der Eindruck entstehen, dass dieses schöne Bild der Einheit von Überlegung und Freiheit in unseren Tagen deutlich Patina angesetzt hat. Schließlich leben wir in Zeiten einer fortschreitenden Entzauberung des Geistes durch die Naturwissenschaften, vor allem in Gestalt einer Neurobiologie, die sich daranmacht, das menschliche Bewusstsein so weit zu naturalisieren, dass von der Souveränität des Überlegens wenig bis gar nichts übrig bleibt. Ich möchte daher einen kurzen Seitenblick auf die gegenwärtigen Zweifel an der Kraft und Macht des Überlegens richten, bevor ich das soeben entworfene Bild zu restaurieren versuche.

In einem Manifest über die Aussichten der Hirnforschung, das elf Neurowissenschaftlerinnen und Neurowissenschaftler – unter

---

5 Vgl. hierzu Beitrag 5 in diesem Band.

ihnen Gerhard Roth und Wolf Singer – im Oktober 2004 in der Zeitschrift *Gehirn und Geist* veröffentlicht haben, findet sich der optimistische Satz über die Erforschung des menschlichen Erlebens und Überlegens: »Auch wenn wir die genauen Details noch nicht kennen, können wir davon ausgehen, dass all diese Prozesse grundsätzlich durch physikochemische Vorgänge beschreibbar sind.«[6] Man kann das so lesen, dass die Sprache des Empfindens, Überlegens und Entscheidens – also die Sprache des Geistes mitsamt den von ihr benannten Phänomenen – sich bald als eine Oberflächenerscheinung erweisen wird, hinter der die wahre Wirklichkeit neuronaler Prozesse erkennbar werden wird, eine Wirklichkeit, die unserem Verstehen und Selbstverstehen voraus liegt und es gerade dort bestimmt, wo wir uns als selbstbestimmt erfahren. So gelesen, stellt die neurobiologische Forschung eine ernsthafte Bedrohung für die Selbstauslegung des menschlichen Geistes dar. Wo wir glaubten, einen Kopf zu haben, waltet allein das Gehirn. In dieser Enthauptung des Geistes läge freilich eine Selbstentleibung auch der Wissenschaften, die dieses Henkersamt verrichten. Denn die Naturwissenschaften, die sich daranmachen oder daranzumachen glauben, das Denken auf seine naturale Basis zurückzuführen, sind selbst hervorragende Erzeugnisse desjenigen Geistes, von dem sie behaupten oder zu behaupten scheinen, dass er eine Schimäre ist.

Man kann den fraglichen Satz aber auch anders – und, wie ich glaube, sehr viel genauer und produktiver – lesen. Ich möchte ihn daher noch einmal zitieren. »Auch wenn wir die genauen Details noch nicht kennen, können wir davon ausgehen, dass all diese Prozesse (gemeint sind die des geistigen Lebens, M. S.) grundsätzlich durch physikochemische Vorgänge beschreibbar sind.« Man gewinnt eine weit weniger paradoxe Lesart, sobald man die Aufmerksamkeit auf das Demonstrativum »diese« lenkt. Denn dass »all diese« geistigen Prozesse als physikochemische Vorgänge

---

6 Das Manifest. Elf führende Neurowissenschaftler über Gegenwart und Zukunft der Hirnforschung, in: Gehirn und Geist, 6/2004, 33.

beschreibbar sind, setzt voraus, dass sie auch *anderweitig* beschreibbar sind. Könnte man die fraglichen Vorgänge nicht auch in der »Sprache des Geistes«, und das heißt hier vor allem: in der Sprache der *Teilnahme* am menschlichen Leben benennen, so könnte man sie nicht mit naturwissenschaftlichen Mitteln *anders* und *weiter* bestimmen. Die Sprache des Überlegens und seiner Gründe – einschließlich des Idioms der Wissenschaften selbst – ist eine unhintergehbare Voraussetzung der Beschreibung der neuronalen Prozesse, in denen Erleben und Überlegen sich realisieren. Wer sich auf Gründe nicht versteht, kann nichts von den *Ursachen* für diese Gründe wissen und auch nichts davon, ob und wie diese Gründe *als* Ursachen wirksam sind. Ohne einen Pakt mit dem alltäglichen Verstehen und seinen Reflexionsformen müsste die naturwissenschaftliche Erforschung des Geistes den Boden unter den Füßen verlieren. Denn ihr Gegenstand sind nicht einfachhin neuronale Zustände, sondern diejenigen, in denen sich die Selbsterfahrung des Geistes vollzieht. So gewiss sich diese Erfahrung in neuronalen Prozessen realisiert, so gewiss sind die Leistungen, die auf diese Weise realisiert werden, diejenigen von Teilnehmern an der menschlichen Praxis. Es sind Leistungen des *Verstehens*, die *als solche* müssen identifiziert werden können, damit sie in ihrem gehirnphysiologischen Ablauf untersucht werden können. Es kommt daher in den Wissenschaften vom Menschen alles auf eine reiche Beschreibung dieser Praxis an – eine Beschreibung, die verständlich macht, dass wir Naturwesen *und* Kulturwesen sind, oder genauer: dass wir als die Naturwesen, die wir sind, die Kulturwesen sind, die wir sind – und vice versa.

Wenn diese Einschätzung zutrifft, besteht für die Freunde des Geistes und der Freiheit kein Grund zur Panik. Einen Ausdruck der Panik sehe ich demgegenüber in den Versuchen, in den Naturprozessen, die denen unseres Überlegens zugrunde liegen, auf Teufel komm raus eine Lücke aufspüren zu wollen. Diese Lücke soll es möglich machen, wenigstens für den Augenblick echter Stellungnahmen und freier Entscheidungen aus dem Kräftespiel der Natur herauszutreten und ganz von allein den Lauf der Welt zu bestimmen. Ein solcher Lückentheoretiker ist John Searle, der allerdings auf eine Reihe erlauchter Vorläufer zurückblicken kann. Searle benutzt das Beispiel der Wahl des Paris, um das Faktum einer solchen Lücke zur Evidenz zu bringen.[7] Paris hat die drei Göttinnen – Aphrodite, Hera und Athene – vor sich und überlegt, welcher von ihnen, deren jede ihn mit süßen Versprechungen umwirbt, er den Preis der höchsten Anmut überreichen soll. Wenn die Entscheidung des Paris (für Aphrodite) durch seine Überlegungen determiniert wäre, so argumentiert Searle, wäre sie nicht frei, denn sie wäre ja durch seine Präferenzen, sein Wissen und die hieraus resultierenden Gründe determiniert. Wenn die Entscheidung wirklich frei sein soll, meint er, muss sie zu einem Zeitpunkt nach der Überlegung, in einer Lücke zwischen Überlegung und Festlegung, erfolgen. In dieser Lücke soll es dem Subjekt der Entscheidung möglich sein, sich nochmals positiv oder negativ zu seinen eigenen Gründen zu verhalten. Nur dann sind wir frei, würde das bedeuten, wenn wir freigesetzt sind von allem, was uns vorher und nachher bestimmt.

Wer aber frei von allem ist, ist frei für gar nichts mehr. Philosophen wie Peter Bieri und Daniel Dennett haben daher die Lückentheorie der Freiheit mit überzeugenden Argumenten kritisiert.[8] Diese angebliche Freiheit hat ihren Ort in einem luftleeren Raum, in dem der Versuch einer Selbstbestimmung von nichts mehr bewegt sein, sich nach nichts mehr richten und daher auch nichts bewirken könnte. Die Position des Lückentheoretikers erweist sich wie diejenige eines reduktiven Materialisten

---

7 J. Searle, Freiheit und Neurobiologie, Frankfurt/M. 2004, 38 ff.
8 P. Bieri, Das Handwerk der Freiheit. Über die Entdeckung des eigenen Willens, München 2001; D. C. Dennett, Freedom Evolves, New York 2003; vgl. auch M. Pauen, Illusion Freiheit? Mögliche und unmögliche Konsequenzen der Hirnforschung, Frankfurt/M. 2004 u. A. Beckermann, Biologie und Freiheit. Zeigen die neueren Ergebnisse der Neurobiologie, dass wir keinen freien Willen haben?, in: H. Schmiedinger/C. Sedmak (Hg.), Der Mensch – ein freies Wesen?, Darmstadt 2005, 112–123.

als selbstdestruktiv. Indem sie die eine Überlegung abschließende Stellungnahme spekulativ aus der ihr zugrunde liegenden Kausalität herausnimmt, nimmt sie ihr die Kraft, eine effektive Festlegung des Denkens und Handelns zu sein. Wer aus der Kausalität ausschert, schert aus der Wirksamkeit von Gründen und damit aus der Wirklichkeit von Freiheit aus. Wer aus der Natur ausschert, verlässt zugleich die Domäne des Geistes. Wir müssen daher nach einer Antwort suchen, die die Autorität des Überlegens begreiflich macht, ohne an der wissenschaftlichen Kenntnis über den Menschen vorbeizureden. Wir benötigen ein Bild des Überlegens, das kompatibel ist mit dem, was wir über seine neuronale Basis wissen.

4.

Nach diesen grellen Signalen, die zu der Sorge Anlass geben mögen, dass sich die Ampel einer rechtmäßigen Philosophie des Geistes allenfalls bei Gelb passieren lässt, wende ich mich dem Verfahren des Überlegens selber zu. Wie vollzieht sich das Überlegen und wie führt es zu Resultaten, die – für eine Weile wenigstens – bindend sind?

Es vollzieht sich als eine Abwägung von Gründen mit dem Ziel der Gewinnung einer gerechtfertigten Meinung oder Absicht. Es hat den Sinn, im jeweiligen Zusammenhang zu einer *richtigen* theoretischen oder praktischen Festlegung zu kommen. Natürlich kann »richtig« in verschiedenen Kontexten sehr Verschiedenes bedeuten – eine wahre Meinung, eine aussichtsreiche Hypothese, eine plausible politische Einschätzung, eine kluge sportliche Taktik, einen lohnenden künstlerischen Versuch, eine moralisch gebotene Handlungsweise und Weiteres mehr. In jedem dieser Fälle zahlt sich der Aufwand des Nachdenkens nur aus, wenn er zu Überzeugungen, Absichten und Einstellungen führt, die für die Person, die sie hat, nach bestem Wissen und Gewissen richtig sind – und das bedeutet, wenn er zu Einsichten führt, an die sie sich bis auf weiteres halten kann. Das ist der ganze Sinn einer Begründung: zu einer haltbaren, für das eigene Verhalten verbindlichen Position zu kommen – oder jedenfalls zu einer, die *verlässlicher* ist als solche, zu denen man aus Trägheit oder Hörigkeit, durch Zufall oder Zwang gelangt. Alles Überlegen hat den Sinn, die eigene Orientierung auf dem Weg einer Rechtfertigung der eigenen Ansichten und Absichten zu optimieren.

Dies geschieht durch eine Abwägung von Gründen. Was aber sind Gründe? Gründe, einfach gesagt, sind Umstände oder Annahmen, die für oder gegen eine Überzeugung oder Absicht, Haltung oder Handlung sprechen. Dass mir die Stimme zu versagen droht, ist für mich ein Grund, einen Schluck Wasser zu trinken. Dass es regnet, kann ein Grund dafür sein, zum Regenschirm zu greifen. Dass Rom nördlich von Neapel liegt, berechtigt zu der Annahme, dass Neapel südlich von Rom liegt. Oskars Gefühle für Luise können für ihn ein Grund sein, sich mit ihr zu verabreden. Dass der Ätna ausgebrochen ist, kann ein Grund sein, jetzt nicht nach Sizilien zu fliegen. Dass der Ölpreis steigt, berechtigt zu der Annahme, dass das Benzin an den Tankstellen teurer werden wird. Hegels Gedanke, dass propositionales Wissen nur in Verhältnissen sozialer Anerkennung möglich ist, ist ein Grund dafür, dass geistige Prozesse nicht auf Gehirnprozesse reduziert werden können. Und so fort. Gründe liegen überall bereit. *Ob* sie aber Gründe, *wofür* sie Gründe und wann sie im jeweiligen Zusammenhang *hinreichende* Gründe sind, dies zu klären ist Sache des Überlegens. Dieses nimmt auf, was den Überlegenden – durch die Kultur, in der sie leben, durch ihre Erziehung, Ausbildung und Erfahrung – als Gründe mitgegeben ist, es stützt sich auf Informationen, die ihnen zur Verfügung stehen, sowie auf Recherchen, die ihnen möglich sind, und es wägt schließlich ab, welche Gründe am Ende tatsächlich zählen.

Als Grund zählt dabei nach dem oben Gesagten nur, was nicht nur für mich dafür zählt. Es gehört zu der Natur von Gründen, dass sie nicht im Belieben der Überlegenden stehen, sondern einer intersubjektiven Rechtfertigung zugänglich sind. Selbst wenn ich gegen das Einreden eines anderen darauf beharre, dass etwas *für mich* – und vielleicht *nur* für mich – ein Grund ist (wie es bei Oskars Gefühlen für Luise im günstigsten Fall der Fall ist), beharre ich zugleich darauf, dass ich, so wie ich nun einmal bin, *tatsächlich* einen Grund habe, so und nicht anders zu verfahren, und erwarte, auch der andere müsste einsehen können, dass dieser Grund das benennt, was für mich hier das Beste ist.

Gründe, so zeigt meine willkürliche Liste von Beispielen, sind nicht einfach Gedankendinge. Obwohl es nicht selten Gedanken sind, die den Grund für etwas abgeben, sind es doch ebenso häufig äußere wie innere Zustände – geographische, ökonomische oder rechtliche Verhältnisse, Durst oder Verliebtsein, Ambition oder Angst –, die zur Rechtfertigung einer Stellungnahme angeführt werden. Bei weitem nicht alle Gründe werden im Überlegen generiert. Vielmehr ist die Welt selbst voller Gründe für und gegen dies und das – jedoch ist sie es allein aus der *Perspektive* eines aktuellen oder potentiellen Überlegens, aus der Umstände aller Art als Gründe erfasst und aufgefasst werden können. Allein mit der *Fähigkeit* zum Überlegen öffnet sich jener »Raum der Gründe«, von dem zu sprechen sich seit den Arbeiten von Wilfrid Sellars eingebürgert hat. Entgegen anderslautender Gerüchte aber ist dieser Raum kein spirituelles Nebenzimmer des Universums, kein vulgärplatonischer oder spätfregeanischer Ideenhimmel, sondern es ist der *eine* Raum der Welt, in dem bei unterschiedlichen Gelegenheiten unterschiedliche Gegebenheiten zu Faktoren werden, die für oder gegen etwas sprechen. Dieser für uns Menschen zunächst und zumeist sehr irdische Weltraum der Gründe hat sein Gravitationszentrum in der intersubjektiven oder für intersubjektive Interventionen offenen Praxis des Überlegens. In ihr geht es darum, angesichts gegebener Umstände möglichst richtige – und manchmal auch: möglichst produktive – Konsequenzen zu ziehen aus dem, was wir bislang für wahr und richtig gehalten haben.

Im Prozess des Überlegens freilich verwandeln sich die Umstände, die unseren Auffassungen und Absichten entgegenkommen oder entgegenstehen, in *Annahmen* darüber, was für oder gegen etwas spricht.[9] Obwohl also alles Mögliche ein Grund sein kann, treten Gründe im Überlegen durchaus als geistige Entitäten auf: als Überzeugungen für oder gegen die Meinung oder Absicht, die schließlich gefasst wird – dass meine Stimme versagt (und ich deshalb zum Glas greife), dass ich mich nach Sizilien sehne (und deshalb einen Urlaubsflug buche) oder dass die Opec die Fördermengen drosselt (und deshalb mit höheren Benzinpreisen zu rechnen ist). Theoretische und praktische Gründe unterscheiden sich hier als Annahmen, die entweder primär oder ausschließlich für eine weitere *Annahme* oder aber primär oder ausschließlich für eine zu realisierende *Absicht* sprechen. Eine theoretische Überlegung dient der Gewinnung oder Sicherung einer Einsicht, wie etwas ist. Eine praktische Überlegung dient der Gewinnung oder Sicherung einer Einsicht, wie etwas sein – und wie man entsprechend handeln – sollte. In beiden Fällen aber geht es um die möglichst triftige *Rechtfertigung* einer jeweiligen Einsicht – und darum, dieser Einsicht im weiteren Denken und Handeln zu folgen. Es kommt also im Denken wie im sonstigen überlegten Handeln auf die Gewinnung möglichst effektiver *Beweg*gründe an: auf Gründe, die einen tatsächlich und zum absehbar Besten leiten. Hierin liegt der Kern von Hegels These, dass Denken und Wollen in der Fähigkeit des Begründens eine gemeinsame Wurzel haben. Mit beiden Arten von Einsichten – theoretischen wie praktischen – nämlich legen wir uns auf vielfältige und für uns manchmal unübersehbare Konsequenzen fest: auf Folgerungen, die zu ziehen, und auf Handlungen, die auszuführen sind.

---

9 Entsprechend kann man Gründe generell als (potentielle oder aktuale) *Inhalte* von Überzeugungen verstehen, die im *Kontext* von (potentiellen oder aktuellen) Überlegungen für oder gegen eine Sache sprechen.

Dabei ist Logik basal, aber Logik ist nicht alles. Nur in einfachen Fällen vollzieht sich das Überlegen in der Form einer Deduktion aus feststehenden Prämissen. Andere Schlussformen sind bereits deutlich komplexer. Aber das Finden triftiger Gründe ist gar nicht eine Angelegenheit schlussfolgernder Operationen allein. Es ist auf Wahrnehmung ebenso angewiesen wie auf Imagination, etwa wenn es darum geht, zu ermitteln, was überhaupt lohnende Ziele oder gangbare Wege des Handelns sind. Es ist auf genaue Beschreibung ebenso angewiesen wie auf angemessene Bewertung, aber auch darauf, sich über das eigene Befinden klar zu werden. Häufig mündet es in eine Abwägung von Gründen, die darauf zielt, das alles in allem beste Argument, die alles in allem beste Handlung, die alles in allem günstigste Lebensweise auszuzeichnen. Da eine Person, die überlegt, aber nie *alles* und nur selten mit Sicherheit alles *Relevante* im Blick hat, bleibt das Überlegen in den anspruchsvolleren Fällen ein kreativer Vorgang, in dem Gründe nicht nur *gefunden*, sondern zugleich *gebildet* werden. In dem Aphorismus *Lücken* aus den *Minima Moralia* hat sich Adorno deshalb gegen eine allzu geradlinige Vorstellung vom Denkprozess gewandt. »Erkannt wird vielmehr in einem Geflecht von Vorurteilen, Anschauungen, Innervationen, Selbstkorrekturen, Vorausnahmen und Übertreibungen, kurz in der dichten, fundierten, aber keineswegs an allen Stellen transparenten Erfahrung.«[10]

Zwar spricht Adorno hier von einer philosophischen Erkenntnis, die sich nicht deduktiv aus vorgängigen Gewissheiten ergibt, aber das Resultat lässt sich verallgemeinern: Überlegt wird in einem keineswegs an allen Stellen transparenten Zusammenhang von Anschauungen, Kenntnissen und Präferenzen, mit dem Ziel zu erkunden, was für oder gegen bestimmte – nicht selten erst im Prozess des Überlegens zu bestimmende – Optionen spricht. Deswegen sprechen wir ja von Urteils*bildung*. Es liegt in der Macht des Überlegens, sich zu einem theoretischen oder prakti-

---

10 Th. W. Adorno, Minima Moralia, Frankfurt/M. 1973, 100.

schen Problem ein wenigstens vorläufig abschließendes Urteil zu bilden. Aber dieses Urteil darf nicht willkürlich gebildet sein. Es muss sich konsistent zu den Annahmen verhalten, die es stützen, Annahmen, die ihrerseits in weitgehender Übereinstimmung mit der übrigen Praxis des Überlegenden stehen sollten. Andernfalls ist es kein guter Grund. Andernfalls kann es den Überlegenden nicht verlässlich binden. Andernfalls kann es den Überlegenden nicht in der gewünschten Weise bewegen.

Im Prozess des Überlegens werden Gründe geprüft, entwickelt und manchmal erfunden; sie werden generiert und aktualisiert, kritisiert und korrigiert – und dies in der Suche nach Stellungnahmen, die in Bezug auf eine bestimmte Sache oder Situation alles in allem den Ausschlag geben können.[11] Die Fähigkeit zu überlegen wird hieran erkennbar als die Fähigkeit, *sich durch Gründe bestimmen zu lassen*. Die so gewonnenen Gründe sind mit dem Anspruch verbunden, jeweils *gute* Gründe zu sein: solche, von denen auch andere sich müssten überzeugen lassen können, solche, die tatsächlich für oder gegen das sprechen, wofür oder wogegen sie zu sprechen scheinen. Es gehört zu der Natur von Überzeugungen, dass die, die sie haben, glauben oder doch hoffen, sie seien wahr. Weil sie dies glauben, vermuten oder doch hoffen, sind sie in ihren Überzeugungen ansprechbar durch die Einrede von anderen, die dieses Wahrsein in Zweifel ziehen, aber auch bestätigen können. Deswegen können wir uns nicht allein von etwas überzeugen, sondern uns auch von etwas überzeugen lassen. Genau betrachtet aber gehen der passive und der aktive Aspekt des Überlegens überall zusammen, wo immer wir überlegend tätig sind. Sich zu überzeugen *heißt*, sich überzeugen zu *lassen*; sich überzeugen *lassen* aber kann nur, wer selbst überlegend *tätig* ist.

Als Überlegende sind wir dabei in vieler Hinsicht abhängig: von unserem Informationsstand, von den Sprachen, die wir spre-

---

11 Ein plausibles Modell dieses Prozesses entwirft T. Scanlon, What We Owe to Each Other, Cambridge/Mass. 1998, 65 f.

chen, von den Präferenzen, die uns leiten und davon, wie die übrige Welt ist. Eben diese Abhängigkeiten aber sind eine Bedingung jener Unabhängigkeit von bestimmten dieser Bindungen, die wir im Überlegen gewinnen können. Wir lösen uns von ihnen, indem wir uns an anderen festhalten. Durch eigenes Nachdenken können Überlegende ihre Lebensbedingungen moderieren und modifizieren, indem sie Möglichkeiten des Denkens wie Handelns in Rechnung stellen, die ihnen vor dem Überlegen so nicht vor Augen gestanden oder die, wie es manchmal der Fall ist, vor dem Überlegen noch gar nicht bestanden haben. Alles Überlegen ist *sich öffnen für Möglichkeiten des Denkens und Handelns*. Es vollzieht sich als ein abwägendes Sondieren unter ihnen, das, wenn die Überlegung ihr Ziel erreicht, zu einer abschließenden Stellungnahme fortgeführt wird, die den Grund dafür abgibt, sich so oder anders zu verhalten.

5.

Was aber ist der Status dieser Stellungnahmen? Wie stehen sie zu dem, was im Prozess der Überlegung geschieht? Wenn wir zurückdenken an das von Searle interpretierte Urteil des Paris, sehen wir, wie viel von einer Beantwortung dieser Frage abhängt. Denn es ist dieser Punkt, an dem sich die vermeintliche Lücke zwischen Überlegung und Festlegung auftut. Folglich ist es dieser Punkt, an dem gezeigt werden muss, dass der Gedanke einer solchen Lücke die Sache des Denkens und Entscheidens verfehlt.

Man darf sich die Festlegung im Überlegen nicht, wie Searle und andere es tun, als einen Akt der Wahl vorstellen. In einen solchen Akt würde das Überlegen münden, wenn das Resultat der Überlegungen am Ende noch einmal konfirmiert, wenn es mit einem zusätzlichen Ja oder Nein besiegelt werden müsste – wenn es einer gesonderten Stellungnahme *zum Überlegten* bedürfte, um die Überlegung wirksam werden zu lassen. Folgen wir dieser Vorstellung, so betreten wir das Gedankengebäude, das in der neueren Philosophie auf den Namen eines »Cartesischen Theaters« hört. In diesem Szenario wird das Überlegen als eine Art Bühnenschauspiel verstanden, das einer im Zuschauerraum sitzenden Instanz zur Beurteilung anheimgegeben ist. Das *überlegende* Ich erscheint hier als ein *überlegenes*, gleichsam Regie führendes Ich, das nach dem Durchlauf aller Gründe seinen geistigen Daumen hebt oder senkt. Die letzte Entscheidung obliegt ihm, *nachdem* alle Gründe abgewogen sind. Das Drama der Gründe erscheint hier nur als das Vorspiel zur eigentlichen Festlegung, zum eigentlichen Akt eines freien Urteils oder einer freien Entscheidung.

Damit aber sind wir im falschen Film. Denn er gibt ein höchst irreführendes Bild des Denkens. Dieses ist nicht ein inneres Beobachten von Gründen, sondern ein Sichfestlegen im Zuge ihres *Gebrauchs* – ihrer Aktualisierung und Mobilisierung, ihres Auffindens und Abwägens. Es gibt im Überlegen kein blankes Ja oder Nein. Ein solches abgehobenes Ja oder Nein bezeichnet vielmehr gerade den Widerpart des Überlegens – nämlich ein Reagieren unter *Absehung* von Gründen. Überlegte Urteile und Entscheidungen ergeben sich vielmehr *aus den Gründen*, die für oder gegen diese oder jene Festlegung sprechen. Da diese Gründe im Prozess des Nachdenkens selbst Stellungnahmen sind, muss nicht zu ihnen noch einmal Stellung genommen werden – und dies darf auch nicht geschehen, wenn sie ihr Gewicht als Gründe behalten sollen. Gründe von Gewicht und Wirkung gibt es nur dadurch, dass sie von denen, die sie berücksichtigt oder entwickelt haben, *gedacht* werden. Denken ist ein gerichteter Prozess, der darin zum Abschluss kommt, dass ein Urteil *vollzogen* wird. Der Vollzug eines eigenen Urteils ist nichts anderes als der eigene Vollzug des Urteils, die Ausbildung eines eigenen Vorsatzes nichts anderes als die eigene Ausbildung eines Vorsatzes. Der Vollzug dieser Festlegungen *ist* die Stellungnahme, um die es im Prozess des Denkens geht – eine Festlegung, die, solange sich ihre Autoren rational verhalten, ihr künftiges Meinen und Wollen bindet.

Wir müssen uns also von dem *Mythos der Stellungnahme* verabschieden: von dem Mythos einer Stellungnahme, die ein rationales Subjekt in Distanz zu seinen eigenen Erwägungen vollziehen könnte. Diese Distanz gibt es im Überlegen nicht. Denn nur überlegend kann man sich von bestimmten seiner Überlegungen distanzieren (wenn man sie nicht vergessen, ignorieren oder einfach von ihnen absehen will). Das Überlegen lässt keinen Raum für den Sonderakt einer abgehobenen Stellungnahme zu seinen Resultaten. Keine Stellungnahme ist möglich, mit der wir uns über unser Erleben und Bestreben, über unsere Affekte und Affinitäten, über unsere Motive und Gründe – über das im Ganzen intransparente Geflecht unseres Denkens – erheben könnten. Aber das ist auch gut so. Denn anders könnte das Überlegen gar nicht wirksam sein: Es könnte die Person, die überlegt, nicht in die eine oder andere Richtung lenken. Es könnte gerade das nicht, was nur das Überlegen kann: aus einer Vielfalt von im Denken darstellbaren und bewertbaren Möglichkeiten auf eine nichtbeliebige Weise diejenigen aussuchen, die aus der Sicht der jeweils Denkenden – und günstigenfalls nicht allein aus ihrer – die besten sind.

Ein Schatten dieses Mythos liegt noch über der »Ja/Nein-Stellungnahme«, die Tugendhat und Habermas in den siebziger Jahren des vorigen Jahrhunderts Heidegger und Gadamer entgegengehalten haben, so als gäbe es einen Akt der Autonomie *innerhalb* des Überlegens.[12] Zwar ist es irreführend, wenn Gadamer in *Wahrheit und Methode* mit einer vieldeutigen Metapher behauptet, »die Selbstbesinnung des Individuums« sei »nur ein Flackern im geschlossenen Stromkreis geschichtlichen Lebens.«[13] Wie Tugendhat und Habermas zu Recht monieren, fehlt dieser flackern-

---

12 E. Tugendhat, Selbstbewußtsein und Selbstbestimmung. Sprachanalytische Interpretationen, Frankfurt/M. 1979, bes. 238 ff.; J. Habermas, Die Urbanisierung der Heideggerschen Provinz, in: H.-G. Gadamer/J. Habermas, Das Erbe Hegels, Frankfurt/M. 1979, bes. 30.
13 H.-G. Gadamer, Wahrheit und Methode, Tübingen 1975, 261.

den Orientierung ein entscheidendes Moment der Besonnenheit, dasjenige nämlich, *selbst* abwägen und *selbst* entscheiden zu können, was richtig und falsch ist. Geschichte, Tradition, sprachlicher Bedeutungszusammenhang und kulturelle Praxis allein können das begründete subjektive Urteil nicht liefern. Die Bestimmtheit einer überlegten Festlegung verdankt sich einer überlegenden Bestimmung. Doch diesen Akt der Autonomie gibt es nur in und mit dem *Prozess* der Überlegung, der in eine theoretische oder praktische Stellungnahme *mündet*. Daraus folgt aber zugleich, dass es nicht der Vorgang der Stellungnahme ist, der durch meine Korrektur in Frage gestellt wird. Es verhält sich vielmehr mit der Zurückweisung des Mythos der Stellungnahme wie mit Davidsons Kritik an dem »Mythos des Subjektiven«.[14] Nicht das Subjektive wird bei Davidson und anderen nachcartesischen Philosophen diskreditiert, sondern lediglich eine *Deutung*, die ihm den Status einer exklusiven Quelle von Wissen und Gewissheit verleiht. So wie die Verabschiedung des Mythos des Subjektiven die Autorität der ersten Person intakt lässt, so lässt auch die Verabschiedung des Mythos der Stellungnahme die Autorität der subjektiven Stellungnahme intakt: Wer fähig ist zu überlegen, ist fähig, selbstbestimmt, nämlich aus eigenem Urteil zu handeln.[15]

---

14 D. Davidson, Der Mythos des Subjektiven, in: Ders., Subjektiv, intersubjektiv, objektiv, a. a. O., 79–101.
15 Der Beigeschmack einer freischwebenden Stellungnahme findet sich, soweit ich sehe, in den jüngeren Arbeiten von Habermas und Tugendhat nicht mehr – im Unterschied etwa zu ihrer dezidert indeterministischen Deutung bei Ulrich Steinvorth. Vgl. E. Tugendhat, Der Begriff der Willensfreiheit, in: Ders., Philosophische Aufsätze, Frankfurt/M. 1992, 334–351; J. Habermas, Freiheit und Determinismus, in: Deutsche Zeitschrift für Philosophie 52/2004, 871–890; U. Steinvorth, Freiheitstheorien in der Philosophie der Neuzeit, Darmstadt 1994, bes. 291 u. 305 ff.

6.

Eine Person, die dies kann, ist, soweit sie es kann, in ihrem Tun und Lassen frei. Sie kann selbst festlegen, was in ihrem Denken und Handeln richtig ist. Sie kann sich selbst korrigieren oder sich von anderen korrigieren lassen in dem, was sie für wahr und richtig hält. Ihr ist die Besonnenheit gegeben, mit Möglichkeiten zu spielen, bevor sie eine von ihnen ergreift. Sie kann sich durch ihre Gründe im Denken und Handeln binden. Es ist ihr gegeben, sich eine Richtung zu geben. Sie kann sich *bestimmen* lassen und doch zugleich *sich* bestimmen lassen.[16]

Was wir Freiheit nennen, mit anderen Worten, ist ein spezifisches Können – eben dasjenige, das wir in Prozessen des Überlegens bemühen und in Prozessen des gelingenden Überlegens auf besondere Weise beweisen. Alles freie Handeln ist mit diesem Können verbunden, auch wenn es oft nicht auf eine merkliche oder aufwendige Weise aktiviert werden muss. Jenseits rein reflexhafter Reaktionen gibt es viele Verhaltensweisen, die nicht die Form eines überlegten, geschweige denn überlegenden Handelns haben, die aber den jeweiligen Akteuren dennoch als absichtliche Handlungen zugerechnet werden, die sie auch hätten unterlassen können. Eine Klasse stellen Routinehandlungen wie die Betätigung der Gangschaltung im Auto dar, die so eingeübt sind, dass sie von keiner Überlegung gesteuert werden müssen. Eine andere Klasse bilden willkürliche Aktionen, die »einfach so« ausgeführt werden, ohne dass eine aktuelle oder vergangene Überlegung dahinter stünde – Aktionen, von denen Handelnde je nach Kontext mit gutem oder schlechtem Gewissen im Nachhinein sagen können, »Ich habe es einfach mal probiert« oder »Ich habe mir nichts dabei gedacht«. Diese Aussagen – und die entsprechenden Vorwürfe, auf die sie manchmal antworten – haben aber nur Sinn bei Akteuren, die sich vor ihren oder während ihrer Handlungen et-

---

16 Das ist das Leitmotiv in: M. Seel, Sich bestimmen lassen. Studien zur theoretischen und praktischen Philosophie, Frankfurt/M. 2002.

was *hätten denken* können. In seinem Tun und Lassen frei ist nur, wer sich dabei etwas – zumindest – hätte denken *können*. In diesem Sinn ist es die *Fähigkeit* zu überlegen, die uns die Freiheit des Denkens und Handelns verleiht. Wie klug oder unklug, überlegt oder unüberlegt wir im Einzelnen auch handeln mögen, uns selbst zurechnen können wir unser Verhalten nur, wo wir es aus der Kraft unseres Überlegens hätten ändern können. Nur wo diese gegeben ist, können wir uns selbst und anderen sagen: Wir hätten besser *nachdenken* oder besser *richtig* nachdenken sollen.

In ähnlichen Worten hat schon Aristoteles die Handlungsfreiheit beschrieben, wenn er im dritten Buch der *Nikomachischen Ethik* sagt, der Vorsatz sei »ein mit Überlegung verbundenes Streben nach den Dingen, die in unserer Macht stehen«.[17] Jedoch ging es in meiner Betrachtung nicht nur um die Freiheit des äußeren Handelns, sondern generell um die Fähigkeit zu überlegen, die nach einer auch heute verbreiteten Ansicht die Quelle für das ist, was wir unter Willensfreiheit verstehen. Wie aber, so muss man an dieser Stelle fragen, steht es um den Prozess des Überlegens selber? Was hilft uns diese Fähigkeit, wenn sie ihrerseits der Ausdruck eines Determiniertseins ist, sei es durch vorausliegende soziale Konventionen, sei es durch reflexiv unerreichbare psychische Faktoren, oder eben, nach den neuesten Angriffen auf die Souveränität des Geistes, durch das neuronale Geschehen, das alles Denken bedingt? Dies ist eine alles andere als harmlose Frage. Denn sie weist darauf hin, dass wir einen ernstzunehmenden Begriff der Freiheit – und also des Geistes – nur entwickeln können, wenn es möglich ist, das Überlegen *selbst* auf eine einsichtige Weise als frei zu charakterisieren. Das ist die Stelle, an der Lückentheoretiker und andere Indeterministen die Chance für ihren Auftritt wittern. Denn wie sollte das Überlegen frei sein können, wenn es sich in deterministischen Naturprozessen

---

17 Aristoteles, Nikomachische Ethik, übers. v. U. Wolf, Reinbek 2006, 106 (1113a).

realisiert?[18] Wie also kann Freiheit überhaupt als ein Geschehen gedacht werden, das sich im Einklang mit der Physiologie, Soziologie und Psychologie menschlicher Denkprozesse vollzieht? Wie sollte das Überlegen frei sein können, wenn ihm kein Heraustreten aus den anonymen Verläufen der natürlichen und sozialen Welt sowie den eigenen Prädispositionen möglich sein sollte?

Ich möchte nicht schließen, ohne eine Antwort auf diesen Einwand gegeben zu haben. Meine Erwiderung lautet, dass das Denken und mit ihm der Geist aus gar nichts heraustreten muss, um bei seinen Möglichkeiten zu bleiben. Weder seine natürlichen noch seine sozialen und psychischen Determinanten *kann* es verlassen. Es kann sich aber auf *sich* verlassen: auf *seine* Bestimmbarkeit und Bestimmtheit, mit der es den Gang der Dinge und somit den Lauf der Welt zu verändern vermag.

Gewiss, auch das Denken kann zwanghaft und darin unfrei sein. »Du redest der Spur nach«, bekommen wir in harmloseren Fällen zu hören, wenn wir als eigene Überlegung ausgeben, was dem Gerede von anderen nachgeplappert ist, oder wenn wir in einem Disput einfach irgendetwas sagen, nur um überhaupt etwas gesagt zu haben. Ernster sind Fälle des Dogmatismus und der Manipulation, in denen unantastbare Prämissen wirksam sind, die im Denken mit einfältiger bis wahnwitziger Konsequenz ausgebeutet werden. Auch hier wird überlegt, aber es wird nicht frei überlegt. Paradox könnte man von »unüberlegtem« Überlegen sprechen, worin sich erneut zeigt, dass »Überlegen« ein normativer Begriff ist. Es bezeichnet ein Vermögen, das unter Niveau oder auf Niveau genutzt werden, das zur rechten Zeit oder zur Unzeit aktiviert oder deaktiviert sein kann; ein Vermögen, mit

---

18 Auch wenn (oder soweit) das Gehirn *in*deterministischen Steuerungsprozessen unterliegt, sieht die Sache nicht besser aus, denn dann sind es statistische Gesetze, die den Verlauf des Überlegens regieren und also wiederum etwas, das nicht der Logik von Gründen, sondern einem Reigen kontingenter Kombinationen folgt.

dem wir den Anspruch verbinden, es auf findige und bündige – nicht aber auf starre oder uferlose – Weise zu nutzen. Wie aber lässt sich beides unterscheiden? Hilfreich wäre hier ein Kriterium, das ohne eklatante Zirkularität eine liberale gegenüber einer illiberalen Denkungsart auszeichnen könnte. Wie jedoch könnte ein Kriterium lauten, das »überlegtes« von »unüberlegtem«, zwanghaftes von nicht-zwanghaftem, automatisiertes von nicht-automatisiertem, verknöchertes von beweglichem, erstarrtes von lebendigem Überlegen scheidet?

Frei, so möchte ich sagen, ist ein Überlegen, das zu jeder der Möglichkeiten, auf die es sich verlegt, ernsthaft eine Alternative ins Auge fassen kann, ohne auf das Entwickeln solcher Alternativen fixiert zu sein. Ein freies Überlegen ist nicht darauf *angewiesen*, sich durch das Erwägen immer weiterer Alternativen zu überbieten; dies wäre nur eine weitere Form der Pathologie. Aber es *könnte* sich überbieten; es *könnte* in weitere Richtungen gehen. Es könnte nicht allein phantasierend, sondern ernsthaft Möglichkeiten in Betracht nehmen, die dem Meinen und Machen eine andere Richtung geben würden.[19] Es könnte dies tun, um die Richtigkeit seiner Überlegungen auf die Probe zu stellen – insbesondere das *Gewicht* der Gründe, die bislang den Ausschlag gegeben haben. Weil es das könnte, hat es Spielraum gegenüber sich selbst, ohne sich in diesem Spielraum zu verlieren; es kann sich festlegen, ohne sich nur auf das festlegen zu müssen, worauf es sich gerade verlegt. Dieser Prozess – wir können uns überlegend so oder so festlegen – ist es, worin die menschliche Freiheit ihre Basis hat. Sie hat ihre Basis in dem Vermögen einer nicht alternativlosen Festlegung der Richtung unseres Denkens und Handelns: einer Festlegung, die, hätten wir anders (oder auch nur zu einer anderen Zeit) überlegt, auch anders hätte ausfallen können.

---

19 Die Süchtigen, die jeden Morgen mit dem Gedanken nur spielen, von ihrer Droge zu lassen, erfüllen diese Bedingungen nicht.

In einem solchen Überlegen finden, schaffen und haben wir Möglichkeiten des Tuns und Lassens, auf die wir uns mit Gründen verlegen können. Nichts anderes ist der Sinn von Freiheit: Möglichkeiten wahrzunehmen in der doppelten Bedeutung des Wortes – sie zu erkennen und sie zu ergreifen. Die Freiheit im Überlegen erlaubt es, Zustände der Welt und des Lebens hypothetisch zu variieren und zu evaluieren. Wer überhaupt überlegen kann, ist fähig, sich im Möglichen zu bewegen und von ihm sich bewegen zu lassen. Solange ich überlege, *habe* ich alternative Möglichkeiten des Denkens und Handelns. Nach Maßgabe meiner Gründe kann ich mich hiervon oder davon überzeugen und hierfür oder dafür entscheiden. *Nachdem* ich überlegt und entschieden habe, habe ich alternative Möglichkeiten *gehabt*. Ich hätte anders überlegen oder das Überlegen sein lassen können. Zwar hätte, wenn wir annehmen, dass die Welt – und mit ihr das Gehirn – ein kausal geschlossenes System darstellt, unter den genau gleichen Bedingungen alles *nicht anders* ablaufen können. Aber *was* hätte nicht anders ablaufen können? Das Überlegen. Dieses jedoch ist dadurch charakterisiert, dass *in ihm*, aus der Perspektive der Überlegenden, ein Spektrum von Möglichkeiten auf eine prinzipiell unvorhersehbare Weise zur begründenden Abwägung steht. Wer überlegt, *hat* demnach Möglichkeiten des Reflektierens und Reagierens, die weder der Apfel, der auch etwas kann, nämlich vom Baum fallen, noch die Fledermäuse mit ihrer erstaunlichen Bewegungsfreiheit haben. Wer überlegt, hat die geistige Beweglichkeit jener Lebewesen, die sich im Denken orientieren können.

Diese Innenperspektive einer reflexiven und kommunikativen Teilnahme am geistigen Leben aber ist, wie ich von Beginn an zu zeigen versucht habe, ganz unumgänglich. Sie ist eine Voraussetzung aller menschlichen Praxis und daher aller – geistes- wie naturwissenschaftlichen – Wissenschaft vom Menschen. Wir können *uns* nicht und *sonst* nichts verstehen, wenn wir uns nicht als zur Freiheit befähigt verstehen. Es ist diese Freiheit, die Philosophie und Wissenschaft immer und überall in Anspruch nehmen müssen. Es ist diese Freiheit, die den Quellgrund dessen darstellt, was bei Hegel subjektiver wie objektiver Geist heißt. Es ist diese Freiheit, die die Welt als einen kulturellen Raum aktualer und potentieller Gründe plastisch werden lässt. Wenn aber sich auf Gründe zu verstehen zugleich bedeutet, sich als frei zu verstehen, so ergibt sich eine weitere Konsequenz: Nur wer sich als frei versteht, vermag es, sich durch die neuronalen Prozesse seines Gehirns als determiniert zu erkennen. Denn nur wer auf die beschriebene Weise durch sein und in seinem Überlegen frei ist, vermag überhaupt zu *erkennen*.

Freilich könnte dieser Schluss von »sich als frei verstehen« auf »frei sein« illegitim erscheinen. Schließlich ist er gerade im Alltag manchmal nicht gültig. »Ich glaubte, frei zu handeln«, kann ich im Rückblick auf mein Verhalten sagen, »stand aber völlig unter dem Einfluss von X«, sei X nun ein Guru oder ein anderes Suchtmittel. Aus diesem Umstand folgt aber keineswegs, dass es sich *generell* so verhält, ja nicht einmal, dass es sich generell so verhalten *könnte*. Denn dass alles Verstehen und mit ihm alles Sich-als-frei-Verstehen illusionär sein könnte, ist selbst kein verständlicher Gedanke, da dann auch dieser Gedanke unter dem von ihm selbst formulierten Vorbehalt stehen müsste. Es lässt sich nicht konsistent behaupten, dass alles Verstehen mit Notwendigkeit illusionär ist.[20] Wer das Verstehen – und die ihm zugehörige Freiheit des überlegenden So-oder-anders-Verstehens – *generell* unter Illusionsverdacht stellt, stellt sein eigenes Denken und mit ihm die eigene Erkenntnis unter Verdacht. An dieser Stelle bricht der Stab eines eilfertig nach Kriterien der naturwissenschaftlichen Objektivierung zurechtgebogenen Denkens. Hier zeigt sich die Autonomie des Überlegens gegenüber allen Versuchen einer heteronomen Beschreibung. Als Überlegende sind wir *Teil-*

---

20 Vgl. M. Seel, Notwendige Illusionen? Über die Wirklichkeit der phänomenalen Welt, in: Neue Rundschau 115/2004, 182–188; ähnlich argumentiert J. Nida-Rümelin, Über menschliche Freiheit, Stuttgart 2005.

nehmer an einer intersubjektiven oder für intersubjektive Kritik offenen Praxis, die wir nicht zugleich unter die *Beobachtung* einer externen Perspektive stellen können.[21] Und auch die Beobachter dessen, was in Prozessen des Erlebens und Überlegens auf psychologischer oder neuronaler Ebene geschieht, sind ihrerseits Teilnehmer an dieser Praxis und bleiben dies, solange sie ihre Forschung mit seriösen Mitteln, d. h. auf nachprüfbare Weise verfolgen. Wie die alltäglich Handelnden vertrauen sie darauf, dass es einen Unterschied macht, ob sie und wie sie sich in ihrem Überlegen orientieren. Sie vertrauen darauf, etwas zu können, was sie nur so realisieren können, dass sie ihren Überlegungen folgen. Sie *realisieren* dieses Können eben dadurch, dass sie überlegen – dass sie sich die Freiheit nehmen, aus eigener Abwägung so oder anders zu verfahren. Ein Können aber, das realisierbar ist und Realisierung findet, ist eine Tatsache und schafft Tatsachen, die sich durch keinen Jargon der Eigentlichkeit – durch kein Gerede darüber, was eigentlich geschieht, wenn Menschen miteinander reden – aus der Welt schaffen lassen.

Die menschliche Natur, aber nicht allein diese, so möchte ich resümieren, hat es an sich, dass sie nicht allein einer Weise ihrer zutreffenden Beschreibung und Aufklärung offen steht. »Wer aus der Natur ausschert«, habe ich am Ende von Abschnitt 3 plakativ gesagt, schert aus der »Domäne des Geistes« aus. Jetzt möchte ich nicht minder plakativ hinzufügen: Wer die Domäne des Geistes verlässt, gibt die Möglichkeit verlässlicher Erkenntnis auf. Wer das historisch erworbene Selbstverständnis der Menschen zugunsten einer ihm äußerlichen Beschreibungsweise auflöst, schert auch aus dem naturwissenschaftlichen Verständnis vom Menschen aus. Er verliert den Kontakt zu dem Gegenstand seines Verstehens. Jedoch dürfte es dazu kaum kommen. Denn eine

---

21 Anm. 2014: Hierzu ausführlich M. Seel, Teilnahme und Beobachtung. Zu den Grundlagen der Freiheit, in: Ders., Paradoxien der Erfüllung. Philosophische Essays, Frankfurt/M. 2006, 130–156 sowie Text Nr. 12 in dem vorliegenden Band, dort bes. 244 ff.

plausible naturwissenschaftliche Beschreibung des Menschen setzt einen anspruchsvollen Begriff der Freiheit ebenso voraus, wie ein plausibler Begriff der Freiheit ein anspruchsvolles Verständnis der naturalen Bedingtheit geistiger Prozesse zur Voraussetzung hat.

2. Kenntnis und Erkenntnis. Zur Bestimmtheit in Sprache, Welt und Wahrnehmung

1. Arten des Erkennens

Erkennen kann und Erkenntnis hat nur, wer hinsichtlich der Objekte seines Erkennens etwas auszumachen vermag. Damit es aber zu Erkenntnis kommt, darf das, worauf es in ihr ankommt, nicht einfach irgendetwas, es muss etwas Bestimmtes sein. Baum und Katze beispielsweise müssen von einander unterschieden werden, wenn die Katze auf dem Baum gesichtet werden soll. Erkennen in seiner elementaren Bedeutung heißt auseinander halten: Wer Baum und Katze nicht auseinander halten kann, wird die Katze nicht jagen und den Baum nicht anbellen können, auf den die Katze geflohen ist. Je nach Interessenlage, so zeigt dieses Beispiel, werden erkennende Wesen unterschiedliche Dinge auseinander zu halten versuchen: Katzen und Bäume sind nicht in jedem Kosmos so bedeutend wie in dem eines Hundes, der in den Vorstädten dieser Welt sein Leben verbringt. Womit nicht gesagt sein soll, dass ein Hund *Katzen* und *Bäume* auseinander halten könnte; ihm reicht es – und daher reicht es bei ihm nur dazu –, *jeweilige* Katzen von *jeweiligen* Bäumen zu unterscheiden, wenn beides sich im Feld seiner Witterung auf eine attraktive Weise bemerkbar macht. Wer einen Baum von einer Katze zu unterscheiden weiß, kann noch lange nicht Bäume von Katzen unterscheiden; denn dazu braucht es allgemeine Begriffe, wie sie nur bestimmten Unterscheidern zur Verfügung stehen: solchen, die bestimmen können, was ihnen in den Sinn oder vor die Sinne kommt; solchen, die angeben können, wie es sich mit etwas verhält; solchen, die festhalten können, was ihnen unterkommt, indem sie sagen, dass es so und so ist oder war. Es dürfte eine wichtige kognitive Wasserscheide zwischen denjenigen Lebewesen liegen, die unterscheiden, und denen, die darüber hinaus Unterscheidungen *treffen* und sich folglich durch die *Anwendung* ihrer Unterscheidungen unterscheiden können.[1]

Die Fähigkeit, etwas Bestimmtes wahrzunehmen, bedeutet also noch nicht, zu einer Bestimmung dessen fähig zu sein, was man wahrgenommen hat. Entsprechend lässt sich der Erkenntnisbegriff weit oder eng fassen: so, dass er lediglich die Kompetenz betrifft, diverse Umstände wahrnehmend und denkend auseinander zu halten, oder so, dass er darüber hinaus die Kompetenz verlangt, etwas mit begrifflicher Bestimmtheit – oder in einem Zusammenhang mit ihr – auseinander zu halten. In dieser zweiten, engeren Bedeutung werde ich im Folgenden über Erkenntnis sprechen. Dabei ist die Qualifikation wichtig, dass Erkenntnis in diesem Sinn nach begrifflicher Artikuliertheit oder wenigstens *nach einem Zusammenhang mit ihr* verlangt. Denn oft nehmen wir Menschen Dinge und Zustände »in einem Zusammenhang mit« der Verwendung unserer Begriffe wahr, ohne dass der Gehalt dieser Wahrnehmung durchgängig im Medium von Aussagen angebbar wäre. Ein exklusiv auf propositionales Erkennen zugeschnittener Begriff der Erkenntnis würde die menschliche Fähigkeit, zu kennen und zu erkennen, verzeichnen. Andererseits liegt eine nicht minder grobe Verzeichnung in einer blanken Opposition zwischen begrifflichem und nichtbegrifflichem Erkennen: so als stünde das eine dem anderen gegenüber und als könne man wahlweise das eine oder das andere aktivieren. Auf dem Niveau der begrifflichen gibt es keine strikte Alter-

---

1 Vgl. zu dieser Wasserscheide D. Davidson, Vernünftige Tiere, in: Ders., Subjektiv, intersubjektiv, objektiv, Frankfurt/M. 2004, 167–185 sowie mit einleuchtenden Differenzierungen, C. Demmerling, Denken. Überlegungen zum Verhältnis von Sprache und inneren Zuständen, in: G. W. Bertram/D. Lauer/J. Liptow/M. Seel (Hg.), Die Artikulation der Welt. Über die Rolle der Sprache für das menschliche Denken, Wahrnehmen und Erkennen, Frankfurt/M. 2006, 31–47.

native zwischen begrifflicher und nichtbegrifflicher Erkenntnis. Dies bedeutet zugleich: Durch das Medium der begrifflichen Erkenntnis gewinnen wir Arten der Kenntnis über den Bereich des begrifflich Bestimmbaren hinaus, die wir gleichwohl unserer Fähigkeit zur begrifflichen Bestimmung verdanken.

2. Bestimmtsein und Bestimmen

Um diese Zusammenhänge ein Stück weit zu entwickeln, beginne ich noch einmal von vorn. Damit etwas – oder eine Reaktion auf etwas, sei dies ein Gedanke, eine Äußerung oder ein anderes intelligentes Verhalten – eine Erkenntnis darstellt, muss ihm ein gewisser Grad an *Bestimmtheit* zukommen. Wer lediglich irgendetwas bemerkt hat, das er in keiner Weise zu bestimmen vermag, hat nichts erkannt. Etwas zu erkennen (oder zu erkennen glauben), so möchte ich daher sagen, bedeutet, etwas Bestimmtes in seiner Bestimmtheit zu erkennen. Wie genau, wie sehr oder wie weit dabei dasjenige eine Bestimmung findet, worüber eine Erkenntnis gewonnen wurde, kann vorerst offen bleiben.

Sofern Ort und Zeit des Geschehens bekannt sind, gibt der Satz »Gerade noch rechtzeitig hat er erkannt, dass der Fahrer links abbiegen wollte« an, was sich im Straßenverkehr an dieser Stelle zugetragen hat. Aber auch der vergleichsweise unbestimmte Satz »Er hat erkannt, dass da irgendetwas los war« kann die Wiedergabe einer Erkenntnis sein. Diese könnte sich darauf beziehen, dass es sich an dem fraglichen Ort nicht so verhielt wie sonst oder wie es der Norm entsprochen hätte – was sich im Nachhinein oft genauer spezifizieren lässt. Wenn von jemandem gesagt wird, »Er hat die Bedeutung dieser Musik genau erkannt«, so ist dies ebenfalls die Zuschreibung einer Erkenntnis, auch wenn die Gewinnung und Begründung dieser Einsicht häufig komplexer ist als angesichts eines Vorgangs im Straßenverkehr. »Etwas Bestimmtes in seiner Bestimmtheit« zu erkennen, so sollen diese

Beispiele andeuten, kann schon in ganz alltäglichen Fällen recht Verschiedenartiges heißen. Nicht zuletzt können Art und Grad der gesuchten Bestimmtheit gehörig variieren. In der Physik wie in der Musik gibt es Unbestimmtheitsrelationen, die gerade bei einer richtigen Beschreibung der fraglichen Vorgänge nicht beseitigt werden können – dann nämlich, wenn Formen des Unbestimmten auf Seiten der Phänomene liegen. Dergleichen kommt ebenfalls in ganz alltäglichen Kontexten vor. »Er drückte sich absichtlich unbestimmt aus«, lässt sich von einem Politiker sagen und damit manchmal sehr genau bezeichnen, wie er sich zu einer heiklen Frage geäußert hat. Unbestimmtheit fungiert hier als ein Prädikat, dem eine durchaus eindeutige Bedeutung zukommen kann. Überzeugungen mit einem klaren Inhalt sind auch dort gegeben, wo diese lediglich einen Aspekt ihres Gegenstandes betreffen, dem andere Überzeugungen zu anderen Aspekten zur Seite stehen können. Etwas Bestimmtes über einen Gegenstand zu denken oder zu sagen, muss also keineswegs bedeuten, ihn in irgendeiner Weise vollständig zu charakterisieren. Damit eine propositionale Erkenntnis vorliegt, genügt es vollkommen, dass etwas *relativ* Bestimmtes in *einer* Bestimmtheit aufgefasst wird.

Erkenntnis ist Erkenntnis *von* etwas und *als* etwas. In ihr wird festgehalten und mit ihr legt sich der Erkennende auf eine Auffassung dessen fest, wovon er glaubt, eine Erkenntnis zu haben: auf die Überzeugung, dass es um etwas so und so steht. Wer Überzeugungen dieser Art hat, weiß oder glaubt zu wissen, dass es sich mit dem Gegenstand seines Wissens auf eine bestimmte, weil *von ihm bestimmbare* Weise verhält.

Diese Art der Bestimmtheit und Bestimmbarkeit unterscheidet eine propositionale Erkenntnis von vielen Formen der *Bekanntheit*, der *Kenntnis* und des *Könnens,* die nicht – oder nicht notwendigerweise – mit der Bestimmtheit einer Erkenntnis *über* die Objekte dieser Kenntnis verbunden sind. Man kann sagen: »Ich kenne das« – die Wirren des Verliebtseins, das Gefühl der eigenen Unzulänglichkeit, das Staunen über die Bahnen der Gestirne, die Unerbittlichkeit des Alterns – und doch hinzufügen:

»Es ist schwer zu erklären«, »Es ist unverständlich« oder sogar: »Es ist ziemlich mysteriös«. Man kann jedoch nicht Erkenntnis über etwas für sich in Anspruch nehmen und zugleich hinzufügen, »Ich weiß überhaupt nicht, wie es hiermit steht«. Wer nicht weiß, wie etwas oder wie ihm geschieht, ist bekannt mit Situationen oder ihnen ausgesetzt, ohne sagen zu können, was es mit ihnen auf sich hat. Wer in diesem Sinn mit etwas *Erfahrung* hat, hat nicht notwendigerweise *Erkenntnisse* darüber – oder jedenfalls nicht so viele, dass er sagen könnte, er wisse darüber Bescheid. Er könnte aber durchaus sagen: »Ich kenne mich damit aus« (und vielleicht hinzufügen: »Es ist das reine Chaos.«). Diese mögliche Differenz zwischen Erfahrung und Erkenntnis oder zwischen Kennen und Wissen wird besonders deutlich in Fällen eines praktischen Wissens, in denen jemand über ein Können verfügt, das nicht wesentlich auf Erkenntnissen über die jeweils beherrschten Umstände beruht. »Ich kann das, aber ich kann es nicht erklären«, ist hier nicht selten eine glaubhafte Auskunft (»Ich weiß nicht, wie ich das mache, aber es klappt eigentlich immer.«). Oft können wir ein Können vormachen, das wir in Worten nicht erklären können; dann haben wir ein Wissen-wie ohne systematische Verbindungen zu einem Wissen-dass. Dennoch sind die Grenzen zwischen diesen Formen des Wissens grundsätzlich offen, da es schwer ist, sich vorzustellen, dass jemand, der schwimmen, musizieren, voltigieren oder tapezieren kann, *gar* nichts darüber zu sagen weiß, wie es denn geht. Zwischen Kenntnis und Erkenntnis liegen vielfältige und oft feine, aber vielfach durchlässige Barrieren.

Wo immer diese im Einzelnen liegen mögen, als Kriterium mag vorläufig dienen: Kenntnis wird zu Erkenntnis, wo wir das, womit wir bekannt geworden sind, mit begrifflicher Bestimmtheit ansprechen können. Allgemeiner könnte es heißen: Bekanntsein mit etwas tritt in die Reichweite eines Wissens über das Bekannte, wo wir das, worauf wir uns im Modus des Meinens, Wünschens, Wollens, Hoffens oder Befürchtens richten, begrifflich identifizieren und kommentieren können und folglich das, wie etwas (einschließlich unserer selbst) bestimmt ist, unsererseits wenigstens aspekthaft bestimmen können. Erkenntnis in dem engeren Sinn, den ich oben hervorgehoben habe, setzt die Fähigkeit voraus, denken und sagen zu können, dass es sich mit etwas in relevanten Aspekten so und so verhält. Erkenntnis in diesem Sinn hat, wer die zutreffende Überzeugung gewinnt, dass es sich mit etwas in dieser oder jener Hinsicht so und so verhält: wer Bestimmungen dafür hat, wie etwas tatsächlich bestimmt ist.

Diese Formulierungen legen eine erkenntnistheoretische These nahe. Sie betrifft die Frage, wie sich Bestimmtsein und Bestimmendsein im Erkennen zueinander verhalten.[2] Das Bestimmtsein von Objekten und Ereignissen der Welt, so lautet meine im Grundsatz kantianische These, kann nur von ihrer Bestimmbarkeit her gedacht werden. Wie etwas bestimmt *ist*, verweist darauf, wie es bestimmt *werden* kann. Was die Welt an *Unterschieden* zeigt und wie sie es tut, lässt sich nur unter Rekurs auf das Verfahren der *Unterscheidung* verständlich machen, in dem die betreffenden Unterschiede fixiert werden können. Der Unterschied, den die Welt macht, zeigt sich an den Unterscheidungen, die wir machen. Das Verständnis der Unterschiede, die die Welt macht, lässt sich daher nur über den Weg eines Verständnisses der Unterscheidungen gewinnen, mit denen wir uns an ihr versuchen. Wer sich klarmachen will, wie die Welt bestimmt ist, muss sich klarmachen, wie wir sie zu bestimmen vermögen.

Jedoch darf dies nicht zu einer falschen Folgerung verleiten. Die Welt ist nicht allein dort bestimmt, wo Bestimmungen von ihr *gegeben* werden, und sie ist es nicht allein so weit, wie die Be-

---

2 Ich werde im Folgenden die Fragen praktischer Bestimmung beiseitelassen und mich ganz auf das theoretische Verhältnis von Bestimmen und Bestimmtheit konzentrieren. Das Verhältnis beider Dimensionen habe ich behandelt in: M. Seel, Sich bestimmen lassen. Ein revidierter Begriff der Selbstbestimmung, in: Ders., Sich bestimmen lassen. Studien zur theoretischen und praktischen Philosophie, Frankfurt/M. 2002, 279–298.

stimmungen des menschlichen Erkennens reichen. Bestimmtheit *gibt* es nicht allein da, wo es zutreffende Bestimmungen gibt; aber was das Bestimmtsein von Gegenständen des Erkennens *ist*, was es *heißt*, ihnen Bestimmtheit zuzusprechen, dies lässt sich nur durch eine Erläuterung des *Verfahrens* begrifflicher Erkenntnis klären. Bestimmtsein und Bestimmen, bedeutet das, sind zwar nicht *faktisch*, wohl aber *begrifflich* interdependent. Der *Begriff* der Welt ist an den *Begriff* ihrer Erkennbarkeit gebunden, ohne dass die *Welt* mit der uns bekannten und von uns erkannten Welt gleichgesetzt werden dürfte.

Eine solche Position hat freilich einen paradoxen Anstrich. Denn sie besagt, dass die *Unabhängigkeit* der Welt von unserem Denken nur im Rückgriff auf die *Fähigkeiten* unseres Denkens verständlich gemacht werden kann, dass wir also die kognitive Zugänglichkeit der Welt bedenken müssen, um ihre Selbständigkeit gegenüber unserem Denken denken zu können. Jedoch besteht zu diesem Vorgehen recht besehen gar keine Alternative. Schließlich können wir in unserem Denken nicht aus unserem Denken heraustreten. Aber wir können uns klarmachen, worauf sich unser Denken in seinem Anspruch auf ein Erkennen des Wirklichen bezieht. Wenn wir uns dabei an dem Verhältnis von sachlicher Bestimmtheit und begrifflicher Bestimmbarkeit orientieren, begeben wir uns auf einen Weg, der über den Gegensatz von Idealismus und Realismus hinausführt.

3. Das Medium der Sprache

Begriffliche Bestimmungen aber gibt es nur, wo ein Medium vorhanden ist, das Unterschiede bereitstellt, die zur erkennenden Bestimmung eingesetzt werden können. Damit Erkenntnis in der genannten Bedeutung gewonnen werden kann, muss ein Medium verfügbar sein, das nicht nur Unterschiede, sondern Unterscheidungen bereitstellt, Begriffe also, mit denen Unterschiede *gemacht* und in ihrer Zusammenstellung zu Urteilen als Unterschiede *festgehalten* werden können. So ein Medium ist die Sprache. Mit Wittgenstein und seinen Nachfolgern nehme ich an, dass nur das intersubjektive Medium der Sprache begriffliche Unterscheidungen zu generieren erlaubt, die verbindliche Festlegungen darüber ermöglichen, wie es sich mit etwas verhält. Nur dort, wo begriffliche Verwendungen im Prozess der Kommunikation kritisierbar und korrigierbar sind, stehen im Denken und Sprechen verständliche Unterscheidungen zur Verfügung, die eben darum verständlich sind, weil ihnen eine im sprachlichen Geschehen *bestimmte* Verwendung zukommt. Diese Bestimmtheit von Ausdrücken und Äußerungen hat überdies einen holistischen Charakter, insofern sich die spezifischen Gehalte von Ausdrücken und Überzeugungen allein in Abhebung voneinander und in Verschränkung miteinander herausbilden können.[3] Im Medium einer intersubjektiven Sprache – und nur in diesem – kann es darum einen Anspruch auf *Wahrheit* von Aussagen geben: den Anspruch, dass mit einer Behauptung nicht allein etwas *Bestimmtes* gesagt, sondern darüber hinaus eine *zutreffende* Bestimmung gegeben wird.[4] Nur in und mit den Bestimmungen einer Sprache kann die Bestimmtheit der Welt zur Sprache kommen.

Hierbei darf jedoch nicht vergessen werden, dass es andere Formen des Bestimmens und der Bestimmtheit gibt als durch die Sätze einer Sprache. Man denke an Bilder, insbesondere Fotogra-

---

3 Zum angemessenen Verständnis dieses bedeutungstheoretischen Holismus vgl. M. Seel, Für einen Holismus ohne Ganzes, in: Ders., Sich bestimmen lassen, a. a. O., 89–100, und G. W. Bertram, Der Zusammenhang von Sprache und Objektivität im semantischen Holismus. Oder: Wie überlebt der Empirismus unter den Bedingungen des Holismus?, in: Bertram/Lauer/Liptow/Seel (Hg.), Die Artikulation der Welt, a. a. O., 187–207.

4 Vgl. hierzu genauer J. Liptow, Minimaler Empirismus und perspektivischer Externalismus, in: Bertram/Lauer/Liptow/Seel (Hg.), Die Artikulation der Welt, a. a. O., 87–106.

fien, an die charakterisierende Funktion von Musik in Spielfilmen, an Piktogramme, Gesten und andere Arten von Zeichensystemen. Sprache, im Sinn mündlicher oder schriftlicher Rede, ist keineswegs das einzige Medium einer Situationen und Sachverhalte bestimmenden Artikulation. Es ist lediglich das einzige Medium *gedanklichen* Bestimmens. Diesem aber kommt eine konstitutive Rolle für alles Erkennen (im engeren Sinn des Wortes) zu. Denn auch wenn nicht alles Erkennen sprachlich ist, so gibt es doch kein Erkennen ohne Sprache. Ein Bild sagt bekanntlich mehr als tausend Worte; es »sagt« dies aber nur denen, die Worte haben und daher an und in ihm Charaktere und Bezüge unterscheiden können, wodurch sie als Betrachter aufmerksam werden für das, was es an Differenzen markiert, die zusammen gerade nicht auf den Begriff gebracht werden können. Diese Beobachtung lässt sich verallgemeinern: Das Unbeschreibliche der Wahrnehmung öffnet sich nur vor dem Hintergrund des an ihr und in ihr Beschreiblichen. Die Erkenntnis im Medium sprachlich formulierter Gedanken öffnet Wege auch zu Weisen der Kenntnis, die sich nicht oder nicht durchgängig im Medium des Gedankens vollziehen, obwohl der Gebrauch dieses Mediums eine Bedingung ihrer Möglichkeit ist.

Sprache ist ein für alles Erkennen konstitutives Medium auch in dem Sinn, dass sie denen, die über sie verfügen, Wege auch in andere Weisen des kennenden und erkennenden Bewusstseins bahnt. Gerade deshalb ist es wichtig zu klären, in welcher Weise die Bestimmtheit der Welt im Medium sprachlich artikulierter Gedanken zur Sprache kommen kann. Eine Klärung dieser Frage trägt maßgeblich zu einer Klärung der anderen bei, wie nichtsprachliche – oder angemessener: nicht *nur* sprachliche – Erkenntnis zu verstehen ist. Kenntnis wird zu Erkenntnis, so habe ich oben vorläufig gesagt, wo wir das, womit wir wahrnehmend bekannt geworden sind, mit begrifflicher Bestimmtheit wenigstens identifizieren und kommentieren können. Erkenntnis wird zu einer gesteigerten Kenntnis, so möchte ich nun im Vorgriff auf Abschnitt 5 hinzufügen, wenn sie durch den begrifflichen Kontakt zu einer Vergegenwärtigung der Besonderheit des phänomenal Gegebenen leitet. Dies lässt Raum für die Frage nach der *Reichweite* begrifflich-propositionaler Bestimmtheit. Die begriffliche Identifikation eines Gegenstandes kann diesen unter allen anderen so herausheben, dass er einer nicht durchgängig begrifflich operierenden Anschauung zugänglich wird. Ein Kommentar kann auf Verhältnisse an seinem Gegenstand hinweisen und sie auf diese Weise für eine intensivierte Erfahrung freigeben, deren Gehalt in begrifflicher Rede nicht ausgesprochen werden kann. Was diese eingeschränkte sprachliche Artikulierbarkeit von Weltverhältnissen bedeutet, wird jedoch klarer im Kontrast zu Erkenntnisformen, die ihr Ziel in einer Konstatierung von Sachverhalten haben, in deren zutreffender Bestimmung die gesuchte Erkenntnis aufgeht. Daher wende ich mich zunächst der Frage nach dem Verhältnis von gedanklicher Bestimmung und gedanklich Bestimmtem zu. Anschließend werde ich am Beispiel der Wahrnehmung erörtern, worin sich propositionale von »nichtpropositionaler« – oder wiederum angemessener: *begriffliche* von *begriffsgestützter* – Erkenntnis oder Kenntnis unterscheidet.

4. Zur Bestimmtheit der Welt

Bei der Frage nach dem Verhältnis der Bestimmtheit der Sprache und derjenigen der Welt müssen von vornherein zwei extreme Antworten zurückgewiesen werden: eine radikal konstruktivistische nicht weniger als eine radikal abbildrealistische. Die Bestimmtheit der Welt wird von uns im Gebrauch unserer Sätze nicht *gemacht* (es sei denn natürlich, es handelt sich um die Bestimmtheit von Gedanken, Institutionen und dergleichen); genauso wenig aber ist sie in der Welt von sich aus vorgegeben, so dass sie im Gebrauch von Sätzen nur noch nachgebildet werden müsste. Trotzdem kommt viel darauf an, die Wahrheit in beiden Positionen zu sichern. Bestimmtheit, so viel ist am Konstruktivismus richtig, muss von Bestimmung her gedacht werden; ohne eine Erläuterung der *Möglichkeit* des erkennenden Bestimmens ist nicht zu sagen, worin die Bestimmtheit der Welt besteht. Andererseits ist so viel am Realismus richtig, dass diese Bestimmtheit nicht auf ein gedankliches Bestimmtwerden reduziert werden darf; die Verfassung der Welt ist nicht vom Stand unseres Erkennens abhängig. Die Alternative zwischen einem blanken Konstruktivismus und einem blanken Realismus erweist sich somit bei näherem Hinsehen als falsch. Beide verfehlen den für das Bestehen von theoretischem Wissen konstitutiven Zusammenhang von Sprache und Welt.[5] Von beiden lässt sich im Übrigen sagen, dass sie den Gegenstand des Erkennens auf eine unzulässige Weise an das menschliche Erkennen assimilieren. Einem blanken Konstruktivismus stellt es sich so dar, als wäre die Welt gleichsam ein von unserer Hand geschriebener Text. Einem blanken Realismus hingegen stellt es sich so dar, als wäre die Welt ein von fremder Hand geschriebener Text, der in unser Denken nur noch übersetzt werden müsste. In beiden Versionen erscheint die Welt als eine sei es angefertigte, sei es vorgefertigte Konfiguration von Tatsachen – als eine, die von uns immer neu geschaffen wird, oder als eine, die seit alters her darauf wartet, von uns immer weiter entdeckt zu werden. So gesehen, laufen Konstruktivismus und Realismus letztlich auf dasselbe hinaus, nämlich auf die Vorstellung einer durchgehend artikulierten Welt, nur dass diese Artikulation im einen Fall eine *Erfindung* erkennender Wesen und im andern Fall etwas ist, das diese in ihrem Erkennen *vorfinden*. Die Welt aber ist nichts, was – sei es von sich, sei es von uns aus – durchgängig nach dem Rhythmus des Denkens gegliedert wäre. Dass sie für gedankliches Bestimmen *offen* ist, bedeutet nicht, dass sie nach Maßgabe unseres oder sonst eines gedanklichen Bestimmens *ist*. Der Text der Welt steht nicht geschrieben.

---

5 Vgl. M. Seel, Der Konstruktivismus und sein Schatten, in: Ders., Sich bestimmen lassen, a. a. O., 101–122.

Gedanken, für die wir Erkenntnis beanspruchen können, sind vielmehr nur im Kontext einer Sprache gegeben, in deren Gebrauch ein Zusammenhang zwischen verschiedenen Sprechern und einer von ihnen verschiedenen gegenständlichen Welt hergestellt werden kann. Wissen kann nur erwerben, wer seine eigenen Überzeugungen als Meinungen begreift, die im Angesicht einer mit anderen geteilten Welt diesen gegenüber mitteilbar und vertretbar sind. Gelingende Kommunikation, wie es sie unter den Menschen nun einmal gibt, setzt voraus, dass die Teilnehmer dabei über Dinge sprechen können, die nicht lediglich *Effekte* ihres jeweiligen Denkens und Sprechens, sondern eine von ihrem jeweiligen Dafürhalten unabhängige Quelle ihres Sagens und Meinens sind. Andernfalls könnten sich verschiedene Sprecher nicht auf *dieselbe* Sache beziehen und somit überhaupt nicht sicher sein, dass sie sich auf *Sachen* beziehen. Als Gegenhalt des Sagens und Meinens aber können die Objekte und Ereignisse der Welt nur in Erscheinung treten, wenn sie im kommunikativen Austausch auf eine vielfach zutreffende Weise charakterisiert werden, denn andernfalls könnten die Teilnehmer nicht registrieren, dass bzw. wann sie sich auf dieselben Sachen beziehen. Nach einem Argument von Davidson haben wir wahre *und falsche* Meinungen über uns selbst, die anderen und die übrige Welt nur, weil wir über eine Vielzahl von (vielfältig miteinander verbundenen) *wahren* Meinungen über naheliegende Aspekte der Welt verfügen. Wir verstehen uns selbst und einander nur, weil wir füreinander *verstehbar* sind in der Rede über eine äußere Welt, die nicht insgesamt eine Ausgeburt unseres Denkens ist.[6]

Auf dieser Basis lässt sich das scheinbare Paradox auflösen, das in der These einer Abhängigkeit des Weltbegriffs von dem des Erkennens liegt. In der Reflexion auf das Verstehen unserer selbst und der anderen stellen wir fest, dass wir uns erfolgreich auf eine Welt außerhalb unseres Denkens beziehen können und dass diese

---

6 Vgl. D. Davidson, Drei Spielarten des Wissens, in: Ders., Subjektiv, intersubjektiv, objektiv, a. a. O., 339–363.

Bezugnahme eine Bedingung unseres Verstehens ist. Wenn wir die Welt nur konsequent genug von unserem Denken her denken, erkennen wir, dass wir uns unausweichlich, wenngleich keineswegs immer erfolgreich, auf eine objektive, unabhängig von uns bestehende Welt beziehen – nicht auf eine Welt kognitiv unzugänglicher »Dinge an sich«, sondern auf eine Welt aus Kaninchen und Gestirnen, Tischen und Installationen, Gewittern und Quarks, zu der wir durch viele unserer Überzeugungen tatsächlich Zugang haben.

Freilich drängt sich hier der Einwand auf, diese Darlegung sei zu elegant, um wahr sein zu können. Eine mögliche Begründung dieses Verdachts liegt in dem Hinweis auf die konstitutive *Beschränktheit* des sprachlichen Erkenntnismediums, in dem sich das menschliche Erkennen vollzieht. Beschränkt ist dieses Medium, weil es Ausdruck und Ergebnis historischer Praktiken ist, die von den Bedürfnissen und Affinitäten derer geprägt sind, die ihre Lebensumgebung gedanklich zu erkunden vermögen. Beschränkt ist dieses Medium, weil es alles, was durch seinen Gebrauch sondiert wird, in bestimmten, miteinander nicht ohne weiteres vereinbaren *Perspektiven* zur Darstellung bringt, mit denen Relevantes von Irrelevantem, Aussprechliches von Unaussprechlichem, Darstellbares von Undarstellbarem geschieden wird. Beschränkt ist das Medium der Sprache und mit ihr das propositionale Denken, weil es gar nicht anders gebraucht werden kann als zur Entwicklung von nicht alternativlosen und in diesem Sinn arbiträren Perspektiven auf mögliche Gegenstände der Erkenntnis. Man denke an unterschiedliche Perspektiven der technischen Verfügung, an solche des sozialen Austauschs einschließlich seiner moralischen, rechtlichen und politischen Regelungen, an solche einer religiösen und ästhetischen Praxis bis hin zu den unterschiedlichen Perspektiven der im Lauf der Geschichte sich stetig verzweigenden und vereinenden Wissenschaften. Wenn aber kognitive Perspektiven auf diese Weise per definitionem beschränkt sind, wie können sie dann mit Gewissheit solche auf eine objektive Welt sein, und mehr noch: Wie kann der

Begriff einer objektiven, in ihrer Existenz und Beschaffenheit von unserem Denken unabhängigen Welt überhaupt im Ausgang von der Perspektivität des Erkennens erfasst werden?

An diesem Punkt kommt alles darauf an, *wie* über die Bestimmtheit der Sprache und der Welt nachgedacht wird. Bestimmtheit, so lautete mein Ausgangspunkt, ist ohne Bestimmung nicht zu denken. Die Bestimmtheit, die die Welt hat, ist in einem begrifflichen Sinn nicht zu trennen von derjenigen, die wir (oder andere erkennende Wesen) in der Ausformulierung von Gedanken über sie gewinnen können. Jede Bestimmung aber, die wir im Gebrauch unserer Begriffe geben, ist eben darin bestimmt, dass sie beschränkt, und eben darin beschränkt, dass sie bestimmt ist. Sie ist *diese* Bestimmtheit *dieses* Gegenstands oder Gegenstandsbereichs und nicht jene jenes; sie ist eine Bestimmtheit aus *dieser* Perspektive und nicht eine aus *jener*. Wir können Bestimmung ohne Beschränkung überhaupt nicht denken, geschweige denn erreichen. Und nicht allein wir, die wir die natürliche und kulturelle Ausstattung haben, die wir nun einmal haben, niemand, kein denkbares erkennendes Wesen, wie immer man es sich auch ausgestattet denkt, könnte bestimmend sein, ohne darin beschränkend zu sein. Solange man sich Götter, Aliens und andere Fabelwesen überhaupt als denkende denkt, solange man ihnen – wenn auch auf eine unbescheidenere Weise als uns selbst – Erkenntnisfähigkeit zuspricht, spricht man ihnen die Fähigkeit zu *bestimmter* Erkenntnis und damit zu einer auf Bestimmtes *beschränkten* Erkenntnis zu. Wer wissen will, kann und darf nicht alles wissen wollen. Allwissenheit wäre Unwissenheit: ein Wissen, das nicht länger eines von etwas Bestimmtem wäre – und daher überhaupt kein Wissen.

Daraus folgt, dass jede noch so allgemeine Erkenntnis in einem bestimmten Sinn relativ ist. Sie ist relativ nämlich zu dem, was jeweils erkannt werden *soll*, und relativ zu den Medien, durch die jeweils erkannt werden *kann*. Diese Relativität betrifft jedoch nicht die *Gültigkeit* des im günstigen Fall Erkannten, sondern lediglich den *Fokus* dessen, was im Zuschnitt der Erkenntnismittel erkannt werden kann. Wenn es gelingt, innerhalb einer jeweiligen Perspektive wahre Bestimmungen von Aspekten der Welt zu geben, dann *ist* damit Erkenntnis der objektiven Welt erreicht. (Man darf die Perspektivität des Erkennens nicht mit einem außerperspektivischen Erkennen vergleichen, denn ein solches gibt es nicht.) Dass unser Erkennen, wenn und weil es Erkennen ist, immer beschränkt – nämlich bestimmt – ist, bedeutet also nicht, dass die so gewonnenen *Erkenntnisse* in einem pejorativen Sinn »beschränkt« wären. Wer im Großen und Ganzen verständliche begriffliche Perspektiven hat, *hat* damit einen erkennenden Zugang zu Verhältnissen der objektiven Welt. Aber auch die Umkehrung gilt: Wer überhaupt einen erkennenden Zugang zu etwas hat, hat einen *beschränkten* Zugang zu den Gegenständen seiner Erkenntnis – denn sonst hätte er überhaupt keinen Zugang. Für erkennende Wesen, bedeutet dies, ist die Welt *bestimmt und unbestimmt* zugleich. Dies ist nicht so, weil sie eine verborgene eigentliche Bestimmung hätte oder weil sie letztlich nicht bestimmbar wäre. Es ist vielmehr so, weil sie *immer weiter* und *anders* – aus anderen Perspektiven, mit anderen Anforderungen an die Art und Genauigkeit der gesuchten Erkenntnis – bestimmt werden kann: weil alles Bestimmen – und auch alles philosophische Bestimmen des Bestimmens – seiner Natur nach aspekthaft ist. Alles Bestimmte hat die Kehrseite des Unbestimmten, gerade wenn es Bestimmtes und darüber hinaus zutreffend Bestimmtes ist. Alles Unbestimmte andererseits hat die Kehrseite einer möglichen Bestimmbarkeit, gerade wenn es vorerst oder – gemessen an den kognitiven Fähigkeiten einer Spezies – nachhaltig unbestimmt bleibt.

Die Welt, mit anderen Worten, hat kein Sosein im Sinne einer denkbaren vollständigen Beschreibung ihrer Zustände. Sie hat keine *eine* Verfassung, die durch eine solche Beschreibung – und damit: durch eine letztgültige Beschreibungs*art* – wiedergegeben werden könnte. Das heißt nicht, dass ihre Objekte und Ereignisse keine Verfassung hätten; sie sind aus Holz, sie wiederholen sich in periodischer Folge, sie erschüttern die politische Welt, sie bewegen sich mit Lichtgeschwindigkeit fort, sie nehmen an einer Quizsendung teil, sie waren haltbar bis zum 15. 7. 2005 – und vieles Weitere mehr. »Und vieles weitere mehr« – diese Klausel markiert das, was die *Welt* von der *Reichweite unseres Wissens von ihr* unterscheidet. Die Welt ist reicher als alles, was wir – und erneut: nicht nur wir, sondern jedes denkbare erkennende Wesen – an ihr und in ihr erkennen können und könnten. Hierin liegt das Element der Wahrheit in Kants Unterscheidung zwischen einer Welt für uns und einer Welt an sich. Aber dies sind keine *zwei Welten* – eine der »Phaenomena« hier, eine der »Noumena« dort –, sondern es ist *eine objektive Welt*, deren Prozesse uns in unterschiedlichen Maßen kognitiv zugänglich sind. Es gehört zum Wesen dieser Welt, und überhaupt zum Wesen einer *Welt* im vollen Sinn des Wortes, dass sie erkennenden Wesen nicht nur *ein* Wesen zeigt und also: dass sie im herkömmlichen Verständnis gar keines hat. Die Welt, mit anderen Worten, ist nicht ein Inbegriff dessen, was wir oder sonst jemand hier und heute – oder morgen oder sonst eines fernen Tages – erkannt haben oder erkennen werden; sie ist jedoch ein Inbegriff dessen, was durch uns oder andere Erkennende *erkennbar* ist – aber auch das nur, solange mit dieser Erläuterung keine falsche Totalisierung verbunden ist. Die Welt als bestimmbar zu denken heißt, ihre Objekte und Ereignisse als begrifflich immer *weiter* und *anders* bestimmbar (und allein in diesem Sinn als *überall* bestimmt) zu denken.

5. Zur Bestimmtheit der Wahrnehmung

Selbst wenn die voranstehende Skizze plausible Linien gezogen hat, sie hat noch keine angemessene Antwort auf die Frage nach der Bestimmtheit der Welt gegeben. Es könnte sogar der Eindruck entstehen, dass meine Ausführungen eine solche Antwort verstellt haben. Denn sie scheinen den Bestand der Welt auf ein Spektrum der Möglichkeiten dessen zu reduzieren, was aus jeweiligen Hinsichten über sie aussagbar ist. Zwar setzen sie die Welt nicht geradewegs mit dem gleich, was in wahren Sätzen über sie ausgesagt werden kann, aber sie scheinen sie doch auf den Leisten denkbarer sprachlicher Bestimmungen zu spannen. Man muss jedoch nur einen Augenblick in Vollzügen der Wahrnehmung verweilen, um zu sehen, dass dies unangemessen wäre. Der Gehalt von Wahrnehmungen geht im Gehalt von Aussagen über das Wahrgenommene nicht auf. Diesem Memento freilich kann eine Überlegung auf der bisherigen Spur durchaus gerecht werden. Denn in dem Hinweis auf das Verhältnis von Bestimmtheit und Unbestimmtheit in allem Erkennen liegt ein Schlüssel für eine liberale Fassung der Begriffe des Kennens und Erkennens, die diese nicht auf das Modell der propositionalen Erkenntnis reduziert, und entsprechend: die die Bestimmtheit der Welt nicht nach dem Modell allein ihrer aussageförmigen Bestimmbarkeit fasst. Zugleich aber darf der Begriff dieser Bestimmtheit nicht von dem der begrifflichen Erkenntnis entkoppelt werden. Denn ohne das Element der begrifflichen Bestimmbarkeit gibt es keine Bestimmtheit – auch keine, die über das begrifflich Bestimmbare hinausreicht. Begriffliche *Erkenntnis*, so möchte ich sagen, öffnet den Zugang zu einer nicht allein begrifflichen *Kenntnis* von Objekten der Anschauung, die ihrerseits als eine Aufnahme *bestimmter* phänomenaler Verhältnisse verstanden werden muss: von Verhältnissen jedoch, die sich einer durchgängigen *begrifflichen* Erkenntnis entziehen. Durch Wahrnehmungen, so lautet daher meine These, gewinnen wir eine Kenntnis der Welt, die sich grundsätzlich von der Weltkenntnis von Lebewesen unterscheidet, denen das Medium einer begrifflichen Sprache nicht zur Verfügung steht. Auf dem Niveau der begrifflichen Erkenntnis steht eine erweiterte Kenntnis der sinnlichen Welt zur Verfügung, die diese in einer Bestimmtheit aufnimmt, die ohne Begriffe nicht zugänglich wäre, obwohl sich von ihr kein zureichender Begriff geben lässt.

Das Problem lässt sich im Blick auf John McDowells in *Mind and World* entwickelte Position verdeutlichen. »The world is embraceable in thought«, schreibt McDowell an einer zentralen Stelle[7] und scheint damit eine ungebremst propositionalistische Auffassung zu vertreten. Jedoch ist auch McDowell bestrebt, die idealistische Konsequenz einer Gleichsetzung der Welt mit der zu einem denkbaren Zeitpunkt erkennbaren Welt abzuwehren.[8] Eine solche Auffassung würde der im vorigen Abschnitt formulierten Kritik an einer Totalisierung der Bestimmbarkeit verfallen, von der her die Bestimmtheit der Welt zu denken ist. Eine Differenz zwischen der Welt und ihrer Erkennbarkeit ist für die Begriffe sowohl der Welt als auch der Erkenntnis konstitutiv. Dies lässt sich anerkennen, ohne eine Kluft zwischen Welt und Geist zu etablieren. Dass die Welt uns, wie ich zu zeigen versucht habe, in *unbestimmt* vielen Dimensionen und Aspekten offen steht, ist der entscheidende Grund dafür, warum von einer *Barriere* zwischen Geist und Welt keine Rede sein kann. Wir wissen nicht und können nicht wissen, *wie weit* die Welt uns kognitiv zugänglich ist, aber obwohl wir das nicht wissen, wissen wir, dass sie uns in erheblichem Maß zugänglich *ist*. Im Medium einer immer auch unbestimmten Vernetzung von Begriffen und Gedanken müssen wir die Welt als eine nie vollständig bestimmbare Verknüpfung von Zuständen und Ereignissen verstehen, die vielfach *nicht* die Form von Begriffen und begrifflichen Beziehungen haben.[9] Vermöge der Konfigurationen unseres Denkens erkennen wir Konfigurationen der Welt. Weiter als zu einer Erkenntnis von Konfiguration*en* des Seienden aber können wir durch die Natur unseres – und wenn ich recht habe: durch die Natur *des* – Denkens überhaupt nicht kommen. Mit jeder Bestimmung und erst

---

7 J. McDowell, Mind and World, Cambridge/Mass. 1994, 33.
8 Vgl. McDowell, Mind and World, a. a. O., 28 u. 39 f. – David Lauer hat mich darauf hingewiesen, dass man McDowell *up to a point* so lesen *kann*, dass er die angedeutete idealistische Konsequenz vermeidet.
9 Hier folge ich einem Vorschlag von Jasper Liptow, der zugleich den Punkt markiert, der meine Darlegung von McDowells begriffsrealistischen Formulierungen trennt.

recht mit jeder *Art* der Bestimmung, so trennscharf und produktiv sie auch seien, entsteht eine neue Zone des vorerst oder nachhaltig Unbestimmten. In dieser Unbestimmtheit des Bestimmens liegt aber zugleich, dass es keine festliegende Grenze des Erkennens gibt. McDowells These einer »Unbegrenztheit des Begrifflichen« lässt sich auf diese Weise ohne eine idealistische Gleichsetzung von Sein und Denken reformulieren.

McDowell versucht, dem Gehalt von Wahrnehmungen auf eine Weise gerecht zu werden, die ihn erkenntnistheoretisch zu rehabilitieren erlaubt. Er verweist darauf, dass Wahrnehmungseindrücke häufig eine propositionale Struktur haben: Ich nehme wahr, dass die Dinge so und so liegen, und dies berechtigt mich zu dem Urteil, dass sie so und so sind. Auch gelingt es McDowell, in Anknüpfung an Kant eine einleuchtende Deutung der charakteristischen Passivität der Wahrnehmungserkenntnis zu geben. Wer in einer Sprache zu Hause ist und folglich über die entsprechenden Prädikate verfügt, kann in jeweiligen Situationen häufig gar nicht anders, als dieses Gras als grün, dieses Telefon als läutend, diesen Apfel als sauer, diesen Ball als rund, dieses Wasser als kalt zu vernehmen. Die Welt greift hier gleichsam nach unserem für solcherlei Wahrnehmungseigenschaften ausgebildeten Vokabular. Diese Begriffe zu beherrschen bedeutet, in Situationen der Wahrnehmung von ihnen beherrscht zu werden, und zwar so, dass es die jeweiligen Zustände der Welt sind, die ihnen ihre Macht über unsere Aufmerksamkeit verleihen. Erfahrungen über die Welt zu machen heißt hier, begrifflich durch die Erscheinungen der Dinge bestimmt zu sein, auch wenn die *Art* ihrer Aufmerksamkeit für die Welt stets vonseiten der Wahrnehmenden variiert werden kann.

Aber ist damit der spezifische Gehalt von Wahrnehmungen ausreichend beschrieben? Ist es nicht so, dass Wahrnehmungen oft einen sehr viel reicheren Inhalt haben, als sich begrifflich artikulieren ließe? Dann wäre die Theorie der begrifflich instrumentierten Rezeptivität eine empfindliche Verkürzung dessen, was im Vollzug von Wahrnehmungen geschieht. McDowell versucht dieses Problem bekanntlich dadurch zu lösen, dass er demonstrativen Ausdrücken eine tragende begriffliche Rolle in der Artikulation von Wahrnehmungen zuschreibt: »dieses Gesicht«, »dieses Rot«, »diese Landschaft« sollen in der Wahrnehmung so fungieren, dass sie auf die Nuanciertheit oder »Feinkörnigkeit« des Wahrgenommenen verweisen, ohne den Anspruch, diese deskriptiv ausbuchstabieren zu können. Diese Begriffe geben einer komplexen Tatsache oft angemessener Ausdruck als eine ellenlange Beschreibung. Zugleich verweisen sie darauf, dass der Gehalt der entsprechenden Wahrnehmungen allein in einer Konfrontation mit entsprechenden Objekten erfasst werden kann.[10]

Man sieht hier zunächst, worum es in der von McDowell belebten Diskussion um die Reichweite des Begrifflichen und seiner Kritik an der These nichtbegrifflicher Wahrnehmungsgehalte letztlich geht. Es geht um die Frage, wie die Bestimmtheit der Welt zu denken ist – wie zu denken ist, dass die Welt unserer erkennenden Erschließung offen steht. Jedoch schwebt die Debatte um die Begrenztheit des Begrifflichen zumindest in der Gefahr, sich in eine falsche Alternative treiben zu lassen. Entweder, so lautet diese, wir müssen mit nichtbegrifflichen Erfahrungsgehalten rechnen, die *dann auch* begrifflich angesprochen werden können, oder aber wir müssen den gesamten relevanten Gehalt epistemischer Reaktionen als durch und durch begrifflich verstehen. Ein solches Entweder-oder aber stellt sich bei genauer Betrachtung nicht. Richtig ist vielmehr, dass die bewusste Wahrnehmung von Wesen, die über eine volle begriffliche Kompetenz verfügen, immer bereits eine begriffliche ist, ohne dass diese Begriffe jedoch den Gehalt von Wahrnehmungen vollständig wie-

---

10 Vgl. McDowell, Mind and World, a.a.O., Lecture 3. Auf die Frage der Rechtfertigung von Wahrnehmungsurteilen durch Wahrnehmungen gehe ich im Folgenden nicht ein; vgl. hierzu D. Lauer, Die Welt im Blick haben. McDowell über das Wahrnehmen von etwas als etwas, in: Bertram/Lauer/Liptow/Seel (Hg.), Die Artikulation der Welt, a.a.O., 65–86.

dergeben könnten. In einer Formel: Erkenntnis und die durch sie ermöglichte Kenntnis sind nicht durchgängig begrifflich, aber durchgängig begriffsgestützt.

Mit der Wendung »Erkenntnis und die durch sie ermöglichte Kenntnis« nehme ich eine terminologische Differenzierung vor, die am Ende von Abschnitt 1 vorbereitet wurde, als ich den für meine Überlegungen leitenden »engeren« Begriff der Erkenntnis an die Kompetenz gebunden habe, »etwas mit begrifflicher Bestimmtheit – *oder in einem Zusammenhang mit ihr* – auseinander zu halten«. Die Differenzierung zwischen Erkenntnis und Kenntnis, die ich jetzt vornehme, ist als eine Differenzierung *innerhalb* der Fähigkeit zu begrifflicher Erkenntnis zu verstehen. Sie gestattet es zum einen, den Begriff der Erkenntnis enger an eine urteilsförmige Struktur zu binden; eine Erkenntnis zu gewinnen heißt demnach, etwas auf zutreffende Weise als etwas aufzufassen. Sie gestattet es zum anderen, eine am Leitkörper dieser begrifflichen Erkenntnis zugängliche *Form der Kenntnis* auszuzeichnen, in der etwas – *dasselbe* Etwas, über das im Zuge seiner Wahrnehmung Urteile gefällt werden können – auf eine begrifflich nicht ausschöpfbare Weise zur Erfahrung kommt. Dieser Vorschlag erlaubt es, mit Kant und McDowell daran festzuhalten, dass Wahrnehmung eine wesentlich begriffliche Komponente hat. Er erlaubt es, zu sagen, dass sich eine Welt des Besonderen, Unbeschreiblichen, Ineffabilen allein solchen Lebewesen auftut, die im Medium der Sprache über die Fähigkeit der begrifflichen Identifikation und Diskrimination verfügen. Diese Fähigkeit macht es möglich, im Wahrnehmen bei diesem Gesicht, dieser Landschaft, diesem Schreibtisch, dieser Farbe, diesem Klang usw. zu verweilen und hierbei eine unaussprechliche Fülle von Charakteren und Bezügen zur Kenntnis zu nehmen. Auf diese Weise wird etwas *Bestimmtes* vernehmbar – etwas, das begrifflich als dieses oder jenes identifiziert und charakterisiert werden und auf das man mit Bestimmungen dieser oder jener Art hinweisen kann als etwas, das eine aufmerksame Betrachtung lohnt. In dieser Aufmerksamkeit jedoch kann es in einer sinnlichen Präsenz zur Wahrnehmung kommen, die deskriptiv nicht erfasst werden kann – in einer phänomenalen Bestimmtheit, von der wir wahrnehmend Kenntnis gewinnen, die wir aber unabhängig von der Wahrnehmungssituation nicht festhalten können. Nur *begrifflich* ist die Besonderheit von phänomenalen Gegebenheiten zugänglich, aber sie ist nicht durchweg *als* begriffliche zugänglich.

Dies ist deshalb so, weil sich Objekte der sinnlichen Wahrnehmung grundsätzlich in einem komplexen Zugleichbestehen von Qualitäten und Aspekten darbieten. Immer weitere Eigenschaften können oder könnten an ihnen diskriminiert werden; immer weitere Arten der Ansicht können oder könnten ihnen gewidmet werden. Auf immer Weiteres könnte ich achten; immer weitere Arten der wahrnehmenden Beachtung könnte ich hervorbringen. (Immer genauer könnte ich die Maserung dieser Schreibtischoberfläche beobachten; ich könnte auf den Wechsel des Lichts achten, könnte meinen Blickwinkel fortwährend ändern, ich könnte die Fläche auch tastend erkunden, in ihrer Akustik erproben, ihren Geruch zu atmen versuchen, ich könnte sie wie eine Bildfläche von Anselm Kiefer betrachten, ich könnte die Maserung als Hieroglyphenschrift imaginieren, usf.) In Zeit und Raum können Objekte der Wahrnehmung immer wieder anders erscheinen oder immer wieder anders sinnlich aufgefasst werden: und doch sind es jeweils dieselben Gegenstände – eine Landschaft, ein Gesicht, eine Tischplatte –, die in ihrer phänomenalen Verfassung zur Anschauung kommen. So sehr man sagen kann, dass sich jeder Zug am Gegenstand, der hierbei auffällig wird, mit begrifflichen Mitteln beschreiben lässt, das Zusammenbestehen dieser Züge und die Varietät der Bezüge, in denen sie untereinander stehen, spottet jeder konstatierenden Beschreibung.

Phänomenales und propositionales Bewusstsein von Gegenständen, so folgt daraus, fallen nicht zusammen.[11] Sie nehmen

---

11 Ich fasse den Ausdruck »phänomenales Bewusstsein« hier erheblich weiter als in seiner üblichen terminologischen Verwendung innerhalb der Philosophie des Geistes. Er bezieht sich auf Formen der

ihre Objekte mit unterschiedlicher Akzentuierung auf. Das phänomenale Bewusstsein vergegenwärtigt eine Dichte des Bestimmtseins, die mit begrifflichen Mitteln nicht reproduzierbar ist, auch wenn sie sich allein einer begrifflich *instrumentierten* Wahrnehmung offenbart. Wir haben es mit einer Erfahrung der Bestimmtheit der Welt zu tun, die dem begrifflichen Bestimmen gegenüber mit Notwendigkeit unbestimmt bleibt; aber sie bleibt es notwendigerweise *ihm gegenüber*. Die phänomenale Präsenz von Objekten und Ereignissen *übersteigt* das Vermögen ihrer deskriptiven Erfassung, aber es *gibt* sie in der soeben beschriebenen Art nur zusammen mit der Möglichkeit der begrifflichen Musterung, die in ihrem Angesicht an eine Grenze ihres Fassungsvermögens gelangt.

Jedoch zeigt sich hier erneut keine irgendwo festliegende Grenze zwischen Geist und Welt. Vielmehr handelt es sich um Grenzen, die sich allein *innerhalb* der begrifflichen Welterschließung auftun: um Grenzen zwischen dem, was über die Welt *aussagbar* und was an und in ihr *vernehmbar* ist. Dies lässt sich in voller Übereinstimmung mit unserem kantianischen Grundsatz sagen, dass die Bestimmtheit der Welt von ihrer Bestimmbarkeit her gedacht werden muss. Denn nach dem oben Gesagten muss diese Bestimmbarkeit stets in ihren Grenzen gedacht werden – in den Horizonten der Unbestimmtheit, die sich mit jeder Art des Bestimmens öffnen. Ein paradigmatischer Fall dieser Unbestimmtheit im Bestimmen ist gerade die Wahrnehmung. Der Gehalt von Wahrnehmungen übersteigt das, was sie an propositionaler Erkenntnis enthalten, und folglich den Inhalt der Urteile, die unter Verweis auf entsprechende Wahrnehmungen gerecht-

---

inneren *und äußeren* Wahrnehmung – und es ist die letztere, um die es mir im gegebenen Kontext vor allem geht. Man könnte an dieser Stelle auch von »Phänomenbewusstsein« oder »phänomenaler Aufmerksamkeit« sprechen: einer Aufmerksamkeit für ein Gegebensein von individuellen Objekten, das sich deskriptiv nicht vollständig erfassen lässt.

fertigt werden können. Dennoch ist der Gehalt einer durch intensive Wahrnehmung erworbenen Kenntnis nicht etwas, das jenseits des Begrifflichen läge. Denn Begriffe sind hier jederzeit im Spiel, auch wenn die begriffliche Rede nicht dafür geschaffen ist, dem *Zusammenspiel* von Bezügen aufseiten des Wahrgenommenen umfassend Rechnung zu tragen. Durch *Aussagen* kann dieser Gehalt nicht vollständig bestimmt werden. Aber er kann nur dort erfahren werden, wo die *Differenz* zwischen Aussage und Erfahrung erfahren werden kann: wo erfahren werden kann, dass ein Reichtum an phänomenalen Qualitäten gegeben ist, der allein anschauend zugänglich werden kann.

Es lohnt sich, dieses Ergebnis noch einmal im Blick auf McDowell zu verdeutlichen. In Bezug auf den Gehalt von Wahrnehmungen macht McDowell den Fehler, deren begriffliche Komponente generell als einen *Ausdruck* ihres Gehalts zu verstehen anstatt als möglichen *Hinweis* auf ihn. McDowell verkennt damit – wie Christiane Schildknecht unter Bezug auf Gareth Evans und Christopher Peacocke zutreffend einwendet[12] –, dass es eine Funktion demonstrativer Bezugnahmen auf den Gehalt von Wahrnehmungen ist, auf die begrifflich nicht ausschöpfbaren Komponenten dieses Gehalts aufmerksam zu machen. Zugleich aber sieht McDowell richtig, dass Begriffe eine jederzeit begehbare Brücke zwischen Wahrnehmung und Urteil bilden. Die bewussten Wahrnehmungen von Lebewesen, die über Begriffe verfügen, sind stets begrifflich imprägniert. In ihnen werden Aspekte des Wahrgenommenen diskriminiert, auseinander- und zusammengehalten und auf diese Weise zur Kenntnis genommen; sie *stützen* sich auf Begriffe, auch wenn sie eine Erkenntnis wahrnehmend zugänglicher Phänomene ermöglichen, die nicht durchweg begrifflich artikuliert werden können. Kenntnis durch

---

12 C. Schildknecht, Epistemische Relevanz und sprachliche Vermittlung. Zwei Problemfelder nicht-begrifflicher Erfahrungsgehalte, in: Bertram/Lauer/Liptow/Seel (Hg.), Die Artikulation der Welt, a.a.O., 49–64.

Wahrnehmung, so muss man deshalb wiederum gegen McDowell sagen, ist nicht generell deckungsgleich mit den Urteilen, die aus ihr häufig resultieren – mit Urteilen der Form, dass es sich mit etwas so und so verhält. Denn Wahrnehmungserkenntnis kann bedeuten, auf das *Erscheinen* einer Sache oder Situation zu achten, auf ein *Zugleichbestehen* von sinnlichen Charakteren, das nicht durch eine noch so prägnante Zuschreibung sinnlicher *Eigenschaften* ausbuchstabiert werden kann.

Hierin dürfte eine grundsätzliche Polarität der menschlichen Wahrnehmung liegen.[13] Einer Wahrnehmung-dass steht hier stets ein Wahrnehmen-wie zur Seite – und vice versa. Wie sehr auch das Wahrnehmen-dass in praktischen Kontexten dominieren mag, es ist immer von einem Wahrnehmen-wie begleitet, das seinerseits in Kontexten ästhetischer Aufmerksamkeit in den Vordergrund tritt, nicht ohne von einem begleitenden Wahrnehmen-dass getragen zu sein. Prinzipiell tut sich diese Polarität in der Wahrnehmung jedes Sinnesobjekts auf, wenn auch oft nicht auf eine auffällige Weise. Jedes bewusste Wahrnehmen ist oder enthält ein Wahrnehmen-dass. Wenn ich etwas als einen roten Ball wahrnehme, nehme ich wahr, dass dies ein Ball und dass er rot ist. (Freilich kann ich mich täuschen: Der vermeintliche Ball könnte ein weißer Kürbis in roter Sonne sein.) Ich sehe (oder vernehme auf andere Weise), was hier (vermeintlich oder tatsächlich) der Fall ist. Aber im Zuge begrifflich bestimmter Wahrnehmungen nehmen wir nicht allein auf, was im Sinn aussagbarer Verhältnisse der Fall ist. Sie sind zugleich ein Wahrnehmen-wie: wie rot der Ball ist, wie das Gesicht »in allen seinen Zügen« gezeichnet ist, wie die Landschaft sich in der Ebene erstreckt usw. Gewiss lässt sich auch über dieses Wie etwas sagen – das Rot ist leuchtend, das Gesicht verhärmt, die Landschaft weit –, aber *es* lässt sich diesseits der Kunst in der Regel nicht sagen, da es von einer Simultaneität und Momentaneität des jeweils Vernehmba-

---

13 Ausführlich hierzu: M. Seel, Ästhetik des Erscheinens, München 2000, bes. 70 ff.

ren gekennzeichnet ist, die von keiner Aussage erreicht werden kann. Mit demonstrativen Ausdrücken weisen wir häufig auf diese Präsenzen hin, *kommentieren* ihre Gestalt und ihren Gehalt, ohne sie begrifflich sichern oder »umarmen« zu können. Es handelt sich hierbei um Modalitäten, die zwar, wie alles Seiende, begrifflich *immer weiter* und ausführlicher bestimmt werden können, die man aber *vernommen* – gesehen, gehört, gerochen, ertastet, geschmeckt – haben muss, um von ihnen im Modus sinnlicher Kenntnis zu wissen. Man muss das *gesehen* (oder gehört usw.) haben, um zu wissen, wie die Gegenwart dieser Zustände und Vorkommnisse ist. Man muss es in seiner relativen begrifflichen Unbestimmtheit auffassen, um es in seiner reicheren phänomenalen Bestimmtheit vernehmen zu können.

Der Fokus menschlicher Wahrnehmung kann auf diese Weise eher auf der Faktizität oder eher auf der Individualität des Wahrgenommenen liegen. Diese Differenz darf jedoch, um es zu wiederholen, nicht als Differenz zwischen begrifflicher und nichtbegrifflicher Wahrnehmung verstanden werden. *Beides* sind Fälle, in denen Begriffe auf die für Wahrnehmungen typische Weise aktiviert werden. Beide Male wissen wir in der Regel, was der Gegenstand der Wahrnehmung ist, der entweder in einem bestimmten Sosein oder aber in seinem individuellen Erscheinen aufgenommen wird. Beide Male wissen wir, dass etwas zur Wahrnehmung kommt, sei es auch ein ansonsten unbeschreibliches Flimmern oder Rauschen.[14] Dieses Etwas ist begrifflich charakterisiert: Es ist ein Soundso, das zur Wahrnehmung kommt. Für Wesen, die über Begriffe verfügen, gibt es keinen Ausgang aus der begrifflich gedeuteten Welt, aber sie haben einen Zugang zu ihr, der ihnen einen Abstand von der *Fixierung* auf ihre begrifflichen Festlegungen erlaubt.

---

14 Vgl. Seel, Ästhetik des Erscheinens, a. a. O., 223–254.

6. Resümee

Ich habe versucht, das Bestimmtsein in Sprache, Welt und Wahrnehmung von der begrenzten Möglichkeit des menschlichen Bestimmendseins her zu erläutern, ohne deswegen eine Grenze oder Kluft zwischen Geist und Welt zu postulieren. Die Bestimmtheit der Welt von den Möglichkeiten ihrer Bestimmung her zu denken, bedeutet weder, sie als umfassend bestimmbar, noch, sie als durch unser Bestimmen unerreichbar zu denken. Vielmehr können wir sie auf verschiedene, wenngleich unvermeidlich beschränkte Weise erkennend erreichen. Wer überhaupt bestimmen will, muss mit Unbestimmtheit leben können. Das primäre Medium des Erkennens ist die Sprache: Sie stellt Unterscheidungen bereit, mit denen etwas in einer – und unter dem jeweiligen Aspekt eines jeweiligen Interesses an Erkenntnis: in seiner – Bestimmtheit charakterisiert werden kann. Diese Fähigkeit zur propositionalen Erkenntnis aber öffnet den Weg zu Formen einer nicht nur propositionalen Kenntnis, die ihrerseits grundlegend an den Möglichkeiten propositionaler Erkenntnis partizipiert. Denn auch der Gehalt von Wahrnehmungen, soweit diese über das Registrieren von urteilsförmig bestimmbaren Tatsachen hinausgehen, ist abhängig von der Fähigkeit der begrifflichen Diskrimination von Aspekten des jeweils Wahrgenommenen. An dem, was sich begrifflich auseinander halten lässt, werden in einer verweilenden Betrachtung Bezüge erkennbar, die in ihrer Simultaneität und Momentaneität unbeschreiblich und in diesem Sinn unaussprechlich bleiben. Dies darf jedoch nicht als ein Mangel, sei es der Wahrnehmung, sei es der begrifflichen Erkenntnis, verstanden werden. Denn gerade durch das Medium begrifflicher Erkenntnis haben sprachfähige Lebewesen Zugang zu einer Sphäre des Besonderen, Einmaligen, Unwiederholbaren und darum sprachlich Uneinholbaren, wie ihnen umgekehrt in Prozessen der Wahrnehmung phänomenal dichte Verhältnisse zugänglich sind, deren Aspekten sie auf eine vielfältige Weise unterscheidend und beschreibend nachgehen können.

»Kenntnis wird zu Erkenntnis«, so habe ich in Abschnitt 2 gesagt, »wo wir das, womit wir bekannt geworden sind, mit begrifflicher Bestimmtheit ansprechen können.« Erkenntnis führt zu einer neuen Form der Kenntnis, so haben die Abschnitte 3 und 5 ergänzt, wenn sie sich durch ihren begrifflichen Kontakt zu einer Vergegenwärtigung der Besonderheit des phänomenal Gegebenen leiten lässt. Wir können das, womit wir wahrnehmend bekannt werden, mit begrifflicher Bestimmtheit *festhalten* oder *kommentieren*; wir können auf diese Weise Gehalte der Wahrnehmungen entweder sichern oder aber sie vergegenwärtigen bzw. an sie erinnern. Diese beiden Fälle des sprachlichen Bestimmens von Zuständen und Ereignissen der Welt, so sollte zuletzt deutlich geworden sein, dürfen nicht assimiliert werden. Im einen Fall sagen wir aus, wie es sich mit einem Ausschnitt der Welt verhält; im andern Fall weisen wir darauf hin, wie ein Ausschnitt der Welt sich in der wahrnehmenden Begegnung – insbesondere im Zuge eines wahrnehmenden Verweilens – darbietet. Im einen Fall setzen wir uns in Kenntnis bestimmter Tatsachen, von denen wir glauben, dass sie bestehen oder bestanden haben; im anderen Fall verweisen wir auf Zustände, wie sie allein erfahrend eruiert werden können oder konnten. Propositionales Erkennen und phänomenales Bekanntsein bilden somit ein Kontinuum einer von Begriffen geleiteten und auf Wahrnehmung basierenden Weltzuwendung, die je nach Kontext eher auf eine Feststellung von Tatsachen oder eher auf eine Vergegenwärtigung des jeweils Erscheinenden gerichtet sein kann. Beides liegt gleichermaßen in der Reichweite des menschlichen Erkenntnisvermögens. Beides transzendiert das bloße Bekanntsein mit Umständen der Lebensumgebung, das in Wahrnehmung und Verhalten nur reaktiv unterscheidet, nicht aber durch eigene Unterscheidungen sich orientieren kann. Sobald diese zusätzliche Fähigkeit aktiviert ist, zeigt sich die Verfassung der Welt als in verschiedenen Hinsichten bestimmt und doch in anderen Hinsichten als begrifflich unterbestimmt und unbestimmt. Die Artikuliertheit der Welt erschließt sich dem Bemühen um erkennende Artikulation auf eine grundsätzlich offene und das heißt: auf eine das Fassungsvermögen begrifflicher Festlegungen durch keine festliegenden Demarkationen übersteigende Weise.

Wenn Adorno in einer berühmten Sentenz seiner *Negativen Dialektik* bemerkt, es komme darauf an, »über den Begriff durch den Begriff hinauszugelangen«,[15] so benennt er bei Licht betrachtet eine Norm, die aller menschlichen Bemühung um Erkenntnis immer schon eingeschrieben ist. Sie muss also gar nicht vom Erkennen, wohl aber sollte ihre Anerkennung von der *Theorie* des Erkennens eingefordert werden.[16] Durch den Begriff und die Bestimmungen, zu denen der Gebrauch von Begriffen leitet, erwerben die, die über ihn verfügen, die Fähigkeit zu einer Wahrnehmung über die Grenzen des begrifflich Bestimmbaren hinaus. Sie können die bestimmbare Welt auch im Licht ihrer verbleibenden Unbestimmtheit vernehmen. Wer über die Fähigkeit der begrifflichen Erkenntnis verfügt, ist so zugleich in der Lage, in seiner Aufmerksamkeit für Dinge und Ereignisse das Fixiertsein auf die begriffliche Fixierung sein zu lassen. Nur die, um es mit Kleists Abhandlung *Über das Marionettentheater* zu sagen, die vom Baum der Erkenntnis gegessen haben, sind in der Lage, zum zweiten Mal vom Baum der Erkenntnis zu essen, nicht um in den Stand einer sekundären Unschuld zu verfallen, sondern um für die Gunst und die Grazie, die Fülle und Überfülle, den Glanz und den Schrecken der sinnlichen Welt empfänglich zu sein. Sie können in den mal sauren, mal süßen Apfel einer fassbaren Einsichten und greifbaren Ergebnissen gegenüber rücksichtslosen Aufmerksamkeit beißen, an dem Hunde wie Katzen und erst recht die Bäume keinen Geschmack finden können.

---

15 Th. W. Adorno, Negative Dialektik, Frankfurt/M. 1970, 25.
16 Zur Deutung der Erkenntnistheorie Adornos siehe M. Seel, Anerkennende Erkenntnis. Eine normative Theorie des Gebrauchs von Begriffen, in: Ders., Adornos Philosophie der Kontemplation, Frankfurt/M. 2004, 42–63.

3. Perspektivität und Objektivität. Überlegungen mit Rücksicht auf Robert Brandom

Perspektivität und Objektivität, so lautet meine These, sind zwei Seiten einer Medaille – einer begrifflichen Medaille, wohlgemerkt. Dieser Gedanke ist alles andere als originell. Kant, Nietzsche und Frege beispielsweise haben ihn in sehr unterschiedlichen Varianten und mit sehr unterschiedlichen Konsequenzen vertreten. Eine wiederum andere Version vertritt in unseren Tagen Robert Brandom. Zunächst aber möchte ich verdeutlichen, in welcher Hinsicht mich der Zusammenhang meiner Leitbegriffe interessiert und inwiefern er für eine pragmatische Erkenntnistheorie von Bedeutung ist. Anschließend werde ich einige Passagen aus *Making it Explicit* kommentieren, um es abschließend zu einer Art *Showdown* zwischen Brandoms und meinem Verständnis von Objektivität kommen zu lassen.

Als Motto möchte ich meiner Überlegung ein Zitat von Frege voranstellen: »So verstehe ich unter Objektivität eine Unabhängigkeit von unserm Empfinden, Anschauen und Vorstellen, von dem Entwerfen innerer Bilder aus den Erinnerungen früherer Empfindungen, aber nicht eine Unabhängigkeit von der Vernunft; denn die Frage beantworten, was die Dinge unabhängig von der Vernunft sind, hiesse urtheilen, ohne zu urtheilen, den Pelz waschen, ohne ihn nass zu machen.«[1]

---

1 G. Frege, Grundlagen der Arithmetik, Hamburg 1988, 41.

1.

Perspektivität und Objektivität – auf den ersten Blick sieht dies wie ein Gegensatz aus. Eine Wahrnehmung oder Auffassung, die *perspektivisch* ist, steht in dem Verdacht, einseitig oder verzerrend zu sein – sie ist an einen Standpunkt gebunden, dem gegenüber es andere Standpunkte gibt, die nicht besser oder schlechter sein mögen als jener. Dieses Aroma der Beliebigkeit haftet unseren Vorstellungen von Objektivität nicht an: Objektiv sind Auffassungen, die sagen, wie die Dinge tatsächlich liegen, und zwar, so scheint es, unabhängig von unterschiedlichen Standpunkten oder Perspektiven, die man zu ihnen einnehmen kann. Hier tritt freilich das Problem auf, dass auch objektive Aussagen nicht einfach standpunktlos sind; man möchte eher sagen, dass sie einem korrekten Verfahren oder einer richtigen Betrachtungsweise entsprungen sind. Wenn das aber so ist, dann ist der Begriff des Objektiven von dem einer jeweils *angemessenen* Perspektive gar nicht zu trennen. Objektivität und bestimmte *Arten* der Sicht- oder Betrachtungsweise verweisen aufeinander. Damit sind wir aber schon bei der erkenntnistheoretisch brisanten Frage, wie es möglich ist, mit beschränkten Mitteln eine Erkenntnis zu gewinnen, die den Anspruch erhebt, selbst nicht beschränkt zu sein.

Dass Perspektivität und Objektivität einander nicht widersprechen müssen, kann das Beispiel der im 15. Jahrhundert systematisch eingeführten Zentralperspektive in der Malerei verdeutlichen. Dieser Perspektivismus dient gerade einer möglichst objektiven Darstellung räumlicher Verhältnisse, wie sie sich einem sehenden Auge darbieten. Er dient außerdem einer objektiven Darstellung der räumlichen Relationen, in denen Dinge in einem gegebenen Raum zueinander stehen, einschließlich ihrer Größenverhältnisse auf den Achsen perspektivischer Verkürzung. Der Turm am Horizont eines Bildes mag winzig sein, die Art der Darstellung zeichnet ihn dennoch als um ein Vielfaches größeres Objekt aus als die um ein Vielfaches größer gemalte Person im Vordergrund des Bildraums.

Freilich geht es in der folgenden Überlegung weder um Malerei noch um die Synästhesien der Wahrnehmung, sondern darum, wie die Perspektivität unserer begrifflichen Erkenntnis mit dem Anspruch auf Objektivität der gewonnenen Erkenntnis vereinbar ist. Es geht also um epistemische Perspektiven in einem spezifischen Sinn: um diejenigen begrifflichen Zugänge, aus denen sich für menschliche Wesen ein propositionales Wissen über die Welt ergibt oder doch ergeben kann.[2]

Wenn man annimmt, dass das menschliche Erkennen unausweichlich an begriffliche Perspektiven gebunden ist, so wird die Spannung zwischen meinen beiden Titelbegriffen vollends deutlich. Denn Perspektiven sind per definitionem nicht allein beschränkt und beschränkend, sondern darüber hinaus nicht alternativlos. Zur Idee von Objektivität aber, so scheint es zumindest, gehört die einer vollständigen und alternativlosen Bestimmung eines Gegenstands oder Gegenstandsbereichs. Den hier drohenden Widerspruch jedoch werde ich abzuwenden versuchen, indem ich darlege, wie gerade der Begriff einer *objektiven Welt* an einen Begriff ihrer wie auch immer *perspektivisch beschränkten* Erkennbarkeit gebunden ist. Das bedeutet, traditionell gesprochen: Wir können Objektivität nicht denken, ohne Subjektivität zu denken, das heißt, ohne die Position erkennender Subjekte mit zu bedenken. Aber, und hier wird das Verhältnis zur erkenntnistheoretischen Tradition prekär, wenn nicht brüchig: Wir können den Zusammenhang von Perspektivität und Objektivität klären, ohne in die üblichen Alternativen zwischen Realismus und Idealismus zu verfallen. Insbesondere lässt sich dieses Verhältnis erörtern, ohne in das Fahrwasser eines Idealismus zu geraten, der das Wirkliche auf das reduziert, was dem menschlichen Verstehen zugänglich ist oder sein könnte. Wir müssen nicht – mit Hegel – sagen, dass die Welt Geist *ist*, wenn wir annehmen, dass

---

2 Zum Verhältnis propositionaler »Erkenntnis« zu nichtpropositionaler »Kenntnis« im menschlichen Weltverhältnis vgl. Beitrag 2 in diesem Band.

der Begriff der Welt nicht ohne einen Begriff des Geistes *zu denken* ist.

Damit deutlich wird, worauf ich hinaus will, schicke ich ein paar grobe Definitionen voraus:

Ein *Idealist* ist jemand, der glaubt, dass die Welt und die erkennbare Welt zusammenfallen, dass also der Begriff der Welt in einem Begriff ihrer Erkennbarkeit aufgeht.

Ein – hartgesottener – *Realist* hingegen ist jemand, der glaubt, dass der Begriff der Welt unabhängig von jedem Begriff ihrer (wie immer optimalen oder ultimativen) Erkennbarkeit gefasst werden muss.

Ein erkenntnistheoretischer *Pragmatist* hingegen ist (in meinen Augen) jemand, der keine dieser beiden Alternativen einleuchtend findet. Er geht – wie der Idealist – von unseren, den menschlichen Möglichkeiten des Erkennens aus, allerdings unter besonderer Berücksichtigung der Praktiken, die in unterschiedlichen Bereichen zum Erwerb von Wissen führen. Ein solcher Pragmatist gelangt jedoch nicht zu dem Schluss, dass die von uns (oder sonst einem intelligenten Wesen) erkennbare Welt mit der Welt gleichzusetzen ist; dies hält er vielmehr für einen Fehlschluss. Darin erweist er sich als ein *moderater Realist*, der die *Unabhängigkeit der Welt* von unserem Denken aus der *Abhängigkeit des Begriffs* der Welt von dem unseres Denkens zu erläutern versucht.

Das Vorbild für diesen Schachzug ist natürlich das Vorgehen Kants, der freilich nicht in jeder Hinsicht als Pragmatist gelten kann. Es ist aber eine der zentralen Thesen der *Kritik der reinen Vernunft*, dass wir uns den Begriff des Wirklichen nicht ohne einen Begriff seiner *Erkennbarkeit* als Wirkliches verständlich machen können. Diese These stellt meiner Ansicht nach den Schlüssel zum Verständnis des Verhältnisses von Perspektivität und Objektivität dar, auch wenn Kant dieses Schloss wegen der unglücklichen Unterscheidung zwischen einer phänomenalen Realität der »Erscheinungen« und einer noumenalen Realität der »Dinge an sich« nicht hat knacken können. Der Schlüssel benötigt daher noch etwas Schliff. Zuvor aber sind weitere begriffliche Vorklärungen nötig.

Unter Perspektivität verstehe ich einen erkennenden Zugang zu Dingen und Ereignissen in der Welt; der Begriff dient mir als ein allgemeines Wort für die Zugänglichkeit der Welt im Erkennen, und das bedeutet im Sinn des oben Gesagten: als ein allgemeines Wort für eine *beschränkte Zugänglichkeit* der Welt im Erkennen.

Perspektiven aber können ihrerseits eher »objektiv« oder »subjektiv« sein. Objektiv sind sie, wenn sie eine Sache in ihrer tatsächlichen Beschaffenheit zu erkennen erlauben und somit zu wahren Aussagen über sie führen. Subjektiv sind sie, wenn sie Zugänge darstellen, die nur von einem oder einigen Subjekten geteilt werden können, man könnte auch sagen: wenn sie mehr oder weniger idiosynkratische Ansichten einer Sache eröffnen.[3]

Objektive Perspektiven sind solche, die Gehalte oder Gründe zugänglich machen, die von *beliebigen* Subjekten anerkannt werden können. Subjektive Perspektiven hingegen sind solche, von denen das nicht verlangt oder nicht zu verlangen ist. Das bedeutet, dass objektive Perspektiven per definitionem intersubjektive Perspektiven sind. Als intersubjektive Perspektiven sind alle objektiven Perspektiven außerdem historische Leistungen; sie haben sich geschichtlich – im Rahmen menschlicher Praktiken – herausgebildet und können sich hier weiter verändern.

---

3 Diese Darstellung ist stark vereinfacht. Sie vernachlässigt, dass auch die subjektiven Perspektiven, aus denen Personen ihre jeweilige Befindlichkeit wahrnehmen, in dem Sinn objektiv sein können, dass sie – wenn weder Unaufrichtigkeit noch Selbsttäuschung vorliegt – ein Wissen generieren können, das anderen zugänglich ist oder doch sein kann. Der privilegierte Zugang zu den eigenen »inneren Zuständen« generiert kein exklusives Wissen, sondern eines, das intersubjektiv zugänglich ist, wie vor allem der späte Wittgenstein dargelegt hat. Ich beschränke mich im Folgenden jedoch auf eine Diskussion des Status kognitiver Perspektiven im Blick auf die äußere Welt.

Diese Vorbemerkungen geben eine erste Antwort auf die Rolle des »und« im Titel dieses Versuchs. Die Begriffe der Perspektivität und der Objektivität gehören insofern zusammen, als sich der eine nicht ohne den anderen erläutern lässt. Was »objektive Erkenntnis« ist, ist ohne Rückgriff auf einen Begriff des Zugangs zum Erkannten nicht zu erklären. Die Zustände der Welt und die Arten des erkennenden Zugangs zu ihnen, heißt das, gehören *begrifflich* zusammen. Hierbei ist freilich der Doppelsinn der Rede vom »Objektiven« zu beachten. Denn *objektiv* sind *Perspektiven*, durch die tatsächliche Erkenntnis über die Welt gewonnen werden kann. *Objektivität* hingegen ist ein Beschaffensein von Dingen und Ereignissen, wie es unabhängig von den *Akten* unseres (oder sonst eines) Erkennens besteht. Objektive Perspektiven erlauben eine erfolgreiche – das heißt wahre und günstigenfalls überdies aufschlussreiche – Bestimmung dessen, wie die Welt ist. Aber, und das ist erkenntnistheoretisch der springende Punkt, ein Begriff dessen, wie die Bestimmtheit der Welt zu verstehen ist, lässt sich ohne einen Begriff ihrer angemessenen *Bestimmung* nicht geben. Daraus ergibt sich: Ohne einen Begriff (mit Gründen) teilbarer Perspektiven gibt es keinen einsichtigen Begriff von Objektivität und Wahrheit.

2.

Diese Skizze kommt in wesentlichen Aspekten der Deutung nahe, die Robert Brandom im 8. Kapitel von *Making it Explicit* entwickelt hat.[4] Ich werde daher einige für das fragliche Problem

---

4 R. B. Brandom, Making it Explicit. Reasoning, Representing, and Discoursive Commitment, Cambridge/Mass.–London 1994; dt.: Expressive Vernunft. Begründung, Repräsentation und diskursive Festlegung, Frankfurt/M. 2000. – Für eine Charakterisierung der Grundanlage dieses Buchs vgl. M. Seel, Die Erfüllung eines unerfüllten Ver-

zentrale Passagen bei Brandom kommentieren, um anschließend – im nächsten Abschnitt – eine kritische Würdigung seiner Analyse vorzunehmen.

Brandoms Untersuchung des für sprachliches Handeln konstitutiven Zusammenspiels diskursiver Festlegungen und Berechtigungen zielt von vornherein auf eine Aufklärung der intimen Beziehungen von Perspektivität und Objektivität. Aus der Praxis kommunikativen Verstehens soll sich ein einsichtiger Begriff der möglichen Objektivität des jeweils Verstandenen ergeben. »Das zur Etablierung diskursiver Festlegungen nötige Zusammenwirken von Einstellungen aus zwei sozial unterschiedlichen Perspektiven – Zuweisungen von Festlegungen durch sich selbst und durch andere – ist das zentrale Thema dieses Buchs. (...) In Begriffen des sozialperspektivischen Charakters diskursiver deontischer Status soll der Begriff der *Objektivität* verständlich gemacht werden.«[5] Aus der normativen Logik der Festlegung auf Überzeugungen unterschiedlichster Art, so Brandoms Grundgedanke, lässt sich zugleich der Anspruch auf Objektivität dieser Überzeugungen und mithin auf die Wahrheit der betreffenden Aussagen erklären. »Ein richtiges Verständnis der Rede von Wahrheit erfordert (...) ein Verständnis des sozialperspektivischen Unterschieds zwischen dem *Zuweisen* eines normativen Status an jemand anderen und dem *Eingehen* oder Einnehmen von diesem durch einen selbst.«[6] Die wechselseitige Zuschreibung von Überzeugungen in Praktiken des kommunikativen Handelns ist verbunden mit einem wechselseitigen Übernehmen diskursiver Verantwortung, und das heißt: mit dem jeweils subjektiven, aber

---

sprechens. Robert B. Brandoms pragmatische Sprachphilosophie, in: Ders., Sich bestimmen lassen. Studien zur theoretischen und praktischen Philosophie, Frankfurt/M. 2002, 81–88; zu Brandoms Version eines semantischen Holismus vgl. M. Seel, Für einen Holismus ohne Ganzes, ebd., 89–100.

5 Brandom, Expressive Vernunft, a. a. O., 293.
6 Ebd., 716.

intersubjektiv immer auch bestreitbaren Glauben, dass es sich mit der fraglichen Sache so verhält, wie die eigene Überzeugung es sagt. In dieser unumgänglichen Perspektivität des sprachlichen Verstehens selbst, so will Brandom zeigen, liegen der Anspruch und die prinzipielle (wenn auch in ihrer Ausübung jederzeit fehlbare) Fähigkeit, der objektiven Lage der Dinge gerecht zu werden.

In einer zentralen Passage seines *opus magnum* erläutert Brandom dies unter Hinweis auf die Natur von Begriffen. »Begriffe sind wesentlich perspektivisch, doch wenn sie *objektiv auf* Gegenstände zutreffen oder nicht zutreffen sollen, müssen diese Gegenstände in einem starken Sinne als nichtperspektivisch aufgefaßt werden. Ein propositionaler oder sonstiger begrifflicher Gehalt kann nur von einem Standpunkt aus spezifiziert werden – und der ist subjektiv, nicht in einem cartesischen Sinne, sondern in dem praktischen Sinn, daß es der Standpunkt eines kontoführenden Subjekts ist. Wie soll man es dann verstehen, daß sich die Wahrheit solcher propositionaler Gehalte nach *einer* bestimmten Art und Weise richtet, wie die Dinge sind?«[7] An dieser Stelle ist die oben erwähnte Spannung zwischen den Begriffen der Perspektivität und der Objektivität mit Händen zu greifen. *Nur* perspektivisch können erkennende Subjekte Zugriff auf die objektive Welt gewinnen, aber das, worauf sie sich Zugriff erhoffen, soll eine selbst *nicht* perspektivische Seinsweise der Objekte ihrer Erkenntnis sein. Brandoms Philosophie verschärft die Bedingungen einer widerspruchsfreien Explikation dieses Zusammenhangs gegenüber konkurrierenden Deutungen – man denke etwa an Donald Davidson oder John McDowell[8] – erheblich. Denn die erkenntnistheoretische Vereinbarkeit von Perspektivität und Objektivität soll hier allein aus einer Theorie der Grundverfassung der sozialen Praxis des diskursiven »scorekeepings«, also der

---

7 Ebd., 824 f.
8 Vgl. hierzu G. W. Bertram/D. Lauer/J. Liptow/M. Seel, In der Welt der Sprache. Konsequenzen des semantischen Holismus, Frankfurt/M. 2008, 243–302.

Selbst- und Fremdzuschreibung kognitiver »Spielstände«, hervorgehen – ohne dabei vorausliegende Annahmen über die Beschaffenheit der Welt zu machen.

Im direkten Anschluss an die zuletzt zitierte Passage fährt Brandom fort: »Folgt man der traditionellen Philosophie, so gibt es viele Meinungen, aber eine Wahrheit; folgt man dem hier präsentierten Ansatz, so gibt es viele Kontoführungsperspektiven und eine Welt. Zur Repräsentationsabsicht des begrifflichen Gehalts gehört, daß Denken und Reden uns einen perspektivischen Zugriff auf eine nichtperspektivische Welt liefert.«[9] Damit wird zunächst nur noch einmal das Problem benannt, mit dem eine dezidiert pragmatische Deutung der Möglichkeit objektiver Erkenntnis zurechtkommen muss. Brandom lässt jedoch keinen Zweifel daran, welche beiden häufiger begangenen Wege er in dieser Sache für aussichtslos hält. »In Wirklichkeit jedoch muß man weder auf nichtperspektivische Tatsachen (= wahre propositionale Gehalte) noch auf gemeinschaftliche Festlegungen auf propositionale Gehalte rekurrieren, um zu verstehen, was durch Beurteilungen der objektiven Richtigkeit von Begriffsanwendungen ausgedrückt wird.«[10] Brandom weist hiermit einerseits einen schlichten Tatsachenrealismus zurück, der die Objektivität von Erkenntnis aus ihrer Korrespondenz mit einer begrifflich *vorausgesetzten* Verfassung der Welt verständlich machen will.[11] Zum anderen weist er jene Spielart einer konsenstheoretischen Deutung zurück, mit der Wahrheit als Übereinstimmung innerhalb einer Lebensform oder Gemeinschaft verstanden wird, wie sie gelegentlich dem späten Wittgenstein zugeschrieben wurde und vor allem bei Richard Rorty eine prominente Rolle spielt. Im direkten Anschluss an diese knappe Zurückweisung folgt Brandoms eigener Vorschlag: »Die Unterscheidung zwischen

---

9 Brandom, Expressive Vernunft, a. a. O., 825.
10 Ebd.
11 Vgl. z. B. J. Searle, Die Konstruktion der gesellschaftlichen Wirklichkeit. Zur Ontologie sozialer Tatsachen, Reinbek 1997, Kap. 7–9.

Behauptungen bzw. Begriffsanwendungen, die objektiv richtig sind, und solchen, die bloß für richtig gehalten werden, ist vielmehr ein strukturelles Merkmal jeder Kontoführungsperspektive.«[12]

Auf diese strukturelle Differenz kommt es Brandom an. Sie hat ihren grundlegenden Ort nicht zwischen subjektivem Dafürhalten und objektivem Sosein, sondern innerhalb der intersubjektiven Praxis des wechselseitigen Verstehens. »Tatsächlich ist der Begriff der objektiven Richtigkeit das, was durch *De-re*-Spezifikation der begrifflichen Gehalte zugeschriebener Festlegungen ausgedrückt wird. Denn Zuschreibungen in diesem Stil spezifizieren ja die Objekte, die über die Wahrheit oder Falschheit – also die objektive Richtigkeit – der zugeschriebenen Behauptung entscheiden.«[13] Um einander zu verstehen, versuchen wir zusammen mit dem jeweils Gedachten oder Gesagten die jeweils in Rede stehenden Objekte zu identifizieren. Dies aber kann nur gelingen, wenn wir dabei jeweils unsere Auffassungen über die fraglichen Gegenstände ins Spiel bringen – und damit unsere Ansicht darüber, was zutreffend über diese Objekte gesagt werden kann. In eben diesem intersubjektiven Wechselspiel von *De-re*- und *De-dicto*-Überzeugungen, so Brandom, liegt die Möglichkeit objektiver Erkenntnis. Sie liegt in einer strukturellen oder formalen Eigenschaft der unausweichlichen Perspektivität diskursiver Praktiken. »Die Alternative besteht darin, Objektivität als eine Art perspektivische *Form* anstatt als einen nichtperspektivischen oder perspektivenübergreifenden *Inhalt* zu rekonstruieren. Das Gemeinsame aller diskursiven Perspektiven liegt darin, *daß* es einen Unterschied gibt zwischen dem, was an einer Begriffsanwendung objektiv richtig ist, und dem, was bloß dafür gehalten wird, und nicht, *worin* er besteht – also in der Struktur und nicht im Inhalt.«[14]

12 Brandom, Expressive Vernunft, a. a. O., 825.
13 Ebd.
14 Ebd., 832 f.

Die Differenz von wahr und falsch, so macht Brandom geltend, ist von vornherein in die Form diskursiver Praktiken eingebaut, weil allein diese Differenz es erlaubt, sich einen Reim auf die Äußerungen von anderen zu machen und zugleich die eigenen Äußerungen so zu gestalten, dass andere sich darauf einen Reim machen können. Dass subjektive Perspektiven – erkennbar – differieren können, erweist sich so gesehen als entscheidende Gewähr dafür, dass sie einen Zugang auf eine nichtperspektivische Welt eröffnen. Weil wir in unserer Perspektive auf die Welt differieren und diese Differenzen in unserem jeweils eigenen kognitiven Haushalt artikulieren können, können wir zugleich erkennen, dass wir vielfältige Überzeugungen über die Welt teilen – solche, die aus der Perspektive *beliebiger* Subjekte gewonnen werden können. Es ist demnach gerade die Analyse der konstitutiven Differenz und Pluralität gleichwohl verständlicher kommunikativer und kognitiver Perspektiven, die auf ein plausibles Verständnis der Objektivität möglicher Erkenntnis und einer von unserem Dafürhalten unabhängigen Verfassung der Welt führt. Nur wer die soziale Perspektivität der begrifflichen Natur der menschlichen Weltauffassung ernst nimmt, meint Brandom, kann zu einem nicht länger dualistischen Verständnis des Verhältnisses von Geist und Welt gelangen.[15]

Freilich führt diese zugleich hermeneutische und pragmatische Auslegung bei Brandom zu einer durchaus radikalen Konsequenz. Diese wird besonders deutlich in einer Replik auf einen Beitrag von Jürgen Habermas, in dem dieser Brandom vorwirft, einen haltlosen objektiven Idealismus zu vertreten.[16] Unter der Devise »securing objectivity intersubjectively« sowie unter Zurückweisung einer (pikanterweise Habermas zugeschriebenen) »positivistischen« Theorie des Verhältnisses von Wort und Welt

---

15 Ebd., 856 ff.
16 J. Habermas, From Kant to Hegel: On Robert Brandom's Pragmatic Philosophy of Language, in: European Journal of Philosophy 8:3/2000, 322–355.

bekräftigt Brandom in seiner Antwort das in *Making it Explicit* entwickelte Verständnis einer objektiven Wirklichkeit.[17] »The recognition of an independent, conceptually structured objective reality is a *product* of the social (intersubjective) account of objectivity, not something that is either prior to or a substitute for that account.«[18] Diesen für sein Argument in Anspruch genommenen, zugleich methodischen und logischen Primat der Verbindlichkeit des intersubjektiven Gebrauchs von Begriffen erläutert Brandom wie folgt: »There was a time when no-one *expressed* (applied, used) concepts, because there were no discursive practices yet. But there never was a time when there were no facts (for instance, the fact that no-one was then using concepts or engaging in discursive practices). Neither concepts nor facts are generally causally dependent on thinkers (…). But it is part of the pragmatism of *Making it Explicit* to insist that in the order of *understanding,* discursive practice has a certain priority: one cannot understand what facts and concepts are without also understanding the practice of making claims and inferences.«[19]

Die Ordnung des Verstehens, auf der Brandom hier insistiert, besagt zum einen, dass der Status von Begriffen wie Tatsachen allein durch eine Analyse ihrer Verwendung bzw. Behauptung innerhalb der Praxis des Austauschs von Gründen geklärt werden kann. Diese Analyse – und also: die philosophische Besinnung auf die normative Ordnung des Verstehens – soll aber zum anderen zugleich die begriffliche Natur der Welt selbst erkennbar werden lassen. Eckpfeiler dieser Operation ist der Begriff der Tatsache. Unter Tatsachen versteht Brandom mit Frege den Inhalt wahrer Behauptungen. Behauptungen aber erhalten ihren Inhalt durch die Verwendung von Begriffen im Kontext der jeweils geäußerten Sätze mitsamt den inferentiellen Rollen, die ihnen je-

---

17 R.B. Brandom, A Reply to Habermas, in: European Journal of Philosophy 8:3/2000, 356–374, 360.
18 Ebd.
19 Ebd., 357. – Vgl. Brandom, Expressive Vernunft, a.a.O., 862.

weils zukommen. Der *Begriff* der Tatsache kann also nur zusammen mit dem der Behauptung analysiert werden. Jedoch darf diese *begriffliche* Abhängigkeit nach Brandom nicht als eine *genetische* verstanden werden, denn Behauptungen bringen die mit ihnen konstatierten Zustände in paradigmatischen Fällen keineswegs hervor. Häufig genug bestehen diese ganz unabhängig davon, wann und mit welchem Erfolg Gedanken über die Welt entstanden und vorgebracht worden sind. Für Brandom folgt daraus, dass weder Begriffe noch Tatsachen von der Existenz denkender Wesen abhängig sind. Sie sind vielmehr Teil der Verfassung der Welt selbst. Die Theorie der diskursiven Praxis erscheint so in einem Atemzug als eine Theorie der Grundstruktur der Welt. Die Analyse der Praxis der Verwendung von Begriffen lässt die begriffliche Struktur der objektiven Welt offenbar werden. Vor diesem Schluss von dem Denken auf das Sein aber hatte Kant seinerzeit eindringlich – wenn auch im Fall Hegels vergeblich – gewarnt.[20] Brandom hingegen hält ihn nicht nur für legitim, sondern für unausweichlich. Das Nachdenken über die Perspektivität unseres Verstehens führt direkt zu der Einsicht in die begriffliche Verfassung der *Gegenstände* unseres Denkens und Sprechens, wie sie unabhängig von unserem Dafürhalten besteht.

3.

Diese durchaus spektakuläre Konsequenz einer pragmatischen Auslegung des Verhältnisses von Perspektivität und Objektivität möchte ich abschließend mit einigen Stichworten kommentieren. Ich beginne mit fünf zustimmenden Bemerkungen, denen fünf ablehnende folgen.

---

20 Dass wir den Begriff der Welt nur von unserem begrifflichen Verständnis her explizieren können, heißt für Kant gerade nicht, dass sie in sich selbst begrifflich geordnet wäre.

i. Wechselseitiges Verstehen verlangt die Fähigkeit, zwischen verschiedenen Perspektiven zu »navigieren«: zwischen der Zuschreibung diskursiver Festlegungen sowie der eigenen Übernahme solcher Festlegungen. Sprachliches Verstehen, so verstanden, vollzieht sich vermöge des Gelenks der Zuschreibung und Übernahme propositionaler Einstellungen *de dicto* und *de re*.

ii. Der Begriff der Objektivität ist logisch abhängig von demjenigen diskursiver Verpflichtungen. Als Kommunikationsteilnehmer wie als Denkende sind wir darauf festgelegt, das, was für wahr gehalten wird, nicht notwendigerweise für wahr zu halten. (Wahrheit, so könnte man daher sagen, ist ein wesentlich korrektiver Begriff.)[21]

iii. Diese Konzeption impliziert, »daß die Vorstellung von einem Kontrast zwischen dem, wie die Dinge sind, und dem, was wir sagen und denken können, aufzugeben ist«.[22] Denn nur *innerhalb* diskursiver Praktiken tut sich die Differenz von Wahrheit und Fürwahrhalten auf.

iv. Der Begriff dessen, wie Zustände der Welt objektiv verfasst sind, ist intern bezogen auf einen Begriff der Fähigkeit, Aspekte dieser Verfassung aus einer diskursiven Perspektive angemessen zu repräsentieren.

v. So weit steht Brandoms Argumentation im Einklang mit dem Gedanken, den ich oben als »Kants Schachzug« bezeichnet habe: Ein plausibles Verständnis der Bestimmtheit der Welt erfordert ein Verständnis dessen, wie die Welt begrifflich bestimmt werden

---

21 Vgl. M. Seel, Über Richtigkeit und Wahrheit. Erläuterungen zum Begriff der Welterschließung, in: Ders., Sich bestimmen lassen, a. a. O., 45–67, bes. 61 ff. sowie A. Wellmer, Sprachphilosophie. Eine Vorlesung, Frankfurt/M. 2004, bes. 269–277.
22 Brandom, Expressive Vernunft, a. a. O., 476.

kann. Brandom jedoch, darauf wollen die folgenden Bemerkungen hinweisen, verfehlt die entscheidende Pointe eines von Kant inspirierten Pragmatismus.

vi. Die *begriffliche* Abhängigkeit von Perspektivität und Objektivität darf nicht als eine *faktische* interpretiert werden. Daraus, dass wir den Begriff einer objektiven Welt nur durch eine Reflexion über die Möglichkeiten unseres Erkennens aufklären können, folgt nicht, dass die (natürliche) Welt selbst »begrifflich strukturiert« wäre.

vii. Der idealistische Trugschluss, dass die Welt und die erkennbare Welt zusammenfallen, kann gerade dann vermieden werden, wenn die *Begriffe* der Welt und ihrer Erkennbarkeit in einen engen Zusammenhang gerückt werden.

viii. Anstatt zu sagen: Die Welt als begrifflich bestimmbar zu denken bedeutet, sie als begrifflich strukturiert zu verstehen, sollte es heißen: Die Welt als begrifflich bestimmbar zu verstehen bedeutet, sie als *offen* für begriffliches Bestimmen zu denken – als offen für ein Bestimmen, das im Medium wahrer Sätze relevante Tatsachen zu konstatieren vermag.[23]

23 Es widerspricht seiner eigenen Analyse der internen Normativität diskursiver Praktiken, wenn Brandom mit dem frühen Wittgenstein behauptet, die Welt sei »alles, was der Fall ist, eine Konstellation von Tatsachen« (ebd., 476 f.). Gerade eine pragmatische Theorie des Zusammenhangs von Geist und Welt sollte Strawsons Kritik an einer Tatsachenontologie ernst nehmen und mit ihr den Gedanken, dass es Objekte und Ereignisse sind, die dank der Normen diskursiver Praxis zutreffend charakterisiert werden können: »Tatsachen sind das, was Aussagen (sofern sie wahr sind) aussagen; sie sind nicht dasjenige, worüber etwas ausgesagt wird. Anders als Dinge oder Ereignisse in der Welt können sie nicht bezeugt, gehört oder gesehen, zerbrochen oder umgestoßen, unterbrochen oder verlängert, getreten, zerstört, geflickt oder laut sein. (...) Natürlich entsprechen sich

ix. Es gibt keine begriffliche Priorität der Perspektivität gegenüber der Objektivität. Denn diskursive Perspektiven sind wesentlich Perspektiven auf eine kognitiv zugängliche Welt von Objekten und Ereignissen – die Bestimmtheit des intersubjektiven Gebrauchs von Begriffen ist von vornherein abhängig von Objekten, die sich unabhängig davon verhalten, was die Benutzer von Begriffen von ihnen halten.

x. Aus diesem Grund verweist der Umstand, dass wir die Bestimmtheit des Wirklichen nicht ohne eine Analyse unseres Gebrauchs von Bestimmungen in der Formierung von Überzeugungen analysieren können, auf die begriffliche *Interdependenz* von Perspektivität und Objektivität.

4.

Ich sehe den Witz von Brandoms Pragmatismus darin, die *Unabhängigkeit* zumal der natürlichen Welt von unserem Begreifen aus der *Abhängigkeit* des Begriffs dieser Welt von dem Begriff der internen Normen der Praxis des menschlichen Begreifens zu verstehen. Wenn man dabei auf Brandoms begriffsrealistische Anwandlungen verzichtet, ergibt sich ein durchaus schlüssiges Bild.

Es gibt Bestimmtheit nicht allein da, wo Bestimmungen in Operation sind, aber der Begriff der Verfassung von Dingen und

---

Aussagen und Tatsachen. Sie sind füreinander gemacht. Wenn man die Aussagen aus der Welt brächte, dann brächte man auch die Tatsachen aus der Welt; die Welt aber würde dadurch nicht ärmer« (P. F. Strawson, Wahrheit, in: G. Skirbekk (Hg.), Wahrheitstheorien. Eine Auswahl aus den Diskussionen über Wahrheit im 20. Jahrhundert, Frankfurt/M. 1977, 246–275, hier 253 f.). Vgl. ders., Reply to John Searle, in: E. L. Hahn (Hg.), The Philosphy of P. F. Strawson, Chicago/Lasalle 1998, 402–404.

Ereignissen setzt einen Begriff der unterscheidenden Bestimmung ihrer jeweiligen Zustände voraus – wie wenig umfassend dieses Bestimmen auch sein mag. Für rationale Wesen, heißt das, ist die Welt stets bestimmt und unbestimmt zugleich; ihr Wissen ist von Horizonten des Nichtwissens umgeben und darüber hinaus von Fissuren des Nichtwissens durchzogen.[24] Dies ist freilich nicht der Fall, weil die Welt eine verborgene (Ding-an-sich-hafte) Verfassung hätte, sondern weil sie an nahezu jedem Punkt begrifflich *immer weiter* und außerdem in relevanten Hinsichten auch *immer wieder anders* bestimmt werden kann oder könnte. Denn jede – und jede noch so präzise – Beschreibung der Welt ist unvermeidlich aspektgebunden. Sie ist an eine begrenzte Perspektive gebunden, die zu einem verlässlichen Wissen allein darum führt, weil sie begrenzt und eben dadurch aufschlussreich ist. Das ist auch der Grund dafür, warum die wechselseitig voneinander abhängigen Begriffe des Soseins der Welt und ihrer Erkennbarkeit nicht mit der Idee einer absoluten, ultimativen oder vollständigen Bestimmung ihres Soseins verbunden werden dürfen – denn dies ist ein leerer Gedanke.[25]

Ich möchte diese Überlegung noch einmal zusammenfassen. Wir gewinnen propositionales Wissen durch den Gebrauch von Begriffen, die wir in der historischen und kulturellen Entwicklung innerhalb unserer intersubjektiven kognitiven Praktiken erworben haben. Die natürliche Welt dagegen enthält keine Begriffe. Jedoch zeigt sie eine charakteristische Bestimmtheit im Prozess einer erfolgreichen Anwendung von Begriffen auf ihre unterschiedlichen Zustände. Ein korrekter Gebrauch unserer Begriffe – eine korrekte Art der Bestimmung der Welt – zeigt, wie diese in relevanten Aspekten bestimmt ist. Dieses Bestimmtsein – dieses Sosein – der Welt besteht unabhängig davon, ob wir mit ihm erkennend bekannt werden oder nicht. Aber es kann nicht

---

24 Vgl. Beitrag 4 in diesem Band.
25 Hierzu ausführlich: M. Seel, Theorien, Frankfurt/M. 2009, bes. 69–89.

unabhängig von unserem begrifflichen Bestimmendsein *erklärt* werden. So jedenfalls verstehe ich Freges Aperçu, der Versuch, sich einen Reim auf die Natur von Objektivität zu machen, ohne sich einen Reim auf das Vermögen der Vernunft zu machen, »hiesse urtheilen, ohne zu urtheilen, den Pelz waschen, ohne ihn nass zu machen«.

4. Vom Nachteil und Nutzen des Nichtwissens für das Leben

Es gab Zeiten, da galt, jedenfalls unter Philosophen, weniger der Müßiggang als vielmehr die Unwissenheit als aller Laster Anfang. Und nicht allein unter Philosophen. »Es ist nichts schrecklicher als die Unwissenheit« – dieser Satz zierte im November 2008 die Homepage meiner Universität in Frankfurt am Main, die aus naheliegenden Gründen mit einem Reigen von Goethe-Zitaten dekoriert zu werden pflegt. Ich konnte nicht glauben, dass Goethe so einen Unsinn gesagt haben sollte, und schaute nach, in der Hoffnung, der Autor habe den Spruch einer Figur in den Mund gelegt. Der Satz jedoch findet sich in seinen *Maximen und Reflexionen*, freilich mit einem markanten Unterschied zu dem Reklame-Insert meiner Hochschule. »Es ist nichts schrecklicher als eine *tätige* Unwissenheit«, heißt es im Original;[1] tätig, so schienen unsere Webdesigner anzunehmen, ist an den Universitäten ohnehin niemand, also kann man das Epitheton auch gleich weglassen. Zwar macht der einschränkende Zusatz die Sentenz deutlich besser, aber er macht sie noch lange nicht gut. »Wenig ist schrecklicher als eine tätige Unwissenheit, die sich im vollen Besitz der Wahrheit wähnt« – so könnte man die Sache vielleicht retten.

Nachdem ich nun schon das Sakrileg begangen habe, Goethe zu schulmeistern, sei wenigstens erklärt, warum ich dies tue. Ich möchte darauf hinweisen, dass der Begriff des Nichtwissens mit dem der Unwissenheit keineswegs deckungsgleich ist. Ersterer hat einen deutlich weiteren Umfang, zumindest sofern wir unter Unwissenheit eine tendenziell selbstverschuldete, manchmal

---

1 J.W. v. Goethe, Maximen und Reflexionen, in: Ders., Werke. Hamburger Ausgabe, hg. v. E. Trunz, München 1973, Bd. 12, 399.

sträfliche und darum im Prinzip *behebbare* Unkenntnis verstehen. Die *amathia* zum Beispiel, die Sokrates im *Protagoras* für das Phänomen der Willensschwäche verantwortlich macht, stellt ein kognitives Ungenügen dar, das von denen, die sich redlich um Wohlbelehrtheit (*mathesis*) bemühen, durchaus überwunden werden kann. Unwissenheit kann aufgehoben werden. Es gibt aber Dimensionen des Nichtwissens, die auch *in the long run* nicht überwunden oder beseitigt und vielleicht nicht einmal verringert werden können. Denn bei ihnen handelt es sich um ein Komplement allen Wissens, das auch von etwaigen Virtuosen einer Ethik des Meinens nicht in das Reich des Erkennbaren heimgeholt werden kann. Wenn sich eine solche Rolle des Nichtwissens ausweisen lässt, haben wir es hier nicht länger mit einer beklagenswerten oder gar schrecklichen Unwissenheit zu tun, sondern mit einem Grundverhältnis, an dem alle Kenntnis und Erkenntnis unausweichlich partizipiert.

Ich beginne mit einigen praktischen Seiten des Nichtwissens, um danach einige Untiefen der theoretischen Aufklärung über das Wissen zu besichtigen, die mit den Mitteln der Ästhetik zusätzlich ausgelotet werden können, wodurch am Ende wieder die Ethik ins Spiel kommt: durch den Blick auf einen Service des Nichtwissens für das Leben, der auf eine eigenartige Weise jenseits einer kalkulierbaren Abwägung von Nutzen und Nachteil steht.

1. Praktisches Nichtwissen

Ein Mangel an Wissen kann in vielen Kontexten des Handelns nachteilig sein. Ödipus wäre sein Schicksal erspart geblieben, hätte er gewusst, dass es sein Vater war, der ihm in die Quere, und seine Mutter, der er zu nahe kam. Auch wenn viele Fälle des Nichtwissens keine derart tragischen Wirkungen haben, von möglicher kognitiver Blindheit ist das Gelingen menschlichen Handelns beinahe überall bedroht. Der Schatten eines »Hätte ich nur gewusst«

kann sich jederzeit über die rückblickende Bewertung unseres Tuns und Lassens legen und uns Grund zu Bedauern, Klage oder Verzweiflung geben. Aus dieser Erfahrung gewinnt das »Wenn ich nur wüsste« oft einen Nachdruck, der uns aus Angst vor Verlust, Verfehlung und Versagen im Handeln zögern oder alles auf eine Karte setzen lässt. Beide Reaktionen aber – die eines »Wenn ich nur wüsste« ebenso wie die eines »Hätte ich nur gewusst« – können auf zwei unterschiedliche Gelegenheiten des Nichtwissens verweisen: auf etwas, das ich *in actu* nicht habe wissen *können*, oder auf etwas, das ich *versäumt* habe, in Erfahrung zu bringen. So unscharf die Grenzen zwischen beidem oft auch sein mögen (denn wie genau wissen wir in vielen Situationen schon, *was* wir, und mehr noch, was wir *rechtzeitig* in Erfahrung bringen könnten?) – es macht einen erheblichen Unterschied, ob ein selbstverschuldetes oder ein unverschuldetes Nichtwissen für unser Scheitern verantwortlich war. Im ersten Fall hätten wir uns unser Versagen ersparen können und mit ihm den Selbstvorwurf, allzu achtlos und unüberlegt an die Sache herangegangen zu sein. Im zweiten Fall dagegen läuft ein solcher von uns selbst oder anderen erhobener Vorwurf ins Leere – es sei denn, wir hätten wissen können, dass wir zu wenig wussten, um Aussicht auf Erfolg zu haben, und folglich die Handlung unterlassen können –, wenn denn die Situation überhaupt so war, dass ein Rücktritt vom Handeln vertretbar gewesen wäre. Diese hier nur angedeuteten Verwicklungen zeigen schon, wie sehr unterschiedliche Formen des Nichtwissens eine innere Bedrohung der menschlichen Praxis darstellen; ihr Effekt auf unser Tun kann missliche, peinliche, verwerfliche, schreckliche bis hin zu katastrophalen Folgen haben.

Aber das Umgekehrte gilt eben auch: Verschuldetes wie unverschuldetes Nichtwissen kann heilend und heilsam sein – es kann uns verschonen von Sorgen und Nöten, die uns bedrängen und vielleicht quälen würden, wüssten wir, wie es mit uns, mit anderen oder draußen in der Welt in Wahrheit steht. »Was ich nicht weiß, macht mich nicht heiß«, sagen Leute, die vielleicht ahnen, aber gerade nicht wissen wollen, wie die Dinge in dieser oder jener Angelegenheit liegen. Nicht immer ist dies ein Zeichen von Ignoranz. Manchmal ist es (für einen selbst, aber nicht einmal nur für einen selbst) besser, nicht zu wissen, was manche Leute über einen reden, nicht zu wissen, womit die halbwüchsigen Kinder zugange sind, nicht zu wissen, wie es in der Berufungskommission zuging, nicht zu wissen, wie die ärztliche Diagnose lautet. So sehr die Weigerung, zu wissen, irrational sein kann, sie muss es nicht sein. Gerade wer sich durch eigenes Wissen orientieren will, muss immer auch sondieren und oft genug wählen, welches Wissen für ihn überhaupt oder vor allem erstrebenswert ist – und damit: auf welches er verzichten kann und vielleicht sogar verzichten muss. Schließlich kann ein ungebändigter Wissensdurst selbst im Kontext wissenschaftlicher Forschung unproduktiv werden, wenn er den Sinn für das jeweils Relevante trübt und damit zu einer Verzettelung und Verflachung des Erkenntnisdrangs führt. Kurzum: So sehr Formen und Fälle des Nichtwissens das Leben unter Umständen gravierend erschweren können, sie können es auch erheblich erleichtern.

Nicht dass wir grundsätzlich die Wahl hätten. Denn so oft wir auch an unspektakulären oder spektakulären Scheidewegen stehen mögen, an denen wir uns mit guten oder schlechten Gründen eher für den Pfad des Wissens oder des Nichtwissens entscheiden, alle Wege, die wir handelnd verfolgen, führen an Zonen des Nichtwissens vorbei und manchmal durch sie hindurch – und zwar unvermeidlicherweise. »Man hat die Wahl, ein Mensch zu sein oder ein Geist«, lässt Paul Valéry in seinem wunderbaren, im Hades sich abspielenden Dialog *Eupalinos oder der Architekt* einen höchst antiplatonischen Sokrates zu Phaidros sagen. »Der Mensch kann nur handeln, weil er imstande ist, nicht zu wissen, und sich befriedigen kann mit einem Teil des Wissens, das seine kuriose Eigentümlichkeit ausmacht.«[2] Es ist kennzeichnend für das menschliche Handeln, dass es sich immer auch in Kontexten eines Nichtwissens vollzieht, das nicht zureichend als ein Noch-

---

2 P. Valéry, Eupalinos oder der Architekt, Frankfurt/M. 1990, 94.

nicht-Wissen beschrieben werden kann. Dies hat unter anderem mit der temporalen Struktur des Handelns innerhalb einer Spanne ungewisser Lebenszeit sowie einer Periode unüberschaubarer historischer Entwicklung zu tun. Schon darum liegt es in der Natur vieler Arten von Aktivitäten, dass diejenigen, die sie vollziehen, nicht wissen können, wie es mit ihnen ausgehen wird – man denke nur an die Tätigkeiten von Eltern und anderen Erziehern, Politikern und anderen Unternehmern, Künstlern und anderen Forschern. Die Dimensionen der Ungewissheit und Unwissenheit, die ihr Tun und Lassen begleiten, stellen aber nicht lediglich ein *kontingentes* Faktum dar, sondern sind *konstitutiv* für den Begriff des Handelns selbst. Ohne Horizonte des Nichtwissens um unser noch so fundiertes Wissen könnten wir überhaupt nicht handeln. Wer nämlich wissen könnte, was die Zukunft bringt, hätte keinerlei Motiv, handelnd nach der Verwirklichung seiner Vorhaben zu streben, denn die Zukunft würde es ja ohnehin bringen. Deshalb ist es für Lebewesen, denen an etwas liegt und denen es folglich in ihren Bestrebungen um etwas geht, und zwar, mit Heidegger gesprochen, im Modus der »Sorge« um das, woran ihnen liegt und worum es ihnen geht, einschließlich, mit Harry Frankfurt gesagt, einer Sorge um die eigene Anteilnahme an den einem jeweils wichtigsten Dingen – deshalb ist es für Lebewesen wie uns nicht nur unvermeidlich, sondern geradezu förderlich, in mancher Hinsicht nicht zu wissen, was im Zuge ihres Handelns geschehen wird.

Hier zeigt sich ein Umstand, der nicht zuletzt in der Debatte über Willensfreiheit eine aufschlussreiche Rolle spielt, unabhängig davon, welche Variante ihrer philosophischen Verteidigung im Einzelnen vertreten wird. Wir sind Handelnde und in unserem Handeln in unterschiedlichen Maßen und Graden frei, da wir nicht wissen können, was aus uns werden wird.[3] Wir sind frei,

---

3 Auf diese Formel lässt sich ein Kompatibilismus à la Peter Bieri oder Daniel Dennett bringen; vgl. – auch zur Kritik an diesem – M. Seel, Teilnahme und Beobachtung. Zu den Grundlagen der Freiheit, in:

weil wir oft nicht wissen und niemals annähernd vollständig wissen können, worauf wir uns mit unseren Absichten und Gründen festgelegt haben und festlegen werden. Jedoch ist diese Lage nicht so desaströs, wie sie auf den ersten Blick erscheinen mag. Denn im Unterschied zu anderen Lebewesen *können* wir wissen. Wir können weit über Ort und Zeit unseres Aufenthalts hinausblicken und bewegen uns dadurch in einem Raum von Möglichkeiten, auf die wir uns denkend und handelnd beziehen können. Als Wissende, die um die Grenzen ihres Wissens wissen, leben wir im Dunstkreis der Freiheit. Außerhalb dieser helldunklen Sphäre, die ihre Bewohner mit Licht und Schatten erfreut und erschreckt, kann es das Phänomen der Freiheit nicht geben. Sartres Ausspruch, wir seien zur Freiheit verdammt, zielt auf diesen Umstand. Man kann es aber auch gelassener sagen: Im Gebrauch unserer Freiheit kommen wir in den *Genuss* des Nichtwissens, das all unser fallibles Wissen begleitet. So nachteilig der Mangel an Wissen in unserem Überlegen und Handeln in vielen Fällen auch ist, unter Bedingungen unvollständigen Wissens zu handeln gehört prinzipiell zum Risiko des Handelns selbst – ganz unabhängig davon, ob dieser Mangel an Kenntnis jeweiligen Akteuren vorübergehend zum Vorteil oder Nachteil gereicht.

2. Dialektik des Nichtwissens

Aber ist es wirklich so, dass zumindest alles propositionale Wissen aus begrifflichen Gründen mit einem Nichtwissen verbunden ist und wir dafür auch noch dankbar sein müssen, weil es ohne die Grenzen unseres (und vielleicht allen) Wissens keine Freiheit gäbe? Müssen wir die Auskunft des Sokrates, er wisse, dass er nichts wisse, wirklich so grundsätzlich verstehen, nämlich als

Ders., Paradoxien der Erfüllung. Philosophische Essays, Frankfurt/M. 2006, 130–156.

Selbstreflexion eines Subjekts, das überhaupt in einem anspruchsvollen Sinn über Wissen verfügt? Vermutlich schon – aber ich werde versuchen zu erklären, warum.

Bei diesem Versuch werde ich die vieldiskutierte Frage beiseitelassen, was denn nun eigentlich unter »Wissen« zu verstehen ist. So werde ich nicht erörtern, ob Wissen als (oder eher als) gerechtfertigte wahre Meinung, als im Zweifelsfall in jeweiligen Kontexten rechtfertigungs*fähige* Meinung oder als Überzeugung zu verstehen ist, die durch die Objekte, denen sie gilt, auf eine verlässliche und damit wahrheitsverbürgende Weise *verursacht* worden ist. Ich werde auch nicht darauf eingehen, ob eine einheitliche Definition des Wissensbegriffs überhaupt möglich und nötig ist. Denn für unsere Frage, diejenige nach der Pertinenz des Nichtwissens, brauchen wir uns auf eine spezifische Theorie des Wissens nicht festzulegen. Was wir lediglich benötigen, ist Klarheit über diejenige Form des Nichtwissens, ohne die – wenn die oben geäußerte Vermutung zutrifft – unser begrifflich-propositionales Wissen gar keines wäre (woraus sich allerdings eine zusätzliche Anforderung an eine Theorie des Wissens ergibt: beim Nachdenken über das Wissen dessen Liaison mit dem Nichtwissen nicht aus dem Auge zu verlieren).

Die Spezies des Nichtwissens, von der ich meine, dass sie intern mit der Möglichkeit der Erkenntnis verbunden ist, hört auf den Namen der Unbestimmtheit – einer konstitutiven Unbestimmtheit in der Bestimmtheit unserer Begriffe nicht weniger als einer konstitutiven Unbestimmtheit dessen, was wir in ihrem Gebrauch erfolgreich zu bestimmen vermögen. Von einer »Spezies« des Nichtwissens spreche ich hier, weil es mir lediglich um *eine* seiner Dimensionen geht: um diejenige, die in all unser begriffliches Wissen und das mit ihm verbundene Urteilen unvermeidlich eingebaut ist. Dies aber ist gewiss nicht irgendeine, da sie im Herzen der menschlichen Weltkenntnis liegt.[4]

---

4 Der interne Zusammenhang von Wissen und Nichtwissen, von dem hier die Rede ist, darf weder mit der Differenz von »explizitem« vs.

Bei der Erklärung, was es damit auf sich hat, hilft eine Erinnerung an Hegel. Die *Phänomenologie des Geistes* nimmt ihren Anfang bei der Frage nach der *Bestimmtheit* des Wissens. »Das Ziel« des Buches, so heißt es in der Vorrede, »ist die Einsicht des Geistes in das, was das Wissen ist.«[5] Die Bewegung der *Phänomenologie* erfolgt bekanntlich in einer langen Reihe von Schritten, die von der »sinnlichen Gewissheit« bis hin zum »absoluten Wissen« führen. Aber die tragende, bis zum Ende in immer neuen Weiterungen ausgeführte Einsicht ist von Anfang an klar. Sie ist nicht weniger einfach als das Ziel des Buches. Etwas zu wissen, sagt Hegel, bedeutet, etwas Bestimmtes zu wissen. Etwas Bestimmtes wissen aber kann nur, wer über das Medium *begrifflicher* Bestimmtheit verfügt. Darüber freilich verfügt nur, wer *Gedanken* auszubilden vermag, die *anderen* gegenüber zur Geltung gebracht werden können. Dies wiederum vermag allein, wer sich als einer oder eine unter anderen zu verstehen vermag, die einander in ihrer Fähigkeit anerkennen können, von sich und der Welt zu wissen. Erkennendes Bewusstsein schließt das Selbstbewusstsein der Angehörigkeit zu einer Gemeinschaft Erkennender mit ein. Und nur in diesem sozialen Kontext gibt es so etwas wie die Verbindlichkeit von Handlungen und ihren Resultaten, von Regeln und ihren Konsequenzen – eine Normativität, die gleichermaßen das Denken wie das Handeln betrifft. Nur wer etwas Bestimmtes in seiner Bestimmtheit erkennen kann, kann sich in seinem Denken und Handeln auf etwas Bestimmtes festlegen.

»implizitem« Wissen noch mit derjenigen zwischen »knowing that« und »knowing how« gleichgesetzt werden. Denn diese Differenzen betreffen unterschiedliche Modi eines theoretischen oder praktischen *Wissens*, die in unterschiedlichem Maß einer begrifflichen Artikulation offen stehen. Worum es im Folgenden geht, ist ein Mangel an Wissen, der sich *innerhalb* seiner begrifflichen Formen bemerkbar macht.

5 G. W. F. Hegel, Phänomenologie des Geistes, in: Ders., Werke in zwanzig Bänden, hg. v. E. Moldenhauer u. K. M. Michel, Frankfurt/M. 1970, Bd. 3, 33.

So weit, so gut – aber damit ist es nicht genug. Denn wenn etwas zu wissen bedeutet, etwas Bestimmtes zu wissen, so bedeutet es zugleich, anderes im Unbestimmten zu lassen. Für sich genommen freilich – *omnis determinatio est negatio* – ist dieser Zusatz wenig spektakulär. Man kann eben nicht alles auf einmal in den Stand begrifflicher Klarheit versetzen. Mit dieser entdramatisierenden Geste aber ist es nicht getan. Nimmt man nämlich den inneren Zusammenhang von Bestimmtheit und Unbestimmtheit bedeutungs- und erkenntnistheoretisch ernst, so tritt eine nicht länger triviale Dialektik des Wissens zutage, die auf die Spur des mit diesem verbundenen Nichtwissens führt. Man muss sich, mit anderen Worten, mit einem gegenüber Hegel wiederum skeptischen Nachdruck klarmachen, wie sehr und wie grundlegend Unbestimmtheit die Mitgift aller erkennenden Bestimmtheit ist – wie sehr also »Bestimmtheit« und »Unbestimmtheit« interdependente Begriffe sind, die nur im Wechselspiel miteinander erläutert werden können.

Eine erste Begründung für diese Behauptung ergibt sich aus einem wohlverstandenen semantischen Holismus, der sich wahlweise von Wittgenstein, Davidson oder Derrida inspirieren lassen kann.[6] Unter einem »wohlverstandenen« bedeutungstheoretischen Holismus verstehe ich einen, in dem das »Ganze«, innerhalb dessen die Elemente einer Sprache ihre Kontur gewinnen, nicht auf eine irreführende Weise hypostasiert wird, als handle es sich um eine starre, mit einer festen Struktur versehene Größe, die gleichsam von außen erkundet werden könnte. Das Netzwerk, in dem sprachliche und andere Zeichen ihre Bestimmtheit gewinnen, kann vielmehr allein von innen, also in den Vollzügen ihres unmittelbaren oder reflektierten Gebrauchs erkundet werden. Bedeutung, mit anderen Worten, haben Worte und Sätze, Erklärungen und Erzählungen niemals isoliert, sondern allein in Abgrenzung voneinander, ohne dass da eine Grenze

---

6 Vgl. G. W. Bertram/D. Lauer/J. Liptow/M. Seel, In der Welt der Sprache. Konsequenzen des semantischen Holismus, Frankfurt/M. 2008.

wäre, hinter der alles schlagartig klar oder unklar würde. Entsprechend heißt es bei Davidson in Sachen Holismus des Verstehens und damit des Geistes: »I do not wish to give the impression that there is a fixed list of things you must believe in order to wonder whether you are seeing a black snake. The *size* of the list is very large, if not *infinite*, but membership in the list is *indefinite*.«[7] Die oben genannten Beziehungen, unter denen Davidson die inferentiellen Verhältnisse unter Überzeugungen hervorhebt, verleihen den Einheiten des Sprechens und Denkens einen bestimmten Inhalt, indem sie einen insgesamt weder überschaubaren noch abschließend bestimmbaren Zusammenhang von Verweisungen bilden. Einen bestimmten Gehalt haben unsere Gedanken vor dem Hintergrund einer unbestimmt weiten Verbindung mit anderen Gedanken und mit den Gedanken anderer.

An dieser Stelle greift die zweite, erkenntnistheoretische Begründung. Bestimmtheit, so lautet eine bleibende Einsicht Kants und Hegels, ist ohne Bestimmung nicht zu denken. Die Bestimmtheit, die die Welt hat, ist in einem begrifflichen Sinn nicht zu trennen von derjenigen, die wir (oder andere erkennende Wesen) in der Ausbildung von Gedanken über sie gewinnen können. Dieser *begriffliche* Zusammenhang darf natürlich nicht als ein *faktischer* gedeutet werden, so als gäbe es Bestimmtheit nur da, wo erkennende Wesen eine Bestimmung geben. Sondern: Was Bestimmtheit heißt, ergibt sich, wenn meine Gewährsleute recht haben, allein aus einer Reflexion darüber, wie sich Bestimmung vollzieht. Jede Bestimmung aber, die wir im Gebrauch unserer Begriffe geben, ist eben darin bestimmt, dass sie beschränkt, und

---

7 D. Davidson, The Problem of Objectivity, in: Ders., Problems of Rationality, Oxford 2004, 3–18, 10. – Zur erkenntnistheoretischen Debatte um die »Unbestimmtheit« der Welt gegenüber dem begrifflichen Erkennen vgl. G. Keil, Über die deskriptive Unerschöpflichkeit der Einzeldinge, in: Ders./U. Tietz (Hg.), Phänomenologie und Sprachanalyse, Paderborn 2006, 83–125.

eben darin beschränkt, dass sie bestimmt ist.[8] Wir können Bestimmung ohne Beschränkung überhaupt nicht denken, geschweige denn erreichen. Wer wissen will, kann und darf nicht alles wissen wollen. Allwissenheit wäre Unwissenheit: ein Wissen, das nicht länger eines von etwas Bestimmtem wäre – und daher überhaupt kein Wissen. Für erkennende Wesen ist die Welt bestimmt und unbestimmt zugleich. Alles Bestimmte hat die Kehrseite des Unbestimmten, gerade wenn es Bestimmtes und darüber hinaus zutreffend Bestimmtes ist. Alles Unbestimmte andererseits hat die Kehrseite einer möglichen Bestimmbarkeit, gerade wenn es vorerst oder nachhaltig unbestimmt bleibt. Denn alles propositionale Wissen wird von einem – mit Wolfram Hogrebes schöner Prägung – »Echo des Nichtwissens« durchhallt, das sich nur stumm stellen ließe, wenn jeder Anspruch auf Wissen aufgegeben würde.[9]

In meinen Augen ist dies alles andere als ein ernüchterndes oder gar erschütterndes Resultat. Denn seine destruktiven Konsequenzen betreffen lediglich die irreführenden Regulative, die mit dem Begriff des Wissens immer wieder verbunden worden sind – diejenigen eines Endes der Forschung, eines endgültigen Wahrheitsbesitzes oder anderer kognitiver Vollständigkeitserwartungen, einschließlich der – wenn auch mit allerlei »als-ob«-Klauseln versehenen – Idee »eines Ganzen der Erkenntnis« im »Anhang zur transzendentalen Dialektik« der *Kritik der reinen Vernunft*. Zwar ist in der philosophischen Zunft niemand der Ansicht, vollständiges Wissen sei für endliche Wesen *erreichbar*. Aber nicht wenige in ihr halten es – wie Kant und manche seiner Nachfolger – für unumgänglich, eine solche Vollständigkeit des Wissens wenigstens zu *denken* oder ihre Möglichkeit im Anspruch auf Erkenntnis – wenn auch kontrafaktisch – zu *unterstellen*.[10]

---

8 Zum Folgenden ausführlicher Beitrag 2 in diesem Band, bes. 52–58.
9 W. Hogrebe, Echo des Nichtwissens, Berlin 2006, bes. 35.
10 Denkfiguren dieser Art haben auch in der gegenwärtigen Philosophie einen erheblichen Einfluss. Man denke an die Rolle des Lapla-

Es gibt aber einen ganz anderen, sehr viel einfacheren Grund, warum wir über die Liaison des für Erkennende erreichbaren Wissens mit dem Nichtwissen nicht nur jammern sollten. Denn wäre es anders, könnten wir nicht überrascht werden. Weder im theoretischen noch im praktischen Verhalten könnten wir durch das Unerwartete, sei es verstört, sei es beschenkt werden. Wie Davidson sagt: »Awareness of the possibility of surprise, the entertainment of expectations – these are essential concomitants of belief.«[11] Nach einem Wissen zu streben, das gegenüber den Horizonten des Nichtwissens abgedichtet bliebe, einmal abgesehen davon, wie vergeblich dies wäre, würde bedeuten, nach einem intellektuellen und emotionalen Leben zu streben, das auf einer sicheren Bahn dahingleiten würde – und somit nach einem Leben, von dem man mit dem Satz von Ferdinand Kürnberger, den Adorno dem ersten Teil seiner *Minima Moralia* vorangestellt hat, sagen müsste, dass es gar nicht lebt. Sich des Nichtwissens zu entledigen würde zugleich bedeuten, sich einer einzigartigen Quelle der Lust zu berauben: derjenigen, die ihre Erfüllung in einer Befriedigung ungeahnter Erwartungen

---

ce'schen Dämons in der jüngeren Debatte über Willensfreiheit, an die Art, in der Thomas Nagel in seinem gleichnamigen Buch den Gedanken eines *view from nowhere* ernst nimmt, an die Rolle »ultimativer« oder »idealer« Erkenntnis- oder Kommunikationsbedingungen in bestimmten Phasen des Werks von Hilary Putnam bzw. Jürgen Habermas oder auch an den Traum reduktiver Materialisten von einer einheitlichen Sprache der Erklärung physischer und psychischer Ereignisse. – Zu entsprechenden Warnungen vor Formen der regulativen Nachlässigkeit im Bereich der praktischen Philosophie vgl. M. Seel, Drei Regeln für Utopisten, in: Ders., Sich bestimmen lassen. Studien zur theoretischen und praktischen Philosophie, Frankfurt/M. 2002, 258–269.

[11] D. Davidson, The Problem of Objectivity, a.a.O., 7. Vgl. ders., Rational Animals, in: Ders., Subjective, Intersubjective, Objective, Oxford 2001, 95–105, bes. 104.

findet.[12] Damit meine ich nicht allein die intellektuelle Lust, wieder anders denken, sondern auch die sehr viel allgemeinere, wieder neu und anders erleben (und also lieben und leiden) zu können. Mit einem Wort: Zum Genuss theoretischen wie praktischen Wissens gehört eine Freude am Nichtwissen, wie sehr und wie oft diese auch in Verzweiflung umschlagen mag. Das ist der Grund, warum wir, ganz unabhängig davon, dass wir es nicht *können*, sinnvollerweise nicht einmal *wünschen* können, eines schönen, in Wahrheit aber schrecklichen Tages mit dem Nichtwissen Schluss gemacht zu haben.

3. Ästhetik des Nichtwissens

Für den Fall, dass diese Konsequenz abenteuerlich erscheinen sollte, sei kurz an die eigentliche Domäne einer Positivierung des Nichtwissens erinnert: an die ästhetische Praxis oder, wie es früher hieß, an das Reich des Schönen. Es ist ein noch immer zu wenig beachteter Topos der Ästhetik seit Baumgartens Zeiten, dass ästhetische Wahrnehmung – innerhalb wie außerhalb des Umgangs mit Kunstwerken – auf eine Affirmation des Unbestimmten gerichtet ist. Paul Valérys unter anderem von Benjamin und Adorno als Leitmaxime verwendeter Satz, das Schöne – gemeint ist dasjenige der Kunst – erfordere vielleicht »die sklavische Nachahmung dessen, was in den Dingen unbestimmbar ist«, bringt dies prägnant zum Ausdruck.[13] Kunstwerke artikulieren das propositional nicht zureichend Artikulierbare; sie haben, wie Adorno in der *Ästhetischen Theorie* sagt, die »Bestimmtheit des Unbestimmten«.[14] Hier werden nicht, wie in anderen Bereichen

---

12 Vgl. zu diesem Motiv: M. Seel, Paradoxien der Erfüllung, in: Ders., dass., a. a. O., 27–43.
13 P. Valéry, Windstriche, Frankfurt/M. 1971, 94.
14 Th. W. Adorno, Ästhetische Theorie, Frankfurt/M. 1973, 188.

der Kommunikation, bestimmte Bezüge in einem Netz zunehmend unbestimmter Verweisungen hergestellt. Hier wird ein Netz von Bezügen entfaltet, das gerade wegen seiner Dichte, Undurchsichtigkeit und Plurivalenz fesselnd ist. Kunst, so verstanden, bietet ihren Rezipienten die Gelegenheit, sich aus freien Stücken, in einer von Handlungszwängen weitgehend entlasteten Situation, von unbestimmten Prozessen der Erfahrung und des Verstehens bestimmen zu lassen, womit sie sich, psychoanalytisch gesprochen, sehenden Auges zu »Opfern« von Übertragungen machen, von denen sie nicht wissen können, was aus ihnen für ihren kognitiven wie emotionalen Haushalt folgen wird. Jedoch geschieht dies durch eine in den Konfigurationen der Werke durchaus *bestimmte* Unbestimmtheit, die eine Objektivation des alltäglich verborgenen Zusammenhangs von Artikuliertheit und Unartikuliertheit leistet. Dergleichen Offenbarungen entfalten künstlerische Objekte allerdings nur einem besonderen, oft deutungsabhängigen Verstehen gegenüber, dem meist wenig an einem Festhalten ihrer Gehalte, sondern vor allem an einem Vernehmen und Verfolgen der sukzessiven wie simultanen Echos liegt, mit denen die Werke auf die Akkorde ihres Interpretiertwerdens antworten.

Man denke nur an die berühmte Episode in der *Recherche du temps perdu* von Proust, wo der Geschmack einer von Marcel – wie er es als Kind von den Besuchen bei seiner Tante Léonie gewohnt war – in den Lindenblütentee getauchten Madeleine in ihm einen Erinnerungssturz wachruft, eine Augenblicksempfindung, die auf vielen Seiten mit einem ins Unendliche gehenden Reichtum an Interferenzen ausgestaltet wird, um in der Erinnerung des Lesers wieder zu einem unentwirrbaren Augenblick zusammenzuschießen. Was die Literatur hier und andernorts vermag, kann die Musik ohnehin: in ihrer Bewegung von unserem Bewegtsein und damit von Strukturen und Horizonten unseres Fühlens und Denkens zu sprechen, ohne doch über diese etwas zu sagen. Sie bringt Hintergründe unseres Wissens und Wollens *als* Hintergründe in den Vordergrund und dort zum Erscheinen, wie das auf ihre Weise die Malerei seit bald 200 Jahren tut (und vielleicht hat sie nie etwas anderes getan).

Diese Befunde lassen sich über die Sphäre der Kunst hinaus verallgemeinern: Der ästhetische Sinn gilt einem Spiel des Erscheinens, das dem begrifflich fixierbaren Sosein spottet.[15] In der bestimmbaren die unbestimmbare Welt vernehmen – das ist eine wesentliche Pointe aller ästhetischen Wahrnehmung, sei sie Objekten und Ereignissen der Kunst, der Natur, des städtischen Lebens oder des Sports gewidmet. Was immer sie auch vergegenwärtigt, sie vergewissert sich immer auch dessen, wovon wir im Modus des klaren und deutlichen Wissens keine Kenntnis haben können. So verstanden, stellt eine Feier des Ungewissen ein inneres Telos aller ästhetischen Wahrnehmung dar.

4. Ethisches Resümee

Seit altersher ist die Ästhetik eine Grenzdisziplin, die sich mit den Gebieten sowohl der theoretischen wie der praktischen Philosophie überschneidet. Insofern besagt es durchaus etwas, wenn das Schöne seinen Verehrern eine besondere Möglichkeit der Bejahung ihres Nichtwissens eröffnet. Ich habe zu Beginn etwas salopp von dem »Service« gesprochen, den das Nichtwissen den Wissenden anbietet. Diesen Dienst kann sowohl das kontingente als auch das konstitutive Nichtwissen erweisen. Das »kontingente« Nichtwissen betrifft Verhältnisse, von denen man zufällig oder aus eigenem Verschulden keine Kenntnis hat. Das »konstitutive« hingegen besteht in einem mit allem begrifflichen Wissen verbundenen, aber von den Wissenden nicht überschaubaren Horizont der Unbestimmtheit. Beide Formen des Nichtwissens können auf das menschliche Geschick einen mehr oder minder verhängnisvollen Einfluss haben. Im Übrigen bleibt die Grenze

---

15 Vgl. M. Seel, Ästhetik des Erscheinens, München 2000, bes. 70 ff.

zwischen ihnen oft genug vage, weswegen sie beide in künstlerischen Dramen von der Antike bis in die Gegenwart häufig eine entscheidende Rolle spielen. Theoretisch interessanter aber, weil meist weniger beachtet und weniger gründlich bedacht, ist der Vorteil oder vielleicht besser die Gunst, die in beiden Formen des Nichtwissens – trotz ihres hohen Risikofaktors für alle Arten der Praxis – eben auch liegt. Zumal das konstitutive Nichtwissen verdient es, als Aphrodisiakum der menschlichen Lebensform anerkannt zu werden. Es stellt eine unumgängliche Bedingung der Freiheit des Handelns sowie einen nicht minder unumgänglichen Rückhalt allen expositorischen Wissens dar; es verleiht der Bemühung um Erkenntnis, dem Vollzug der Kommunikation sowie weiteren Arten der menschlichen Interaktion jenes Moment eines potentiellen Überraschtwerdens und damit einer – sei es willkürlichen, sei es unwillkürlichen – Variierbarkeit unserer selbst, das noch im düstersten Kunstwerk fröhliche Urstände feiert. Dieses Nichtwissen, mit einem Wort, enthält – in Umdeutung der berühmten Sentenz aus Francis Ford Coppolas Film *The Godfather* – *an offer you can't refuse*: ein Angebot, das wir längst akzeptiert haben, bevor wir überhaupt etwas mit Gründen in Angriff zu nehmen oder davon Abstand zu halten versuchen.

5. Paradoxien der Verständigung.
17 Stichworte

Mit Paradoxien ist es so eine Sache. Sie entspringen unseren Verständnissen der Welt und unserer selbst, sie zeigen sich in der Verständigung über sie und entfalten im Nachdenken über die Reichweiten und Grenzen der Kommunikation manchmal einen besonderen Charme. In den nachstehenden thesenhaften Passagen möchte ich einerseits *vorführen*, worin dieser Reiz besteht, und andererseits theoretisch *ausführen*, was philosophisch gesehen dahinter steckt. Leserinnen und Leser befinden sich dabei in einer günstigen Lage. Sie können meine Überlegungen dem einfachen Test unterziehen, ob das, was ich hier über die Grundlagen der Kommunikation sage, wenigstens auf das vorliegende Produkt zutrifft, das aus der kommunikativen Handlung eines Vortrags hervorgegangen ist und nun als schriftliche Mitteilung vor ihnen liegt.

1. Zweierlei Paradoxien

Paradoxien können in zweierlei Gewand auftreten: einem logischen und einem rhetorischen. In logischer Bedeutung paradox ist ein Gedanke, der mit absurder, aber zwingend erscheinender Konsequenz etwas sachlich Unvereinbares behauptet. Paradoxien dieser Art müssen oder müssten sich auflösen lassen, wenn es gelingen soll, unser Begreifen philosophisch zu begreifen. In der philosophischen Zunft freilich ist es umstritten, ob tatsächlich alle logischen Paradoxien aus der Welt geschafft werden können. Gleichfalls umstritten ist, ob es neben hartnäckig widersprüchlichen *Verständnissen* einer Sache nicht auch nachhaltig paradoxe *Phänomene* gibt, vor denen eine auf logische Konsistenz erpichte begriffliche Analyse die Waffen strecken muss.

Paradox aber können auch Sätze sein, die ein komplexes Verhältnis auf einen prägnanten Nenner bringen, ohne dass hierin ein logischer Widerspruch enthalten sein müsste. Darin liegt ihre rhetorische Funktion: Spannungen zu benennen, mit denen wir in Theorie und Praxis auskommen müssen. Rhetorische Paradoxien operieren mit dem *Anschein* logischer Absurdität, ohne jedoch eine solche buchstäblich zu behaupten. Ihr Sinn liegt nicht in der Aufstellung einer dem Denken Rätsel aufgebenden Proposition, sondern in einer das Nachdenken provozierenden Animation; sie wollen ihm auf die Sprünge zu einem widerspruchsfreien Verständnis der betreffenden Sache verhelfen. Zum Witz des Unterschieds der beiden Arten von Paradoxien freilich gehört es, dass man oft nicht genau weiß, mit was für einem Genre man es jeweils zu tun hat. So auch im Fall der Verständigung über Paradoxien der Verständigung. Weswegen meine Leitfrage bei der Durchsicht einiger Kandidaten im Folgenden schlicht und ergreifend lautet, mit *was für* – logischen, rhetorischen, echten oder vermeintlichen – Paradoxien wir es hier eigentlich zu tun haben.

2. Verständigung

Verständigung ist ein *intersubjektiver* Prozess auch dort, wo die Rollen von Sprechern und Hörern (Autoren und Lesern) asymmetrisch verteilt sind. In der mündlichen Kommunikation (sei sie technisch unterstützt oder nicht) handelt es sich überdies um einen *interaktiven* Prozess – die Beteiligten können durch Äußerungen, Gestik, Mimik, Schweigen, Applaudieren, Buhrufe usw. aufeinander reagieren.

Das elementarste Ziel der Verständigung ist Verständlichkeit: etwas so klar und so deutlich zu sagen, dass es von den Adressaten der Rede verstanden werden kann (und wie es von ihnen verstanden werden soll). Ihr zweites elementares Ziel ist Bedeutsamkeit oder Relevanz des Gesagten: der Versuch, bei den Adressaten ein offenes Ohr zu finden, ihr Interesse und ihre Anteilnahme zu wecken oder zu erhalten.

Alle weiteren Ziele der Verständigung müssen diesen beiden Grundanforderungen genügen. Dies können sehr verschiedene Ziele sein: der Versuch, Einverständnis zu erzielen oder bloße Zustimmung zu gewinnen, die Adressaten einzuschüchtern, hinters Licht zu führen, zu informieren, zu unterhalten, zu erheitern – usw. Auch die Lüge oder ein absichtlich unklares oder vergleichsweise dunkles (z. B. poetisches) Sprechen müssen die elementaren Anforderungen der Verständlichkeit und Relevanz beachten: Sie müssen *hinreichend* deutlich und bedeutsam ausfallen, um als kommunikative Handlungen gelingen zu können.

3. Platons Theorie der Kommunikation

Vor allem in seinem Dialog *Phaidros* formuliert Platon sehr viel stärkere Bedingungen gelingender Kommunikation – einer Kommunikation allerdings, bei der es primär um die Ergründung und Vermittlung verlässlichen *Wissens* geht.[1] Diese darf nicht überredend, sie muss überzeugend sein. Sie muss aus Einsicht in die jeweilige Sache und im Dienst der Vermittlung des Wahren erfolgen. Sie muss ihre Adressaten erfolgreich an echter Einsicht teilhaben lassen. Eine kompetente Weitergabe von Wissen verlangt nach Sokrates' Überlegungen im *Phaidros* die Kenntnis der Wahrheit über die jeweils in Rede stehenden Dinge; die

---

1 Vgl. zum Folgenden: E. Heitsch, Platon über die rechte Art zu reden und zu schreiben, Stuttgart 1987 sowie M. Seel, Platons Apologie der Literatur in: Ders., Die Macht des Erscheinens. Texte zur Ästhetik, Frankfurt/M. 2007, 131–142.

Fähigkeit zur detaillierten Analyse und Argumentation; die genaue Kenntnis der menschlichen Seele (und damit der potentiellen Adressaten der Rede); eine kontextsensible Aufmerksamkeit für die spezifische Situation der Rede; schließlich eine hinreichende Übung im Gebrauch dieser Fähigkeiten.

Platons Begriff der Kommunikation ist geprägt von einer Vorstellung der einseitigen oder wechselseitigen *Übertragung* von Wissen – im Idealfall: einer vollständigen Übertragung vollständig wahrer Ansichten in Bezug auf die jeweils verhandelte Sache. Diese Vorstellung ist jedoch in mehrfacher Hinsicht irreführend. Sie übergeht auffällige Paradoxien der menschlichen Verständigung, denen sie nicht gerecht zu werden vermag.

4. Einspruch: Wilhelm von Humboldt

In der Einleitung zu seinem Kawi-Werk korrigiert Wilhelm von Humboldt das Übertragungsmodell der Kommunikation in wesentlichen Hinsichten. Zwei Zitate mögen an diese Revision erinnern: »So wundervoll ist in der Sprache die Individualisierung innerhalb der allgemeinen Uebereinstimmung, dass man ebenso richtig sagen kann, daß das ganze Menschengeschlecht nur Eine Sprache, als dass jeder Mensch eine besondere besitzt.« – »Erst im Individuum erhält die Sprache ihre letzte Bestimmtheit. Keiner denkt bei dem Wort gerade und genau das, was der andre, und die noch so kleine Verschiedenheit zittert, wie ein Kreis im Wasser, durch die ganze Sprache fort. Alles Verstehen ist daher immer zugleich ein Nicht-Verstehen, alle Uebereinstimmung in Gedanken und Gefühlen zugleich ein Auseinandergehen.«[2]

---

2 W. v. Humboldt, Ueber die Verschiedenheit des menschlichen Sprachbaues und ihren Einfluss auf die geistige Entwickelung des Menschengeschlechts, in: Ders., Werke in fünf Bänden, hg. v. A. Flitner u. K. Giel, Darmstadt 1963, Bd. III, 368–756, dort 424 u. 439.

Humboldts Überlegungen lassen sich in einer These zusammenfassen, die einer grundlegenden Unwägbarkeit der menschlichen Verständigung Ausdruck gibt: Die Bestimmtheit der menschlichen Rede – ihre Verständlichkeit und Bedeutsamkeit – ist unvermeidlich von Kontexten der Unbestimmtheit getragen. Wo etwas sprachlich zur Bestimmtheit kommt, stellt sich Unbestimmtheit ein. Diese Unbestimmtheit ist jedoch kein Mangel, sondern vielmehr ein Wahrzeichen der Kommunikation.

5. Drei Paradoxien

Was diese Dialektik von Bestimmtheit und Unbestimmtheit für Prozess und Produkt der Verständigung bedeutet, lässt sich durch drei Paradoxien erläutern, die in zugespitzter Form die Situation der Kommunikation beleuchten.

Die erste betrifft den Ausgangspunkt, die zweite den Prozess, die dritte das Ziel der Kommunikation.

Die erste lautet: *Wer spricht, weiß nicht, mit wem er spricht.*

Die zweite lautet: *Gelingende Kommunikation nimmt einen unbeabsichtigten Verlauf.*

Die dritte lautet: *Das Ziel der Verständigung ist erreicht, wenn sie ihr Ziel verfehlt.*

6. Die erste Paradoxie

Die erste Paradoxie verweist darauf, dass es unmöglich ist, über die Voraussetzungen des Gegenübers der Kommunikation – über seine Wünsche und Meinungen, Ansichten und Absichten, Einstellungen und Stimmungen – annähernd vollständig Bescheid zu wissen. Eine »genaue Kenntnis der menschlichen Seele«, was immer dies wäre, und selbst wenn sie möglich wäre, würde in der Begegnung mit individuellen Sprechern, Hörern, Auditorien und Leserschaften nicht viel helfen. Erfolgreich kommunizieren kann vielmehr nur, wer fähig ist, sich von seinem Gegenüber überraschen zu lassen – und somit, wer um die eigene prinzipielle Unkenntnis der Kenntnisse und Einstellungen der Gesprächspartner und sonstigen Adressaten weiß. Prinzipieller Natur ist diese Unkenntnis, da man über ihre kognitiven und volitiven Voraussetzungen, über das Netz ihrer Ansichten und Absichten, wegen deren holistischem Charakter nie auch nur annähernd vollständig Bescheid wissen kann – und damit im Austausch mit wenigen oder vielen anderen stets darauf angewiesen bleibt, dass sich von Situation zu Situation *zeigt*, mit welchem Gegenüber man es zu tun hat (bzw. welche *Saiten* eines wohlbekannten Gegenübers im Verlauf der Kommunikation zum Klingen gebracht werden).

7. Die zweite Paradoxie

Die zweite Paradoxie verweist darauf, dass es unmöglich ist, den Verlauf einer Kommunikation annähernd vollständig zu kontrollieren. Wer sich mit anderen verständigen will, muss bereit sein, sich auf die Situation der Kommunikation einzulassen, auf ein Spiel von Aktion und Reaktion, das von keiner Seite im Ganzen beherrschbar ist. So sehr dieses wie jedes Spiel nur durch die wechselseitigen Absichten der Teilnehmer zustande kommt und in Gang gehalten wird, es ist und bleibt ein Geschehen, das Wendungen nimmt oder doch nehmen kann, die für alle unvorhersehbar waren. Dies liegt nicht zuletzt daran, dass es *Sprachen* sind, die die Medien einer Verständigung bilden – Sprachen, in denen Wege der Bedeutung und Folgerung, des Welt- und Selbstbezugs immer schon vielfältig vorgebildet sind. Dies hat zur Folge, dass sich die Bestimmtheit der je eigenen kommunikativen

Handlungen nur in Aufnahme und Variation der anonymen Kräfte des jeweiligen Idioms, des jeweiligen Diskurses, des jeweiligen Genres der Verständigung ergeben kann.

8. Die dritte Paradoxie

Die dritte Paradoxie verweist darauf, dass es unmöglich ist, das Ergebnis einer Kommunikation annähernd vollständig vorwegzunehmen. Eine Kommunikation gelingt, wenn sich in ihrem Verlauf erst genauer bestimmt, und also: wenn die Kommunikationspartner durch ihren Verlauf erst genauer dazu bestimmt *werden, w*as sie in ihrer Situation mitteilen können und wollen. Kommunikative Absichten sind intern mit einer Dimension der Unwissenheit über ihren eigenen Zuschnitt verbunden. Dies bedeutet, dass ihre externen Zwecke – das, was jeweils auf dem Weg der Verständigung erreicht werden soll – stets in einem möglichen Widerstreit mit ihren internen Zwecken liegen: damit, was sich in ihrem Vollzug zwischen den Beteiligten als erreichbar und unerreichbar, zugänglich und unzugänglich, kommensurabel und inkommensurabel erweist.

9. Drei Unmöglichkeiten

In den drei genannten Unmöglichkeiten liegt gerade die besondere Möglichkeit der Verständigung: sich und die anderen in ihrem Verlauf *weiter* und *anders* zu bestimmen und bestimmen zu lassen. Diese Verklammerung von Bestimmtheit und Unbestimmtheit sowie von Bestimmen und Bestimmtwerden stellt kein Defizit, sondern das – in seinen Wirkungen durchaus ambivalente – *Potential* der menschlichen Kommunikationsfähigkeit dar. Dieses besteht in dem Vermögen einer zugleich aktiven und passiven, kontrollierten und unkontrollierten Bestimmbarkeit des Austauschs mit anderen. Kommunikation würde ohnmächtig, würde sie über die Macht einer endgültigen Bestimmtheit verfügen – es bliebe ihr nichts mehr zu bestimmen und folglich zu sagen oder zu zeigen. Zugleich verweist dieses Potential auf dasjenige des menschlichen Denkens und Handelns überhaupt – verstanden als Fähigkeit, sich im eigenen Bestimmen durch die Welt und sich selbst bestimmen zu lassen.[3]

10. Ziele der Verständigung

Bevor die Frage gestellt werden kann, wie paradox unsere bisherigen Paradoxien tatsächlich sind, ist es wichtig, sich Klarheit über die grundlegenden Ziele von Prozessen der Verständigung zu verschaffen. »Das elementarste Ziel der Verständigung«, so hatte ich im zweiten Stichwort gesagt, »ist Verständlichkeit: etwas so klar und so deutlich zu sagen, dass es von den Adressaten der Rede verstanden werden kann (und wie es von ihnen verstanden werden soll)«. Ihr zweites oben genanntes elementares Ziel ist »Bedeutsamkeit oder Relevanz des Gesagten: der Versuch, bei den Adressaten ein offenes Ohr zu finden, ihr Interesse und ihre Anteilnahme zu wecken oder zu erhalten«.

Es ist vor allem die zweite Bedingung, die das übergreifende Ziel aller Verständigung benennt – zunächst deshalb, weil sie irreführende Verallgemeinerungen blockiert. Denn der generelle Sinn der Verständigung besteht nicht im Erreichen von Einverständnis oder darin, sich alles gesagt zu haben, so erfreulich dies – oder der Anschein dessen – manchmal auch sein mag. Der generelle Zweck der Verständigung liegt auch nicht in ihrer möglichen

---

[3] Vgl. hierzu die beiden Titelaufsätze in: M. Seel, Sich bestimmen lassen. Studien zur theoretischen und praktischen Philosophie, Frankfurt/M. 2002.

Fortsetzung; schließlich können kommunikative Akte auch zum Abbruch der Verständigung führen. Der übergreifende Zweck der Verständigung ist es vielmehr, den oder die anderen im Guten oder Schlechten mit der eigenen Rede zu *treffen*: sie zu einer Wahrnehmung oder einem Gefühl, einem Gedanken oder einer Handlung, zur Modifikation ihres Wissens, Wünschens und Wollens zu bewegen: und dies so, dass die Kommunizierenden dabei möglicherweise ihrerseits zu einer Veränderung ihrer Einstellungen veranlasst werden. Kommunikation erweist sich somit nochmals als eine zentrale Form der Ausübung des menschlichen Vermögens, sich durch die Welt, die anderen und sich selbst auf eine nicht festgelegte Weise bestimmen zu lassen.

11. Wie viele Paradoxien sind es?

Über die drei Paradoxien, die bisher vorgestellt und kommentiert wurden, hatte ich – in Stichwort 5 – gesagt, die erste betreffe den Ausgangspunkt, die zweite den Prozess, die dritte hingegen das Ziel der Kommunikation. Die zuletzt gegebenen Erläuterungen allerdings können so verstanden werden, dass es sich gar nicht wirklich um drei verschiedene, sondern um Aspekte ein und derselben Paradoxie gehandelt hat. Und dieser Eindruck trifft zu. Er trifft deshalb zu, weil jede von ihnen auf ihre Weise der »grundlegenden Unwägbarkeit der menschlichen Verständigung Ausdruck gibt«, wie es in dem Kommentar zu den beiden Humboldt-Zitaten hieß. Zusammen verweisen sie auf Momente des Prozesscharakters von kommunikativen Ereignissen, der wesentlich von deren inhärenter Unbestimmtheit angetrieben wird. Alles kommunikative Tun, sagen sie, ist wesentlich ein Geschehen – und wesentlich gerade dort, wo eine kommunikative Absicht mit möglichst großer Genauigkeit, Klarheit und Entschiedenheit verfolgt wird. Denn diese Art der Bestimmtheit bedeutet hier, die Dimensionen der Unbestimmtheit in Kauf zu nehmen und in

Rechnung zu stellen, in denen sich Prozesse der Verständigung (wie zum Beispiel auch dieser Text) von Anfang bis Ende bewegen.

12. Sind es Paradoxien?

Jetzt stellt sich aber endgültig die Frage, in welchem Sinn die Formulierungen, mit denen ich an Humboldt angeknüpft habe, überhaupt Paradoxien sind. Die Antwort liegt auf der Hand: Es sind rhetorische, aber keine logischen Paradoxien. Dies zeigt sich daran, dass sie nunmehr leicht durch nichtparadoxe Formulierungen ersetzt werden können. Die erste hatte gelautet: »Wer spricht, weiß nicht, mit wem er spricht.« Sie kann wie folgt paraphrasiert werden: »Die an Prozessen der Verständigung Beteiligten haben stets nur eine begrenzte Kenntnis ihrer theoretischen, praktischen und sonstigen Einstellungen.« Der Wortlaut der zweiten Paradoxie war: »Gelingende Kommunikation nimmt einen unbeabsichtigten Verlauf.« Eine Paraphrase wäre: »Gelingende Kommunikation nimmt in der Regel einen zuvor unbeabsichtigten und zudem für die Beteiligten überraschenden Verlauf.« Von hier aus liegt eine Umformulierung auch der dritten nahe. Statt: »Das Ziel der Verständigung ist erreicht, wenn sie ihr Ziel verfehlt«, kann es heißen: »Gelingende Kommunikation schließt seitens der Teilnehmer die Fähigkeit und Bereitschaft zur Modifikation ihrer anfänglichen Ziele ein.« Diese Übersetzungen lassen sich ihrerseits zu der Formel zusammenfassen, dass alles kommunikative Tun wesentlich auch ein Geschehen ist – was wiederum eine paradoxiefreie Aussage ist.

Somit wären alle unsere bisherigen Paradoxien verschwunden. Wie es jetzt aussieht, lassen sich Ausgangspunkt, Prozess und Ziel der Verständigung gerade in ihrer Unsicherheit, Unwägbarkeit und Indeterminiertheit widerspruchsfrei erläutern – eine Erläuterung, bei der die verwendeten rhetorischen Paradoxien lediglich als Leitern zu einem angemesseneren Verständnis dienen, nach dessen Erreichen sie getrost weggeworfen werden können. Freilich bleibt vorerst die Frage, ob diese Selbstbeschreibung meiner bisherigen Betrachtung wirklich zutreffend ist. Denn gehörte es nicht zu deren Pointe, in der Möglichkeit der Kommunikation ihre Unmöglichkeiten und in ihren Unmöglichkeiten ihre spezifische Möglichkeit aufzuspüren? Hatte der Autor nicht auch einen *sachlichen* Grund, die Grundsituation der Verständigung zunächst durch paradoxe Formulierungen vor Augen zu führen?

13. Warum die Paradoxien?

Er hatte ihn. Der argumentative Sinn meiner rhetorischen Strategie lag in einem Hinweis auf Widersprüche, die entstehen, wenn man ein irreführendes Ideal der Kommunikation zugrunde legt, wie ich es mit erheblicher Stilisierung und Vereinfachung aus Platon entnommen habe. *Dieses* Modell der Kommunikation führt *notwendigerweise* zu paradoxen Konsequenzen. Gäbe es kein besseres, hätten wir es mit echten logischen Paradoxien zu tun. Diese paradoxen Konsequenzen aber zeigen zunächst einmal nur an, dass etwas mit einer bestimmten Art des Nachdenkens über die Natur gelingender kommunikativer Prozesse nicht stimmt. In dieser Anzeige lag die primäre, aber zunächst aus dramaturgischen Gründen unausgesprochene Funktion meiner drei Paradoxien: deutlich zu machen, dass widersinnige Konsequenzen unvermeidlich sind, wenn man Kommunikation nach einem Modell der möglichst verlustlosen Übertragung von Inhalten versteht. Wenn es gelingt, dieses Modell durch ein plausibleres zu ersetzen, so wäre zu erwarten, lösen sich die an es gebundenen paradoxen Konsequenzen zugunsten widerspruchsfreier Beschreibungen der Bedingungen kommunikativen Gelingens auf.

14. Das Modell der Übertragung

Freilich sollten wir dieses vorläufige Resümee nicht vorschnell akzeptieren. Denn es könnte durchaus sein, dass auch ein anderes, vermeintlich besseres oder sogar *jedes* einigermaßen plausible Modell der Verständigung paradoxe Konsequenzen hervorruft. Dann läge die Folgerung nahe, dass Kommunikation selbst ein paradoxes Phänomen darstellt. Diese Möglichkeit verdient es, ernst genommen zu werden. Ich möchte dies tun, indem ich noch einmal das Modell der Übertragung zur Sprache bringe – um etwas genauer zu zeigen, worauf es basiert, was gegen es spricht und was sprachphilosophisch an seine Stelle treten sollte.

Modelle der Übertragung sind lange Zeit in vielen Bereichen der Philosophie prägend gewesen und haben ihre Macht über das Nachdenken über grundlegende Selbstverständnisse des Menschen auch heute noch längst nicht verloren. Eines ist das erkenntnistheoretische, dem zufolge die Sinnlichkeit den Verstand mit Gehalten versorgt, die dieser zu wahrheitsfähigen Urteilen verarbeiten kann. Ein anderes ist das sprachphilosophische, das die Konstitution intersubjektiver Bedeutungen als einen Vorgang der Übertragung innerer Dispositionen auf äußere Zeichen versteht. Ihm zur Seite steht das kommunikationstheoretische, das Verständigung als eine im Idealfall reibungslose Weitergabe von Inhalten fasst. Ein weiteres ist das kunsttheoretische, das die Produktion des Künstlers als eine Verkörperung ästhetischer Ideen in sinnlichen Gestaltungen begreift. Diese Modelle konvergieren in einem Bild des Geistes, der seine Prägungen – in einer empiristischen Variante – von der Welt empfängt oder sie – in einer rationalistischen Variante – der erkennbaren Welt eingibt. Vorgänge und Verhältnisse der Übertragung erscheinen hier als das, was Wahrnehmung und Wissen ausmacht: als ein Geschehen, das sich zwischen Geist und Welt ereignet, indem Eindrücke, Daten und Vorstellungen von der einen in die andere Sphäre hinübergetragen werden. Übertragung wird hier als ein Transfer oder Transport zwischen Sphären aufgefasst, die als distinkte Größen eingeführt werden, zwischen denen im Vorgang der Wahrnehmung und der Erkenntnis vermittelt werden muss. Wahrnehmen und Urteilen, Denken und Sprechen, Idee und Werk, Geist und Welt werden in jedem dieser Modelle dualistisch konzipiert. Die Folge dieses Dualismus ist ein durchgehender Instrumentalismus: Urteile, sprachliche Bedeutungen, künstlerische Werke oder kulturelle Erzeugnisse im Allgemeinen erscheinen als Mittel, mit denen Gehalte jedweder Art repräsentiert und kommuniziert werden können – Gehalte, deren Kontur unabhängig von den Medien besteht, durch die sie jeweils artikuliert werden.

15. Abschied vom Übertragungsmodell

Dieses Modell mitsamt den Spielarten, in die es zerfällt, wurde in der neueren Philosophie einer massiven Kritik unterzogen. In der Erkenntnistheorie haben bereits Kant und Hegel die Opposition von Sinnlichkeit und Verstand dekonstruiert; die Kritik am »Mythos des Gegebenen« bei Wilfrid Sellars, Donald Davidson, John McDowell und Robert Brandom hat auf dieser Linie zu einer Revision eines erkenntnistheoretischen Dualismus und Fundamentalismus zugunsten holistischer Theorien des Wissens geführt. In der Sprachphilosophie haben zuvor neben Wilhelm von Humboldt bereits Autoren wie Hamann und Herder das Bild der Sprache als eines Instruments der Veröffentlichung vorausliegender geistiger Gehalte verworfen. Die Sprachreflexionen Benjamins und Heideggers haben diese Vorbehalte radikalisiert, bei Wittgenstein und Derrida wird die kulturbildende, von keinem externen Pol gesteuerte Dynamik sprachlicher Praktiken vollends anerkannt. Ausgehend von der Theorie künstlerischer Produktion haben Autoren wie Valéry, Benjamin und Adorno das Modell des kreativen Vorgangs als einer Umsetzung vorgefertigter Konzeptionen außer Kraft gesetzt; ästhetische und wissenschaftliche Revolutionen kulminieren in der Erzeugung von Konstruktionen, von denen ihre Erfinder, nach Adornos Wort, in entscheidenden Hinsichten »nicht wissen, was sie sind«. Vor diesem Hintergrund kann man einen zentralen Impuls der Philosophien Heideggers und des späten Wittgenstein in der Auflösung der Opposition von Geist und Natur verstehen. Kulturelle Praktiken haben demnach ihren Ort inmitten einer zugleich erschlossenen und unerschlossenen Welt; sie vollziehen sich in der Variation und Transformation geschichtlicher Lebensformen, die ihren Angehörigen in wesentlichen Hinsichten gerade dort intransparent bleiben, wo sie eine für sie bestimmte und bestimmbare Gestalt gewinnen.[4]

16. Eine andere Deutung

Von diesem Tod der klassischen philosophischen Modelle der Übertragung kann eine revidierte Theorie der Kommunikation ihren Ausgang nehmen. Sie stellt der instrumentalistischen Deutung eine indeterministische gegenüber. Diese macht geltend, dass überall dort, wo wir im Erkennen, in der Kommunikation oder in der künstlerischen Produktion zu unterschiedlichen Formen der Bestimmtheit gelangen – der Bestimmtheit eines Urteils, eines Sprechakts, eines künstlerischen Artefakts (und darüber hinaus einer Norm, eines Gesetzes usw.) –, zugleich Effekte der Unbestimmtheit wirksam sind. Diese markieren einen Widerstand gegenüber der in kognitiven wie kommunikativen Situationen erreichten und erreichbaren Bestimmtheit – eine Resistenz, die nicht allein (jeweils oder vorerst) *unbestimmte*, sondern darüber hinaus oft genug vorerst oder nachhaltig *unbestimmbare* Bezüge und Prozesse betrifft. Es ist eine Grundeinsicht der philo-

---

4 Hierzu ausführlicher: G. W. Bertram/D. Lauer/J. Liptow/M. Seel, In der Welt der Sprache. Konsequenzen des semantischen Holismus, Frankfurt/M. 2008.

sophischen Hermeneutik mitsamt ihren dekonstruktiven Ergänzungen, dass es sich hierbei nicht um akzidentielle oder zufällige Randerscheinungen, sondern vielmehr um ein *notwendiges Komplement* kognitiver wie kommunikativer Vorgänge handelt.[5] Wo etwas zur Bestimmtheit kommt, stellt sich Unbestimmtheit ein. Unverfügbarkeit, Intransparenz und Unartikuliertheit stellen eine konstitutive Kehrseite artikulierter Vollzüge und Gestaltungen dar, denn diese *sind* artikuliert eben darin, dass sie sich von dem – in *ihnen* – *nicht* Artikulierten unterscheiden. Um diese Komplementarität zu erfassen, darf man jedoch nicht in ontologisierende Dualismen des Sagbaren und Unsagbaren oder des Darstellbaren und Undarstellbaren verfallen, sondern hat aufzuklären, wie Bestimmtheit Unbestimmtheit und Unbestimmtheit Bestimmtheit impliziert – und wie sich beides in den Medien und Prozessen der Verständigung bemerkbar macht.[6]

17. Doch eine Paradoxie?

Die im vorigen Stichwort favorisierte Deutung der Grundlagen von Kommunikation nimmt Formulierungen aus den vorangegangenen auf, die wiederum einen paradoxen *touch* zu haben scheinen. Aber das scheint nur so. Dass Bestimmtheit Unbe-

---

5 Vgl. M. Seel, Die Lehre der Dekonstruktion, in: Ders., Paradoxien der Erfüllung. Philosophische Essays, Frankfurt/M. 2006, 231–243.
6 Diskussionen mit meinen Frankfurter Kollegen Werner Hamacher und Edgar Pankow verdanke ich die Einsicht, dass an diesem Punkt eine u. a. von Freud inspirierte, gegenüber der instrumentalistischen Deutung kritische Wiederaneignung des Übertragungsbegriffs möglich wäre. Von hier aus wären Phänomene kommunikativer Übertragung als solche eines *Widerstands* gegenüber einem bruchlosen Sichverständigen zu verstehen, wodurch sich Vorgänge der Übertragung nunmehr gerade als solche eines Sichbemerkbarmachens von Unbestimmtheit verstehen ließen.

stimmtheit und Unbestimmtheit Bestimmtheit impliziert, dass sich überall, wo etwas zur Bestimmtheit kommt, Unbestimmtheit einstellt, mag zwar paradox *klingen*. Aber hier liegt überhaupt keine Paradoxie vor – keine logische und nicht einmal eine rhetorische. Es wird ein allgemeines Verhältnis benannt, in dem kommunikative Vollzüge stehen, das man noch einmal so formulieren kann, dass relative Unbestimmtheit eine Bedingung der Möglichkeit kommunikativer Bestimmtheit und relative kommunikative Bestimmtheit eine Bedingung der Entstehung von Unbestimmtheit ist. Beide gehören zusammen, beide leben voneinander, von beiden kann nur innerhalb von begrifflichen Praktiken und ihrer Verankerung in solchen der Verständigung die Rede sein. Widersprüchlich ist daran nichts. Es handelt sich um eine pointierte Explikation interdependenter Phänomene bzw. Begriffe, die in diesem Fall ohne den rhetorischen Schein eines Widerspruchs auskommt. Der Eindruck einer Paradoxie mag entstehen, weil es *gegensätzliche* Begriffe sind, die in den soeben rezitierten Sätzen in ein inniges Verhältnis gebracht werden. Aber ein Gegensatz ist noch lange kein Widerspruch; dieser kann sich erst durch die *Art* ergeben, in der Gegensätzliches zueinander in Beziehung gesetzt wird. Die Behauptung, dass eine Dialektik von Bestimmtheit und Unbestimmtheit für die Artikuliertheit kommunikativer Akte und Vollzüge (und darüber hinaus geistiger Gehalte generell) wesentlich ist, stellt, wenn ich recht habe, keine widersprüchliche Aussage dar und erst recht, wie ich zumindest hoffe, keine mit offen absurder Konsequenz, wie es für eine strikte logische Paradoxie erforderlich wäre. Aber sie stellt auch keine rhetorische Paradoxie dar – zumindest dann nicht, wenn es mir im Gang meiner Thesen gelungen sein sollte, das fragliche Verhältnis plausibel zu machen. Insofern war es der ganze Sinn der von mir anfangs bemühten Paradoxien, zu dem Schluss zu führen, dass Verständigung nicht zu den paradoxen Phänomenen gehört, wie viele Paradoxien dieser oder jener Art *in ihr* auch immer wieder auftreten mögen.

6. Über sich selbst schreiben.
Betrachtungen zu Nietzsches Spätstil

Menschen, sagt Ernst Tugendhat in seinem Buch *Egozentrizität und Mystik* mit kritischer Geste gegenüber Heidegger, der sich seinerseits in *Sein und Zeit* kritisch auf den methodischen Egomanen Descartes bezogen hatte – Menschen, sagt Tugendhat, sind Ich-Sager.[1] Der Mensch erfährt sich als *etwas* und *einer oder eine* unter anderem und anderen. Auf diese – die Dinge und Ereignisse einer objektiven Welt sowie die anderen Menschen, unter denen er lebt – kann er sich erkennend und handelnd nur so beziehen, dass er *sich* zu ihnen in ein Verhältnis setzt. Er muss »ich« sagen und sich damit auf sich beziehen können, um andere und anderes in bewusster und bestimmter Ausrichtung erreichen zu können. Er muss dabei stets *seine* Überzeugungen und Absichten ins Spiel bringen, wenn er überhaupt einem halbwegs überlegten Kurs des Lebens folgen will. Er muss sich wichtig nehmen, um etwas und jemanden wichtig nehmen zu können – jedenfalls bis zu einem gewissen Grad. »Jeder ›ich‹-Sager«, heißt es deshalb bei Tugendhat, »scheint sich absolut wichtig zu nehmen, aber er hat, mehr oder weniger ausdrücklich, ein Bewußtsein davon, daß auch die anderen sich wichtig nehmen und daß er sich in einer Welt befindet, in der er selbst auch anderes wichtig nehmen und schließlich sich selbst angesichts der Welt als mehr oder weniger unwichtig ansehen kann.«[2]

---

1 E. Tugendhat, Egozentrizität und Mystik. Eine anthropologische Studie, München 2003, bes. Kap. 1 u. 3; M. Heidegger, Sein und Zeit, Tübingen 1979, bes. 322 f.: »Das eigentliche Selbst*sein* sagt *als schweigendes* gerade nicht ›Ich-Ich‹, sondern ›ist‹ in der Verschwiegenheit das geworfene Seiende, als welches es eigentlich sein kann.«
2 Tugendhat, Egozentrizität und Mystik, a. a. O., 30.

Philosophen freilich, so verdeutlichen bereits diese einleitenden Bemerkungen und das Zitat, in das sie münden, Philosophen sind von Haus aus Es-Sager. Sie versuchen zu sagen, was *es* mit dem Ich-Sagen, dem Bewusstsein und Selbstbewusstsein, der Kausalität, der Kunst, der Moral, dem Recht, der Wissenschaft und schließlich mit dem Philosophieren selbst auf sich hat. Sie tun dies im reflexiven und kritischen Ausgang von den Verständnissen, die über diese Themen außerhalb und innerhalb der eigenen Zunft im Umlauf sind. Sie tun es mit dem Ziel, eine möglichst angemessene Auffassung dieser Auffassungen zu entwickeln: ein Verständnis unserer selbst und der Welt, die das Handeln sowohl in der übrigen Theorie wie in der sonstigen Praxis sinnvoll zu leiten vermag. Sie wollen wissen und also sagen, wie es mit dem Anspruch und der Reichweite menschlicher Orientierungen steht. Sie wollen das bloße Meinen überwinden; sie wollen wissen und also sagen, wie es sich mit dem menschlichen Wissen verhält. Wo »ich« war, soll »es« werden – so lautet seit jeher das Credo der philosophischen Aufklärung.

Aber Philosophen sind eben auch Menschen. Sie können nicht anders, sie müssen von sich selbst ausgehen – und davon, was sie durch Erziehung und Tradition, durch Umgang mit anderen und eigene Übung aufgenommen haben. So verhält es sich aber nicht nur in allerlei trivialen Hinsichten, etwa dass sie das System der Personalpronomina beherrschen müssen, um »ich« sagen zu können, oder dass sie sich nur auf das wenige beziehen können, wovon sie durch Erfahrung und Lektüre Kenntnis haben. So verhält es sich auch im Kernbereich ihrer Tätigkeit. Als Philosophen müssen sie einstehen für das, was ihnen einleuchtet; sie müssen ihrem Urteil vertrauen. Wenn sie sagen wollen, wie *es* mit etwas steht, müssen sie sich getrauen zu sagen, wie es nach *ihrer* Ansicht damit steht. Indem sie *eine* Perspektive ins Spiel bringen, bringen sie die jeweils *ihre* ins Spiel. Dies gilt nicht allein in der mündlichen Rede, sondern erst recht im Schreiben. Ob sie in ihrer Prosa das »ich« gebrauchen oder einen objektiveren Gestus wählen, *sie* sind es, die vorbringen, was sie vorzubringen haben. Sie nehmen eine, nämlich *ihre* Ich-Position ein, um von ihr aus den eigenen Gedankengang zu entwickeln. Ausdrücklich oder unausdrücklich benutzen sie das »ich«, um ein »es« – um Themen, Thesen oder auch Therapien – zur Geltung zu bringen. So jedenfalls verhält es sich im Standardfall des philosophischen Redens und Schreibens – einem Standard, dem sich, allem Anschein nach, insbesondere der späte Nietzsche verweigert hat.

1.

Um die Art und den Sinn dieser Weigerung angemessen zu verstehen, ist es jedoch äußerst wichtig, eine liberale Beschreibung dieses Standards zu geben – eine Beschreibung, die der großen Bandbreite des philosophischen Redens und Schreibens gerecht zu werden vermag. Diese Originalposition möchte ich folgendermaßen umreißen:

Philosophieren, das ist – aus der Position eines bestimmten Jemand die Position eines beliebigen zu denken. Streicht man das philosophierende Subjekt, das hierbei *seine* Position ins Spiel bringt, streicht man auch die Philosophie, die hierbei *eine* Position gewinnen kann, die sich vom Standpunkt der Wissenschaften und vom Geschäft der Lebensberatung unterscheidet. Ziel der philosophischen Tätigkeit ist ja nicht einfach Erkenntnis, im Sinn eines Resultats, das man sicherstellen und anwenden kann, sondern Anschauung: die erkennende Anschauung der eigenen Position als einer, die nicht nur die eigene ist, oder einer fremden Position als einer, in der sich Züge der eigenen finden. Ohne den Ausgang von der kontingenten Position *dieses* erkennenden Subjekts gelangt man zu keiner reflexiven Erkenntnis der Position *nicht nur* dieses Subjekts, das heißt zu keinem philosophischen Satz. Im Relativen das Irrelative zu finden und im Irrelativen das Relative nicht zu vergessen, sind hier zwei Seiten einer Medaille. Philosophieren, anders gesagt, ist eine Tätigkeit des Nachdenkens über Verhältnisse, über die nachzudenken für alle, die ohne äußeren Zweck nachdenken können, früher oder später unumgänglich ist. Wer sich ein Eis kaufen will, für den mag es sich zu überlegen lohnen, wo das beste Eis am günstigsten zu haben ist. Wer kein Eis kaufen will, braucht hierauf keinen Gedanken zu verschwenden. Wer aber ein Eis oder sonst etwas begehren kann, und dies weiß, und sich daher zu fragen weiß, wie zur Stimme des Begehrens gespielt werden soll, kann sich fragen, was es heißt, ein Begehren zu haben und es zu erfüllen. (»Heißt begehren immer, Erfüllung zu begehren?«, könnte er sich fragen; »nein«, könnte die Antwort lauten.) Das kann sich jede für jeden und jedes fragen. Jeder und jede, die sich überhaupt etwas fragen können, können fragen, wie es nicht nur für sie ist und was es nicht nur für sie bedeutet, in dieser oder jener Art der Lebenslage zu sein. Sie können also bei sich selbst beginnen. In der Frage, »Was bedeutet dies nicht nur für mich (oder sonst jemand Bestimmten)?«, bleibt das »für mich« als Ausgangspunkt lebendig, auch wenn jede Beschränkung auf ein »nur für mich« aufgehoben wird. Im Philosophieren sprechen wir nicht *über* alle, sondern *für* alle, die in einer Lage sind wie wir – seien das nun viele oder alle.[3]

Dieses Verfahren jedoch kennt unzählige Wege. »Wenn ich ein besseres Deutsch schreibe als die meisten Schriftsteller meiner Generation«, erklärt Walter Benjamin in seiner *Berliner Chronik*, »so verdanke ich das zum guten Teil der zwanzigjährigen Beobachtung einer einzigen kleinen Regel. Sie lautet: das Wort ›ich‹ nie zu gebrauchen, außer in Briefen.«[4] In Abhandlungen wie in Essays, meint Benjamin, kommt es darauf an, die behandelten Sachen so plastisch wie möglich erscheinen zu lassen. Der Schleier

---

3 Die voranstehende Passage ist weitgehend übernommen aus: M. Seel, Philosophie nach der Postmoderne, in: Ders., Vom Handwerk der Philosophie. 44 Kolumnen, München 2001, 155 f.
4 W. Benjamin, Berliner Chronik, in: Ders., Gesammelte Schriften, Bd. VI, hg. v. R. Tiedemann u. H. Schweppenhäuser, Frankfurt/M. 1985, 465–519, 475.

des Meinens raubt dem Gemeinten unnötig Licht und Kontrast. Das volle Niveau der philosophischen Schriftstellerei hätte demnach erst erreicht, wer die eigene Position ausdrücken kann, ohne sich selbst dabei ins Bild zu rücken. *Nicht* von sich selbst zu sprechen ist daher nach wie vor ein Grundmodell – und somit ein orthodoxer Standard *innerhalb* des von mir »liberal« genannten Standards – philosophischen Schreibens, den nicht wenige für seinen Königsweg halten. Auch hier aber gibt es viele Varianten. Man kann in der Entfaltung einer Lehre über Bande spielen, wie es Platon zumal in seinen frühen Dialogen exerziert. Auf andere Weise gebraucht Aristoteles dieses Verfahren, wenn er in seinen Überlegungen beständig die Meinungen aufnimmt, die über das jeweilige Thema im Umlauf sind. Man kann in der Auslegung eines oder mehrerer Autoren neues Licht auf alte Probleme werfen. Oder man macht die Sache eines Buchs zu ihrem grammatischen Subjekt, wie Hegel, wenn er in seiner *Phänomenologie* dem Geist zu einer Entdeckungsreise zu sich selbst verhilft. Eine andere Möglichkeit eines immer noch objektiven Stils ist der Gebrauch der ersten Person Plural. Selbst wenn er als Pluralis Majestatis verwendet wird, verhüllt er die individuelle Persona dessen, der so spricht. In einem rhetorischen Schulterschluss mit den Lesern dagegen macht der Gebrauch des »wir« sowie des »unser« das eigene Ich des Autors dadurch unsichtbar, dass er es in einem mehr oder weniger umfassenden Kollektiv verschwinden lässt – in der Vergegenwärtigung von Annahmen, Lebenslagen oder Problemen, die der Schreibende mit seinen Lesern zu teilen glaubt. Auch wenn dieses »wir« grammatisch an der Subjektstelle der Rede steht, tritt es weniger als *Subjekt* denn als *Objekt* der philosophischen Reflexion hervor: als Indikator jenes *Verhältnisses* zu den Verfassungen der Welt und des Lebens, das der springende Punkt aller philosophischen Besinnung ist.

»Wir werden viel für die aesthetische Wissenschaft gewonnen haben, wenn« – so beginnt selbstbewusst der erste Satz von Nietzsches Tragödienschrift. »Wir werden viel für die aesthetische Wissenschaft gewonnen haben, wenn wir nicht zur logischen Einsicht, sondern zur unmittelbaren Sicherheit der Anschauung gekommen sind, dass die Fortentwicklung der Kunst an die Duplicität des Apollinischen und des Dionysischen gebunden ist.«[5] – »Wir sehen die Dinge durch den Menschenkopf an und können diesen Kopf nicht abschneiden; während doch die Frage übrig bleibt, was von der Welt noch da wäre, wenn man ihn doch abgeschnitten hätte.«[6] So heißt es am Anfang von *Menschliches, Allzumenschliches* zum Problem einer »metaphysischen Welt«. Auch bei Nietzsche ist das philosophische Wir ganz geläufig, mit dem allgemeine, wenn auch bisher verkannte Verhältnisse zu »unseren«, den *menschlichen* Verhältnissen aufgedeckt werden. Selbst wenn er sich als Ehrenmitglied eines »Wir Philologen« betitelten Kreises darstellt, oder einen Bund »freier Geister« erfindet, spricht er im Namen eines wie auch immer begrenzten (und im letzteren Fall zudem sogar imaginären) Kollektivs. Es wird ein Wir entworfen, dem eine wenn auch nicht »wahrere«, so doch »höhere« Weltsicht zugetraut wird.

2.

Bei allen diesen Formen der philosophischen Darlegung müssen sich die Schreibenden nicht *als Person* ins Spiel bringen. Sie müssen es – und tun es oft – nicht einmal, wenn sie einen mehr oder weniger großzügigen Gebrauch des Pronomens »ich« in ihren Texten pflegen, wie es in mündlicher Rede meist gang und gäbe ist. Denn in vielen Fällen präsentieren sich Autor oder Autorin dabei einfach als diejenigen, die in ihren schriftlichen Äußerun-

---

5 F. Nietzsche, Die Geburt der Tragödie, in: Ders., Sämtliche Werke. Kritische Studienausgabe (KSA), hg. v. G. Colli u. M. Montinari, München–Berlin 1980, Bd. 1, 25.
6 F. Nietzsche, Menschliches, Allzumenschliches. Ein Buch für freie Geister, KSA 2, 29.

gen für das einstehen, was immer sie dort entfalten, ohne jedoch ihrem übrigen, in einem weiteren Sinn biographischen Selbst eine Stimme zu verleihen. Auf eher konventionellem Terrain bleiben hierfür allein die Paratexte der Widmungen und Danksagungen reserviert. Hier kann die Tür zum Leben der Person hinter dem Buch einen Spalt weit geöffnet werden, in der Regel aber nur, um sogleich wieder geschlossen zu werden. Unsere – der Leser – Neugier wird geweckt, aber nicht befriedigt. Eines meiner Lieblingsbeispiele hierfür ist der Dreizeiler, den Jürgen Habermas seinem Buch über den *Philosophischen Diskurs der Moderne* vorangestellt hat: »Für Rebecca / die mir den Neostrukturalismus / nähergebracht hat«. Der zarte Komparativ macht die Sache glaubhaft und hebt eine Grundspannung nicht nur des Texts, sondern auch zwischen Vater und Tochter hervor. Manche freilich mögen es ein wenig exzessiver. »The Summer my daughter fell in love with James Steerforth, she was fourteen and I was forty«: So lautet der erste Satz der Abhandlung *Steerforth's Arm: Love and the Moral Point of View* von Martha Nussbaum in ihrem Buch *Love's Knowledge*. Der eigentliche Schauplatz für weitergehende Bekenntnisse philosophischer Autoren freilich sind klassischerweise ihre Vorworte. Hier wird manchmal der Vorhang vor der Person des Schreibenden ein wenig länger gelüftet. Man kann in diesem Zusammenhang beispielsweise an Fichtes Vorrede zur *Grundlage der gesamten Wissenschaftslehre,* an Schopenhauers Vorreden zu den diversen Auflagen von *Die Welt als Wille und Vorstellung* oder an Wittgensteins hochmütig demütige Vorworte sowohl zum *Tractatus* als auch zu den *Philosophischen Untersuchungen* denken – oder eben, und vor allem, an Nietzsche. Von Anfang an, beginnend mit dem der Tragödienschrift vorangestellten »Vorwort an Richard Wagner« oder dem die eigene produktive Einsamkeit feiernden Vorspiel zu *Menschliches, Allzumenschliches,* sind seine Vorreden Exzesse des Ich-Sagens – Exzesse, die in jener zu Lebzeiten unveröffentlichten, abhandlungslangen Schrift kulminieren, die in wenig anderem als einer Serie von zugleich nachgereichten und vorausgeschickten Vorworten zu den eigenen vergangenen und (wenngleich nie geschriebenen) künftigen Werken besteht, dem *Ecce homo*: jenem Text, in dem Nietzsche *ausschließlich* über sich selbst zu sprechen scheint.

3.

Jedoch muss ich, um verdeutlichen zu können, was hier innerhalb des Genres philosophischer Literatur geschieht, noch einmal ein wenig ausholen. Denn es gibt sie natürlich, jene lange Tradition philosophischen Schreibens, in der ein scheinbares oder tatsächliches Autor-Ich *eine* und manchmal *die* zentrale Rolle spielt. Man denke nur an die *Bekenntnisse* des Augustinus oder diejenigen Rousseaus, an die *Essais* von Montaigne, die *Pensées* von Pascal, bis hin – um Nietzsche vorerst noch einmal zu überspringen – zu Wittgensteins *Philosophischen Untersuchungen* oder Adornos *Minima Moralia*. Dies sind nicht allein sehr unterschiedliche Fälle eines dezidiert literarischen Philosophierens, sondern auch des philosophischen Ich-Sagens. Die Quantität, in der das Wörtchen »ich« in diesen Texten gebraucht wird, ist dabei einigermaßen unerheblich. In den *Minima Moralia* beispielsweise kommt es relativ selten vor. Der »spezifische Ansatz« dieses Buchs aber, wie es in der Zueignung an Max Horkheimer heißt, besteht darin, »Momente der gemeinsamen Philosophie von subjektiver Erfahrung her darzustellen«, und zwar so, dass dabei »jeweils vom engsten Bereich, dem des Intellektuellen in der Emigration«, ausgegangen wird.[7] Auch wo er *nicht* von sich spricht, heißt das, spürt der Autor in diesem Buch der eigenen Befindlichkeit nach. Auf eine formal analoge Weise hatte schon Pascal im dunklen Ton seines Glaubens vom Elend des Menschen in der Welt gesprochen. Eine ganz andere Rolle wiederum kommt der schillernden Ich-Rede in den *Philosophischen Untersuchungen* zu. Mal bezieht

---

7 Th. W. Adorno, Minima Moralia, Frankfurt/M. 1973, 12 u. 11.

sich der Autor auf sein früheres Denken, mal hat sie nur die Stellvertreterfunktion, anzuzeigen, wie *irgendeiner* im Sprechen und Handeln verfährt. Vor allem aber markiert sie die Position eines Ego, das in einen permanenten inneren Dialog mit einem Alter Ego verstrickt ist, mit dem es gemeinsam nach Auswegen aus theoretischen Fliegengläsern sucht. Durch die Darstellung *seines* Denkprozesses inszeniert der Autor vor den Augen seiner Leser *einen* Denkprozess – denjenigen, den er ihnen als Therapie verschreibt. Montaigne hingegen, den Nietzsche zusammen mit Pascal in *Ecce homo* zu seinen wenigen Wahlverwandten zählt, so könnte man meinen, begnügt sich damit, *seine* Ansichten über die großen und kleinen Dinge des Lebens zu erkunden. Jedoch indem er dies tut, variiert auch er Möglichkeiten *eines* ausgezeichneten Verhaltens zu sich und der Welt: diejenigen eines neuzeitlichen Subjekts, das versucht, sich einen *eigenen* Reim auf den Gang der Dinge zu machen, dem es unterliegt und den es doch auch zu steuern versucht.

Erst recht exemplarisch verfahren die autobiographischen (oder, vorsichtiger, autobiographisch organisierten) Bekenntnisse des Augustinus. »Wie aber soll ich meinen Gott anrufen, meinen Gott und meinen Herrn«, fragt er zu Beginn der *Confessiones*, »da ich doch, wenn ich ihn rufe, in mich hinein ihn rufe? Und welches ist der Ort in mir, wohin er kommen soll, mein Gott?«[8] Diese Frage zugleich nach dem Objekt und dem Subjekt des Glaubens kann – und soll – sich auch der Leser stellen, dem im Gang durch das Leben des Autors eine angemessene Deutung dieses Glaubens vermittelt werden soll. Nochmals – und scheinbar radikal – anders stellt sich das Verhältnis von Selbstbezug und Fremdbezug knapp 1400 Jahre später in Rousseaus *Bekenntnissen* dar. »Ich plane ein Unternehmen«, so eröffnet der Autor seine Selbsterkundung, »das kein Vorbild hat und dessen Ausführung auch niemals einen Nachahmer finden wird. Ich will vor meinesgleichen einen Menschen in aller Wahrheit der Natur zeigen, und

---

8 Augustinus, Bekenntnisse, Frankfurt/M. 1987, 13.

dieser Mensch werde ich sein. Einzig und allein ich.«⁹ Damit bereits ist jede stellvertretende Übernahme der Rolle des Ich-Erzählers durch den Leser ausgeschlossen. Entscheidend aber ist die Begründung, die der Autor auf der ersten Seite seines Buchs gibt. »Ich fühle mein Herz – und ich kenne die Menschen. Ich bin nicht gemacht wie irgendeiner von denen, die ich bisher sah, und ich wage zu glauben, daß ich auch nicht gemacht bin wie irgendeiner von allen, die leben. Ob die Natur gut oder übel daran getan hat, die Form zu zerbrechen, in der sie mich gestaltete, das wird man nur beurteilen können, nachdem man mich gelesen hat.«¹⁰ In dieser Formulierung liegt, dass Rousseau *sich* in diesem Text so »lesen« möchte, dass auch *andere* ihn so lesen können, wie er sich selbst erfährt. »Ich habe mein Inneres so enthüllt, wie du selber es geschaut hast, ewiger Geist«, heißt es anschließend in einer ebenso spektakulären wie blasphemischen Gleichsetzung der eigenen Perspektive auf sich selbst mit derjenigen Gottes auf ihn. Im Blick auf seine Mitmenschen freilich fügt Rousseau hinzu: »Jeder von ihnen entblöße am Fuß deines Thrones sein Herz mit derselben Wahrhaftigkeit.«¹¹ Mit dieser Wendung wird nun gerade nicht ausgeschlossen, sondern ausdrücklich eingeschlossen, dass die anderen ebenso einzigartig sind wie er selbst. Auf diese Weise stellt sich der Text dieser Bekenntnisse als das *Modell* eines authentischen Ich-Sagens dar. Zwar wird die Übernahme dieses Modells bei jedem, der sich darauf einlässt, zu einem ganz anderen Ergebnis führen. Ein Modell aber bleibt es: dafür, was es heißt, unter seinesgleichen ein unvertretbar Besonderer zu sein.

Damit komme ich zu meiner ersten These: Das philosophische Ich-Sagen in den gerade erwähnten Werken ist stets ein *exemplarisches* Ich-Sagen. Es stellt einen wenn auch heterodoxen Standard *innerhalb* des von mir gekennzeichneten »liberalen« Standards der philosophischen Rede dar. Auf verschiedenen Wegen schrei-

---

9 J.-J. Rousseau, Bekenntnisse, Frankfurt/M. 1985, 37.
10 Ebd.
11 Ebd.

ben die genannten und andere Autoren im Zentrum ihrer Werke über sich selbst, um *ausgehend* von ihrem Beispiel oder *an* ihrem Beispiel eine über ihr *individuelles* Beispiel *hinausgehende* Sichtweise zu entwerfen. Die Autoren bringen sich als Person ins Spiel, schreiben explizit und teilweise exzessiv über sich selbst, um ihren Lesern auf eine möglichst anschauliche Weise eine *allgemeine* Orientierung zu vermitteln. Obwohl es in ihren Texten um sie selbst geht, geht es niemals nur (und letztlich oft überhaupt nicht) um sie selbst. In diesem Punkt, so möchte ich behaupten, unterscheidet sich das freizügige philosophische Ich-Sagen zwar in der *Einstellung*, nicht aber in seiner *Grundstellung* von den objektiveren Tonlagen des Es- oder Wir-Sagens, die die philosophische Literatur dominieren. Es soll auch hier, in der Rede eines erkennbar *bestimmten* Subjekts, das die Rede *über* die eigenen Eigenheiten und selbst die eigene Einzigkeit nicht scheut, doch ein Verständnis nichtbeliebiger menschlicher Angelegenheiten eröffnet werden, das von *beliebigen* Subjekten müsste geteilt werden können.

4.

Bevor ich endlich zu Nietzsche selbst komme, sei schließlich noch an einen Autor erinnert, der sich auf einer berühmten Strecke seines Werks exakt auf der Grenze zwischen der orthodoxen und der heterodoxen Traditionslinie des philosophischen Schreibens bewegt. Ich spreche von Descartes. Vor allem in den ersten beiden seiner *Meditationen* operiert er mit einer Ich-Figur, deren Überlegungen direkt ins Herz der »ungeheuren Aufgabe« führen, einen Umsturz aller fragwürdigen Gewissheiten herbeizuführen, um dem menschlichen Wissen anschließend ein sicheres Fundament geben zu können. Dieses Exerzitium wird mit narrativer Geste entwickelt. Das Subjekt der Rede zieht sich in die Einsamkeit zurück, sitzt im Winterrock am Ofen, schaut im Zuge seiner Überlegungen aus dem Fenster usf. In sechs Kapiteln – bei denen man an die christliche Schöpfungsgeschichte denken kann – führt es eine Art Tagebuch über die Ergebnisse seiner Selbsterforschung. Es ist durchaus Descartes selbst, der hier spricht. Aber er spricht – schreibend – in einer höchst stilisierten Form. Auf die Art der Stilisierung kommt hier alles an. Denn um die *Person* des Autors geht es in dieser philosophischen Erzählung gerade nicht. Vielmehr konstruiert er für seine Leser eine Position, die es ihnen erlaubt, *sich selbst* an die Stelle des Autor-Selbsts zu versetzen. In diesem Sinn sind die *Meditationen* komponiert wie die Rückenfigurbilder eines Caspar David Friedrich (der *Mönch am Meer* ist nur das bekannteste Beispiel), die den Betrachter dazu verlocken, imaginativ in den Bildraum einzutreten und die dort entfaltete Landschaft gleichsam aus der Perspektive der Figuren *innerhalb* des Bildes zu erfahren. Die im Winterrock neben dem Ofen schreibende und dabei die Welt in Gedanken umstürzende und wieder aufbauende Ich-Figur ist ein Platzhalter für den Leser, dem, wo immer er sich gerade befinden mag, zugemutet wird, genau diese Operation am eigenen Leib und mit der eigenen Seele zu vollziehen. Insofern ist die Egomanie dieses Textes, die Heidegger auf die Nerven ging, weil sie das Subjekt vom Zusammenhang seiner Welt zu isolieren scheint, von vornherein – wie der Zweifel, in den dieses Subjekt sich vertieft – *methodisch* zu verstehen: *Jedermann* ist eingeladen, im eigenen Überlegen die Stelle dieses Ich-Sagers einzunehmen.

5.

Dieses gleichsam neutrale Ich-Sagen nun bildet den strikten Gegenpol zu demjenigen, mit dem Nietzsche in *Ecce homo* vor seine potentiellen Leser tritt. Denn neutral ist hier gar nichts. Nietzsche bricht nicht nur mit der dominierenden Tradition des philosophischen Es- oder Wir-Sagens, er bricht nicht minder radikal mit allen bisher dagewesenen Varianten eines philosophischen Ich-

Sagens. So jedenfalls lautet meine zweite These. Es ist das von Descartes in seiner vielleicht strengsten und von vielen anderen Autoren in einer stärker gelockerten Form befolgte Gesetz eines *exemplarischen* Ich-Sagens, das Nietzsche außer Kraft zu setzen versucht. Denn – um es vorerst einigermaßen paradox zu sagen – es ist eine *exklusive* Exemplarität, die er in seiner letzten Abhandlung für sich und sein Schreiben reklamiert.

»Fürwahr *ein* Mensch« – so muss die Überschrift dieser ausufernden Selbstanzeige gelesen werden. Es ist Nietzsche selbst, der hier seine Lebensweise, seine Begabung und Berufung, seine Autorschaft, mit einem Wort: seine »Göttlichkeit« feiert.[12] Hier präsentiert sich ein Einziger mit seinem Eigentum. Das Thema des Buches, so heißt es im allerersten Satz, ist die Frage, »wer ich bin«. »Hört mich! denn ich bin der und der. Verwechselt mich vor Allem nicht!« (257) Bereits mit dieser Eröffnung wird die Erwartung blockiert, der Autor werde in seiner Rede über *sich* doch zugleich für *andere* sprechen. »Und so erzähle ich *mir* (Hervorhebung M.S.) mein Leben«, heißt es wenig später (263). Den potentiellen Lesern wird jede Möglichkeit einer Übernahme der Perspektive der Ich-Figur versperrt. Von Anfang bis Ende geht es – wie es am Ende heißt – darum, »was mich bei Seite stellt gegen den ganzen Rest der Menschheit« (371). Zwar klingt dies kaum anders als die furiose Eröffnung der *Bekenntnisse* Rousseaus; doch hier fehlt jener demokratische Geist, der einem jedem die *eigene* Einzigartigkeit und mit ihr die Möglichkeit eines unverstellt wahrhaftigen Selbstverhältnisses zubilligt.

Einen Fall freilich gebe es, schreibt Nietzsche, »wo ich meines Gleichen anerkenne – ich bekenne es mit tiefer Dankbarkeit. Frau Cosima Wagner ist bei Weitem die vornehmste Natur; und damit ich kein Wort zu wenig sage, sage ich, dass Richard Wagner der mir bei Weitem verwandteste Mann war ... Der Rest ist Schweigen . .« (268) Noch dieses und die wenigen anderen ex-

---

12 F. Nietzsche, Ecce homo. Wie man wird, was man ist, KSA 6, 268. – Die Seitenzahlen im Text beziehen sich im Folgenden auf dieses Werk.

pliziten Zugeständnisse, die sich im Text finden, werden freilich alsbald zurückgenommen. Denn was Nietzsche an einem wie Richard Wagner fand – das war letztlich wiederum nur er selbst. Er besteht darauf, »dass was ich in jungen Jahren bei Wagnerischer Musik gehört habe, Nichts überhaupt mit Wagner zu thun hat« (313). Seine Schrift über *Wagner in Bayreuth* sei genau betrachtet eine »Vision meiner Zukunft« gewesen; das Stück über *Schopenhauer als Erzieher* handle eigentlich von »Nietzsche als Erzieher« (320). »Jetzt, wo ich aus einiger Ferne auf jene Zustände zurückblicke, deren Zeugniss diese Schriften sind, möchte ich nicht verleugnen, dass sie im Grunde bloss von mir reden.« (320) Auch wo Nietzsche über andere schrieb, wo er also, wie es zu den guten Sitten unseres Fachs gehört, als Interpret und somit als ein Er-Sager auftrat, sei er als ein getarnter Ich-Sager am Werk gewesen. Vorbild für diese abenteuerliche Rückprojektion ist kein Geringerer als Platon. »Dergestalt hat sich Plato des Sokrates bedient, als einer Semiotik für Plato.« (320) Dasselbe Verfahren wendet Nietzsche auch in seiner hagiographischen Rezension von *Menschliches, Allzumenschliches* an: »Wie ich damals (1876) über mich dachte, mit welcher ungeheuren Sicherheit ich meine Aufgabe und das Welthistorische an ihr in der Hand hielt, davon legt das ganze Buch, vor Allem aber eine sehr ausdrückliche Stelle Zeugniss ab: nur dass ich, mit der bei mir instinktiven Arglist, auch hier wieder das Wörtchen ›ich‹ umgieng und dieses Mal nicht Schopenhauer oder Wagner, sondern einen meiner Freunde, den ausgezeichneten Dr. Paul Rée, mit einer welthistorischen Glorie überstrahlte.« (327 f.) Auch wo Nietzsche in seinen Texten einmal nicht »ich« sagte, heißt das, meinte er dennoch ausschließlich sich. Dies soll auch von der sagenhaften Figur gelten, die er sich erfand: »Zarathustra bestimmt einmal, mit Strenge, seine Aufgabe – es ist auch die meine.« (348)

An all diesen Gesten wird ein weiterer rhetorischer Bruch mit der gesamten Tradition deutlich. Philosophen, wie unbotmäßig und manchmal polemisch sie sich auch gegenüber bestimmten ihrer Vorläufer verhalten mögen, verstehen ihre Aufgabe doch zunächst und zumeist als die einer wie immer kritischen *Aneignung* dessen, was andere vor ihnen dachten. Sie machen da *weiter*, wo andere aufgehört haben; sie stehen – und sehen sich – in ihrer Schuld. Das penetrante, den produktiven Narzissmus und Größenwahn vielleicht jedes Schreibenden ostentativ überbietende Selbstlob in *Ecce homo* jedoch wischt diese Art einer mitlaufenden schöpferischen Demut zur Seite. Mit seinem *Zarathustra* habe er »der Menschheit das grösste Geschenk gemacht, das ihr bisher gemacht worden ist« – das »höchste« und »tiefste« Buch, »das es giebt« (259). »Dergleichen gelangt nur zu den Auserwähltesten.« (260) Die gerade – 1888 – fertiggestellte *Götzen-Dämmerung* sei »unter Büchern überhaupt die Ausnahme« (354) – was dann freilich schon die zweite wäre. »Will man sich kurz einen Begriff davon machen, wie vor mir Alles auf dem Kopfe stand, so mache man den Anfang mit dieser Schrift.« (354) »Ich erst«, so heißt es weiter, »habe den Maassstab für ›Wahrheiten‹« – »Wahrheiten« in Anführungszeichen – »in der Hand« (355). »Niemand wusste vor mir den rechten Weg.« (355) »Aus mir [redet] die Wahrheit«, heißt es wenig später (365), und diesmal legt Nietzsche beim Gebrauch dieses Worts nicht die »Handschuhe« (259) der Anführungszeichen an. Diese Gabe aber müsste doch auch anderen – wenigstens *einigen* anderen – zu einer rechten Sicht und damit einer ihr Denken und Handeln steigernden Richtung verhelfen. Aber Nietzsche wehrt ab: »Ich habe es jetzt in der Hand, ich habe die Hand dafür, Perspektiven umzustellen« – Perspektiven, so sollte man denken, die auch von seinen Lesern geteilt werden könnten. Doch Nietzsche fährt fort: »weshalb für mich allein vielleicht eine ›Umwerthung der Werthe‹ überhaupt möglich ist.« (266) Die Lehren dieses Autors, so scheint es hier, haben nur einen einzigen Adressaten: ihn selbst. Den Lesern wird ein »Schicksal« vorgeführt, an dem sie Anteil weder haben noch haben können. Sie bleiben ausgeschlossen. Die Selbsterfahrung dieses Ich-Sagers übersteigt ihren Horizont. »Dies ist *meine* Erfahrung von Inspiration«, sagt Nietzsche in seinem Bericht über die Abfassung des *Zarathustra*, »ich zweifle nicht, dass man Jahrtausende zurückgehn muss, um Jemanden zu finden, der mir sagen darf ›es ist auch meine‹.« (340) Darum habe er, wie es früher im Text hieß, »mehr als irgend ein Sterblicher den Anspruch auf das Wort Grösse«. (296)

6.

Allein dieser Komparativ freilich sollte stutzig machen. Wer sich mit anderen immerhin noch vergleicht, kann ganz so unvergleichlich eben doch nicht sein. Auch die Selbstfeier als eines schlechthin einzigartigen Individuums bleibt – schon weil es sich um eine Feier handelt – eine exemplarische Handlung. Mit ihr weist der Autor doch immer wieder über sich hinaus. Eine Rhetorik der Singularität ist in der Philosophie – wie wohl auch in der sonstigen Literatur – nicht durchzuhalten, nicht einmal von Nietzsche, dem ungehemmtesten und selbstbezogensten Ich-Sager aller Zeiten. Dem Gesetz eines exemplarischen Ich-Sagens, so lautet daher meine dritte These, entkommt auch Nietzsche nicht. In dem, was ich vorhin – »einigermaßen paradox« – die »*exklusive* Exemplarität« der Schreibweise Nietzsches genannt habe, liegt bei näherer Betrachtung überhaupt kein Paradox. Auch und gerade in *Ecce homo* kann dieser Schreibende nicht anders. Er stellt sich als ein ausgezeichnetes Individuum dar, dessen *Beispiel* er anderen vor Augen führt – wie wenige es auch sein mögen, die ihm zu folgen vermögen.[13]

Er sei der »erste Immoralist«, sagt Nietzsche gleich dreimal in diesem Text (319, 328, 366). Wo aber ein erster ist, da könnte sich

---

13 Ein marginales Indiz hierfür ist der – wenn ich recht gezählt habe, viermalige – Gebrauch des Wörtchens »vielleicht«, mit dem Nietzsche die Manie seiner Selbstüberhöhung an einigen Stellen unterbricht (336, 343, 350, 365).

immerhin ein zweiter einfinden, dem weitere folgen könnten. Auf eine Moral zwar nicht für alle, aber doch für wenige, führt auch die bemerkenswerte – weil bemerkenswert ambivalente – Behandlung des Zufalls in *Ecce homo*.[14] Aller Zufall soll in Notwendigkeit verwandelt werden, so lautet das Credo des Autors, das er in einer »Formel«, also einem allgemeinen Satz, zum Ausdruck bringt: »Meine Formel für die Grösse am Menschen ist amor fati.« (297) Ich möchte aber an dieser Stelle weder den Immoralismus noch den Fatalismus Nietzsches kommentieren, sondern mich weiterhin an den *Stil* seiner spätesten Schrift halten. Hier ist es vor allem *ein* unscheinbares Wort, das beständig durch den Text geistert und sich dabei ein listenreiches Duell liefert mit seinem scheinbar alles beherrschenden Gegenspieler, dem »ich«. Ich meine das Stellvertreterwörtchen »man« – ein Ausdruck, mit dem sich derjenige, der spricht, zurücknimmt von allem Bestehen nur auf sich selbst, von aller Bekundung nur der eigenen Leidenschaften, von aller Bejahung nur des eigenen Daseins. Er stellt sich zurück in ein anonymes Kollektiv. Es ist freilich kein grammatischer Zufall, der hier am Werk ist, sondern *Nietzsche selbst*, der seiner ostentativen Fixierung auf die eigene Unvergleichlichkeit in den Rücken fällt. Man muss ja nur den Untertitel lesen, der den narzisstischen Obertitel dieser Selbsterkundung konterkariert: »Wie man wird, was man ist«.

Eine mögliche Deutung freilich wäre, dass Nietzsche auch dort, wo er dieses neutrale Satzsubjekt bemüht, doch wieder nur von sich spricht, als dem Einzigen nämlich, der den Bedingungen dieses Man genügt. Und in gewisser Weise ist dies auch so. Dennoch sind es *allgemeine Bedingungen* dieses Man, die hier formu-

---

14 Z. B.: »Dem Zufall bin ich immer gewachsen.« (269) – »Man muss dem Zufall, dem Reiz von aussen her so viel wie möglich aus dem Wege gehn.« (284) – »Stendhal, einer der schönsten Zufälle meines Lebens.« (285) – »Ich nehme es als Glück ersten Rangs, zur rechten Zeit gelebt (…) zu haben.« (290) – »Die nothwendigste [Seele], welche sich mit Lust in den Zufall stürzt« (344).

liert und propagiert werden: »Die Wahl in der Ernährung; die Wahl von Klima und Ort; – das Dritte, worin man um keinen Preis einen Fehlgriff thun darf, ist die Wahl seiner Art Erholung.« (284) Was diese Dinge betrifft, heißt es an anderer Stelle, »muss man anfangen, umzulernen« (295). In Sachen Selbstachtung heißt es: »Man muss die ganze Oberfläche des Bewusstseins – Bewusstsein *ist* eine Oberfläche – rein erhalten von irgend einem der grossen Imperative.« (294) Erneut sind dies Rezepturen, die nicht allein auf den *einen* gemünzt sind, der sie vorträgt, sondern auf *beliebige* seiner Adressaten. »Vieles nicht sehn, nicht hören, nicht an sich herankommen lassen – erste Klugheit, erster Beweis dafür, dass man kein Zufall, sondern eine Necessität ist.« (292) Mag sich der Autor auch für den Einzigen halten, auf den dies zutrifft, so wird diese Sentenz doch wenig später durch eine andere ergänzt (und es ist eine der ergreifendsten in dem gesamten Text), die den Gestus einer exklusiven Selbstoffenbarung mit Nachdruck suspendiert. »Dass man wird, was man ist, setzt voraus, dass man nicht im Entferntesten ahnt, *was* man ist.« (293)[15] Allein dieses *Hinausweisen* über sich selbst ist es, das es dem Autor immer wieder erlaubt, in allgemeinen Formeln zu sprechen: »Sich selbst wie ein Fatum nehmen, sich nicht ›anders‹ wollen – das ist in solchen Zuständen die *grosse Vernunft* selbst.« (273) Darum, weil Nietzsche für sich in Anspruch nimmt, dies am eigenen Leib erfahren zu haben, kann er diese Art der praktischen Vernunft vor *seinesgleichen* beschwören. Und nur deswegen – weil diese Vernunft, wenn es denn eine ist, nicht allein die seine ist – kann er in erneut wilder Übersteigerung sagen: »Ich trage das Schicksal der Menschheit auf der Schulter.« (364)

---

15 Kurz darauf heißt es: »Darin kann eine grosse Klugheit, sogar die oberste Klugheit zum Ausdruck [kommen]: wo nosce te ipsum das Recept zum Untergang wäre, wird Sich-Vergessen, Sich-Missverstehn, Sich-Verkleinern, -Verengern, -Vermittelmässigen zur Vernunft selber.« (293)

7.

Auch Nietzsche, mit anderen Worten, entkommt der besonderen Rationalität der philosophischen Rede nicht, wie sie von ihrem Standardmodell – wenn auch in durchaus heterogenen Varianten – repräsentiert wird. Die Lizenz, nicht allein in der Peripherie, sondern im Zentrum ihrer Texte von sich selbst zu sprechen, bleibt in der Philosophie an diejenige geknüpft, die eigene Position so weit zur Disposition zu stellen, dass sie auch von anderen übernommen werden kann. »Philosophen sind«, wie ich am Anfang sagte, »von Haus aus Es-Sager.« Sie sind es auch und gerade dann, wo sie als Ich-Sager operieren. Denn selbst in den extremen Formen eines Rousseau oder Nietzsche legt ihr Ich-Sagen die Spur eines möglichen Ich-Sagens *anderer*, die erkennen, dass hier auch von *ihren* Möglichkeiten die Rede ist. Die reflektierende Selbsterkundung *dieses* Subjekts bildet eine Startrampe für die Selbstbefragung *beliebiger* Subjekte. Sie leistet eine Erkundung nicht allein dessen, wie es um diejenigen steht, die ihr Denken schreibend zur Schau stellen. Ihre Texte sprechen immer auch davon, wie *es sich* mit dem Weltzugang und Selbstverhältnis einiger, vieler oder aller verhält.

»Nicht der Zweifel, die Gewissheit ist das, was wahnsinnig macht«, schreibt Nietzsche an einer überraschenden Stelle des *Ecce homo* unter Hinweis auf die Figur des Hamlet (287). Auch dies ist einer der hellsichtigen Momente, in denen der Autor die eigene pathologische Selbst-Gewissheit für einen Augenblick durchbricht. Mein Augenmerk gilt auch hier wieder nicht dem psychologischen Zustand des Verfassers, sondern der stilistischen Dynamik, mit der die manische Egozentrik seines Texts außer Kraft gesetzt wird. Anders als in den meisten der Schreibarten, mit denen Nietzsche zuvor experimentiert hat, geschieht dies hier jedoch, wie ich zu zeigen versucht habe, gleichsam wider den Willen des Autors. Aber es geschieht. Was dies bedeutet, möchte ich in meiner vierten und letzten These zu fassen versuchen: Noch der wahnhaft übersteigerte Narzissmus des *Ecce homo* weist auf eine genuine, von der übrigen Philosophie meist verschmähte Möglichkeit des philosophischen Schreibens hin – auf die Möglichkeit einer *offenen Exemplarität* des Ich-Sagens, die die Reichweite ihrer Inklusionen und Exklusionen absichtsvoll unbestimmt lässt. Dieses Schreiben – mitsamt dem Denken, das sich in ihm artikuliert – ist weder darauf fixiert, unbedingt *für alle*, noch darauf, unbedingt *für sich selbst* zu sprechen. Es bleibt den Leserinnen und Lesern überlassen, *ob*, *wie* und *inwieweit* sie sich in der Person, Position und Perspektive der Ich-Figur wiedererkennen können – und wollen.

II. Vom Guten

7. Spuren einer eudaimonistischen Ethik in der Kritischen Theorie

Das »gute Leben« eine »abscheuliche Phrase« – so überschreibt Jürgen Habermas seine 2010 erschienene Rezension der posthum veröffentlichten, im Jahr 1942 geschriebenen B. A.-Arbeit des großen amerikanischen Rechtsphilosophen John Rawls.[1] Der genüsslich gewählte Titel, mit dem Habermas eine Bemerkung des jungen Rawls unterstreicht, zeigt an, dass es mit dem guten Leben noch in der heutigen Kritischen Theorie nicht zum Besten bestellt ist. Dieses Misstrauen gegenüber der *eudaimonia*, dem Zentralbegriff der antiken Ethik, ist nicht schwer zu erklären. Schließlich gilt es in weiten Teilen der modernen Ethik als ausgemacht, dass eine Orientierung am individuellen guten Leben die Grundlagen der moralischen, rechtlichen und politischen Normativität von vornherein verfehlen muss. Zumal in der Tradition Kants, der sich Habermas wie Rawls zurechnen, gilt jede enge Verbindung der Begriffe des Rechten und Gerechten *einerseits* mit solchen des gelingenden oder gedeihlichen Lebens *andererseits* als ein Irrweg, der nur in den Relativismus führen kann. In der *Kritik der praktischen Vernunft* etwa heißt es schroff: »Das gerade Widerspiel des Prinzips der Sittlichkeit ist: wenn das der eigenen Glückseligkeit zum Bestimmungsgrunde des Willens gemacht wird.«[2] Und an anderer Stelle: »Die Ehrwürdigkeit der Pflicht hat nichts mit Le-

---

1 J. Habermas, Das »gute Leben« eine »abscheuliche Phrase«. Welche Bedeutung hat die religiöse Ethik des jungen Rawls für dessen politische Theorie?, in: Deutsche Zeitschrift für Philosophie 58/2010, 797–809.
2 I. Kant, Kritik der praktischen Vernunft, in: Ders., Werke in zwölf Bänden, hg. v. W. Weischedel, Frankfurt/M. 1968, Bd. VII, 146 (A 61).

bensgenuß zu schaffen.«[3] Wie Kant und Rawls besteht auch Habermas in seinen Schriften zur Ethik und Politik auf einem strikten Vorrang des »Richtigen« gegenüber dem »Guten«. Die Begründung von Prinzipien universaler Rücksicht, meint Habermas, kann und darf nicht auf vermeintlich allgemeine Annahmen über die Verfassung eines guten menschlichen Lebens zurückgreifen. Hierbei sieht sich Habermas, wie aus der folgenden Passage seiner Rezension hervorgeht, durchaus in der Tradition auch der älteren Kritischen Theorie. Aus der Sicht des jungen Rawls, schreibt Habermas, »berühren klassische Ethiken, die sich, vom teleologischen Handlungsmodell ausgehend, an der klugen Optimierung erstrebenswerter Güter orientieren, gar nicht erst die Dimension des Sittlichen: ›We do not believe that the so-called »good life« (detestable phrase) consists in seeking any object, but that it is rather something totally different, a matter of personal relations.‹« Im direkten Anschluss an dieses Zitat merkt Habermas an: »Wie bei Adorno darf auch bei Rawls nicht vom ›guten Leben‹ die Rede sein, sondern allenfalls vom ›verfehlten‹.«[4]

Es geht mir im Folgenden nicht darum, das merkwürdige Verständnis der antiken Ethik zu korrigieren, in dem der 21-jährige Rawls und damals 81-jährige Habermas befangen zu sein scheinen. Es geht mir vielmehr um eine Revision des Bildes, das sowohl innerhalb der Kritischen Theorie als auch bei vielen ihrer deutenden Begleiter von der theoretischen Brauchbarkeit einer eudaimonistischen Ethik vorherrscht. Nach einem kurzen Blick auf Max Horkheimer werde ich im Hauptteil meines Beitrags Adorno als einen Denker vorstellen, für den – entgegen der landläufigen, auch von Habermas geteilten Meinung – der Begriff des gelingenden Lebens eine zentrale Kategorie darstellt. Am Ende werde ich auf Habermas zurückkommen und prüfen, was es mit seinem Affekt gegenüber einer Philosophie des guten Lebens auf sich hat.

---

3 Ebd., 212 (A 151).
4 Habermas, Das »gute Leben«, a. a. O., 802.

1.

Es dürfte kaum ein erschütternderes Dokument philosophischer Verzweiflung geben als die Vorlesungen, die Max Horkheimer 1944 an der Columbia University in New York gehalten und 1946 unter dem Titel *The Eclipse of Reason* veröffentlich hat (und später in einer deutschsprachigen Sammlung unter dem Titel *Zur Kritik der instrumentellen Vernunft*).[5] Horkheimers kritische Abscheu gilt dem, was er die bloß »subjektive Vernunft« nennt. Dieser würden alle Zwecke zu Mitteln, da ihre Rationalität allein auf die Berechnung des Nutzens zufälliger Präferenzen spezialisiert sei, ohne diese Präferenzen und die Ziele, auf die sie gerichtet sind, *selbst* auf ihre Qualität hin prüfen zu können. Hiervon unterscheidet Horkheimer eine »objektive Vernunft«, die in der Lage wäre, Ziele und Zwecke *überhaupt* als gut zu erkennen, unabhängig davon, ob sie kontingenten subjektiven Neigungen entsprechen. Jedoch musste der Philosoph sich und seinen Hörern eingestehen, dass die Erreichbarkeit einer solchen »absoluten« Auszeichnung des Guten unwiederbringlich verloren sei. »Auf die konkrete Wirklichkeit angewandt«, heißt es in dieser Vorlesung, »bedeutet dies, daß nur eine Definition der objektiven Ziele der Gesellschaft, die den Zweck der Selbsterhaltung des Subjekts einschließt, die Achtung vor dem individuellen Leben, es verdient, objektiv genannt zu werden.«[6] Zu einer solchen Bestimmung aber ist die nachmetaphysische, durch und durch instrumentell gewordene Vernunft nach Horkheimers Diagnose längst nicht mehr in der Lage. Anders als sein virtuoser Partner Adorno deckt der redliche Horkheimer alle seine Karten auf – Karten, von denen er weiß, dass sie nicht stechen.

Bei seiner krassen Gegenüberstellung von subjektiver und objektiver Vernunft freilich übersieht Horkheimer, dass sich ein

---

5 M. Horkheimer, Zur Kritik der instrumentellen Vernunft, Frankfurt/M. 1967.
6 Ebd., 164.

Weg zu objektiven Aussagen über das *für* Menschen Gute und *unter* ihnen Gerechte gerade im theoretischen Ausgang von ihren subjektiven Perspektiven eröffnen kann. Dies geschieht, wenn aus der Einstellung eines *beliebigen* Subjekts darüber nachgedacht wird, welche Art des Lebens unter jeweiligen historischen Umständen alles in allem die beste ist oder die beste wäre. Den natürlichen Ausgangspunkt einer Theorie praktischer Rationalität bildet darum die Perspektive eines Subjekts, das zwar *von sich aus*, aber nicht allein *für sich* zu klären versucht, welche Form des Lebens – und also zugleich: welche Art des Wünschens und Wollens – für jemanden *wie es selbst* lohnend oder erfüllend ist oder sein könnte. In einer solchen Überlegung geht es nicht länger darum, was mir oder dir am meisten entgegenkommt, so wie unsere Interessen und Ambitionen nun einmal sind; in ihr geht es darum, was *überhaupt* gut ist, unabhängig davon, wonach es dich und mich gerade verlangt. Das ist ein Weg der Argumentation genau der Art, wie Horkheimer ihn benötigt hätte, aber nicht verfolgen konnte, weil er ihn jenseits der Perspektive des subjektiven Beliebens finden wollte. Sein Fehler war, das Gute unabhängig von dem Wünschen und Wollen der Menschen ausmachen zu wollen, anstatt es in der *freien Verfassung* ihres Wünschens und Wollens zu suchen. Auf diese Weise kann ein *reflexiver Subjektivismus* zu begründeten Annahmen über die Grundverfassung eines gelingenden menschlichen Lebens führen – und damit zu Aussagen, mit denen ein durchaus objektiver Anspruch verbunden ist.

Mit einem ähnlichen Verfahren hatte schon Sokrates in Platons Schriften für den Vorzug einer am Guten und Gerechten orientierten Lebensführung argumentiert; nur in ihr seien echte Freunde und Freuden erreichbar. Wenn es gelingt zu sagen, was *für einen Beliebigen* gut ist, kann es auch gelingen zu sagen, warum, wie Horkheimer sich ausdrückt, die »Achtung vor dem individuellen Leben« es gebietet, dieses unter moralischen und politischen Schutz zu stellen.

2.

Ich möchte nun zeigen, dass es ein solches – in einen reflexiven Eudaimonismus mündendes – Vorgehen ist, das die normativen Grundlagen der Gesellschaftskritik Adornos bereitstellt. Der Ausgangspunkt von Adornos Ethik ist ein phänomenologischer. Adorno spürt dem nach, wie das Subjekt sich in und gegenüber der Welt findet. Die Welt, die dabei zur Sprache kommt, ist nicht die Welt überhaupt, sondern die historische Welt des modernen Lebens. Das Subjekt, bei dem dieses Philosophieren beginnt, ist entsprechend nicht ein Subjekt überhaupt, sondern ein bestimmtes Subjekt – das des schreibenden Autors. In der Einleitung zu den *Minima Moralia* heißt es lapidar: »In den drei Teilen wird jeweils ausgegangen vom engsten privaten Bereich, dem des Intellektuellen in der Emigration. Daran schließen sich Erwägungen weiteren gesellschaftlichen und anthropologischen Umfangs.«[7] So aber verfährt Adorno durchweg, von den frühesten bis zu den spätesten Texten. Von seiner Erfahrung ausgehend versucht er, nicht allein von *seiner* Erfahrung zu sprechen. Er erkundet Verständnisse und Verhältnisse, wie sie für viele oder alle prägend sein mögen. Die Stimme seiner Philosophie ist Stimme eines Subjekts, das sich als eines unter anderen versteht und das deshalb in seiner Selbstverständigung nicht bei sich stehen bleiben darf. Diese *methodische* Maxime ist für Adorno zugleich eine *moralische*. »Dieses Nicht-sich-selber-setzen«, sagt Adorno in seiner Vorlesung über *Probleme der Moralphilosophie* im Sommersemester 1963, »scheint mir eigentlich das Zentrale, was heute überhaupt von dem einzelnen Menschen zu verlangen ist.«[8] Diese im praktischen wie im theoretischen Tun geforderte Selbstdistanz aber kann nur gewinnen, wer auf fruchtbare Weise von

---

7 Th. W. Adorno, Minima Moralia, Frankfurt/M. 1973, 11.
8 Th. W. Adorno, Probleme der Moralphilosophie (1963), in: Ders., Nachgelassene Schriften. Abt. IV: Vorlesungen, Bd. 10, hg. v. T. Schröder, Frankfurt/M. 1996, 251.

sich selbst auszugehen vermag. »Zu einer in sich reflektierten Humanität«, heißt es in derselben Vorlesung, gehöre einerseits, »daß man sich nicht abbringen läßt, ein Moment von Unbeirrbarkeit, von Festhalten an dem, was man nun einmal glaubt, erfahren zu haben, wie andererseits (...) das Bewußtsein der eigenen Fehlbarkeit, und damit, möchte ich sagen, ist doch das Moment der Selbstbesinnung, der *Selbstreflexion* heute eigentlich zu dem wahren Erbe von dem geworden, was einmal moralische Kategorien hießen.«[9]

Adornos Texte können als eine fortdauernde Erprobung dieser Haltung gelesen werden. Moral ist hier nicht in erster Linie etwas, das gefordert, sondern vielmehr etwas, das gezeigt, das in der Bewegung der Reflexion vorgeführt wird. Die Phänomenologie der individuellen Erfahrung unter den Lebensbedingungen der Moderne, das *ist* hier schon die Moral, eine Moral, die wesentlich Aufmerksamkeit für die Schwierigkeiten individuellen Selbstseins ist. Die Objektivität und Allgemeinheit, die Adorno für seine Erkenntnisse so energisch in Anspruch nimmt, ist Resultat eines reflektierten Subjektivismus. Dieser versucht – wie schon gesagt – zu artikulieren, wie es nicht allein für *mich*, sondern für *jemanden* ist, in der »verwalteten Welt« ein bedrängtes Dasein zu führen. In seinem programmatischen Essay über den *Essay als Form* beruft sich Adorno für dieses Verfahren auf Marcel Proust. Dessen Werk sei »ein einziger Versuch, notwendige und zwingende Erkenntnisse über Menschen und soziale Zusammenhänge auszusprechen, die nicht ohne weiteres von der Wissenschaft eingeholt werden können«.[10] Denn woher, wenn nicht aus teilbarer und mitteilbarer subjektiver Erfahrung, sollten die normativen Gesichtspunkte kommen, die in die Erkenntnis der Wirklichkeit des Lebens unvermeidlich eingearbeitet sind? Und wie, wenn nicht durch eine gleichsam experimentierende, Arten

---

9 Ebd.
10 Th. W. Adorno, Der Essay als Form, in: Ders., Noten zur Literatur I, Frankfurt/M. 1971, 19.

der »Versuchsanordnung«[11] herstellende Besinnung darauf, was und wie den Menschen geschieht, sollten Bedingungen eines vergleichsweise unbedrängten Lebens erkannt werden können? »Das Maß solcher Objektivität«, sagt Adorno deshalb, »ist nicht die Verifizierung behaupteter Thesen durch ihre wiederholende Prüfung, sondern die in Hoffnung und Desillusion zusammengehaltene einzelmenschliche Erfahrung. Sie verleiht ihren Beobachtungen erinnernd durch Bestätigung oder Widerlegung Relief.«[12]

Als Basis einer normativen Gesellschaftstheorie ist das gewiss fragil – und außerdem riskant. Im Aphorismus 19 der *Minima Moralia* wendet sich Adorno der technisierten Lebenswelt seiner amerikanischen Umgebung zu. »In den Bewegungen«, notiert er, »welche die Maschinen von den sie Bedienenden verlangen, liegt schon das Gewaltsame, Zuschlagende, stoßweis Unaufhörliche der faschistischen Mißhandlungen. Am Absterben der Erfahrung trägt Schuld nicht zum letzten, daß die Dinge unterm Gesetz der reinen Zweckmäßigkeit eine Form annehmen, die den Umgang mit ihnen auf bloße Handhabung beschränkt, ohne einen Überschuß, sei's an Freiheit des Verhaltens, sei's an Selbständigkeit des Dinges zu dulden, der als Erfahrungskern überlebt, weil er nicht verzehrt wird vom Augenblick der Aktion.«[13] Als Beispiel zieht er die Türen von Autos und »Frigidaires« heran, die man zuwerfen müsse, damit sie sich ordnungsgemäß schließen.

Scheinbar abseitige Beispiele wie dieses führen direkt ins Zentrum der Moraltheorie Adornos. Denn sie illustrieren den Gesichtspunkt, der seine Wertungen leitet. Es ist der einer Gebundenheit von Freiheit an die Selbständigkeit eines personalen oder sachlichen Gegenübers, wofür sich Adorno bei Hegel die Formel »Freiheit zum Objekt« geliehen hat. Zu dieser Freiheit für anderes bedarf es einer Freiheit von der Fixierung auf die eige-

---

11 Ebd., 20.
12 Ebd., 19 f.
13 Adorno, Minima Moralia, a. a. O., 43.

nen Zwecke. »Als Hume« – so beginnt der Aphorismus 20 der *Minima Moralia* – »gegen seine weltfreundlichen Landsleute die erkenntnistheoretische Kontemplation, die unter Gentlemen seit je anrüchige ›reine Philosophie‹ zu verteidigen suchte, gebrauchte er das Argument: ›Genauigkeit kommt immer der Schönheit zugute, und richtiges Denken dem zarten Gefühl.‹ Das war selber pragmatistisch, und doch enthält es implizit und negativ die ganze Wahrheit über den Geist der Praxis. Die praktischen Ordnungen des Lebens, die sich geben, als kämen sie den Menschen zugute, lassen in der Profitwirtschaft das Menschliche verkümmern, und je mehr sie sich ausbreiten, um so mehr schneiden sie alles Zarte ab. Denn Zartheit zwischen Menschen ist nichts anderes als das Bewußtsein von der Möglichkeit zweckfreier Beziehungen, das noch die Zweckverhafteten tröstlich streift.«[14]

Es dürfte kaum übertrieben sein, in dem abschließenden Relativsatz einen Anklang an jene Erläuterung des Kategorischen Imperativs mitzuhören, in der es bei Kant heißt, man solle »sich selbst und alle andere niemals bloß als Mittel, sondern jederzeit zugleich als Zweck an sich selbst behandeln«.[15] Adorno aber weitet dieses Gebot aus: In seiner Lesart betrifft es nicht allein das Verhältnis unter Menschen, sondern auch das von Menschen und Dingen. Denn erst in der Einheit dieser Momente zeigt sich für ihn, ob die Rücksicht unter Menschen mehr als ein taktisches Manöver ist, nämlich die Form einer ungeteilten Weltzuwendung, die ihren eigenen Spielraum findet, indem sie anderen und anderem einen entsprechenden Spielraum lässt. Diese Zuwendung trägt bei Adorno den Titel der »Kontemplation«, für die allerdings an der zitierten Stelle nicht Platon oder Aristoteles, sondern ausgerechnet Hume als Pate firmiert. Im Namen dieser sehr eigenwillig verstandenen Kontemplation kritisiert Adorno

14 Ebd., 43 f.
15 I. Kant, Grundlegung zur Metaphysik der Sitten, in: Ders., Werke in zwölf Bänden, a. a. O., Bd. VII, 61 (BA 74 f.).

den übertriebenen Aktivismus der bisherigen Philosophie, am deutlichsten wohl im Aphorismus 54 der *Minima Moralia*: »Die reine Tathandlung ist die auf den gestirnten Himmel über uns projizierte Schändung. Der lange, kontemplative Blick jedoch, dem Menschen und Dinge erst sich entfalten, ist immer der, in dem der Drang zum Objekt gebrochen, reflektiert ist. Gewaltlose Betrachtung, von der alles Glück der Wahrheit kommt, ist gebunden daran, daß der Betrachtende nicht das Objekt sich einverleibt: Nähe an Distanz.«[16]

In dieser Idee von Kontemplation liegt nicht nur eine Erweiterung der kantischen, sondern auch der Hegel'schen Ethik: Anerkennung wird hier gedacht als ein Verhältnis, in dem »Menschen und Dinge erst sich entfalten«. Diese dreipolige Anerkennung – unter den Menschen und im Angesicht der Dinge – ist das Medium einer vorbehaltlosen Aufgeschlossenheit, die für Adorno das Zentrum einer moralischen Einstellung bildet. Über sie verfügt nur, wer in der Verfügung über sich und die Welt Abstand vom Ziel der Verfügung findet – wer Zeit und Raum gewinnt für »den langen Blick der Kontemplation«. Die »Entfaltung« von Menschen und Dingen, die hier möglich wird, entzieht sich den üblichen Klassifikationen. Sie ist gleichermaßen eine theoretische, ethische und ästhetische. In ihr wird eine Erkenntnis des Besonderen möglich, die zugleich eine Achtung vor ihm mit einschließt und es in seiner vollen Gegenwart zur Erscheinung kommen lässt. Das »Glück der Wahrheit«, von dem Adorno spricht, ist der Zustand eines Erkennens, das seine Objekte nicht mit Begriffen zudeckt, sondern sie so anspricht, dass sie in ihrer individuellen Verfassung aufgenommen werden können. Dieses Glück *der* Wahrheit ist aufs Engste damit verbunden, was Glück *in* Wahrheit ist: ein Verhalten zu einem Gegenüber, in dem beide Seiten sich frei zueinander verhalten können. Dieses Gelingen kennzeichnet eine Art der Praxis, in der man sich aufeinander einlassen und doch einander sein lassen kann. In solchen zweck-

---

16 Adorno, Minima Moralia, a. a. O., 111 f.

freien Beziehungen zu anderem und anderen sieht Adorno den »Erfahrungskern«, der seine Kritik am Zustand moderner Gesellschaften motiviert und trägt. Sie betrifft Möglichkeiten, deren Entfaltung durch die Einrichtung der menschlichen Welt weithin verstellt bleibt – die aber dennoch innerhalb der verwalteten Welt angelegt bleiben.

Von seinen jungen Jahren an hat Adorno immer wieder betont, dass Freiheit und Glück, Moral und Gerechtigkeit, überhaupt das individuell und sozial Gute unter den Bedingungen der Gegenwart allein negativ bestimmt werden könnten. Nur an ihren verkehrten Gestalten seien sie zu erkennen. Dies jedoch ist eine eklatante Selbsttäuschung.[17] Denn Adornos Ethik nimmt ihren Ausgang radikal von *positiven* und darüber hinaus von *radikal* positiven Erfahrungen. Das Proust'sche und Benjamin'sche Motiv der erfüllten Zeit wirkt hier mit großer Kraft nach. Das Gravitationszentrum der gesamten Philosophie Adornos bilden Zustände nichtinstrumentellen Verhaltens, die als solche eines zwanglosen subjektiven und intersubjektiven Selbstseins beschrieben werden. Es handelt sich dabei um Situationen, die um ihrer selbst willen bejaht werden können, weil sie nicht länger (nur) Mittel sind, um wieder in andere, vermeintlich bessere zu gelangen. Bei diesen Gelegenheiten ist es den Subjekten möglich, sich Zeit für den Augenblick zu nehmen und damit für die Gegenwart ihres Lebens frei zu sein. Sie sind in der Lage, von der bloßen Wahrnehmung ihrer Interessen zu einer erweiterten Wahrnehmung der Welt zu gelangen. Diese Zustände sind für Adorno alles andere als Utopie. Inmitten der heillosen Gegenwart gibt es sie. Sie können real erfahren werden, wie gering ihre orientierende Kraft auch sein mag. Es sind jene »Spuren und Splitter«, von denen es in der Antrittsvorlesung von 1931 heißt, dass sie die Hoffnung gewähren, »einmal zur richtigen und ge-

---

17 Hierzu ausführlich: M. Seel, Adornos Philosophie der Kontemplation, Frankfurt/M. 2004.

rechten Wirklichkeit zu geraten«.[18] Wenn Adorno am Ende des Aphorismus 18 der *Minima Moralia*, der der Frage des rechten Wohnens gewidmet ist, sagt, es gebe »kein richtiges Leben im falschen«[19], so setzt dies die Erfahrung der Möglichkeit eines *guten* Lebens voraus – eines Lebens allerdings, das niemandem so offen steht, wie es in einer gerechten Gesellschaft sein könnte.

Adornos ethisches Denken geht von der Erfahrung eines um seiner selbst willen durchlebten Freiseins für andere und anderes aus. Die Subjekte dieser Erfahrung werden mit Situationen bekannt, die ihrem weiteren Handeln eine normative Richtung geben können, sofern sie erkennen, dass ihre eigene Freiheit eng mit dem Respekt vor der Selbständigkeit von anderen und anderem verbunden ist. Wer *sich* bestimmen lassen will, muss bereit sein, sich von anderen bestimmen zu *lassen*. Einen *internen* Wert haben die von Adorno als paradigmatisch aufgefassten Situationen darin, dass in ihnen etwas *von* Wert erfahren wird. Was auf diese Weise als sinnvoll erfahren wird, ist nicht allein etwas, das für mich oder dich gerade günstig ist; zugleich ist es eine Art der Situation, deren Bekanntschaft *überhaupt*, für beliebige Subjekte, lohnend ist. Was als ein Moment *erfüllter* Zeit erfahren wird, wird zugleich erfahren als ein Moment erfüllter *Zeit*: als *individuelle* Realisierung eines *allgemein* lohnenden Daseins. Diese Einheit von subjektivem und objektivem Wert ist der Angelpunkt der Ethik Adornos.

Von anderen Entwürfen unterscheidet sich Adornos Ethik dabei weniger in den Konsequenzen als vielmehr durch ihre Eröffnung. In der Rekonstruktion einer mehrpoligen Aufgeschlossenheit ist ihr Ausgangspunkt ein freizügiges Wollen. Sie setzt an bei Situationen, die ohne weiteres bejaht werden können. Die Forde-

---

18 Th. W. Adorno, Die Aktualität der Philosophie, in: Ders., Philosophische Frühschriften, in: Ders., Gesammelte Schriften, hg. v. R. Tiedemann, Frankfurt/M. 1973, Bd. 1, 325–344, 325.
19 Adorno, Minima Moralia, a. a. O., 42.

rungen und Verpflichtungen des Sollens ergeben sich in dieser Überlegung erst aus der Treue zu Episoden der Erfahrung eines ungezwungenen Seins. Jedoch müssen diese Episoden in ihrer korrektiven Bedeutung erkannt und dürfen nicht zu einem Vorgriff auf paradiesische Zustände umgedeutet werden. Sie sind Möglichkeiten, die, wenn es gut geht, in *Reichweite* der individuellen und sozialen Wirklichkeit liegen. So verstanden, bilden Situationen erfüllter Zeit einmal nicht das imaginäre Telos, sondern den phänomenalen Boden der Ethik.

Auf diesem Boden bewegt sich Adorno nicht allein. Proust und Benjamin sind ihm vorausgegangen, verwandte Motive finden sich bei Heidegger und Foucault, wenngleich ebenfalls mit erheblichen Verdrehungen. Der wichtigste Vorläufer aber ist Nietzsche. »Es ist aber, und bitte verstehen Sie das nicht falsch«, teilt Adorno dem Publikum am Ende seiner Moralvorlesung mit, »wirklich nicht im leisesten meine Absicht, auf Nietzsche herumzuhacken, dem ich, wenn ich aufrichtig sein soll, am meisten von allen sogenannten großen Philosophen verdanke – in Wahrheit vielleicht mehr noch als Hegel.«[20] Mit Nietzsche teilt Adorno die Weigerung, die Ethik auf Zwängen irgendeiner Art zu errichten. Ein freies Sein soll ihr Anfang sein. Allerdings – und das unterscheidet Adorno von Nietzsche – ist Adornos Verständnis des guten, weil freien Lebens von vornherein mit einem egalitären Ethos verbunden: Die Möglichkeit, ein solches Leben zu führen, müsste in einer gerechten Gesellschaft *allen* gegenüber offen gehalten werden. Adornos Eudaimonismus schließt einen moralischen und politischen Universalismus mit ein.

---

20 Adorno, Probleme der Moralphilosophie, a. a. O., 255.

3.

Es ist eben diese Verbindung von Universalismus und Eudaimonismus, auf die Jürgen Habermas in seiner ethischen und politischen Theorie einigermaßen allergisch reagiert. Ein moralphilosophischer Eudaimonismus entwickelt einen allgemeinen Begriff des *individuellen* Guten, den es dieser Auffassung zufolge braucht, um zu erklären, was der Sinn der Verbindlichkeit moralischer und rechtlicher Regeln ist. Moralische Regeln sind demnach Regeln der unparteilichen Berücksichtigung von etwas, das allen gleich wichtig ist: der Gewinnung und Erhaltung eines Spielraums für ein gutes Leben. Um die Bedeutung des moralischen Handelns zu erläutern, bedarf es – dieser Auffassung zufolge – einer Philosophie des guten Lebens. Daher sind die Begriffe des »Guten« und des »Gerechten« für eine solche Theorie strikt interdependent: Beide können nur wechselseitig erläutert werden; keinem kommt ein Vorrang vor dem anderen zu.[21]

Wenn nun die Ethik Adornos, wie ich behauptet habe, zu diesem Theorie-Typus gehört, so erweist sich der Streit um die »Abscheulichkeit« der philosophischen Rede vom guten Leben als ein Familienstreit innerhalb der Kritischen Theorie. So jedenfalls möchte ich die Stellungnahmen verstehen, die Habermas in dieser Sache immer wieder abgegeben hat (auch wenn er selbst glaubt, hierbei Adorno auf seiner Seite zu haben). Einer von Habermas' Einwänden lautet, dass die philosophische Analyse des guten Lebens nach einer Allgemeinheit strebt, die nicht erreicht werden kann. Denn entweder, sagt Habermas, erreicht sie ihr Ziel, universale Aussagen über das gelingende Leben zu machen – dann aber bleiben ihre Aussagen leer. Oder aber sie gelangt zu aufschlussreichen Einsichten – dann aber bleiben diese Einsichten hoffnungslos partikular; sie bleiben insgeheim an das

---

21 Vgl. M. Seel, Versuch über die Form des Glücks. Studien zur Ethik, Frankfurt/M. 1995; Ders., 111 Tugenden, 111 Laster. Eine philosophische Revue, Frankfurt/M. 2011.

Selbstverständnis bestimmter Kulturen gebunden. In Habermas' eigenen Worten: »Jeder globale Entwurf eines allgemeinverbindlichen kollektiven Guten, auf das die Solidarität aller Menschen (unter Einschluß künftiger Generationen) gegründet werden könnte, begegnet einem Dilemma. Eine inhaltlich ausgeführte Konzeption, die hinreichend informativ ist, muß (zumal im Hinblick auf das Glück künftiger Generationen) zu einem unerträglichen Paternalismus führen; eine substanzlose, von allen lokalen Kontexten abgehobene Konzeption muß den Begriff des Guten zerstören.«[22] Die theoretischen Bemühungen einer philosophischen Theorie des Glücks wären demnach entweder nutzlos oder aber moralisch und politisch gefährlich.

Diese fürwahr finstere Diagnose kann ich hier nicht im Einzelnen überprüfen. Es spricht aber vieles – und unter anderem das Beispiel Adornos – dafür, dass die von Habermas vorgestellte Alternative keineswegs vollständig und mithin auch jenes Dilemma einer philosophischen Theorie des Guten keineswegs unausweichlich ist.[23] In unserem Zusammenhang wichtiger ist der methodische Einwand, den Habermas gegenüber einer eudaimonistischen Ethik formuliert – wichtiger deshalb, weil er an das Unverständnis erinnert, mit dem Horkheimer seinerzeit der Möglichkeit philosophischer Aussagen über das Gute begegnet war. In seinem Kommentar zur neueren moraltheoretischen Diskussion wirft Habermas den Autoren, die heute einen philosophischen Begriff des Glücks oder guten Lebens zu entwickeln versuchen, vor, sie maßten sich an, »aus der Beobachterperspektive« zu entscheiden, was für Beliebige gut oder schlecht sei. Wenn auf diese Weise von außen dekretiert werde, was für alle gut sei, seien

---

22 J. Habermas, Eine genealogische Betrachtung zum kognitiven Gehalt der Moral, in: Ders., Die Einbeziehung des Anderen. Studien zur politischen Theorie, Frankfurt/M. 1996, 11–64, 42.
23 Zu dieser Frage ausführlicher: M. Seel, Wege einer Philosophie des Glücks, in: Ders., Sich bestimmen lassen. Studien zur theoretischen und praktischen Philosophie, Frankfurt/M. 2002, 196–212.

paternalistische Konsequenzen unvermeidlich. Über die Köpfe der übrigen Menschen hinweg solle hier festgelegt werden, was diese als ihr Glück anzusehen hätten. »Die Beteiligten müßten vor jeder moralischen Überlegung bereits wissen, was denn das für alle gleichermaßen Gute ist – wenigstens müßten sie sich von Philosophen einen Begriff des formalen Guten entleihen. Aber niemand kann *aus der Beobachterperspektive schlicht feststellen*, was eine beliebige Person für gut halten soll. In der Bezugnahme auf ›beliebige‹ Personen steckt eine Abstraktion, die auch den Philosophen überfordert.«[24]

Dieser Einwand zeigt jedoch, dass Habermas den Sinn der philosophischen Reflexion über das gute Leben, wie sie von Autorinnen und Autoren wie Martha Nussbaum, Ernst Tugendhat, Ursula Wolf, James Griffin, Ronald Dworkin und anderen in den vergangenen 20 Jahren im Rückgriff auf antike Motive angestrengt worden ist, und auch die zentrale ethische Denkbewegung Adornos nicht zur Kenntnis genommen hat. Keiner dieser Autoren glaubt, »schlicht feststellen« zu können, was für alle gut ist; auch betreibt keiner von ihnen eine empirische Glücksforschung, um dann nach vielfältigen Beobachtungen von außen festzulegen, was für alle *in the long run* das Beste wäre. Vielmehr fragen sie alle *aus der hypothetischen Perspektive einer beliebigen Person*, was es für sie bedeuten kann, nach Wohlergehen und Glück zu streben und Leid, Not, Unglück (soweit es denn geht) zu vermeiden. Die Frage, der sie nachgehen, lautet weder: »Was wollen die Leute wirklich?«, noch: »Was wäre für alle Menschen das Beste?«, sondern vielmehr, für ein beliebiges »Ich«: »Was kann ich (im Vollzug meines Lebens) wollen?«, oder einfach und klassisch: »Wie soll ich leben?«, oder genauer noch: »Welche übergreifende Form kann und soll ich meinem Leben verleihen?«

Eine theoretische Frage dieser Art hat einen guten Sinn jedenfalls dann, wenn es – gegen Habermas und andere konventionelle

---

24 Habermas, Eine genealogische Betrachtung, a.a.O., 44 (Hervorh. M. S.).

Kantianer – zutrifft, dass die Reflexion über Glück und gutes Leben einen Eckpfeiler jeder plausiblen Theorie der Moral darstellt. Rücksicht braucht Hinsicht. Jede Erläuterung der moralischen Rücksicht muss Annahmen darüber einschließen, *was* in dieser Rücksicht berücksichtigt werden soll. Wir können nicht sagen, was moralische Rücksicht heißt, wenn wir nicht sagen können, worauf sich diese Rücksicht bezieht. Sie bezieht sich auf die Möglichkeit eines guten Lebens für alle die, die moralisch zu berücksichtigen sind. Aus diesem Grund ist eine plausible Theorie der Moral angewiesen auf einen plausiblen Begriff guten menschlichen Lebens. Denn wenn wir nicht sagen könnten, warum ein Leben in Selbstachtung und Selbstbestimmung *besser* ist als eines in Demütigung und Unfreiheit, könnten wir nicht angeben, worin der Sinn moralischer Rücksicht und politischer Gerechtigkeit besteht. Immer schon, heißt das, ist ein Verständnis guten Lebens im Spiel, wo allgemeine moralische, rechtliche und politische Normen begründet und beachtet werden.[25]

Nicht einmal Jürgen Habermas will dies geradewegs bestreiten. Zumindest an einer Stelle gesteht er zu, in der Idee der unparteilichen Berücksichtigung praktischer Belange liege selbst bereits ein minimaler Begriff des Guten, ohne den eine Theorie der Moral nicht auskommen könne. Dieser Begriff müsse freilich nicht von außen durch eine Theorie des gelingenden Lebens herbeigeschafft werden, er sei bereits in einer prozeduralen Theorie des moralisch Richtigen selbst enthalten. So ist Habermas zu verstehen, wenn er schreibt, die Diskursethik erweitere »gegenüber Kant den deontologischen Begriff der Gerechtigkeit um jene *strukturellen* Aspekte des guten Lebens, die sich unter allgemeinen Gesichtspunkten kommunikativer Vergesellschaftung überhaupt von der konkreten Totalität jeweils besonderer Le-

---

25 Die Anerkennung dieses Zusammenhangs bildet einen Eckpfeiler auch der Sozialphilosophie Axel Honneths, vgl. zuletzt: A. Honneth, Das Recht der Freiheit. Grundriß einer demokratischen Sittlichkeit, Frankfurt/M. 2011, bes. 119 ff.

bensformen abheben lassen – ohne dabei in die metaphysischen Zwickmühlen des Neoaristotelismus zu geraten«.[26] Nur dasjenige Gute, so Habermas, das sich im Innern des moralischen Diskurses – an den Strukturen der Argumentationssituation selbst – ausmachen lässt, kann als allgemeines Gutes anerkannt werden.

Selbst hier also findet sich die Spur einer eudaimonistischen Ethik, auch wenn sie bei Habermas nur als bucklicht Männlein im Innern der Prozeduren der Rechtfertigung existieren darf. Diese Prozeduren selbst aber, so wäre im Geist Adornos zu erwidern, bilden nur dann eine Grundform moralischer Rücksicht, wenn sie im »Bewußtsein von der Möglichkeit zweckfreier Beziehungen« ausgeführt werden, »das noch die Zweckverhafteten tröstlich streift«.

---

26 J. Habermas, Treffen Hegels Einwände gegen Kant auch auf die Diskursethik zu?, in: Ders., Erläuterungen zur Diskursethik, Frankfurt/M. 1991, 9–30, 20.

8. Neugier als Laster und als Tugend

Tugenden und Laster sind Vorzüge respektive Mängel der Charakterbildung – positive oder negative Dispositionen des menschlichen Denkens, Fühlens und Handelns. Sie zeigen sich im Verhalten von Personen – manchmal in augenblicklichen Reaktionen und Reflexen, meistens aber im Vollzug einsamer oder gemeinsamer Tätigkeiten. Mit ihrer Zuschreibung sind Bewertungen des jeweiligen Verhaltens und zugleich der Einstellungen verbunden, aus denen es erfolgt. Wer von Tugenden und Lastern spricht, redet vom Guten und seinen Kontrastbegriffen, dem Schlechten oder Bösen; genannt werden Aspekte, in denen menschliches Verhalten gelungen oder verfehlt erscheint. Das ist der Sinn dieser Rede: zu sagen, wie bestimmte Einstellungen und Verhaltensweisen die Realisierung des menschlichen Guten befördern oder verhindern. Unabhängig davon, wie dieses Gute in abstrakten Begriffen gefasst werden mag, und auch unabhängig davon, *ob* es in abstrakten Begriffen überhaupt gefasst werden kann, bezieht sich diese Rede auf Dimensionen der Qualität menschlichen Tuns und Lassens. Die darin enthaltenen Bewertungen können sich eher auf die Lebensführung von einzelnen oder eher auf die angemessene Rücksicht unter den Menschen beziehen; sie haben dann eher einen individualethischen oder einen sozialethischen Akzent. Besonders scharf freilich ist die Grenze zwischen diesen Hinsichten nicht. Wir schätzen an anderen auch, wie sie mit sich selbst zurande kommen, und wie sie dies vermögen, ist ein entscheidender Faktor ihrer Fähigkeit zur Rücksicht auf andere. Aber noch eine andere Grenze ist weit weniger scharf, als sie in manchen philosophischen Theorien erscheint: diejenige zwischen Tugenden und Lastern selbst.

Begriff und Gegenbegriff

Es gab einmal eine Zeit, da die Neugier in nicht wenigen Bereichen des Lebens als ein Laster galt. Heute gilt sie in vielen Bereichen als Tugend. Doch solche einfachen Geschichten – vom Mythos zum Logos, von einem Laster zu einer Tugend oder umgekehrt – sind bekanntlich trügerisch. Sie sind es nicht allein, weil sich derlei historische Verschiebungen stets weit komplexer vollziehen, sie sind es auch, weil die sachlichen Grenzen zwischen Tugenden und Lastern (wie die zwischen Mythos und Logos) erheblich diffuser sind, als es in *short stories* dieser Art sichtbar werden kann. Zumal das Verhältnis von Tugenden und Lastern ist notorisch verwickelt. Denn anders als in der Logik lauert hier in der Bivalenz von Anfang an die Ambivalenz. Diese betrifft die tatsächlichen oder vermeintlichen Primär-, Sekundär- und Tertiärtugenden gleichermaßen. Diese extreme Behauptung muss ich hier freilich auf sich beruhen lassen. Sie soll aber andeuten, dass es alles andere als einen Zufall, sondern vielmehr einen exemplarischen Befund darstellt, dass die Neugier, als Tugend betrachtet, nicht in jeder Hinsicht unverdächtig und, als Laster gesehen, nicht in jeder Hinsicht verdächtig ist. Wer *irgendeine* Tugend verstehen will, muss nicht allein ihre prekäre Stellung zu anderen Tugenden, sondern ebenso ihre heikle Abgrenzung zum Laster begreifen.[1]

Im zehnten Buch seiner *Confessiones* geißelt Augustinus die *curiositas* in doppelter Hinsicht als das Laster einer gottvergessenen und darin ignoranten Aufmerksamkeit für die irdischen Angelegenheiten. Sie erscheint zum einen als eine andachtsferne Lust

---

1 Anm. 2014: Vgl. meine früheren Versuche in dieser Sache: Über das Böse in der Moral, in: Merkur 50/1996, 772–780; Ein Lob der Willensschwäche, in: Merkur 55/2001, 614–619; Humor als Laster und als Tugend, in: Merkur 64/2002, 743–751 – sowie mittlerweile 111 Tugenden, 111 Laster. Eine philosophische Revue, Frankfurt/M. 2011.

am Angenehmen und Schönen, zum andern als eine betäubende Lust, »zu erfahren und zu erkennen« (»libido experiendi noscendique«). »Neugier« im heutigen Verständnis leitet sich wesentlich von dieser zweiten Bedeutung her. Sie ist nicht primär eine Begierde zu schauen, sondern primär eine Begierde zu wissen. Zwar lebt auch die erste Bedeutung weiter, etwa wenn jemand sagt, er sei neugierig auf Sankt Petersburg oder die Everglades, aber selbst in solchen Wendungen spielt meist das Verlangen nach einer Erweiterung der Weltkenntnis, nach Erfahrung und Bildung, hinein. Neugier, in unseren Tagen, ist eine Affäre mit dem Wissen: ein Verlangen nach Neuem, das sich, sobald es bekannt wird, schon wieder in Altes verwandelt; ein Verlangen nach Kenntnissen, das sich mit keinem Zustand der Erkenntnis abzufinden vermag.

In dieser Verfassung ist die Leidenschaft des Wissenwollens von einer in der Geschichte der Philosophie immer wieder analysierten Dialektik des Begehrens betroffen. Dieses strebt nach einer Erfüllung, die ihm im Augenblick ihres Erlangens schon nicht mehr genügen kann. Entsprechend ist die Neugier immer auf der Jagd nach der nächsten Neuigkeit, ohne dass eine davon sie je befriedigen könnte. Deswegen gilt sie auch manchen derer als ein Laster, denen theologische Einwände gegen ihren Einfluss ganz fern liegen. Ihre Propagandisten jedoch, allen voran Francis Bacon, der den von Hans Blumenberg beschriebenen *Prozess der theoretischen Neugierde* so richtig auf Touren gebracht hat, ficht das nicht an. Für sie liegt die Tugend der Neugier gerade darin, sich nicht beim jeweils erreichten Stand des Wissens beruhigen zu können und zu wollen. Der ständige Aufbruch zu neuen Ufern gilt ihnen als eine zentrale zivilisatorische Kraft. Er erscheint so nicht allein wegen der einzelnen Eroberungen, zu denen es hierbei kommt. Vielmehr erfüllt die Neugier ein grundlegendes anthropologisches Begehren gerade darin, bei jeder kognitiven Landgewinnung unerfüllt zu bleiben. Sie wird daher von ihren Befürwortern als ein selbstzweckhaftes Begehren rehabilitiert – als die Kardinaltugend des menschlichen Geistes, sich von sich und der Welt stets von neuem überraschen zu lassen.

Worum es bei diesem Widerstreit in der Bewertung der Neugier geht, wird an den Gegenbegriffen deutlich, vor deren Hintergrund sie ihren glorreichen oder schändlichen Nimbus gewinnt. Zu diesen gehören kognitive Nonchalance, Diskretion, Indifferenz und schließlich Demut. Auf einen Nenner gebracht, könnte man von kognitiver Gelassenheit sprechen: Den Gegensatz zu einer sei es als Tugend, sei es als Laster verbuchten Neugier bildet eine Zurückhaltung des Willens zum Wissen, die den einen als Grundstein der Weisheit, den anderen hingegen als Gipfel der Ignoranz erscheint. So beschrieben, erweist sich der Streit um den Wert der Neugier als Brennpunkt einer Ethik nicht allein des Meinens und Denkens, sondern des kognitiven Weltbezugs überhaupt.

Soziale Neugier

Die ambivalenten Züge der Neugier, die sich in dieser ersten Sondierung abzeichnen, werden am leichtesten im sozialen Bereich sichtbar. Aufgeschlossen gegenüber anderen zu sein, an ihrem Leben Anteil zu nehmen, zu erfahren, wie es ihnen geht und ergeht – das sind unverdächtige Tugenden des menschlichen Miteinanders, die ohne eine Ingredienz der Neugier schnell verdächtig werden, nur Deckmantel oder Maske einer schlecht verhüllten Gleichgültigkeit zu sein. Wer Interesse an anderen nimmt, möchte gern mehr über sie wissen, ist auf Neuigkeiten erpicht, die das Verhältnis zu ihnen beleben und bestärken könnten. Wer sich hierüber nicht auf dem Laufenden zu halten versucht, beweist nur, dass er von den anderen nichts wissen will.

Doch gibt es hier subtile, je nach Situation und Verhältnissen variierende Margen des Zuviel und Zuwenig. »Ich bin doch nur neugierig«, sagen Eltern entschuldigend zu ihren Kindern, wenn sie erfahren wollen, wie es ihnen in Schule, Studium oder mit ihren Freunden ergeht, und dabei auf Zurückweisung stoßen. Soziale Neugier kann nerven. Sie tut es, wenn sie von ihren Objekten als Eingriff in deren Privatsphäre verstanden wird. Meine Mutter hatte in meiner Jugendzeit die Gewohnheit, morgens, wenn sie mich weckte, ihren Blick mit leuchtenden Augen über meinen Schreibtisch schweifen zu lassen, um zu schauen, was ich so treibe; ich hasste das (immerhin machte es mich wütend und daher wach). Nicht viel anders steht es im Verhältnis zu Nachbarn und Kollegen; die ihnen gewidmete Neugier geht schnell über eine Grenze hinaus, hinter der sie als ein Mangel an Takt und Toleranz – und somit nicht länger als eine Form der Rücksicht, sondern der Rücksichtslosigkeit verbucht wird. Auch an der Eifersucht zeigt sich, dass eine übersteigerte Wissbegierde gerade in Bezug auf geliebte Personen die Vertrautheit mit ihnen stören und zerstören kann. Sie nimmt den Beteiligten die Freiheit, so für sich sein zu können, dass sie unbefangen füreinander da sein können. Die Sucht zu wissen unterminiert hier die Nähe zu denen, über die sie möglichst alles zu wissen sucht. Auch in sehr viel unpersönlicheren Zusammenhängen kann sich dieses Verhältnis wiederholen. Wer aus kultureller Neugier fremde Länder bereist, wird eine gewisse Zurückhaltung gegenüber den Menschen und ihren Sitten bewahren müssen, deren Erkundung diese Unternehmung gilt. Meist stellt sich diese sogar umso intensiver ein, je strenger man sich einer übersteigerten Befriedigung der eigenen Wissbegierde enthält. Den Geheimnissen des Fremden kommt man nur nahe, solange man sich einen Sinn für sein Geheimnis bewahrt.

Neugier also, das soziale (und kulturelle) Anzeichen von Anteilnahme, erzeugt eine invasive Dynamik, der sie widerstehen muss, soll sie nicht zu einer asozialen Einstellung verkommen. Dies zeigt sich schon in kommunikativen Praktiken der alltäglichsten Art. Der Klatsch beispielsweise bietet die Gelegenheit, sich mehr oder weniger despektierlich mit einem oder einigen anderen über Dritte auszutauschen und sich dabei unter den Beteiligten der eigenen Maßstäbe und Sichtweisen zu versichern. Das ist ein höchst legitimes Vergnügen des Austauschs und der

Austarierung normativer Selbstverständnisse, das im Kleinen die Möglichkeit einer Erprobung sozialer Orientierungen schafft. Die sprichwörtliche Klatsch*sucht* freilich verletzt die Grenzen der sozialen Angemessenheit der vertraulichen Rede über gemeinsame Bekannte. Sie zieht ungehemmt über Leute her und wird dabei zu einer borniert en Feier der eigenen Standards, die in der wahllosen Weitergabe von Neuigkeiten ihrerseits gegenüber aller Neuerung abgeschottet werden. »So kannst du über ihn nicht reden«, »Das geht dich nichts an«, lauten die dialogischen Markierungen, mit denen die Grenzen des Anstands hier nachgezogen werden. Die eigentliche Kunst dieser Konversation freilich liegt in einem *stillschweigenden* Austarieren solcher Grenzen – eine Kunst, die es gerade deswegen braucht, weil die achtlose Verurteilung anderer hier eine beständige Verlockung darstellt.

Mit den Großformen der Kommunikation verhält es sich in dieser Hinsicht kaum anders. Die modernen Kommunikationsmedien, von der Presse bis hin zu ihren elektronischen Nachfolgern, sind wesentlich Neugierbefriedigungs- und also Neugiererzeugungssysteme und dies wiederum im Guten wie im Schlechten. In demokratischen Gesellschaften stellen sie eine Öffentlichkeit für Themen und Thesen her, deren Neuigkeit jederzeit eine Nachricht wert ist. Diese bereichern den Stand und die Ansprüche des Wissens auf eine zwar oft recht beliebige Weise, worin aber gerade eine produktive Logik der medialen Öffentlichkeit liegt. Sich nicht mit dem Wissens- und Wertestand begnügen, einfach weil es der hergebrachte ist: Das ist die kulturelle wie politische Botschaft, die in dieser Kommunikationsform liegt, soweit sie nicht einer rigiden Zensur unterliegt. Durch eine beständige Akquirierung und Akkumulation des vermeintlich und tatsächlich Neuen werden Traditionen und Ideologien auf die Probe gestellt, wird das Geltende in seiner Geltung befragt. Die Kehrseite dieser Medaille allerdings ist bekannt. Die Konsumenten der modernen Kommunikationsmedien werden unaufhörlich mit Neuigkeiten aller Art bombardiert, die sie, hätten sie die Wahl oder auch nur die Energie zu wählen, vielfach gar nicht mitbekommen wollten. Dies führt zu einer Entwertung des Wissens, das von frei flottierenden Informationen nicht ergänzt und modifiziert, sondern in einen porösen Zustand versetzt und somit geschwächt wird. Es führt, von der Gottvergessenheit einmal abgesehen, zu einer strukturellen Weltvergessenheit, die sich gerade in der medial angetriebenen Weltversessenheit zeigt. Der Aufmerksamkeitsgewinn wird zum Aufmerksamkeitsverlust.

Soziale Neugier in den genannten Dimensionen, mit einem Wort, ist grundsätzlich beides: ein Bindemittel des gesellschaftlichen Zusammenhalts und ein Lösungsmittel, das ihn gefährdet. Eine Medizin und ein Gift – genauer: eine Medizin, die die Tendenz hat, wie ein Gift, und ein Gift, das das Potential hat, wie eine Heilkraft zu wirken.

Ästhetische Neugier

Man könnte versucht sein zu denken, dass es in modernen Zeiten die ästhetische Neugier ist, die sich aus dieser Dialektik der aufklärenden Kraft des Neuen befreit. Dagegen spricht freilich schon, dass die zuletzt besprochenen Prozesse der öffentlichen Kommunikation – in der Presse wie im Radio, im Fernsehen wie im Internet – sich wesentlich Strategien einer ästhetischen Dramaturgie verdanken. An der ambivalenten Neugier, die diese Inszenierungen hervorrufen, hat das ästhetische Interesse einen erheblichen Anteil. Eines Changierens zwischen Wachheit und Stumpfheit eher unverdächtig dürfte dagegen die unter Hinweis auf Augustinus bereits erwähnte Lust der verweilenden Betrachtung sein. Sie gilt der vorübergehenden Gegenwart von Phänomenen, die in ihrem Hier und Jetzt die Aufmerksamkeit fesseln. Diese Art der *concupiscentia oculorum*, einer Wollust zumal der Augen, hat, wie Augustinus hellsichtig bemerkt, ihren Sinn gerade in einer Abkehr von allem weiteren und allem höheren Sinn, worin freilich für das moderne Bewusstsein ihr besonderer Adel liegt. Sie vollzieht einen innerweltlichen Ausstieg aus der gedeuteten und überhaupt deutbaren Welt. Nur hat dies mit Neugier noch wenig zu tun, auch wenn Heidegger in § 36 von *Sein und Zeit* deren Ursprung in die »Tendenz zu einem eigentümlichen vernehmenden Begegnenlassen der Welt« verlegt. Denn um das Neue geht es hier gerade nicht. Vollzogen wird eine Vergegenwärtigung des Augenblicklichen und Individuellen, die sich weitgehend indifferent gegenüber allen Ansprüchen auf Wissen verhält. Zwar erscheinen die Objekte dieses sinnlichen Bewusstseins immer anders und in diesem Sinn immer neu, aber dieses Niesichgleichsein bleibt doch stets ein andauerndes Geschehen. Durchaus in einer Nachbarschaft zur religiösen Kontemplation überlässt sich die ästhetische einem bleibenden Vergehen, ohne jedoch – dies ist für Augustinus das Skandalon – eines unvergänglich Bleibenden innezuwerden oder auf ein solches aus zu sein. Die Ambivalenz der Neugier kann hier nicht in Gang kommen. Für dieses kognitiv interesselose Wohlgefallen besteht die Gefahr einer Suchtkarriere nicht, weil es nichts sucht, sondern an beinahe allem etwas findet.

Ganz anders steht es im Feld der Kunstfertigkeit und Kunst – und dies vermutlich schon seit alters her, auch wenn die Lust am Neuen sowie die Beschleunigung der Erneuerungsschübe sich in späteren Zeiten erheblich potenziert haben. Hier wirkt die Neugier als eine Kraft, die eine Anteilnahme an den Produktionen der Künstler zu motivieren und zu intensivieren vermag. Hier öffnet sich die besondere Sphäre eines gegenüber sozialen Imperativen (vergleichsweise) freigesetzten Interesses am Ungewöhnlichen, Erstaunlichen, Einmaligen und Niedagewesenen. Schließlich sind gelungene Kunstwerke Ereignis-Objekte, die in sich das Potential bergen, eine nachhaltige Irritation, Umpolung und Verrätselung des Wahrnehmens und Verstehens zu bewirken. Dieses Potential kommt dabei nicht allein den jeweils neuen, sondern ebenso den bedeutenden alten Werken zu, die ihr Publikum zu unterschiedlichen Zeiten immer wieder anders zu bewegen vermögen. Das Interesse an diesem Bewegtsein muss jedoch als eine sehr spezifische Form der »Neubegierde«, wie es früher hieß, anerkannt werden. Es ist begierig auf eine Erkundung von Formverhältnissen – weniger darauf, was künstlerische Werke sagen oder zeigen, nicht so sehr darauf, wie sie es tun, sondern vor allem darauf, *als was* sie sich zeigen: wie sie das Spiel ihrer Konfigurationen im Kontrast mit anderen Künsten und Kunstwerken spielen. Diese Formlust unterhält ein höchst zweischneidiges Verhältnis zu allen anderen Arten des Wissens – gerade auch zu jenen Wahrheiten und Weisheiten, die manche künstlerischen Werke kraft ihres Stils nahezulegen scheinen, weil sie sie ohne veritative Verbindlichkeit durchzuspielen vermögen. An diesem formgewordenen Durchschütteln der Gestalten des Geistes nämlich hat die kunstbezogene Neugier ihr Genügen. Das Vergnügen an den Irregularitäten dieses Spiels ist zugleich mit einer Bejahung von Ungewissheit verbunden – von Prozessen des Vernehmens und Verstehens, die sich einer gesicherten Fixierung und folglich einer stabilen Integration in den kognitiven Haushalt entziehen. In ihrer Leidenschaft für die Potentiale und Umbrüche der Darbietung, in ihrer Affäre mit dem Wissen um Evolutionen und Revolutionen der Form geht die kunstbezogene Neugier daher immer auch fremd: Sie macht dem Nichtwissen schöne Augen, das sich im Wissen, sowie der Unbestimmtheit, die sich in aller Bestimmtheit verbirgt.[2]

In diesem Flirt mit den Kehrseiten des Wissens aber bewegt sich diese Spielart der Neugier zugleich auf einer abschüssigen Bahn. Je stärker sie sich auslebt, desto stärker geht sie das Risiko ein, im Unbestimmten nur dem Vagen, im Spektakulären nur dem Kraftlosen, im Fremden nur dem Vertrauten, im Bruch mit dem Klischee nur dem nächsten Klischee aufzusitzen und also in der Variation nur an einem Schematismus, im Konventionsbruch nur an einer Konvention Gefallen zu finden – bloß weil etwas neu ist oder so erscheint. Die Schärfe der Unterscheidung, der Deutung und des Urteils ist hier immer bedroht; sie ist bedroht eben

---

2 Vgl. hierzu die Beiträge Nr. 2 u. 4 in diesem Band.

durch das Faible für die Unschärferelationen, mit denen die Kunst die Gewissheiten des Fühlens und Denkens unterminiert. Der Genuss der Abweichung von der Norm verführt zu einer nicht selten grotesken Bewunderung für Darbietungen, die irgendwie anders sind, sei dieses ungefähre Anderssein auch alles, was es damit auf sich hat. Die haltlose Begierde nach Neuem macht hier den Sinn für das nachhaltig Neue tendenziell blind. Diesmal aber nicht aus einem Mangel an sozialer, sondern aus einem Mangel an artistischer Sensibilität, wie sie bei der Aufnahme von Kunstwerken vonnöten ist – aus Mangel an einem Gespür für die tektonischen Spannungen, von denen die Formensprache künstlerischer Gestaltungen überall bebt.

Auch deswegen, weil die Hingabe an Kunstwerke, die wie keine andere Passion auf positive Enttäuschungen, auf ein Überrascht- und Erstauntwerden aus ist, so häufig negativ enttäuscht wird, lässt die Unbändigkeit ihrer Neigungen im Lauf der ästhetischen Biographie vieler Menschen mit zunehmendem Alter nach. Doch mit dem Laster einer Anfälligkeit für künstlerischen Unsinn lässt auch die Begeisterung für die Abenteuer des Möglichkeitssinns nach. Einmal besänftigt, ist die Tugend der ästhetischen Neugier kaum mehr eine. Mit der Exorzierung ihrer lasterhaften Antriebe verliert sie das Zutrauen, sich vom Neuen berühren zu lassen. Seit etlichen Jahren hat mein Vater die Gewohnheit angenommen, jeden Herbst den *Nachsommer*, jede Weihnachten *Josef und seine Brüder* von neuem zu lesen. Über die Wahl gerade dieser beiden Autoren und Werke kann man als halbwegs jüngerer Mensch natürlich streiten. Allzu viel falsch kann man mit dieser Wahl freilich nicht machen. Wo man aber nichts mehr falsch machen kann, ist mit dem Laster auch die Tugend der ästhetischen Neugier zum Erliegen gekommen.

Wissenschaftliche Neugier

In meiner Betrachtung über die ästhetische Neugier kam diejenige der Künstler nicht vor. Das hatte seinen Grund. Zwar könnte man erwarten, dass die Neugier eine wesentliche Produktivkraft gerade der künstlerischen Tätigkeit sein sollte. Jedoch gehört sie nicht zu ihren entscheidenden Obsessionen. Wäre es so, wäre es mit ihr als künstlerischer nicht weit her. Gewiss, bedeutende Künstler verfügen über ein besonderes Sensorium nicht allein für Materialien und Medien ihrer Arbeit, sondern auch für kulturelle und soziale Prozesse, über spezifische Wahrnehmungsreflexe und eine besondere Witterung weit über den Bereich ihrer jeweiligen Genres hinaus, zudem oft über eine ausufernde theoretische Phantasie nicht weniger als über eine exakte Imagination. Neugier jedoch – zu wissen, was sich in der Tradition zugetragen hat, was die Kollegen so treiben, was ihre eigene historische Zeit bewegt – spielt hierbei eine eher untergeordnete Rolle. Denn ihr ungerichtetes und ungezügeltes Interesse wird in der Praxis des Künstlers jederzeit gefiltert und fokussiert durch den Eigensinn, mit dem er beim Finden und Erfinden unwahrscheinlicher Konstruktionen ans Werk geht. Über Piet Mondrian, den er nicht besonders schätzte, sagte Arnold Gehlen einmal, immerhin habe er die wesentlichen Eigenschaften eines Genies besessen – Naivität, Unbeirrbarkeit und langen Atem. Die Neugier kommt in dieser kurzen Liste nicht vor. Sie kommt deshalb nicht vor, weil eine zu starke Passion für das Neue, das überall, wie verdeckt und versteckt auch immer, bereitliegt, den Künstler an der Produktion *seines* Neuen hindern würde.

Damit ist fast schon alles über die Rolle der Neugier auch in der wissenschaftlichen Praxis gesagt. Denn wie für den Künstler stellt sie auch für den Wissenschaftler lediglich eine Sekundärtugend dar, die zu einem Laster wird, sobald sie sich als Primärtugend aufspielt. Die Pflege dieser Sekundärtugend hat der Wissenschaftler freilich nötiger als der Künstler. Neugierig zu sein auf Entwicklungen seines Faches und der benachbarten Fächer, ebenso auf den Austausch mit den originelleren unter den Kolleginnen und Kollegen sowie den aufgewecktesten unter den Studierenden, neugierig genug zu sein auf soziale, kulturelle und im engeren Sinn künstlerische Tendenzen, die ihm als Inspiration bei seiner Arbeit dienen können – dies ist eine *conditio sine qua non* wissenschaftlicher Produktivität. Aber sie hat ihre Tücken. Denn auch in dieser Art der Neugier liegt ein Element der Richtungslosigkeit; sie greift oft beliebig nach allem, was interessant ist oder sein könnte. Sie ist ein Feind der Konzentration – einer Konzentration auf das entschlossene Durchfechten eines vielversprechenden Gedankens. In dieser Schwäche aber liegt zugleich ihre große Stärke: Sie ist ein Feind jeder vorschnellen Fixierung auf eine Methode, eine Hypothese, eine Sichtweise; sie hält die Augen der Wissenschaftler für unerkundete Wege der Forschung offen. Doch in dieser Stärke lauert wiederum ihre entscheidende Schwäche. Nur selektive Neugier ist wissenschaftlich produktiv, aber gerade die Selektion ist ihre Domäne nicht. Die wissenschaftliche Neugier kann sich zu einer pathologischen Form der Hypersensibilität und Hyperaktivität entwickeln, die einen trügerischen Reichtum an Kenntnissen anhäuft, nur um die Ausarbeitung eines widerspenstigen Werks zu vermeiden. Sie beraubt die, die von ihr im Übermaß befallen werden, jener Kraft der Insistenz, auf die der innovative Wissenschaftler nicht weniger angewiesen ist als der produktive Künstler. Unter diesen Umständen, so hat es bereits Thomas von Aquin in seiner *Summa Theologiae* (II.II, quaestio 35) beschrieben, wird die *curiositas* zu einer Spielart geistiger »Trägheit«, die sich bei allerlei Unwichtigem aufhält, vom Hundertsten ins Tausendste gelangt, anstatt einer intellektuell fruchtbaren Linie zu folgen. Wer sich für alles interessiert, interessiert sich für das (jeweils) Wesentliche nicht – und damit im Grunde für nichts.

Unter heutigen Umständen öffnet sich hier die Todesspirale einer überdrehten Interdisziplinarität, die Doktoranden, Postdoktoranden und selbst der Professorenschaft den Eigensinn auszutreiben droht. Wo die Forschungslandschaft planvoll so eingerichtet wird, dass den einzelnen Wissenschaftlern keine Rückzugsgebiete mehr eingeräumt werden, in denen sie auf eigene Faust handeln können, und das heißt: in denen sie sich für eine Weile allein *ihrer* Neugier überlassen und für eine andere Weile von ihrer Neugier guten Gewissens *ablassen* können – dort wird wissenschaftliche Originalität mehr und mehr zu einer gefährdeten Art. Wie im Fall der künstlerischen Produktivität gilt nämlich gerade hier: Neugier ist *for beginners*, auf welcher Stufe auch immer. Des Antriebs einer lebhaften Neugier bedürfen sowohl die Studierenden, die in ein Wissensgebiet, von ihren Neigungen geleitet, erst hineinfinden müssen, als auch die professionellen Forscher, die sich einem neuen Gedanken, einer neuen Deutung eines Gedankens oder gar einer neuen Theorie zu nähern beginnen. Sobald sie aber bei irgendeiner Sache richtig angebissen haben, werden sie ihre Neugier, dieses kognitive Verlangen nach *allem möglichen* Wissen, weitgehend stillstellen müssen, bis zu dem Augenblick, da das nächste Vorhaben das vorige zu verdrängen beginnt. Gottlob aber muss man für diese Sedierung der Neugier so viel gar nicht tun, da die Lust am Text oder an der Theorie die Sucht nach anderweitigen Neuerungen oft wie von selbst zum Schweigen verurteilt. Jedes ernstzunehmende Werk, sei es der Kunst oder der Wissenschaft, entsteht aus der wenigstens temporären Tugend der Ignoranz.

Ein Laster, eine Tugend

Apologie und Kritik der Neugier, so legen meine drei Durchgänge nahe, gehören zusammen. Die eine ist ohne die andere nicht zu haben. Machen wir eine letzte Probe. Heidegger gehört zu denen, die die Neugier als eine haltlose geistige Einstellung in Bausch und Bogen verworfen haben. »Die Neugier«, so heißt es in dem bereits zitierten Paragraphen in *Sein und Zeit*, »hat nichts zu tun mit dem bewundernden Betrachten des Seienden, dem *thaumazein*, ihr liegt nicht daran, durch Verwunderung in das Nichtverstehen gebracht zu werden, sondern sie besorgt ein Wissen, aber lediglich um gewußt zu haben.« Die Neugier erscheint hier einmal mehr als eine Form der Hybris, als ein Ausfall kognitiver Diskretion und Gelassenheit. Gleichgültig gegenüber deren Bedeutsamkeit rafft sie allerlei Informationen zusammen und bringt just die Orientierungslosigkeit hervor, gegen die sie anzugehen meint. So verstanden, erweist sie sich als mangelnde Demut vor dem alles Wissen umgebenden Nichtwissen; sie bezeugt einen ungenügenden Respekt vor den in vielem unbegreiflichen Wirklichkeiten des Lebens; sie erzeugt eine blinde, in verschiedenen Hinsichten rücksichtslose Kenntnis, die den Namen echter Erkenntnis nicht verdient.

Heidegger übersieht aber, dass die Neugier zugleich eine *genuine Form* des Wissens um das Nichtwissen darstellt – im sozialen nicht weniger als im ästhetischen und theoretischen Bereich. »Neugier ist das Haar unserer Gewohnheit, das die Tendenz hat, zu Berge zu stehen«, schreibt Beckett in seinem Essay über Marcel Proust: ein Widerhaken in der Gewohnheit, der auch das geistige Leben vor dem Erstarren schützt. »Die Neugier ist der Schutz, nicht der Tod der Katze, ob im Rock oder auf allen Vieren.«[3] Gerade die Neugier ist es oder kann es doch sein, die sich aus den vernebelnden Gewissheiten der Lebensroutine mit einem Tiger- oder wenigstens Katzensprung in Vergangenheit oder Zukunft und somit zu einer gesteigerten Gegenwart befreit. Sie lockert die Bindungen des bis dahin Verbindlichen. In dieser Hinsicht ist sie selbst ein Widerstand gegen das bornierte Anhaften an das Übliche, an die Konvention, an die Beschränktheit eines »weiter so« – an das Heidegger'sche »Man«. Auf ihre Weise bewahrt *sie* das Bewusstsein der Grenzen des Wissens; sie bewahrt sie, indem sie sie ein ums andere Mal übertritt. Dabei greift ihr Wissenwollen nicht nach den Sternen eines vollständigen Wahrheitsbesitzes. Denn es ist genau diese Illusion, mit der sie sich nicht zufriedengeben will.

3 S. Beckett, Marcel Proust, Zürich 1960, 23.

Alles in allem aber ist die Neugier beides: sowohl der Motor dieser Illusion als auch der Sand in ihrem Getriebe. Je nachdem ist sie mal eher das eine und mal eher das andere. Aber sie ist das eine nie ohne wenigstens einen zurückgehaltenen Drang zum anderen. Das macht sie grundsätzlich ambivalent. Dies aber zeigt nur noch einmal, wenn auch nur an diesem einen Beispiel, wie verschwistert Tugenden und Laster sind. Tugenden sind Laster, die ihr Schlimmstes nicht ausleben; Laster sind Tugenden, die ihr Bestes versäumen.

9. Anerkennung und Aufmerksamkeit.
Über drei Quellen der Kritik

Soziale Kritik ist im Kern eine Kritik der Anerkennungsverhältnisse, wie sie in Gemeinschaften und Gesellschaften im kleineren oder größeren Maßstab herrschen – dies dürfte eine ziemlich unkontroverse Wiedergabe des Leitmotivs von Axel Honneths Denken sein. Es gehört zu der nachhaltigen Wirkung seines bisherigen Werks, dass eine Wendung wie diese im sozialphilosophischen Milieu mittlerweile beinahe selbstverständlich klingt; zugleich aber gehört es zu den Tugenden seiner Texte, in Erinnerung zu rufen, wie wenig selbstverständlich die Sache eigentlich ist. Besonders eindringlich führt dies sein Essay über *Verdinglichung* vor Augen, der diese einigermaßen verblichene Kategorie für gesellschaftskritische Zwecke zu reanimieren versucht.[1] Denn hier entwickelt Honneth einen gegenüber seinen eigenen früheren Analysen erweiterten Begriff der Anerkennung, der zahlreiche Provokationen nicht allein an die Adresse der Sozialphilosophie, sondern an die der Philosophie insgesamt enthält. In intersubjektiver, subjektiver und objektiver Hinsicht erhebt Honneth seinen Leitbegriff zu einer anthropologischen, ethischen *und epistemologischen* Grundkategorie. Die Fähigkeit zur Anerkennung erscheint als ein schlechthin basales Vermögen, das gerade auch die kognitiven Leistungen des Menschen trägt. Es ist diese Provokation, die ich in meinen Überlegungen ernst nehmen möchte. Dabei bin ich in der günstigen Lage, sowohl den Ausgangspunkt als auch die jüngst vorgenommene Erweiterung

---

1 A. Honneth, Verdinglichung. Eine anerkennungstheoretische Studie, Frankfurt/M. 2005. Alle Seitenangaben im Text beziehen sich auf dieses Buch.

des Anerkennungsbegriffs grundsätzlich überzeugend zu finden. Allerdings habe ich Schwierigkeiten mit der Durchführung, die Honneth seinem Hauptmotiv verleiht. Deshalb möchte ich eine andere Version dieser suggestiven Theorie entwickeln und verteidigen.

Ich beginne mit einer knappen Rekonstruktion von Honneths Thesen zur Reichweite der menschlichen Anerkennungsverhältnisse. Danach werde ich eine Reihe von kritischen Kommentaren präsentieren, um schließlich stärker konstruktive Konsequenzen für ein plausibles Verständnis der Grundlagen sozialer Kritik zu ziehen.

1. Ein radikaler Begriff der Anerkennung

Honneths kritisch an die Befunde von Georg Lukács in *Geschichte und Klassenbewusstsein* anknüpfenden Überlegungen zum Thema »Verdinglichung« münden in einen rabiaten Übersetzungsvorschlag: Verdinglichung ist »Anerkennungsvergessenheit«. Sie liegt in einem Verlust des Kontakts zu einer ursprünglichen praktischen Beziehung, die einer gedeihlichen menschlichen Lebensweise in mehrfacher Hinsicht den Boden bereitet. Sie betrifft nicht allein das Verhalten der Menschen untereinander, sondern ebenso ihre Einstellung gegenüber sich selbst und der Welt von natürlichen oder künstlichen Objekten. Anerkennung beziehungsweise ihr Verlust manifestiert sich darüber hinaus in der Einrichtung gesellschaftlicher Praktiken und Institutionen, in denen die (Wahrnehmung der) Integrität von Personen respektiert oder verletzt, bewahrt oder verunmöglicht wird. »Diese ursprüngliche Form von Weltbezogenheit« sieht Honneth in dem Umstand, »daß wir uns in unserem Handeln vorgängig nicht in der affektiv neutralisierten Haltung des Erkennens auf die Welt beziehen, sondern in der existentiell durchfärbten, befürwortenden Einstellung des Bekümmerns: Wir räumen den Gegebenheiten der uns umgebenden Welt zunächst stets einen Eigenwert ein, der uns um unser Verhältnis mit ihnen besorgt sein läßt. (...) Eine anerkennende Haltung ist mithin Ausdruck der Würdigung der qualitativen Bedeutung, die andere Personen oder Dinge für unseren Daseinsvollzug besitzen.« (41 f.)

Honneth bezieht sich an dieser Stelle ausdrücklich auf Lukács, Heidegger und Dewey, die auf unterschiedliche Weise die Fähigkeit zur Anteilnahme beschrieben haben, die in Prozessen der Verdinglichung ausgehöhlt wird. Als weitere Kronzeugen für diese Linie des Arguments dienen Adorno, Habermas und Cavell. Jedoch sei die »allgemeine These« (52), die Honneth in der Aneignung dieser Autoren entwickelt, in dieser Form bei keinem seiner Gewährsleute zu finden, da bei ihnen allen bestimmte Dimensionen des »ganz elementaren« (60) Anerkennungsverhältnisses unterbelichtet blieben. Diese These besagt, dass von einem grundsätzlichen Primat der Anerkennung gegenüber allem sonstigen Erkennen ausgegangen werden muss – und dass in dem Verkennen dieses Primats sowohl theoretisch wie erst recht praktisch ein entscheidendes Versagen liegt. Der Zuschnitt dieser Behauptung wird besonders an der »Umstellung« (70) deutlich, die Honneth an dem »schlichten Gegensatz« (69) von »Teilnahme« und »Beobachtung« vornimmt. Verdinglichung fängt demnach nicht mit Formen eines »teilnahmslosen Beobachtens« (67) als solchen an, die schließlich in vielen sei es alltäglichen, sei es wissenschaftlichen Kontexten ganz unverdächtige Dienste leisteten. Der Schritt in verdinglichende Verhaltensweisen und Verhältnisse beginne vielmehr erst mit denjenigen Formen der Instrumentalisierung, in denen die Welt nicht mehr zugleich als ein Gegenüber erfahren werden könne und damit das Gefühl für die eigensinnige Wertigkeit von Personen wie Sachen abgestorben sei. »Den anerkennungssensitiven Formen des Erkennens auf der einen Seite stehen solche Formen des Erkennens auf der anderen Seite gegenüber, in denen das Gespür für ihre Herkunft aus der vorgängigen Anerkennung verlorengegangen ist.« (67) Die Lebendigkeit dieses Gespürs wird so zu einem Kriterium für ein unentfremdetes Dasein. Verdinglichung erscheint als Zustand oder Tendenz einer kognitiven Neutralisierung und in der Folge Instrumentalisierung der Lebensverhältnisse in ihrer ganzen Breite. Sie vollzieht sich als eine Verkümmerung der Bedeutsamkeit und Sorge, die die Menschen für einander, für sich selbst und auch der objektiven Welt gegenüber empfinden – als Verkümmerung einer interaktiv erworbenen Sensibilität, die nicht nur der unumgängliche Rückhalt der personalen Entwicklung ist, sondern darüber hinaus die Bedingung eines freien Selbstverhältnisses bleibt.[2]

Auf diesem Weg radikalisiert Honneth den Begriff der Anerkennung – auch gegenüber seinen eigenen früheren Arbeiten[3] – in doppelter Hinsicht. Zum einen wird der Umfang des Begriffs erheblich erweitert. Anerkennung gilt nicht länger nur als ein intersubjektiver Zustand oder Prozess, der maßgeblich auch für das Selbstverhältnis der Menschen ist, sondern gleichermaßen als ein entscheidender Faktor ihrer Beziehungen zu einer Welt von Objekten. Mit der These eines Vorrangs der Anerkennung vor dem Erkennen wird zum anderen die Stellung des Zentralbegriffs gegenüber anderen Kernbegriffen nicht nur der praktischen, sondern auch der theoretischen Philosophie gestärkt – so sehr, dass er geradezu die Prominenz *des* Grundbegriffs der Philosophie gewinnt. Unter Bezug auf Cavell heißt es hierzu an einer Stelle pointiert: »Das Gewebe der sozialen Interaktion« – und mit ihr des menschlichen Weltbezugs im Ganzen – »ist nicht, wie in der Philosophie häufig angenommen, aus dem Stoff kognitiver Akte, sondern aus dem Material anerkennender Haltungen gewebt.« (58)

2 In moralphilosophischer Perspektive finden sich verwandte Überlegungen bei R. Forst, Das Recht auf Rechtfertigung. Elemente einer konstruktivistischen Theorie der Gerechtigkeit, Frankfurt/M. 2007, v. a. 69 ff. u. 89 ff.
3 A. Honneth, Kampf um Anerkennung. Zur moralischen Grammatik sozialer Konflikte, Frankfurt/M. 1992 u. ders., Unsichtbarkeit. Über die moralische Epistemologie von Anerkennung, in: Ders., Unsichtbarkeit. Stationen einer Theorie der Intersubjektivität, Frankfurt/M. 2003, 10–27.

2. Kommentare

In Sätzen wie diesen gipfelt die Provokation, die Honneths Analyse nicht allein für das Nachdenken über die Grundlagen sozialer Kritik, sondern für die philosophische Aufklärung insgesamt bereithält. Diese Provokation ernst zu nehmen, wie ich es mir vorgenommen habe, muss zunächst bedeuten, sich Klarheit über die Struktur und Tragfähigkeit des übergreifenden Arguments zu verschaffen. Denn bei näherem Hinsehen präsentiert der Autor ein ganzes Geflecht von Vorrangthesen, deren Beziehungen nicht immer leicht zu durchschauen sind und deren Begründung nicht immer zureichend ist. Meine nun folgenden Kommentare werden dieses Gelände kritisch vermessen, bevor ich mir Honneths Entwurf auf meine Weise anzueignen versuche.

i. Der Vorrang der Anerkennung

Die These des Primats einer anteilnehmenden Anerkennung gegenüber aller distanzierenden Erkenntnis bildet die tragende Säule dieses Entwurfs. Sie ist daher als Erstes zu prüfen, wenn wir die Reichweite dieser Theorie einschätzen wollen. Der basale Gedanke freilich begegnet dem Leser in durchaus unterschiedlichen Fassungen. Nicht immer formuliert Honneth so extrem wie in der zuletzt zitierten Passage, in der die beiden Leitbegriffe durch ein flammendes »nicht – sondern« in ein strikt hierarchisches Verhältnis gebracht werden. An manchen Stellen heißt es deutlich schwächer, unser kognitives Weltverhältnis sei an Haltungen der Anerkennung »gebunden« (54, vgl. 38). Am häufigsten aber schreibt Honneth, es gehe ihm um den Nachweis, »daß das Anerkennen gegenüber dem Erkennen sowohl genetisch als auch begrifflich einen Vorrang besitzt«. (45) An dieser im Kontext der Verdinglichungs-Abhandlung kanonischen Formulierung werde ich mich daher orientieren. Diese Formulierung macht zugleich deutlich, dass Honneth bereit ist, eine doppelte Beweislast zu übernehmen. Er möchte zeigen, dass einer anerkennenden Einstellung *sowohl* in genetischer *als auch* in systematischer Hinsicht ein Vorrang zukommt.

Keine dieser beiden Teilbehauptungen leuchtet für sich genommen ein. Zunächst zur genetischen These. In einer bestimmten Fassung erscheint sie nahezu trivial. Sofern sie nämlich bestreitet, dass ein Kind in seiner Entwicklung über ein »neutrales Erfassen von Wirklichkeit« (34, 39) verfügen muss, bevor es lernen kann, auf die Ansprache durch seine Bezugspersonen zu reagieren, spricht alles für eine solche Aussage. Anzunehmen, dass ein Kind *zunächst* beobachten können muss, wie die anderen sich zu ihm und der gemeinsamen Umgebung verhalten, um *anschließend* auf deren Zuwendung reagieren zu können, dies wäre gewiss ein extremer Kognitivismus, dem Honneth mit großem Recht widerspricht. Daraus aber folgt keineswegs, es müsse *zuerst* zu einem affektiven und mimetischen Eingehen auf die Ansprache eines Gegenübers kommen, *damit* epistemische Fähigkeiten sich *im Anschluss* überhaupt entwickeln könnten. Unter Bezug auf Untersuchungen von Peter Hobson und Michael Tomasello jedoch vertritt Honneth eben diese Auffassung – dass das Kind eine schrittweise dezentrierte und damit objektivierende Haltung zu seiner Umwelt erst einnehmen kann, wenn es »zuvor ein Gefühl der Verbundenheit mit seinen Bezugspersonen entwickelt« hat (50). Gar nicht erörtert wird die naheliegende dritte Position, dass sich die Fähigkeit einer kognitiven Sondierung der Lebensumgebung allein *zusammen mit* der Einübung in das interaktive Spiel mit einem aufmerksamen und fürsorglichen Gegenüber entfalten kann. Zur Teilnahme an diesem Aufeinanderreagieren schließlich sind bereits elementare Wahrnehmungs- und damit Unterscheidungsleistungen verlangt, die durchaus den Titel kognitiver Fähigkeiten verdienen, wie sehr und wie weit diese auch zunächst diesseits der Schwelle zu einem *begrifflichen* Festhalten von Gegebenheiten und Gelegenheiten verharren mögen. Das fühlende Eingehen auf die mitfühlende Zuwendung durch andere stellt einen gleichermaßen affektiven wie kognitiven Reifungsprozess dar. In ihm vollzieht sich *sukzessive* der Übergang von einem situativen, stark auf das eigene Befinden bezogenen Vernehmen zu einer hiervon sich ablösenden Erkenntnis von Aspekten der Wirklichkeit, wie sie unabhängig vom eigenen Reagieren bestehen – und somit zu einem mehr oder weniger »neutralen« Erfassen von Objekten und Ereignissen. Wenn es sich aber so verhält, dann ergibt sich außer dem unproblematischen Vorrang eines unterscheidenden gegenüber einem *begrifflich* unterscheidenden Weltzugang keinerlei Primat der Anerkennung gegenüber dem Erkennen. Es folgt nur, dass *ohne* Anerkennung der Weg in ein zunehmend *distanzierteres* Erkennen nicht beschritten werden kann. Beides, das Eingehen auf die Sichtweisen anderer sowie die erkennende Sondierung der mit ihnen geteilten Welt, vollzieht sich zusammen; auf die Welt gerichtetes Vernehmen und auf die anderen gerichtetes Verstehen hängen wechselseitig voneinander ab. Es spricht daher, was das genetische Verhältnis von Anerkennung und Erkenntnis betrifft, alles für die schwächste der von Honneth gewählten Formulierungen, in denen es heißt, unser kognitives Weltverhältnis sei an Haltungen der Anerkennung »gebunden«.

Aber auch wenn diese Vorbehalte nicht zutreffen sollten, verdient die zweite Teilthese eine gesonderte Prüfung – woran auch Honneth keinen Zweifel lässt. Sie besagt, dass es auch ein eindeutig »kategoriales« Gefälle zwischen Anerkennung und Erkenntnis gibt; der Begriff der Letzteren setzt den der Ersteren voraus. In der Begründung dieser starken Behauptung stützt sich Honneth auf Stanley Cavells von Wittgenstein inspirierte Analyse des Status von Empfindungssätzen, die auf die Feststellung hinausläuft, dass sich die Bedeutung dieser Sätze nur zusammen mit einer Haltung der Anteilnahme angemessen begreifen lässt. »Nach seiner Analyse sind wir nur dann dazu in der Lage, die Bedeutung einer bestimmten Klasse von sprachlichen Äußerungen zu verstehen, wenn wir uns in jener Haltung oder Einstellung befinden, die er als ›acknowledgement‹ bezeichnet. Sprachliches Verstehen ist, kurz gesagt, an die nicht-epistemische Voraussetzung der Anerkennung des Anderen gebunden.« (59) Dies sieht wie eine waghalsige Schlussfolgerung aus, deckt sich aber durchaus mit den Intentionen Cavells. Was wir »Wissen« nennen, sagt dieser, ist ein Effekt von Einstellungen, die wir anderen gegenüber haben. Daher ist soziale Anerkennung der Schlüssel zu einer angemessenen Theorie der Reichweite und der Grenzen des Wissens.[4]

Jedoch: Um all dies zu sagen, braucht es die These eines »Vorrangs« der Anerkennung vor der Erkenntnis nicht. Daraus, dass die Fähigkeiten des Verstehens und Erkennens an Grundfähigkeiten der sozialen Interaktion »gebunden« sind, folgt nicht, dass diese jenen gegenüber in einem kategorialen Sinn *vorrangig* wären. Die Explikation der einen verlangt nach einer Explikation der anderen: Dies dürfte das basale begriffliche Verhältnis sein. Wir können die Begriffe des Wissens und der Erkenntnis nicht zureichend aufklären, wenn wir nicht von den Elementen der Teilnahme und Teilhabe sprechen, die in sie eingewoben sind. Für diesen Zusammenhang zu argumentieren gelingt Honneth durchaus, nur geschieht es gleichsam unter der falschen Überschrift. Er weist die praktische *Einbettung* des Verstehens und Erkennens nach und mit ihr die *Interdependenz* von Erkenntnis und Anerkenntnis.[5] Mehr kann das Argument für die zweite Teilthese nicht zeigen – aber mehr, so wird sich herausstellen, braucht es auch gar nicht zu zeigen, um seinen Dienst als Grundpfeiler einer radikalen Theorie der Anerkennung zu leisten.

Wieder also erweist sich die schwächste der von Honneth ins Spiel gebrachten Verhältnisannahmen als die überzeugendste. Verstehen und Erkennen gehen – in einem genetischen wie in einem systematischen Sinn – mit einer Haltung der Anerkennung *einher*. Der Grund für die fragwürdigen Hierarchisierungen, die diesen Zusammenhang verschleiern, liegt in einer irre-

---

4 S. Cavell, Der Anspruch der Vernunft. Wittgenstein, Skeptizismus, Moral und Tragödie, Frankfurt/M. 2006.
5 Einen Einwand dieser Art (gegen Honneths »Unsichtbarkeits«-Essay) formuliert auch Forst, Das Recht auf Rechtfertigung, a. a. O., 96.

führenden terminologischen Entscheidung. Honneth schließt den Begriff der Erkenntnis von Anfang an mit einer affektiv wie evaluativ »distanzierten« und »neutralen« Haltung gegenüber der eigenen Lebensumgebung kurz. Diese Entscheidung zwingt ihn, das elementare Anerkennungsverhältnis, das er im Auge hat, als »nicht-epistemisches« zu charakterisieren, anstatt gerade in dem qualitativen, von Sorge und Anteilnahme geprägten Weltverhältnis *mit* Heidegger, Dewey, Wittgenstein und Cavell eine zugleich fundamentale *kognitive* Orientierungsfähigkeit zu sehen – eine, die in einem genetischen *wie* begrifflichen Sinn jedem *abgehoben* theoretischen Verhalten gegenüber »vorgängig« sein dürfte. Durch die Abtrennung der Anerkennung von den elementaren Formen des Wahrnehmens und Erkennens versperrt sich Honneth zudem die Möglichkeit, auch und gerade dieses »distanzierte« theoretische Verhalten *seinerseits* als eine Form der Teilnahme zu denken, wie es auf der Linie seiner Vorbehalte gegenüber der blanken Opposition von »Teilnahme« und »Beobachtung« gelegen hätte.[6] Eine Ausdifferenzierung des Anerkennungsbegriffs ohne eine Differenzierung des Erkenntnisbegriffs dürfte kaum möglich sein. Eine solche wechselseitige Erläuterung läge aber völlig auf der Linie einer Theorie, die versucht, soziale Kritik in ihrer ganzen Breite als Kritik an den Anerkennungsverhältnissen einer Gesellschaft zu verstehen.

ii. Der Vorrang der Bejahung

An weiteren Differenzierungen freilich herrscht bei Honneth kein Mangel. Die beiden zusätzlichen Vorrangthesen, die ich nun

---

6 »Teilnehmer sind potentielle Beobachter, Beobachter sind virtuelle Teilnehmer« – unter diesem Leitmotiv habe ich einen solchen Versuch unternommen in: M. Seel, Teilnahme und Beobachtung. Zu den Grundlagen der Freiheit, in: Ders., Paradoxien der Erfüllung. Philosophische Essays, Frankfurt/M. 2006, 130–156.

kommentieren möchte, liegen auf einer anderen Ebene als die beiden komplementären Hauptthesen, auf denen Honneths Erweiterung des Anerkennungsbegriffs beruht. Es handelt sich um wichtige *Implikationen* dieser Erweiterung. Die erste betrifft den Vorrang einer positiven vor einer negativen Gestimmtheit anderen gegenüber, die zweite einen Vorrang der Intersubjektivität vor der Objektivität noch dort, wo die Sphäre der Objekte in das Anerkennungsverhältnis mit einbezogen wird.

Honneths Darstellung zufolge ist für das grundlegende Verhältnis der Anteilnahme eine Haltung »positiver Vorgestimmtheit« (38) konstitutiv, die sich nicht auf Einschätzungen durch Gründe oder Urteile, also die kognitiv anspruchsvollere Kompetenz zu rationalen Festlegungen, reduzieren lässt. Die Erschließung der qualitativen Bedeutsamkeit der Welt ist demnach untrennbar mit der primär affektiven Erfahrung des inneren Werts von Lebenssituationen verbunden. Dies soll aber nicht bedeuten, dass die von »Sorge« geprägte Gestimmtheit Personen oder Dingen gegenüber nicht auch ambivalente bis negative Gefühle mit einschließen kann (59 f.). Jedoch ist das Vermögen der positiven wie negativen Anteilnahme gleichsam geerdet in einem affirmativen Involviertsein, in dem sich das anerkennende Subjekt trotz aller emotionalen Schwankungen und Entbehrungen aufgehoben fühlt. Es stellt ein primär affektives Vermögen der Bejahung von anderen und anderem dar, das den Rückhalt allen Welt- und Selbstvertrauens bildet. Nur in diesem Kontext, so wäre zu sagen, erhalten negative Gefühlseinstellungen überhaupt ihren Sinn – den Sinn eines Zweifels am Entgegenkommen der Welt oder eines Zweifels an dem jeweils eigenen Vermögen, den Erwartungen anderer gerecht zu werden. Noch das entzogene Vertrauen beruht auf einem zunächst grundlos geschenkten Vertrauen. Es zeigt sich hier eine »ganz elementare« Form eines intersubjektiven Aufgehobenseins, das gerade in seiner Unbestimmtheit jedem bestimmteren Austausch unter Subjekten den Boden bereitet. Es handelt sich, wie Honneth hinzufügt, um einen »existentiellen« Modus der Anerkennung, der »allen anderen, gehaltvolleren Formen der Anerkennung zugrunde liegt, in denen es um die Bejahung von bestimmten Eigenschaften oder Fähigkeiten anderer Personen geht«. (60)

Hieran wird noch einmal deutlich, was Honneth im Auge hat, wenn er das Grundverhältnis der Anerkennung *unterhalb* eines distanzierenden Erkennens und Bewertens anzusiedeln sucht. Die Grundlagen von Welt- und Selbstvertrauen liegen nicht in der Reflexion, sondern in interaktiven Erfahrungen der Bejahung und des Bejahtwerdens, wie immer diese durch Artikulation und Reflexion (später) modifiziert und korrigiert werden mögen. Diesen Gedanken macht Honneth insbesondere in seinen Ausführungen zu den »Konturen der Selbstverdinglichung« (78 ff.) produktiv, die sich im Kern daraus ergeben, dass Subjekte die Stimme ihrer »vorgängigen Selbstbejahung« (93) nicht mehr vernehmen können oder dass diese gänzlich verstummt. Die zu einem gelungenen Selbstverhältnis nötige Selbstdistanz können wir nur auf der Basis einer zunächst unwillkürlichen Bejahung eigener Regungen und Bestrebungen finden.

So überzeugend dieser Argumentationsstrang entwickelt wird – aus dem grundsätzlichen Primat der Affirmation vor Widerstreben und Reflexion folgt erneut kein grundsätzlicher Primat der Anerkenntnis vor der Erkenntnis. Er folgt jedenfalls dann nicht, wenn die vielfältigen Formen einer epistemischen Weltkenntnis nicht von vornherein mit dem Format propositionaler Stellungnahmen gleichgesetzt werden. Wie unplausibel eine solche Gleichsetzung ist, zeigt sich aber gerade an den Modi einer vorreflexiven kognitiven Bekanntschaft mit der Welt, die den stärker objektivierenden ihre Schubkraft verleihen. Auch hier haben wir es mit einer grundlegend affirmativen Vertrautheit zu tun, in der das Geschehen der Welt angenommen wird, ohne schon in die Distanz überprüfbarer Annahmen gerückt zu werden. Genetisch manifestiert sich dies vor allem in Phänomenen eines staunenden Gebanntseins durch Objekte und Ereignisse, die einfach als solche, unabhängig von ihrer Brauchbarkeit und Beschaffenheit, beachtenswert erscheinen. Systematisch wäre hier auf die von Wittgenstein analysierte Rolle von Gewissheiten hinzuweisen, die in jeweiligen Überzeugungssystemen eine tragende Rolle spielen, also nicht anders als beherzigt werden können, wenn sich überhaupt ein Raum sinnvoller Zweifel und Kritik an eigenen Überzeugungen eröffnen soll. Zu einem Auseinanderreißen kognitiver und praktischer Orientierungsfähigkeiten taugen gerade die elementar bestätigenden Einstellungen der Menschen zu sich und ihrer Lebenswelt nicht. Kein primäres Weltvertrauen ohne Anerkenntnis *und* Erkenntnis.

iii. Der Vorrang der Intersubjektivität

Honneths ausgreifende Untersuchung hat, wie anfangs betont, verschiedene Dimensionen der Anerkennung bzw. Anerkennungsvergessenheit im Auge. Verhältnisse der Anerkennung und ihres Verlusts kommen nicht allein unter ihrem intersubjektiven Aspekt zur Sprache, sondern ebenso in ihrer subjektiven (Stichwort: »Selbstverdinglichung«) und schließlich auch in ihrer objektiven Seite (Stichwort: »Verdinglichung der Natur«) – derjenigen, die das Spektrum einer schonenden bis vergewaltigenden Behandlung nichtpersonaler Wesen und Dinge betrifft. Was diese dritte Dimension angeht, so entwickelt Honneth eine weitere seiner Vorrangthesen – die These nämlich, dass auch sie allein einer intersubjektivistischen Auslegung zugänglich ist.

Die Begründung setzt mit einer kritischen Überlegung ein. Der »direkte Weg« zu einer Aufklärung dessen, was bei Autoren wie Lukács und Adorno als »Verdinglichung der Natur« angesprochen wurde, sei »verschlossen« (75). Um diesen Weg zu verfolgen, müsste sich zeigen lassen, dass zur Realisierung von individueller Autonomie innerhalb einer gerechten sozialen Ordnung eine anteilnehmende Haltung auch gegenüber der Natur und anderen, künstlichen Dingen unabdingbar wäre, und zwar anteilnehmend nicht um unseretwegen, sondern um ihretwegen: aus Rücksicht auf einen ihnen unabhängig von unseren Interessen zukommenden Eigenwert. Honneths Kommentar lautet: »Wir mögen zwar die Möglichkeit eines interaktiven, anerkennenden Umgangs mit Tieren, Pflanzen und sogar Dingen ethisch für begrüßenswert halten, aber aus dieser normativen Präferenz ergibt sich kein Argument, mit dessen Hilfe sich die Unersetzbarkeit eines derartigen Umgangs belegen ließe. Aussichtsreicher scheint es mir hingegen, die Intuition von Lukács auf dem Umweg des Vorrangs der intersubjektiven Anerkennung selber weiterzuverfolgen.« (75) Dies ist ein überzeugender Schachzug in Analogie zu den Versuchen einer anthropozentrischen Begründung einer (auch) nichtinstrumentellen Achtung der Natur. Der Respekt, den wir der Natur und anderen Dingen des Lebens schulden, sagt Honneth, ist eine eigenständige Dimension des Respekts der Menschen *füreinander*.

Bei der Erläuterung dieser dritten Art des Respekts steht Adorno Pate. »Die Verdinglichung von menschlichen Wesen bedeutet (...), das Faktum ihrer vorgängigen Anerkennung aus den Augen zu verlieren oder zu verleugnen; mit Adorno läßt sich nun hinzufügen, daß jene vorgängige Anerkennung auch beinhaltet, an Objekten die Bedeutungsaspekte zu respektieren, die diese Wesen ihnen jeweils verliehen haben.« (76f.) Dieses Argument freilich ist irritierend. Durch seine Formulierung wird die subjektive Beachtung der Eigenständigkeit von Naturwesen und Dingen daran gebunden, dass *zuvor andere* Subjekte an ihnen existentiell bedeutsame Qualitäten ausgemacht haben. Damit wird eine anerkennende Einstellung gegenüber der objektiven Welt auf die Bedeutsamkeit der *Perspektiven* reduziert, die andere ihr gegenüber einnehmen. Die phänomenale Besonderheit und Eigenständigkeit der äußeren Welt kann so lediglich als Anlass einer indirekten Anerkennung des Eigensinns anderer Subjekte gewürdigt werden, weswegen die objektive Anerkennung letztlich als ein »bloßes Derivat« (97) der intersubjektiven Anerkennung erscheint. Die Ursache dieses extremen Intersubjektivismus liegt in einer unglücklichen Vermischung von Genesis und Geltung, wie an der Erläuterung ersichtlich wird, die Honneth vor der gerade zitierten Passage wiederum im Rückgriff auf Adorno gegeben hat: »Die Nachahmung des konkreten Anderen, die sich aus libidinösen Energien speist, überträgt sich gewissermaßen auf das Objekt, indem sie es über seine unabhängige Realität hinaus mit den zusätzlichen Bedeutungskomponenten ausstattet, die die geliebte Person an ihm wahrnimmt; und je mehr Einstellungen anderer Personen ein Subjekt im Laufe seiner libidinösen Besetzungen auf ein und denselben Gegenstand vereinigt, desto reicher an Aspekten stellt sich dieser ihm am Ende in seiner objektiven Realität dar.« (75 f.) Selbst wenn sich die Aufmerksamkeit für die Physiognomie der dinglichen Welt genetisch allein auf diese Weise entwickeln können sollte – ihr Stellenwert für ein entwickeltes menschliches Bewusstsein kann mit einer solchen Projektionstheorie nicht zureichend erfasst werden. Denn in einer mehr oder weniger dezidiert ästhetischen Einstellung schätzen wir an der objektiven Welt nicht allein den sentimentalen Wert, den die jeweiligen Dinge für andere haben; wir nehmen sie in einer phänomenalen Besonderheit wahr, die ihrer begrifflichen Bestimmbarkeit und praktischen Verfügbarkeit spottet – ganz unabhängig davon, in welchem Maß andere hierfür bislang empfänglich waren oder sind.

Es ist wiederum eine übersteigerte Vorrangthese, die die Möglichkeit einer Ausdehnung der Anerkennungsbeziehung auf die objektive Welt in einem schiefen Licht erscheinen lässt. Zwar sieht Honneth richtig, dass die Individualität von Objekten der Natur, des alltäglichen Gebrauchs oder der Kunst als eine Qualität zu verstehen ist, die auch andere als wertvoll erfahren könnten und die man daher ihnen gegenüber zur Geltung bringen kann. Die subjektive Erfahrung der eigenständigen Physiognomie von Objekten *hat* insofern eine irreduzibel intersubjektive Dimension. Aber daraus folgt nicht, dass diese Qualität in *nichts anderem* als einer gespiegelten Anerkennung der Sensibilität anderer bestünde. Es ist vielmehr das Erscheinen der *Objekte*, dem hier die ganze Aufmerksamkeit gilt; *sie* stehen im Fokus. Wie Kant in § 7 der *Kritik der Urteilskraft* treffend bemerkt, muss man etwas nicht schön nennen, bloß weil es einem selbst gefällt. Genauso wenig jedoch muss man etwas schön nennen, bloß weil einige oder viele andere ihm eine besondere Qualität beimessen. Als schön – oder auf andere Weise in ihrer phänomenalen Individualität achtenswert – werden vielmehr Objekte erfahren, bei denen zu verweilen sich lohnt, und das heißt hier: deren Beachtung und Achtung für *beliebige* andere lohnend wäre. Dies ist überall dort möglich, wo nicht allein die Adressaten in sozialen Interaktionen, sondern auch Gegenstände aus der Welt der Objekte als ein *Gegenüber* des eigenen Lebens erfahren werden können – als Dinge, die nicht zur eigenen Verfügung stehen oder in solcher (sei es theoretischen, sei es praktischen) Verfügung aufgehen, sondern in ihrer je besonderen Gestalt diejenigen, die ihrer gewahr werden, an das erinnern, was Horkheimer und Adorno in der *Dialektik der Aufklärung* mit überraschender Emphase die »Einmaligkeit der Welt« genannt haben.[7] Die Anerkennung dieser Einmaligkeit lässt diejenigen, die ihrer fähig sind, teilhaben an der Fülle des Wirklichen, die weder kognitiv noch praktisch ermessen oder bewältigt werden kann. Die systematische Pointe von Adornos Ethik dürfte gerade in dieser Beobachtung liegen: dass der Respekt vor der personalen Integrität anderer ein Vermögen der nichtinstrumentellen Aufmerksamkeit für die Besonderheit der übrigen Dinge des Lebens mit einschließt. Diese Unteilbarkeit der Anerkennung, oder vorsichtiger: diese innere Korrespondenz der von Honneth (und auch Adorno) unterschiedenen Dimensionen von Anerkennung würde verfehlt, würde die Affinität für Natur und Kunst auf (indirekte) intersubjektive Anerkennung *reduziert*.[8] Sie würde frei-

---

7 M. Horkheimer/Th. W. Adorno, Dialektik der Aufklärung. Philosophische Fragmente, Frankfurt/M. 1986, 231.
8 Zum Gedanken der »Unteilbarkeit von Anerkennung« bei Adorno vgl. M. Seel, Anerkennende Erkenntnis. Eine normative Theorie des Gebrauchs von Begriffen, in: Ders., Adornos Philosophie der Kontemplation, Frankfurt/M. 2004, 42–63, bes. 58 ff. u. ders., Adornos kontemplative Ethik, ebd., 29–41.

lich ebenso verfehlt durch ein starres Festhalten an dem von Adorno erkenntnistheoretisch propagierten »Vorrang des Objekts«.[9] Denn gerade hier, in der Begegnung mit der unverfügbaren Gegenwart der dinglichen Seite des Daseins, kann es einen solchen Vorrang nicht geben, da die Erfahrung dieser Gegenwart nicht ohne ein Innewerden der eigenen Gegenwart derer zu denken ist, die im vernehmenden Abstandnehmen von der Durchsetzung ihrer Interessen zugleich *sich* auf eine ausgezeichnete Weise begegnen. Intersubjektive, subjektive und objektive Faktoren verhalten sich gerade in einem um seiner selbst willen vollzogenen Gewahren der Physiognomie der äußeren Wirklichkeit interdependent.

3. Drei Quellen der Kritik

»Soziale Kritik ist im Kern eine Kritik der Anerkennungsverhältnisse, wie sie in Gemeinschaften und Gesellschaften im kleineren oder größeren Maßstab herrschen« – so hatte ich das Grundmotiv der Sozialphilosophie von Axel Honneth zu Beginn benannt. Da ich die Durchführung, die er diesem Motiv in seiner Verdinglichungs-Studie verleiht, einigermaßen kritisch kommentiert habe, könnte der Eindruck entstanden sein, ich hätte Vorbehalte gegen dieses Grundmotiv selbst. Das Gegenteil ist der Fall: Gerade wenn Anerkennung und Erkenntnis nicht unnötig voneinander getrennt werden, lässt sich ein schlüssiges Verständnis sozialer Kritik entwickeln – und zwar auf der in Honneths Schriften so inspirierend entworfenen Bahn. Warum und in welchem Maß dies so ist, möchte ich abschließend thesenhaft andeuten, indem ich drei Quellen sozialer Kritik unterscheide, die den Grundmöglichkeiten der Anerkennung entspringen.

---

9 Th. W. Adorno, Negative Dialektik, Frankfurt/M. 1970, 182–191.

i. Intersubjektive Anerkennung

Meine Zweifel an einigen von Honneths Vorrangthesen wollten nicht in Frage stellen, dass Anerkennung ein vorrangig intersubjektives Verhältnis ist. Denn natürlich ist es so. Darin, dass Subjekte *einander* anerkennen und so eine eigene Stellung in der Welt gewinnen, haben alle Formen und Verhältnisse theoretischen wie praktischen Selbstbewusstseins ihr Gravitationszentrum. Mit dem Erwerb dieser Fähigkeit *werden* sie zu Subjekten ihres Lebens; durch ihren Erhalt können sie es bleiben. Aus Verhältnissen intersubjektiver Anerkenntnis heraus haben sie teil an einer gemeinsamen, historisch erschlossenen Welt, als eine oder einer unter anderen, die zur selbstbestimmten Bewältigung ihres Daseins grundsätzlich darauf angewiesen sind, von anderen respektiert zu werden, sich auf andere einzulassen und sie doch gewähren zu lassen. Sie gewinnen die für ihre individuelle Lebensführung nötige Unabhängigkeit nur in Abhängigkeit von diesen Strukturen, einschließlich einer weit über den Kreis ihres persönlichen Handelns hinausgreifenden Erkenntnis der objektiven Welt. Auch diese in das Anerkennungsverhältnis von Anbeginn eingebauten kognitiven Leistungen stehen unvermeidlich in einem Bezug auf konkrete oder potentielle andere, denen ebenfalls zugänglich ist oder sein müsste, wie es sich hiermit und damit verhält. Über eine epistemische Perspektive auf die Welt zu verfügen *heißt,* sich in einem Kontext intersubjektiver Orientierungen zu bewegen, innerhalb dessen Ansprüche auf Wissen erhoben und gegebenenfalls gerechtfertigt werden müssen. Dies geschieht im Gebrauch intersubjektiver *Medien* der Erkenntnis, die es ermöglichen, Urteile über faktische oder normative Zusammenhänge gegenüber anderen zu artikulieren und damit überhaupt zu *artikulierten* Urteilen über Zustände der Welt zu gelangen. Zusammen mit den aus ihr entspringenden Freiheiten stellen solche gleichermaßen sozialen wie epistemischen Abhängigkeiten geradezu die Pointe intersubjektiver Anerkennung dar. Denn sie sind es, die die Erfahrung des Aufgehobenseins in einer mit anderen geteilten Lebensform zugleich mit derjenigen eines Aufeinanderangewiesenseins verbinden. Dies schließt die grundsätzlich positive Erfahrung mit ein, dass die jeweils eigenen Möglichkeiten nur in einem Spielraum der Möglichkeiten von anderen aussichtsreich gegeben sind. Eine Erfahrung dieser Art bildet zudem einen wesentlichen Rückhalt für den moralisch wie moraltheoretisch entscheidenden Übergang von einer Anerkennung *einiger* anderer zu derjenigen *beliebiger* anderer. Zu ihr nämlich gehört – sehr verkürzend gesprochen[10] – die praktische Einsicht, dass bereits die bestimmten anderen immer auch *unbestimmte* und die unbekannten, uns fern stehenden, faktisch – für *andere* andere – sowie potentiell – für *uns* – *bestimmte* andere sind. In der Unbestimmtheit der Reichweiten sozialer Rücksicht schon im Nahbereich offenbart sich die Grundlosigkeit einer Ausgrenzung irgendwelcher und daher der Grund der moralischen und politischen Achtung aller Menschen.

Es ist dieses intersubjektive Anerkennen und Anerkanntwerden, das die primäre Quelle sozialer Kritik darstellt. »Quelle« meint hier nicht lediglich die *Motivation* der Ausübung solcher Kritik, sei es an den eigenen Lebensverhältnissen, sei es an denen anderer. Gemeint ist vor allem eine aufgrund eigener Erfahrung erworbene sowie durch reflexive Vergewisserung differenzierte und verstetigte normative Haltung, in der sich ein entscheidender *Gesichtspunkt* von Kritik manifestiert: ein Wissen darum, was Menschen zu einer wenigstens erträglichen Teilhabe am gemeinschaftlichen Leben brauchen und was ihnen darum nicht verwehrt werden darf. Vonseiten derer, die sie vorbringen, bezieht die Kritik an einem durch familiäre, ökonomische, rechtliche oder politische Ordnungen bewirkten Mangel an Respekt ihren ganzen Sinn aus der Erfahrung, dass es in den jeweiligen sozialen Verhältnissen an diesem Respekt nicht durchweg mangelt oder je-

---

10 Ausführlicher: M. Seel, Sich bestimmen lassen. Ein revidierter Begriff der Selbstbestimmung, in: Ders., Sich bestimmen lassen. Studien zur theoretischen und praktischen Philosophie, Frankfurt/M. 2002, 279–298, bes. 295 ff.

denfalls nicht durchweg gemangelt hat. Soziale Kritik ist eine Kritik an Lebensverhältnissen, in denen das dort Erfahrene verzerrt, verengt, erstickt oder gar nicht zugelassen wird. Das ist der positive – auf positive Erfahrung intersubjektiver Anerkennung bezogene – Quellgrund der sozialen Kritik, den Honneth mit großem Recht herausstellt. Auf dieser Basis richtet sie sich gegen Formen der – vor allem der organisierten – Ungerechtigkeit, Missachtung und Marginalisierung. Damit Phänomene der sozialen Verdinglichung und Entfremdung überhaupt in den Fokus der Kritik rücken können, bedarf es eines wie immer rudimentären praktischen Wissens davon, was es heißt, sozial anerkannt zu sein.

ii. Selbstachtung

Dieser auf andere Weise bereits von Habermas gegenüber der älteren Kritischen Theorie reklamierte Begriff gelingender Interaktion ist auch für eine einsichtige Kritik an gesellschaftlich implementierten Formen der Selbstverdinglichung tragend. Ein ungezwungenes Selbstverhältnis geht aber, wie Honneth treffend diagnostiziert, in vollzogener intersubjektiver Anerkennung nicht geradewegs auf. Denn dieses verlangt zugleich das Vermögen, sich nicht allein durch die Zuwendung und den Zuspruch von anderen, sondern sich von *sich* bestimmen zu lassen. Auch hierzu gehört eine wesentlich kognitive Dimension, die Fähigkeit nämlich, zu erkennen *und* anzuerkennen, welches die für einen selbst in der gegebenen Lebenssituation bejahenswerten Antriebe, Bestrebungen und Talente sind. In der Erläuterung dieses Verhältnisses darf freilich kein falsches Ideal der Selbstaneignung postuliert werden, wie es die Arbeiten von Harry Frankfurt oder Peter Bieri in manchen Passagen dominiert.[11] Basis eines freien Selbst-

---

11 Z. B. H. G. Frankfurt, Gründe der Liebe, Frankfurt/M. 2005, 102 ff.; P. Bieri, Das Handwerk der Freiheit. Über die Entdeckung des eigenen Willens, München 2001, 383 f. – Zentral für diese Thematik ist:

verhältnisses ist die Affirmation, Moderation und nicht selten kritische Modifikation *unwillkürlicher* Affinitäten, die das Spiel praktischer Gründe überhaupt erst in Gang setzen, ohne jemals vollständig von diesen eingeholt werden zu können.[12] Wie Adorno im 18. Stück der *Minima Moralia* formuliert, gehört es zur Moral, und eben auch zu einer des Umgangs mit sich, »nicht bei sich selber zu Hause zu sein«.[13] Nur so kann ein Selbstverhältnis entstehen, das nicht in eine Verhärtung gegenüber sich und der Welt mündet. Nur so kann ein personales Selbstverständnis entwickelt werden, das es erlaubt, mit den eigenen Leidenschaften auf eine gegenüber neuen Erfahrungen sowie eigenen und fremden Vorbehalten offene Weise mitzuhalten. Nur so ist Selbstachtung möglich: ein Leben in einem wie immer fragilen und gebrochenen Einklang mit den persönlichen und ethisch-politischen Ansprüchen an sich selbst.

Selbstachtung in diesem Sinn ist zweifellos ein weiterer *Fokus* möglicher sozialer Kritik. An einzelne Personen adressiert, betrifft sie einen Mangel an Selbstsorge und damit einen Hang zur Vernachlässigung der eigenen Möglichkeiten; in allgemeinerer Form betrifft sie gesellschaftliche Zustände, die das Selbstvertrauen derer, die ihnen unterworfen sind, so unterminieren, dass ihnen ein Leben in Selbstachtung verwehrt bleibt. Aber darin erschöpft sich der Stellenwert der Selbstachtung im Prozess sozialer Auseinandersetzungen nicht. Denn auch sie stellt zugleich eine wesentliche *Quelle* sozialer Kritik dar. Hätte diese in jener keinen Rückhalt, hätte sie überhaupt keinen Rückhalt. Da die eigene Selbstachtung notwendigerweise mit einer Achtung durch andere und für andere verknüpft ist, liegt in einer Verteidigung *meiner* Selbstachtung immer bereits ein Schritt zur Verteidigung der-

---

R. Jaeggi, Entfremdung. Zur Aktualität eines sozialphilosophischen Problems, Frankfurt/M. 2005.

12 Vgl. M. Seel, Paradoxien der Erfüllung, in: Ders., Paradoxien der Erfüllung, a. a. O., 27–43, bes. 34 ff.

13 Th. W. Adorno, Minima Moralia, Frankfurt/M. 1973, 41.

jenigen *anderer* – und damit von Strukturen der Rücksicht, die ich nicht allein für mich in Anspruch nehmen kann. Meine Selbstachtung betrifft niemals mich allein, selbst wenn es mir in einer bestimmten Situation allein um *meine* Selbstachtung geht. Umgekehrt gilt, dass ein Kritiker, der im Namen der Selbstachtung anderer das Wort ergreift, dies glaubhaft nur tun kann, wenn die kritisierten Zustände zugleich das eigene normative Selbstverständnis – und damit die eigene Selbstachtung – erschüttern. Es gibt fließende Übergänge von einem »So lasse ich mit mir nicht umspringen« zu einem »So darf mit niemandem umgesprungen werden« (»nicht einmal mit mir«; »nicht einmal mit meinen Feinden«). In einer Welt, in der es so zugeht, möchte ich nicht leben; in normativer Bedeutung ist sie nicht meine Welt. Die seismographischen Reaktionen des Selbstgefühls, so idiosynkratisch sie (wie im Fall des Michael Kohlhaas) manchmal sein mögen, sind meist auch Reaktionen auf ein allgemeineres Beben. Ein wichtiger Indikator für dieses innergesellschaftliche, aber strikt personengebundene Warnsystem ist die soziale Scham. Für seine eigenen Handlungen, aber auch seine Familie, seine Firma, sein Land *schämen* kann sich nur, wer über (einen Rest von) Selbstachtung als einer Quelle sozialer Wahrnehmung verfügt.

iii. Ästhetische Anerkennung

Selbstsorge steht nicht allein. Sie ist konstitutiv mit der Sorge um andere *und anderes* verbunden. Eine letzte Probe auf Honneths radikalisierten Begriff der Anerkennung steht daher noch aus. Diese dritte Dimension betrifft weder die Sorge primär um sich noch primär um andere, sondern um »anderes« – eine Vertrautheit und Verbundenheit mit Objekten einschließlich eines möglichen Fasziniertseins durch sie. Sie betrifft das Potential und die Reichweite *ästhetischer* Anerkennung. Ihr Zentrum stellt eine nichtinstrumentelle Form der Aufmerksamkeit dar, in der Dinge und Ereignisse um ihrer selbst willen, und das heißt hier: in der

Fülle ihres individuellen Erscheinens, geschätzt werden können. Im Kontext einer Überlegung zu den Grundlagen sozialer Kritik darf diese Art der Wahrnehmung nicht auf die Weisen des Umgangs mit den Künsten oder sonst eine Teilregion ästhetischer Praxis eingeschränkt werden. Sie muss vielmehr in einem umfassenden Sinn verstanden werden, in dem grundsätzlich alle Objekte und grundsätzlich alle Situationen mit einem sinnlichen Bewusstsein ihrer phänomenalen Vielfalt aufgefasst werden können.[14] Auch hier gibt es einen klaren Vorrang der positiven vor aller negativen Wertschätzung. Auch hier spielt von vornherein die kognitive Dimension eine tragende Rolle – zum einen, weil ein entwickeltes ästhetisches Bewusstsein die begriffliche Fähigkeit eines Herausgreifens des Besonderen voraussetzt, zum anderen, weil zu ihr die Fähigkeit der Abstandnahme von jeder begrifflich-propositionalen *Fixierung* des jeweiligen Gegenstands oder Gegenstandsbereichs gehört. Der springende Punkt dieser Operation liegt, wie oben angedeutet, in einem vernehmenden Eingehen auf das Hier und Jetzt von Objekten und Szenen, das zugleich eine Erinnerung an das Hier und Jetzt und damit an die prekäre Zeit des eigenen Lebens enthält. Diese Erinnerung geht mit einem Möglichkeitsbewusstsein besonderer Art zusammen (worauf Autoren wie Valéry, Musil oder Adorno emphatisch hingewiesen haben): einem Bewusstsein des Möglichen im Wirklichen und zugleich des Wirklichen im Möglichen und damit der im Ganzen unbeherrschbaren Konstellationen, als die vergangene wie künftige und zumal jeweils aktuelle Gegenwarten geschichtlichen Lebens allein gegeben sind. Ästhetische Anschauung, sei sie auch nur den Steinen am Wegrand oder den Kapriolen der Mode gewidmet, führt damit immer ein Element der Phantasie mit sich, die sich jederzeit zu einer sozialen Imagination erweitern kann, eben weil es Möglichkeiten einer verfremdenden indi-

---

14 Zu den verschiedenen Dimensionen, die hier ineinanderspielen können, siehe M. Seel, Ästhetik des Erscheinens, München 2000, bes. Kap. II.6.

viduellen bis kulturellen Selbstwahrnehmung sind, von denen sie sich ergreifen lässt. Dies bedeutet zugleich, dass sich Individuen, Kulturen und Gesellschaften, die hierfür nicht länger empfänglich wären, mit der Fixierung auf ihre vermeintlich probatesten Mittel, Prozeduren und Zwecke begnügen müssten und damit einem Vergessen der Offenheit ihrer Zukunft (und also der Deutungen ihrer Vergangenheit) erliegen würden – worin sich eine weitere Seite der Verdinglichung zeigt.

Auch hieraus entspringt ein wichtiger Zielpunkt sozialer Kritik. Lebensverhältnisse können danach bewertet werden, ob und wie sie den Bedürfnissen der Menschen nach einer ihnen entgegenkommenden äußeren Gestaltung entgegenkommen. Anlässe bieten sich vielfältig – angefangen bei der »Unbewohnbarkeit der Städte« und einer aus kurzsichtigem Kalkül und kommerziellem Interesse betriebenen Verunstaltung der Natur über die Verkümmerung des Sinns für den Augenblick durch übermäßig instrumentalisierte Lebens- und Arbeitsverhältnisse, die ästhetische und damit bereits ideologische Nivellierung des Angebots einer medialen Öffentlichkeit bis hin zu einer bombastischen oder anderweitig verlogenen Symbolik politischer Inszenierungen. Kritische Interventionen dieser Art sind abhängig oder werden doch entscheidend unterstützt von einer spezifischen Wahrnehmungsfähigkeit, die oft im Unscheinbaren oder scheinbar Abseitigen eine Tendenz zur Verödung des gesellschaftlichen Lebens erkennt. In dem Vermögen ästhetischer Anschauung liegt daher zugleich eine nicht zu verachtende *Quelle* der Sichtbarkeit zerrütteter und verrottender sozialer Zustände einschließlich der Durchschaubarkeit eines trügerischen gesellschaftlichen Scheins. Sie ermöglicht ein gesteigertes Bemerken und mit ihm ein artikuliertes Benennen eines anderweitig oft schwer fassbaren Unbehagens an Kultur und Gesellschaft. Die Fassade einer Gesellschaft zu durchschauen, ihr Selbstbild ins Wanken zu bringen und manchmal zu durchbrechen ist zudem seit langem ein erheblicher Antrieb nicht weniger Arten der Kunst, mit deren Energien sich eine soziale Kritik oft gerade dort verbünden kann, wo jene weniger

durch einen inhaltlichen Kommentar als durch das Vexierspiel
ihrer Gestaltungsformen das normative Koordinatensystem einer
Epoche zu verrücken vermag.

iv. Anerkennung als Aufmerksamkeit

Selbst wenn diese Stichworte für sich genommen wie auch als
Rekonstruktion einiger Grundlinien des Denkens von Axel Honneth plausibel wären – es bleibt ein gravierender Einwand übrig,
der nun sowohl das Original als auch meine *cover version* betrifft.
Durch das von Honneth entworfene und von mir mit einigen Variationen nachgezeichnete Spektrum, so besagt dieser Einwand,
wird der Begriff der Anerkennung hoffnungslos überdehnt. Wer
eine Kritik der Anerkennungsverhältnisse so weit über die Sphäre
der direkten sozialen Interaktion und ihre institutionellen, rechtlichen und politischen Konfigurationen hinausreichen lässt, verschenkt das spezifische Potential, das ein normatives Verständnis
von sozialer Interaktion seit Hegels und Marxens Zeiten einer
Kritik der Gesellschaft bietet.

Das Gegenteil scheint mir richtig – und zwar aus einem einfachen Grund. Anerkennung, mit ihrer basalen intersubjektiven
Erdung, einschließlich ihrer konstitutiv epistemischen Seite,
stellt die Grundform einer nichtinstrumentellen Aufmerksamkeit dar, die aus innerer Konsequenz nicht bei einer allein intersubjektiven Achtung stehen bleiben kann und darf. Nicht nur
schließt Anerkennung bestimmte Formen der Aufmerksamkeit
ein, in ihrem Kern *ist* sie Aufmerksamkeit. Sie ist eine Wahrnehmungsfähigkeit, durch die Personen in ein selbstbestimmtes
Leben finden und sich, sofern sie ihnen erhalten bleibt, in ihm
halten können. Sie ist es in dreifacher Hinsicht: gegenüber anderen, gegenüber sich selbst und gegenüber den Umgebungen ihres
Lebens. Diese drei Formen der Aufmerksamkeit, so sollte die abschließende Durchsicht zeigen, sind untergründig miteinander
verbunden; der Vollzug der einen stimuliert, die Vernachlässi-

gung oder das Vergessen einer jeden schwächt die jeweils anderen. Soziale Aufmerksamkeit reicht immer schon über das in engerer Bedeutung Soziale hinaus – in die Verhältnisse der Selbstsorge und die verschiedenen Dimensionen und Grade ästhetischen Bewusstseins hinein. In diesem Sinn ist sie unteilbar. In ihrer Unteilbarkeit stellt sie das übergreifende Kriterium der Bewertung der Anerkennungsverhältnisse bereit, wie sie sich in den Organisations- und Verkehrsformen einer Gesellschaft manifestieren – und damit des Zustands der Freiheit, den diese ihren Mitgliedern gewährt.

10. Ist eine rein säkulare Gesellschaft denkbar?

Der Titel meines Beitrags ist alles andere als eindeutig – er ist es so wenig, dass ich fast bis zum Schluss damit beschäftigt sein werde, ihm einen derart klaren Sinn zu verleihen, dass sich eine Antwort beinahe erübrigt. *Denkbar* ist bekanntlich vieles, *konsistent* denkbar schon erheblich weniger und – im Einklang mit unserem übrigen Wissen von der Welt – *plausibel* denkbar schon gar nicht mehr so viel. Meine Frage zielt darauf, ob und wie plausibel die Idee einer säkularen Gesellschaft ist – und damit: was wir mit einer voranschreitenden oder zurückgehenden Säkularisierung unserer Gesellschaften möglicherweise verlieren oder gewinnen würden.

1. Säkularisierung

Freilich könnte man sich fragen, was es da eigentlich zu fragen gibt. Säkulare Staaten und säkulares Recht haben wir immerhin in einigen Weltgegenden schon. Warum sich also mit philosophischer Denkbarkeit aufhalten, wo es doch hinreichend Wirklichkeiten gibt, an denen sich der Zustand säkularer Gesellschaften untersuchen lässt? Die einfachste Antwort hierauf liegt in der bekannten, immer wieder zitierten, mit zweifelnder Intonation vorgebrachten, aber in Form einer These formulierten Sentenz von Ernst-Wolfgang Böckenförde aus dem Jahr 1967: »Der freiheitliche, säkularisierte Staat lebt von Voraussetzungen, die er selbst nicht garantieren kann.«[1]

---

1 E.-W. Böckenförde, Die Entstehung des Staates als Vorgang der Säkularisation, in: Ders., Recht, Staat, Freiheit. Studien zur Rechtsphiloso-

Diese Vermutung setzt voraus und erkennt an, dass es säkulare Staaten gibt, weist aber darauf hin, dass sie als säkulare einer möglicherweise konstitutiven Instabilität ausgesetzt sind. Denn als säkulare Gebilde, so Böckenförde im Anschluss an Hegel, bleiben Staaten »ohne geistiges Prinzip«.[2] Sie können ihre Normen und Werte nicht mehr mit objektivem Anspruch begründen. Sie haben »Grundlage und Halt nur im aktuellen Konsens der Bürger«.[3] Der moderne demokratische Staat, so heißt es an anderer Stelle unter Hinweis auf Carl Schmitt, muss seine Normativität aus letztlich subjektiven Wertüberzeugungen beziehen, die ein »höchst dürftiger und auch gefährlicher Ersatz« seien für die »Homogenität« des sittlichen Empfindens, wie sie die christliche Tradition und für eine kurze Weile die Idee der Nation bereitgestellt hatten. Ein Rekurs auf säkulare »Werte« öffne »dem Subjektivismus und Positivismus der Tageswertungen das Feld, die, je für sich objektive Geltung verlangend, die Freiheit eher zerstören als fundieren«.[4] Von seinen Gewährsleuten verleitet, lässt sich Böckenförde hier auf eine demokratietheoretische Alternative ein, die alles andere als vollständig ist: Entweder die normativen Grundlagen einer Gesellschaft können aus objektiven, überindividuellen Quellen bezogen werden, oder es bleibt letztlich alles dem Zufall des subjektiven Beliebens überlassen.[5] Darum, so die Suggestion, muss ein säkularer Staat auf gut Glück darauf ver-

phie, Staatstheorie und Verfassungsgeschichte, Frankfurt/M. 2006, 92–114, 112.
2 E.-W. Böckenförde, Bemerkungen zum Verhältnis von Staat und Religion bei Hegel, in: Ders., Recht, Staat, Freiheit, a.a.O., 115–142, 141.
3 Ebd.
4 Böckenförde, Die Entstehung des Staates als Vorgang der Säkularisation, a.a.O., 112.
5 Die Klage über einen aus der versperrten metaphysischen Normbegründung sich ergebenden Wertsubjektivismus findet sich ähnlich in Max Horkheimers *Kritik der instrumentellen Vernunft*; vgl. Beitrag 7 in diesem Band.

trauen, dass im Leben der Gesellschaft noch genug herkömmliches Empfinden für Recht und Unrecht lebendig ist, das seine Grundordnung weiterhin trägt.

Rechtsphilosophisch lässt sich diese Konstruktion in vielerlei Hinsicht kritisieren, nicht zuletzt durch den Nachweis, wie moralische und rechtliche Grundnormen mit säkularen Mitteln begründet werden können.[6] Auch ließe sich mit guten Gründen die historische Prämisse bestreiten, dass Religionen auf eine in modernen Zeiten unerreichbare Weise in der Lage waren, für den inneren Frieden der von ihnen beherrschten Gesellschaften zu sorgen – ganz zu schweigen vom Frieden unter ihnen. Aber darauf kommt es mir hier nicht an. Was mich interessiert, ist die von Böckenförde ins Spiel gebrachte systematische These, dass säkulare Staaten ihre normative Schwäche auf *gesellschaftlicher* Ebene durch ein wachgehaltenes religiöses Bewusstsein kompensieren müssen. So heißt es bei ihm: »Als persönliches Bekenntnis des einzelnen, als durch die religiöse Überzeugung der Bürger vermittelte gesellschaftliche (und insofern auch politische) Kraft vermag der christliche Glaube auch und gerade im ›weltlichen‹ Staat wirksam zu sein, ja die Religion wird in diesem Staat gerade zu solcher Wirksamkeit freigegeben: Religionsfreiheit ist nicht nur ›negative‹, sondern ebenso ›positive‹ Bekenntnisfreiheit der Bürger.«[7] Diese Beobachtung führt den Autor zu einer, wie er sagt, »prinzipiellen« Frage: »Wieweit können staatlich geeinte Völker allein aus der Gewährleistung der Freiheit des einzelnen leben ohne ein

---

6 Z. B. J. Habermas, Vorpolitische Grundlagen des demokratischen Rechtsstaates?, in: Ders., Zwischen Naturalismus und Religion. Philosophische Aufsätze, Frankfurt/M. 2005, 106–118; W. Becker, Demokratie kann moralisch sein, in: Die Welt v. 20. 3. 2007, 9. Zur Möglichkeit einer eudaimonistisch ansetzenden Moralbegründung s. M. Seel, Versuch über die Form des Glücks. Studien zur Ethik, Frankfurt/M. 1995.

7 Böckenförde, Die Entstehung des Staates als Vorgang der Säkularisation, a. a. O., 111.

einigendes Band, das dieser Freiheit vorausliegt?«[8] Das Band aber, das er hier im Auge hat, ist kein anderes als das der Religion. Eine Frage dieser Art möchte ich meinerseits stellen – die Frage nämlich, ob es trotz dieser Unkenrufe eine säkulare Sittlichkeit geben kann und damit eine demokratische Gesellschaft, die für ihr Bestehen nicht mehr auf die unterstützende Kur eines religiösen Bewusstseins angewiesen wäre. Den Titel einer »säkularen« *Gesellschaft* verwende ich dabei im Folgenden – im Unterschied zum säkularen *Staat*, den wir heute in unterschiedlichen Ausprägungen *haben* – für einen Zustand, den wir in unseren Breiten *nirgends* haben: einen Sozialzusammenhang, in dem alle Teilnehmer – mit der bekannten, auf Max Weber zurückgehenden Wendung von Jürgen Habermas – »religiös unmusikalisch« geworden wären. Unter »säkular« verstehe ich dabei die Einstellung einschließlich ihrer Manifestation in Gefühlen, Erfahrungen, Gedanken und diversen sozialen Praktiken, dass es in normativer Hinsicht nichts darüber hinaus gibt und dass folglich nichts darüber hinaus zählt, als das, was die Menschen einander und sich selbst schulden. Säkular in diesem Sinn ist eine individuelle und kollektive Lebensführung, in der – auf eine freilich erläuterungsbedürftige Weise – der Mensch das Maß aller Dinge ist. Die Mitglieder einer Gesellschaft, die von einer solchen Lebensweise getragen wäre, hätten nicht nur keine *Religion* im Sinn einer Orientierung an rituell verstetigten, theologisch gedeuteten und kirchlich institutionalisierten Heilslehren, sie wären auch nicht länger *religiös* in dem schwächeren Sinn einer von den Dogmen bestimmter Religionen losgelösten Transzendenzerfahrung und Transzendenzerwartung, wie sie für viele Angehörige heutiger Gesellschaften charakteristisch ist, die sich von der Bindung an organisierte Glaubensgemeinschaften verabschiedet haben. Für eine solche ungebundene Religiosität kann bereits Goethes *Faust* stehen, der sich auf Gretchens Frage zwar – nach der feinsinnigen Deutung von Peter Strasser – zu einer »Art religiöser Haltung«,

---

8 Ebd.

aber eben nicht, wie von der Begehrten gewünscht, zum Christentum oder gar einer bestimmten christlichen Konfession bekennt.⁹ Nicht wenige der heutigen Menschen, die sich als religiös bezeichnen, teilen diese Haltung. Sie sehen das menschliche Leben oft in einem recht unbestimmten Bezug zu einem höheren Walten, mit dem sie sich als Individuen verbunden fühlen. Selbst diese Warte einer gegenüber allen kirchlichen Bekenntnissen indifferenten religiösen Haltung aber bliebe in einer rein säkularen Gesellschaft unbesetzt. Ich möchte die Leser bitten, sich mit mir auf das Gedankenexperiment einzulassen, ob eine halbwegs gerecht funktionierende Gesellschaft *allein* auf einer in Glaubensdingen agnostischen Grundlage bestehen könnte – eine Gesellschaft, in der religiöse Empfindungen, Überzeugungen, Riten und Organisationen gar keine Rolle mehr spielen würden.

Ich spreche bewusst von einer »halbwegs« gerecht funktionierenden Gesellschaft, um anzuzeigen, dass mir nicht daran gelegen ist, in utopische Spekulationen auszuweichen.¹⁰ Ich möchte stattdessen viel bescheidener erkunden, ob eine strikt säkulare Gesellschaft denkbar ist, die mindestens so gut wie eine der stabileren heutigen demokratischen Gesellschaften funktionieren könnte – zugegebenermaßen mehr schlecht als recht, aber doch im Weltmaßstab *vergleichsweise* recht. Meine Hoffnung ist, dass diese Erkundung am Ende Aufschluss über die normativen Grundlagen gerade auch der gegenwärtigen demokratischen Gesellschaften zu geben vermag.

Wichtiger noch ist eine weitere Erläuterung. Die Frage, die ich verfolge, lautet nicht, ob eine Gesellschaft, in der, anders als in unserer heutigen, das Interesse an religiösen Praktiken gänzlich

---

9 Vgl. P. Strasser, Eine Art religiöser Haltung, in: K. P. Liessmann (Hg.), Die Gretchenfrage. »Nun sag', wie hast du's mit der Religion?«, Wien 2008, 45–60.
10 Zu den Risiken eines solchen Vorgehens vgl. M. Seel, Drei Regeln für Utopisten, in: Ders., Sich bestimmen lassen. Studien zur theoretischen und praktischen Philosophie, Frankfurt/M. 2002, 258–269.

verschwunden wäre, *wünschbar* sein könnte. In meinen Augen stellt sich diese Frage nicht, denn die Antwort ist klar: Ein solcher Zustand ist alles andere als wünschbar. Ein Wegfall religiösen Bewusstseins und religiöser Praxis wäre ganz unabhängig von dem spirituellen Schaden aus der Sicht der jeweiligen Religionen ein Verlust an historischer Tiefe und kultureller Differenz; es wäre zudem auch in normativer Hinsicht ein Verlust, worauf ich unten zurückkommen werde. Die Frage bleibt aber, wie moralisch und politisch *desaströs* dieser Verlust wäre.

Erwähnen möchte ich auch noch, dass meine Überlegung wenig mit der Frage zu tun hat, wie wahrscheinlich oder unwahrscheinlich ein solches Aussterben der Religion ist. Meine Frage ist nicht die empirische, wie es um die Religion heute steht, sondern die prinzipielle, wo wir ohne Religion stünden. Wie sich aber zeigen wird, kann selbst diese rein theoretische Reflexion einen Hinweis auf die Zukunft des religiösen Bewusstseins geben.

Nach diesen Vorbereitungen, die vor allem den Sinn hatten, die Antwort auf meine Titelfrage vorerst offen zu halten, kann ich dieser nun eine ausführlichere Fassung verleihen: Kann es Gesellschaften (und ihnen zugehörige Staatsformen) geben, die in moralischer und rechtlicher Hinsicht wenigstens so gut eingerichtet wären wie einige der westlichen Demokratien, obwohl in ihren Lebenszusammenhängen religiöse Praktiken in irgendeinem spezifischen Sinn des Wortes keinerlei Rolle mehr spielen?

2. Selbsttranszendenz

Der springende Punkt liegt hier freilich in der Rede von religiösen Praktiken »in irgendeinem spezifischen Sinn des Wortes«. In unseren Tagen wird ja nahezu alles zu Spielarten einer – wenn auch oft, nach Thomas Luckmanns Wort, »unsichtbaren« – Religion erklärt und verklärt, der Medienkonsum, die Spektakel des professionellen Sports, der Wandertourismus auf Jakobs- und anderen Wegen und die Naturbegeisterung ohnehin.[11] Vielen dieser Praktiken kann man sich aber auch ohne alles religiöse Empfinden widmen. Etwas genauer sollten wir daher die Sache schon betrachten. Zu diesem Zweck möchte ich ein Stichwort aufgreifen, das Hans Joas in seiner Aufsatzsammlung *Braucht der Mensch Religion?* gegeben hat. *Über Erfahrungen der Selbsttranszendenz* lautet ihr Untertitel.[12] »Selbsttranszendenz« ist gerade deswegen ein Schlüssel für die Frage nach der Differenz von religiöser und säkularer Lebenspraxis, weil sie *beide*, wie auch Joas mit Nachdruck betont, über diese Dimension verfügen. Religiöse und säkulare Lebensformen unterscheiden sich nicht in dem Bedürfnis nach Selbstüberschreitung *als solchem*. Dieses *teilen* sie vielmehr, auch wenn sie es auf unterschiedliche Weise realisieren und kultivieren. Was sie unterscheidet, ist die *Art*, in der ihre Angehörigen über sich selbst hinaus zu sein suchen. Es sind *Stile* der Selbsttranszendenz, die hier den Unterschied machen.[13]

Joas selbst nennt einige Beispiele dafür, wo und wie Selbsttranszendenz auch diesseits einer religiösen Haltung erfahren

---

11 T. Luckmann, Die unsichtbare Religion, Frankfurt/M. 1991. Gegen eine unangemessene Ausdünnung des Begriffs der Religiosität argumentiert überzeugend A. Keppler, Mediale Erfahrung, Kunsterfahrung, religiöse Erfahrung. Über den Ort von Kunst und Religion in der Mediengesellschaft, in: A. Honer/R. Kurt/J. Reichertz (Hg.), Diesseitsreligion. Zur Deutung der Bedeutung moderner Kultur, Konstanz 1999, 183–199; vgl. auch dies., ›Medienreligion‹ ist keine Religion. Fünf Thesen zu den Grenzen einer erhellenden Analogie, in: G. Thomas (Hg.), Religiöse Funktionen des Fernsehens? Medien-, kultur- und religionswissenschaftliche Perspektiven, Wiesbaden 2000, 223–230.

12 H. Joas, Braucht der Mensch Religion? Über Erfahrungen der Selbsttranszendenz, Freiburg 2004.

13 Anm. 2014: Diese Differenz zwischen einer religiösen und einer säkularen Transzendierungspraxis habe ich näher beschrieben in: M. Seel, Wallfahrten in den USA, in: S. Börnchen/G. Mein (Hg.), Weltliche Wallfahrten. Auf der Spur des Realen, München 2010, 25–34.

und praktiziert werden kann, als da sind die Erfahrung der Liebe, eines intensiven Gesprächs, einer erotischen Begegnung, die Erfahrung ästhetischer Natur, des Helfens und des Empfangens von Hilfe, Gefühle der Scham und der Empörung sowie Formen kollektiver Begeisterung und Ekstase, wie sie sich in Versammlungen der Politik oder des Sports ereignen können.[14] Man könnte auch bestimmte Formen des Humors ins Feld führen oder die Begegnung mit Werken der Kunst. Was die kollektiven Transzendenzerfahrungen betrifft, so vergisst Joas nicht, auf ihren manchmal ambivalenten, ja möglicherweise destruktiven Charakter hinzuweisen. Vielleicht muss man sogar sagen, dass allen Gelegenheiten der Selbsttranszendenz eine solche Gefährdung innewohnt: Wer sich auf andere und anderes hin überschreitet, steht in der Gefahr, sich selbst – seinen Verstand, seine Urteilskraft, seine Balance – zu verlieren. Aber es wäre natürlich töricht, darum in dem Hinausgehen über das eigene Meinen, Wollen und Können als solchem bereits einen Abgrund zu sehen. Denn solange es nicht zur Selbstpreisgabe führt, übt es etwas für eine gelingende Lebensführung Entscheidendes ein: die Bereitschaft, die eigene Position – die eigenen Ansichten und Ansprüche, Erwartungen und Befürchtungen, Sicherheiten und Unsicherheiten – zur Disposition zu stellen. Es handelt sich um Erfahrungen, die meinen bisherigen Gesichtskreis übersteigen und mir dabei zeigen, dass ich nicht der Nabel der Welt bin, dass es in bestimmten Zusammenhängen nicht allein – und manchmal gar nicht – auf mich ankommt, dass ich als einer unter anderen diesen anderen dieselbe Rücksicht schulde, die ich von ihnen erwarte, dass es Phänomene gibt, die sich meinem Verständnis entziehen, und Fähigkeiten, von denen ich nicht einmal träumen kann. Zugleich aber erwachsen mir aus diesen Erfahrungen verlockende Möglichkeiten des Erlebens und Handelns, über die ich allein weder verfügen kann noch verfügen will. Ich gewinne eine Selbstdistanz, die es mir er-

---

14 H. Joas, Braucht der Mensch Religion?, in: Ders., Braucht der Mensch Religion?, a. a. O., 12–31, bes. 17 ff.

möglicht, mich von meiner *Fixierung* auf mein eigenes Meinen und Wünschen zu befreien, und also: mich auf die Welt einzulassen in einer Weise, wie ich es anders nicht könnte.

Diese Affirmation des Unverfügbaren wird oft, und gar nicht zu Unrecht, so beschrieben, dass wir uns in Situationen der genannten Art auf Zusammenhänge einlassen, die »größer sind als wir selbst«. Sie verschaffen uns die Möglichkeit einer Teilnahme und Teilhabe, die uns in der Versteifung auf uns selbst nicht zugänglich wäre. Sie verändern und verwandeln uns in einer zuvor unabsehbaren Weise. Sie machen uns klar, dass uns an uns nur etwas – und nur dann viel – liegen kann, wenn uns nicht zu viel an uns liegt. Hieraus entsteht ein positives Bewusstsein der Endlichkeit unserer eigenen Kräfte, das uns die Fähigkeit verleiht, anderes und andere in seiner und ihrer Andersheit an- und bis zu einem gewissen Grad auch hinzunehmen – bis zu dem Grad, an dem diese Hinnahme den Halt des individuellen und den Zusammenhalt des kollektiven Lebens zu zerstören droht.

Aus dieser Perspektive erweist sich das Vermögen der Selbsttranszendenz, wie es Individuen im Kontext vielfältiger sozialer Gelegenheiten, Rituale und Institutionen zuwächst, als eine fundamentale Quelle der Normativität, die für die Kohäsion von Gesellschaften gleich welcher Art unabdingbar ist. Aus dem Verbindenden entsteht das Verbindliche. Was die Menschen miteinander verbindet oder jedenfalls verbinden kann, ist ein wechselseitiges Gespür dafür, dass sie sich auch beim besten Willen nicht jederzeit in der Hand haben. Selbsttranszendenz – und mit ihr: Selbstrelativierung – in ihren unterschiedlichen Formen, und nur sie, macht moralische und politische Anerkennung möglich. Die Erfahrung, dass der bestimmte andere, wie vertraut er auch sein mag, immer schon und immer noch ein unbestimmter anderer ist, der dabei ist oder dabei sein kann, ein *anderer* anderer zu werden (und dass ich selbst in keiner anderen Lage bin), diese Erfahrung bringt es mit sich, dass in der Anerkennung *eines* anderen bereits der Keim zu einer Anerkennung *beliebiger* anderer liegt. In jedem bestimmten anderen steckt der beliebige andere:

Das ist der Grund, warum nicht allein einige, sondern alle ein Recht auf unsere Rücksicht haben – und wir gegenüber ihnen. Ohne die aus sozialer und ästhetischer Erfahrung gewonnene Fähigkeit zur Selbstrelativierung würde das Bewusstsein davon, was wir uns selbst und einander schulden, und damit von Moral und Recht, verkümmern.

Aber auch wenn das richtig wäre – was wäre damit für unser Thema gewonnen? Noch nicht viel. Denn meine Beschreibung der Dynamik der Selbstüberschreitung verhält sich gegenüber der Alternative ihrer religiösen und nichtreligiösen Vollzüge vorerst neutral. Die Transzendenz, um die es geht, kann zum einen als eine rein *innerweltliche* Transzendenz verstanden werden – als ein Übersichhinausgehen in Situationen innerhalb der natürlichen und kulturellen Welt. Sie kann aber zum andern als eine deutlich *stärkere* Überschreitung verstanden werden – als ein Übergang über die phänomenale Welt hinaus. Wir müssen zu verstehen versuchen, worin sich diese beiden Bewegungen unterscheiden, um beurteilen zu können, wie viel an der zweiten, der religiösen Transzendenz, für den Bestand grundsätzlich befriedeter Gesellschaften liegt.

Um hier zu einer Antwort zu gelangen, möchte ich die Grundstruktur der Bereitschaft zur Selbsttranszendenz, die ihren unterschiedlichen Modi gemeinsam ist, noch etwas prägnanter charakterisieren. Sie liegt in der Fähigkeit, *sich aus freien Stücken bestimmen zu lassen* – sich bestimmen zu lassen durch etwas, das das bloß subjektive Wünschen und Wollen übersteigt, mit sich etwas geschehen zu lassen, das einen auf unabsehbare Weise bereichert, und also darin, etwas aus sich machen zu können, das man alleine nicht machen kann. Dies aber ist zunächst nur eine Grundbedingung menschlicher *Selbstbestimmung*.[15] Wer zu ihr in der Lage ist, vermag sich einzulassen auf Verhältnisse und Ver-

---

15 Vgl. hierzu M. Seel, Sich bestimmen lassen. Ein revidierter Begriff der Selbstbestimmung, in: Ders., Sich bestimmen lassen, a.a.O., 279–298.

ständnisse, die nicht nur eine Funktion der eigenen Interessen sind, sondern als ohne weiteres gut erkannt und angenommen werden können, sei es für einige, sei es für alle. Dadurch entsteht eine Orientierung an Möglichkeiten des Erlebens und Handelns, die nicht einfach im Sinne Böckenfördes subjektive Werte sind, sondern solche, die unter Subjekten aus Erfahrung und Einsicht geteilt werden können, und zwar so, dass diese Teilhabe die gemeinsame Sorge um diese Teilhabe mit einschließt. Die Entdeckung, Bewahrung, Revision und Transformation solcher Lebensmöglichkeiten verleiht den Beteiligten die Freiheit (und erst das ist wirkliche Freiheit), sich in ihren *bestimmten* Zielen auf noch *unbestimmte* Ziele hin bestimmen zu lassen. Sie erlaubt es ihnen, in ihrem endlichen Leben ein unendliches Leben zu führen – eines, das sich in unausschöpfbaren Möglichkeiten der Variation der eigenen Möglichkeiten vollzieht.

Meine These ist nun, und auch hierin stimme ich der Diagnose von Hans Joas zu, dass eine religiöse Lebensführung dieser Potentialität des Menschen eine bestimmte Deutung verleiht. Sie ist ein besonderer Modus der Realisierung dieser Struktur einer nichtegomanen Selbstbestimmung. Sie ist ein besonderer Stil eines freizügigen Sichbestimmenlassens und stellt damit ein besonderes Weltverhältnis bereit, aus dem heraus gelebt oder zu leben versucht wird.

Von einer säkularen Realisierung der genannten Struktur unterscheidet sich die religiöse im Kern dadurch, dass sie sich an Bezügen des Lebens orientiert, die nicht allein je meine und je unsere, sondern die *menschlichen* Möglichkeiten übersteigen. Eine religiöse Lebensführung vollzieht sich aus einer Erfahrung der Teilhabe an einem Sinn, den die Menschen und die Menschheit allein nicht gewähren und garantieren können. Die oben beschriebene Transzendierung der jeweils eigenen Fähigkeiten und Möglichkeiten wird hier gleichsam ein zweites Mal vollzogen: über das hinaus, was die Kräfte einzelner oder einiger übersteigt, über das hinaus, was von den Menschen als wahr und falsch, sinnlos und sinnvoll ausgemacht werden kann. Sie tritt in Kontakt zu einer gegenüber der phänomenalen ebenso wie der von den Wissenschaften erforschten Welt jenseitigen Sphäre, von der her sie sich bestimmen zu lassen sucht. Genauer muss es freilich heißen: *In dem*, was allen Menschen bekannt ist, was unter ihnen als richtig und falsch, gut und schlecht erscheint, spürt, erfährt und entdeckt das religiöse Bewusstsein eine Dimension der Verbundenheit und Verbindlichkeit, die nicht mehr nur Menschenwerk ist. Die erweiterte Transzendierung, das ist ja ihr ganzer Sinn, führt nicht aus der Welt der Menschen heraus, sondern aus der Sicht derer, die sie vollziehen, anders, besser, erfüllender und somit reicher in sie hinein. So eröffnen sich Bereiche und Bezüge eines Göttlichen oder Heiligen, an denen sich die Lebensführung ausrichten, an denen sie Kraft und Zuversicht gewinnen kann.

Was dies bedeutet, möchte ich an zwei Grundformen des religiösen Bewusstseins verdeutlichen, die sich innerhalb der christlichen Tradition unterscheiden lassen. Diese können sich zwar auf vielfältige Weise mischen und überlagern. Gerade ihre Spannung aber – für die exemplarisch das Leben und Leiden Christi steht – dürfte für das Potential einer religiösen Kultur abendländischer Prägung kennzeichnend sein.[16]

Die eine dieser Formen besteht in einem *Grundvertrauen*, das durch spezifische Erfahrungen der Selbsttranszendierung gewonnen werden kann. In dieser Variante versteht sich der religiöse Mensch nicht nur als jemand, der sich letztlich nicht in der Hand hat, sondern zugleich als jemand, der sich »in der Hand Gottes« weiß. In allem, was er erhofft und befürchtet, in seinem Glück und erst recht in seiner Not glaubt er sich grundsätzlich auf einer sicheren Seite: Ihm – traditionell gesprochen: seiner Seele – wird nichts geschehen. Er muss sich nicht fürchten; er darf auf Erlösung hoffen. Dieses Gottvertrauen hält für die, die es aufbringen, eine spezifische Form des Weltvertrauens bereit, die in einer religiös indifferenten Lebensform nicht zugänglich ist.

---

16 Hier bin ich Thomas M. Schmidt verpflichtet.

Die andere Form einer religiösen Haltung (zumindest im christlichen Spektrum), wie sie insbesondere von Denkern wie Pascal und Kierkegaard (oder Schriftstellern wie Tolstoi und Dostojewski) repräsentiert wird, besteht demgegenüber in einem Grundzweifel an den Sicherheiten, die das tägliche Leben *und* der Glaube versprechen. Die religiöse Erfahrung vollzieht sich hier wesentlich als eine Erschütterung der Grundfesten auch und gerade der religiösen Existenz und somit in einer oft quälenden Affirmation der Unsicherheit, Ungewissheit, Rätselhaftigkeit und Ungeheuerlichkeit der Welt mitsamt der Stellung des Menschen in ihr. Im Streben nach Erlösung wird hier die Erfahrung der Unerlöstheit gegenüber allen weltlichen wie kirchlichen Tröstungen ausgelebt. Die Gewissheit des Unerforschlichen wird zur letzten Gewissheit. Dieses radikale Bewusstsein des Mysteriums der eigenen Existenz stellt denen, die es aufbringen, eine spezifische Form des *Misstrauens* gegenüber dem Geschehen der Welt bereit, die in einer religiös indifferenten Lebensform nicht zugänglich ist.

3. Verlust und Vertrauen

Ich bin jetzt in der Lage, genauer zu sagen, worin der mit dem Eintritt in eine durchgängig säkularisierte Gesellschaft einhergehende Verlust bestünde. Es wäre der Verlust einer einzigartigen Quelle zugleich des Weltvertrauens und des Weltmisstrauens. Es wäre gerade diese besondere Kombination widerstreitender Einstellungen, die nicht länger verfügbar wäre. Es wäre das Versiegen einer spezifischen Motivation, sich auf die Welt, wie sie nun einmal ist, tätig einzulassen und sich doch von ihr – von ihren Konventionen und Konsensen, Versprechungen und Verführungen – nicht gefangennehmen zu lassen. Was aber hätten die Angehörigen einer durchweg säkularen Gesellschaft – mit ihren Verbünden und Verbänden, Institutionen und Organisationen –

dem entgegenzusetzen? Was könnten sie an die Stelle des verlorenen religiösen Bewusstseins setzen?

Nun, sie müssten sich mit der ersten, rein innerweltlichen Transzendenz begnügen, so wie viele von uns dies heute schon tun. Der Ausdruck »begnügen« freilich hat etwas Unangemessenes. Denn so sehr eine durchgehend säkulare *Gesellschaft* mit vergleichsweise schwächeren Formen der Transzendenz auskommen müsste; so gewiss also die *Kultur* dieser Gesellschaft um einiges ärmer wäre, was ihre mit historischem Bewusstsein versehenen Mitglieder durchaus bedauern müssten: Für jeden *Einzelnen* unter ihnen könnte von einem Sichbegnügenmüssen gar keine Rede sein. Denn sie würden nichts anderes wünschen und wollen. Ihnen ginge nichts ab. Die Frage, um deren Klärung es immer noch geht, lautete aber, ob das *genügen* würde – ob eine Gesellschaft ohne starke Transzendenzerfahrung genügend soziale Bindungskräfte für ein einigermaßen friedliches Zusammenleben aufbringen könnte.

Das religiöse Bedürfnis, so habe ich ausgeführt, hat eine seiner Wurzeln in dem Wunsch, sich bestimmen zu lassen durch sinngebende Faktoren, die nicht in der Hand des Einzelnen liegen. Aber, so hatte die Analyse der Grundstruktur einer zur Selbsttranszendierung fähigen Selbstbestimmung ergeben, dieser Wunsch *ist* nicht das religiöse Bedürfnis. Er kann auf andere Weise befriedigt werden. Etwas, worauf ich vertrauen kann, das Autorität über mich hat, das über mich hinausgeht, das nicht in meiner Macht liegt und mir gerade darum Gewissheit, Stärke und manchmal auch Macht verleiht – dergleichen findet sich überall. Schon Wahrnehmungen und Gründe können dieses Kriterium erfüllen – sie geben mir etwas, an das ich mich halten und das mich über die Fixierungen auf meine bisherigen Ansichten und Absichten hinausführen kann; Eltern versuchen es gegenüber ihren Kindern und diese gegenüber ihren Eltern; andere Personen – Freunde, Lehrer, Wissenschaftler, Sportler, Künstler und weitere Figuren des öffentlichen Lebens – tun es für wenige oder viele andere, wenn auch mit der unvermeidlichen Gefahr der Manipulation und Verführung, von der oben schon die Rede war; Institutionen aller Art können die Gelegenheit zu Daseinsformen eröffnen, die niemand allein für sich einrichten kann. Eine Solidarität unter miteinander vertrauten wie unvertrauten Menschen, solchen, die einander nahestehen, und solchen, die einander ansonsten egal sind, kann allein aus der Erfahrung entstehen, eine oder einer unter anderen zu sein wie die anderen auch, jemand, der, gerade was sein Selbstvertrauen und Selbstverständnis, seine Fähigkeiten und Fertigkeiten betrifft, vor einem unbestimmten und unverfügbaren Schicksal steht wie diese. Für ein profanes Bewusstsein sind es diese Formen der Partizipation innerhalb der geschichtlichen Welt, die im Verhältnis und Verhalten unter den Menschen zählen – und nichts darüber hinaus. An ihnen und in ihnen muss zwischen Wahrheit und Falschheit, Recht und Unrecht, Schuld und Vergebung unterschieden und über sie entschieden werden.[17] Denn wer sollte darüber entscheiden als diejenigen, die sich selbst und den anderen gegenüber für ihr Urteil einstehen müssen – im Wissen, dass sie nur über ein begrenztes Wissen verfügen, im Wissen auch, dass nicht die geringste Bedeutung des Bezugs auf Wahrheit gerade in einer Anerkennung dieser Grenze liegt?[18]

Wir sollten nicht das besondere Pathos verkennen, das in einer solchen agnostischen Haltung liegt oder doch liegen kann. Denn es entspringt gerade der Erfahrung, keiner anderen Instanz zu bedürfen als des Forums derjenigen, die allein und gemeinsam den Kurs ihres Lebens zu bestimmen versuchen. Aus dieser Sicht

---

17 Dabei behält sogar die Rede vom »Heiligen« einen herabgestuften Sinn, wenn von jemandem gesagt wird, dass ihm »nichts heilig« sei, weil er alles missachtet, was sich unter Menschen gehört.
18 Und, wie man mit erkenntnistheoretischen Argumenten ergänzen könnte, im Bewusstsein, dass der Begriff eines vollständigen Wissens und erst recht der Allwissenheit ein hölzernes Eisen und darum als regulative Idee der menschlichen – und überhaupt jeder konsistent denkbaren – Rechtfertigungspraxis untauglich ist. Vgl. die Beiträge 2 u. 4 in diesem Band.

führt nichts daran vorbei, dass es die Menschen und nur die Menschen sind, an denen es liegt, etwas aus sich zu machen und werden zu lassen. Für sie gibt es keine Verbindlichkeit in der menschlichen Welt, die deren Grenzen überschreiten könnte, wie sehr auch die Welt, in der sie sich strebend bemühen, die Horizonte ihres Verstehens übersteigen mag, weil es, wie sie bereitwillig anerkennen, nun einmal die Prosa und Poesie des Wirklichen ausmacht, allen Versuchen ihrer theoretischen wie praktischen Bestimmung immer neue Seiten des Unbestimmten zu zeigen. In einer rein säkularen Gesellschaft wäre Transzendenz eine Hingabe (nurmehr) an das, was ihren Angehörigen inmitten ihrer Sphäre die Augen und Ohren zu öffnen vermag.

Was dies bedeutet, wird klarer, wenn wir den Standpunkt einer dezidiert weltlichen Lebensführung noch einmal von einer stärker existentiellen Seite her betrachten. Was den Angehörigen einer säkularen Lebensform fehlt, ohne dass sie es als einen Mangel empfinden, ist ein Verlangen nach Erlösung. Salopp gesagt: Säkulare Zeitgenossen können – und folglich könnte eine rein säkulare Gesellschaft – mit der Idee der Erlösung nichts anfangen. Ihnen liegt nichts daran, weil Erlösung in ihren Augen nicht geht. Sie erscheint ihnen weder als ein denkbarer noch als ein wünschbarer Zustand des Lebens. »Sie ist erlöst«, so meinen sie, sagen wir nur, wenn der Tod einem qualvollen Leiden und also dem Leben ein Ende gemacht hat. Von allen Übeln erlöst, aller Sorgen ledig zu sein, hieße demnach, keines Erlebens mehr fähig zu sein. Ein gänzlich sorgenfreies wäre zugleich ein gänzlich sorgloses Leben und damit eines, das wir weder im eigenen Interesse noch in dem der anderen wollen könnten. In ihm ginge es um nichts. Sobald uns aber an etwas liegt, *sorgen* wir uns darum (und um unsere Sorge darum), womit *Leidenschaft* dieser oder jener Art im Spiel ist – und mit ihr dasjenige *Leiden*, das uns fehlt, sobald es uns fehlt. Deshalb erscheint die Sehnsucht nach Erlösung innerhalb einer säkularen Lebensweise als eine Verirrung. Das bedeutet allerdings nicht, dass ihre Teilnehmer sich nicht an *partieller* Erlösung erfreuen könnten, wie sie sich in Augenblicken einstellt, in denen wir uns zwar nicht von aller, aber doch von einer größeren Last befreit fühlen und dann mit gutem Grund sagen: »Ich bin erlöst.« Aber das ist natürlich keine Erlösung im religiösen Wortsinn, und es ist auch kein Äquivalent dafür. Denn hier handelt es sich nur um eine – wenn auch manchmal für die Betreffenden außerordentliche – *Erleichterung*, der keineswegs das Telos innewohnt, von *allen* Bedrängnissen befreit zu werden. Ähnlich könnte man sagen, dass auch und gerade die Anhänger einer nichtreligiösen Lebensführung dann und wann der *Erleuchtung* bedürfen und sich daher nach ihr sehnen. Jedoch hat auch diese hier den vergleichsweise nüchternen Sinn, dass ihnen etwas über sich selbst oder die Welt aufgeht, das sich ihnen bisher entzogen hat – ohne die Erwartung und ohne die Hoffnung, dass nun *alles* in einem milderen oder klareren Licht erscheint. Mit einem Wort: Denen, die mit einer agnostischen Lebenseinstellung auszukommen glauben, steht die Erwartung einer grundsätzlichen Befreiung von den Nöten und den Ungewissheiten ihres endlichen Lebens fern. Dann und wann Erleichterung, dann und wann Erleuchtung, damit müssen sie auskommen, aber mit mehr *wollen* sie auch gar nicht auskommen müssen.

Warum nicht? Weil ihnen die schwächere Transzendenz als die ungleich stärkere erscheint. Ihnen erscheint jede stärkere Transzendierung als ein Ausweichen vor dem tatsächlichen Zustand der Welt – und zwar im Guten wie im Schlechten. Das Glück, nach dem sie streben, ist ihnen ein durch und durch von der Endlichkeit ihres Lebens gezeichnetes und nur darum kostbares Glück. Jede Hoffnung auf Glück*seligkeit* erscheint ihnen diesem fragilen Glück gegenüber beengend und sogar beklemmend. Sie, die mit nichts anderem rechnen als dem, was ihnen auf der Erde begegnen kann, halten es für erfüllender, den Sinn ihres Lebens nicht jenseits menschlicher Praktiken zu suchen, sondern innerhalb ihres Spektrums: in Erfahrungen und Tätigkeiten, die sich ohne weiteres lohnen, wozu wesentlich jene ethischen und ästhetischen Abstandspraktiken gehören, die es ermöglichen oder erleichtern, sich aus der Fixierung nur auf sich selbst zu befreien.

Ihnen erscheint *dies* als der reichere Bezug zur Welt – ein Bezug, der sie intensiver an die anderen bindet, die mit ihnen für eine Weile unter den Lebenden sind. Mit etwas Glück (aber das braucht es schließlich immer) finden sie in dieser Einstellung ein starkes und doch zugleich erschütterbares Weltvertrauen, das dem eines religiösen Menschen zwar in manchen Aspekten, aber nicht *grundsätzlich* nachsteht – ein Weltvertrauen, das den Rückhalt bildet für die Anerkennung anderer Menschen und Kulturen. Wo aber ein mit moralischem Gespür (und also einem Zweifel an der gerechten Einrichtung der menschlichen Verhältnisse) gepaartes Weltvertrauen wenigstens möglich ist, da ist eine gerechte Gesellschaft ebenfalls – wenigstens – möglich.

Deshalb lautet die Antwort auf meine Frage, ob eine leidlich gerechte säkulare Gesellschaft denkbar ist, nunmehr wenig überraschend, schlicht und ergreifend: Ja. Damit aber, ich möchte es noch einmal betonen, sage ich nicht, dass eine solche Gesellschaft besser wäre. Sie wäre es aus Gründen, die ich genannt habe, eher nicht. Denn ihr wäre eine spezifische Quelle – und mit ihr: wäre ein spezifisches Spektrum von Formen – eines für andere und anderes empfindsamen Weltvertrauens abhanden gekommen, und von Quellen dieser Art kann eine freie Sozietät gar nicht genug haben. Insofern wäre das moralische und politische Immunsystem einer rein säkularen Gesellschaft möglicherweise geschwächt. Jedoch darf das Versiegen dieser spezifisch religiösen Haltungen nicht mit dem Versiegen der Quellen der Sittlichkeit gleichgesetzt werden. Es geht auch ohne sie. Zumindest, und mehr wollte ich weder sagen noch zeigen, ist es konsistent *denkbar*, dass auch eine solche Gesellschaft in moralisch-rechtlicher Hinsicht intakt sein könnte, wie es ebenso denkbar ist, dass sie ein *erweitertes* Spektrum profaner Abstandspraktiken ausbilden würde, das es ihr erlauben könnte, sich intakt zu halten. Menschliche Gesellschaften könnten auf säkularem Grund errichtet und erhalten werden, auch wenn wir weder zu befürchten noch zu erwarten haben, dass es so kommt.

Unwahrscheinlich ist ein Verschwinden religiösen Bewusstseins neben allen anderen Gründen, die sich hierfür anführen lassen, schon allein deshalb, weil zwischen den Grundhaltungen einer religiösen und einer areligiösen Lebensführung keine scharfe Grenze besteht. Die stärkeren Transzendenzen, die den einen schwächer, und die schwächeren, die den anderen schwach erscheinen sind historisch und kulturell nicht durch einen Schlagbaum getrennt, der sich nur durch spektakuläre Konversionen überwinden ließe, auch wenn sich gewiss, wie ich es hier versucht habe, paradigmatische Fälle klar voneinander unterscheiden lassen. Da aber die Menschen im Interesse eines für sie gedeihlichen Lebens auf Praktiken der Selbstrelativierung angewiesen sind, die es ihnen ermöglichen, mit anderen auf dem wie immer brüchigen Boden von Verlässlichkeit und Vertrauen zu leben, haben sie alle ein elementares Motiv, es zu einer Transzendierung der Beharrung nur auf sich selbst kommen zu lassen.[19] Diese Überschreitung aber hat sich auf immer wieder andere Weise vollzogen. Es ist dieses zugleich anthropologische und historische Faktum, das darauf hinweist, dass es nicht ein für alle Mal festliegt, in welchem Stil – in welchen Stilen – Menschen und ihre Kulturen sich Praktiken der Selbstrelativierung überlassen. Der Mensch ist, wie man auch in dieser Hinsicht mit Nietzsche sagen könnte, ein »nicht festgestelltes Tier«. Weil jeder für sich selbst verantwortliche Angehörige dieser Spezies allen Grund hat, sich von einer Fixierung nur auf sich selbst zu befreien, dies aber auf die eine oder andere Weise geschehen kann, ist es und bleibt es offen, welche Modi sich in der näheren und ferneren Zukunft durchsetzen werden, und bleibt es zugleich äußerst unwahrscheinlich, dass einer von ihnen irgendwann ein für alle Mal das Rennen machen wird.

Das bedeutet, dass wir auf absehbare Zeit weiterhin mit einer Koexistenz religiöser und nichtreligiöser Gestalten der Lebenspraxis zu rechnen haben. Diese Koexistenz kann sich jedoch in

---

19 Vgl. E. Tugendhat, Egozentrizität und Mystik. Eine anthropologische Studie, München 2003.

einer befriedeten Form allein auf dem Boden säkularer Verfassungen entfalten. Schon Religionsfreiheit und religiöse Toleranz lassen sich nicht religiös, sondern allein mit säkularen Mitteln begründen.[20] Erst recht ist das gewaltfreie Zusammenbestehen von religiösen und säkularen Lebensauffassungen nur im Rahmen eines säkular verstandenen Rechts und im Kontext einer im Kern säkular verstandenen Moral möglich[21] – also auf dem Boden von Gesellschaften, die zumindest *so weit* säkularisiert sind, dass eine profane Haltung zu Fragen der Lebensführung eine ebenso natürliche wie verbreitete Option darstellt.[22] Dies zeigt am Ende nochmals, wie abwegig es wäre, das aus den Prozessen der Aufklärung hervorgegangene säkulare Selbst- und Weltverständnis historisch und politisch für eine Verfallserscheinung zu halten. Im Gegenteil nämlich stellt es die geschichtliche Basis und die rechtfertigende Bedingung dafür bereit, dass Religionen und religiöses Empfinden in demokratischen Gesellschaften weiterhin fortleben und auch zu deren Vorteil gedeihen können.

Ich möchte mit einer metaphorischen Coda schließen. Eine säkulare Gesellschaft ist so gut denkbar wie eine Kultur des Machens und Hörens von Musik, die an der klassischen Musik oder dem Jazz keinen Gefallen mehr finden würde. So frivol dieser Satz auch erscheinen mag, er macht nochmals deutlich, wie gravierend der Verlust religiöser Wahrnehmungsfähigkeit wäre. Denn das Verschwinden eines der großen Stile der Musik wäre durchaus eine Beeinträchtigung des musikalischen Empfindens

---

20 Hierzu eindrucksvoll: R. Forst, Toleranz im Konflikt. Geschichte, Gehalt und Gegenwart eines umstrittenen Begriffs, Frankfurt/M. 2003, bes. 312 ff.
21 In jenem Kern, der sich diesseits religiöser Sprachen aussprechen lässt, gleichwohl aber den Bezugspunkt *aller* Rücksicht unter den Menschen benennt, wie ich es mit meinen Worten oben auf S. 210 f. versucht habe.
22 Deswegen erscheint mir Jürgen Habermas' Rede von einer »postsäkularen Gesellschaft« zumindest irreführend, vgl. Ders., Glauben und Wissen, Frankfurt/M. 2001, 12 ff.

im Ganzen – da künftig alle anderen Musikarten nicht mehr in Kontrast und Korrespondenz zu ihm gehört und gemacht werden könnten. Aber das Verkümmern eines Stils der Musik wäre kein Verkümmern der Musik; diese könnte sich auf andere und neue Weisen entwickeln. So verhält es sich auch mit den Stilen der Selbsttranszendierung, die ich unterschieden habe. Die Taubheit für einen dieser Stile ist keine Taubheit für alle. Die Kraft der Musik, uns aus unseren Verkapselungen hinauszuführen, oder, ein wenig buchstäblicher, die Attraktion einer Selbstbestimmung, die im Klang der Welt nicht nur den eigenen Puls vernimmt, so dürfen wir hoffen, ist stärker als die Macht ihrer sei es religiösen, sei es säkularen Deutung.

11. Dialoge zwischen Kunst und Natur im Zeichen ökologischer Krisen

Natur

Zur Selbstverständlichkeit wurde, so lässt sich in Abwandlung eines berühmten Satzes von Theodor W. Adorno sagen, dass nichts, was die Natur betrifft, mehr selbstverständlich ist. Längst ist es ins allgemeine Bewusstsein gedrungen, dass wir in einem Zeitalter zunehmender ökologischer Krisen leben. Mit diesem Bewusstsein aber hat es eine eigentümliche Bewandtnis. Mit jeder bedrohlichen Meldung flammt es auf, um sich bald darauf wieder einem unruhigen Halbschlaf zu überlassen. Dabei gibt es verstörende Umstände genug, die geeignet wären, sich die ungewisse Zukunft der nichtmenschlichen wie der menschlichen Natur ungeschönt vor Augen zu führen.

Die nüchternste und härteste Tatsache besteht darin, dass »die Natur« gar nicht zerstört werden kann. Der Mensch ist nicht der Mittelpunkt, die Krone oder der Garant der Natur. Er mag sie hegen oder ausbeuten, in Regie zu nehmen vermag er sie nicht. Hätten die Menschen ihre Lebensbedingungen vollends zerstört, was übrig bliebe, wäre – Natur. Diese gewinnt jeden Wettlauf mit ihr. Ein damit zusammenhängendes zweites Faktum besagt, dass Veränderungen »der Natur« zu ihrer Natur gehören. Die Entwicklungen der industriellen Kultur verändern diese Veränderungen, beschleunigen sie oder geben ihnen eine andere Richtung, bleiben aber ihrer Dynamik unterlegen. Wir sind ein Faktor in der Geschichte der Natur; ihre Geschichte schreiben wir auch dort nicht, wo wir uns daran machen, unser genetisches Programm zu modifizieren. Das dritte Faktum besteht in der Erkenntnis, dass unter heutigen Bedingungen lokale Effekte vielfach eine globale

Wirkung zeitigen. Die weltweit steigenden Emissionen, das Abschmelzen der Polkappen, die Überschwemmung von Küsten, die Vergeudung von Wasser, die Verschmutzung der Meere, das Abholzen und Verkümmern der Wälder, die Erosion der Böden, all das summiert sich zu einer Landschaftsveränderung, die kein Staat für sich allein bremsen, geschweige denn kurieren kann. Soziale, politische und militärische Kämpfe um die Verteilung von Land, Luft und Ressourcen sind die absehbare Folge. Naturpolitik ist Weltinnenpolitik geworden.

Ein vierter, besonders gerne verdrängter Umstand besteht darin, dass die Erscheinungen der Natur ihre ästhetische Faszination oft auch dort behalten, wo ihre Wirkungen bedrohlich oder verheerend sind. Es könnte sein, dass wir in einem Schauspiel grausamer Schönheit untergehen. Das erinnert an das fünfte, in praktischer Hinsicht entscheidende Faktum, dass es im Umgang mit der Natur den einen, objektiven, allein ausschlaggebenden Gradmesser nicht gibt. Unser Verhältnis zur äußeren und inneren Natur hängt von einer komplexen Aufklärung darüber ab, was wir mit unserem Wissen über den Zustand der Erde anfangen *wollen* – und also: wie die weitere Gestaltung der menschlichen Lebensform aussehen soll.

Eine hellsichtige Naturpolitik wird sich weniger um die *physikalische* Natur sorgen müssen, so wichtig auch die Forschungen sind, die uns Erkenntnisse über die Ökologie des Planeten liefern. Die Herausforderung besteht vielmehr in dem Schutz einer *physiologischen* Natur, die unserer leiblichen Verfasstheit ebenso bekömmlich ist wie derjenigen der tierischen und pflanzlichen Lebensformen, mit denen in Symbiose und Synergie zu leben wir auf Gedeih und Verderb angewiesen sind. Gerade weil es um uns geht, geht es nicht um uns allein. Es geht um den Erhalt klimatischer, geologischer und geographischer Bedingungen des Lebens auf der Erde. Die Natur, auf die es dabei ankommt, ist kein Gegenstand, den wir besser oder schlechter in unsere Gewalt bekommen, kein Gegenüber, dem wir mehr oder weniger entsprechen könnten, nicht einmal eine Umwelt, an der wir vieles haben zuschanden gehen lassen und die wir nun verzweifelt zu reparieren versuchen, sondern der globale *Raum*, in dem Kulturen und Gesellschaften entwicklungsfähig bleiben oder in Agonie erstarren werden. Für diesen hat die Menschheit, vertreten vor allem durch die reichen Industrienationen, eine Verantwortung, vor der sie gegenwärtig versagt, weil sie ohne Rücksicht auf Verluste wirtschaftet. Schutz der Natur ist ein Schutz vor uns selbst, um unserer selbst willen: vor der Verwahrlosung und Verschwendung, mit der wir unsere eigene Lebenssphäre missachten.

Kunst

Was aber haben diese ungemütlichen Erinnerungen mit der Kunst zu tun? Durchaus viel – denn sie haben mit *ihrer* Ungemütlichkeit zu tun. Wo sich die neuere und neueste bildende Kunst mit Phänomenen der Natur befasst, lotet sie die vielfältigen Irritationen des modernen Naturverhältnisses und Naturverständnisses durch verstörende Darbietungen aus. Sie experimentiert mit ihren Formen, um diejenigen der Natur zu erkunden. Sie gewinnt ihre Schönheit aus der Kraft ungeschönter Ansichten der unheimlichen Grundlagen von Leib und Leben. Sie bezieht sich auf Natur in einem beständigen Zweifel daran, worauf sie sich dabei bezieht.

Besonders an der digital modifizierten Fotografie unserer Tage wird dies deutlich. Der Anschein erfüllter Referenz gehört hier selbst dort zum fotografischen Bild, wo es diesem Gestus nicht länger entspricht. Anders als durch die Hartnäckigkeit dieser Anmutung wäre nämlich die Verunsicherung, die etwa von vielen der monumentalen Fotografien von Andreas Gursky ausgeht, gar nicht zu begreifen. Entstanden aus digital bearbeiteten und montierten Aufnahmen einer Großbildkamera, bieten sie dem normalen menschlichen Standpunkt irreal entrückte und oft surreal modifizierte Ansichten dar. Zugleich aber präsentieren sie eine Dichte von oft nur aus nächster Nähe erkennbaren Details, die durchaus eine Fülle und manchmal Überfülle dessen zeigen, was im Augenblick der Aufnahmen am jeweiligen Schauplatz vorhanden gewesen ist. Diese Bilder sind realistische Fotografien und sind es doch nicht. Sie bleiben gerade dort ambivalent, wo sie scheinbar ferne oder scheinbar vertraute Landschaften zum Erscheinen bringen. Sie zweifeln gleichsam an dem fotografischen Blick, als dessen Resultat sie sich darbieten – jedoch nicht im Sinn eines bloßen Als-ob, sondern in einer raffinierten, die Möglichkeiten des fotografischen Sehens befragenden Kombination von realistischer Geste und imaginativer Komposition, mit der zugleich die Undurchsichtigkeit vieler Lebensverhältnisse im Zeichen der Globalisierung zur Anschauung gelangt.

Wie viel Zufall oder Willkür dabei im Spiel ist, bleibt nachhaltig ungewiss. Oft kann man mit bloßem Auge nicht erkennen, ob es eine Aufnahme oder eine Montage von Aufnahmen ist, aus der die bildliche Szene hervorgegangen ist. Mehr noch, manchmal ist es nicht einmal sicher, inwiefern das Bild überhaupt *eine* Anschauung präsentiert. Sobald man den Abstand zur Bildfläche variiert, bieten sich durchaus unterschiedliche Ansichten dar. Das aus einer Montage von Aufnahmen erzeugte Bild *Beelitz* aus dem Jahr 2007 hat eine Ackerlandschaft zum Gegenstand. Diese ist aber auf den ersten Blick als solche gar nicht zu erkennen. Denn aus größerer Entfernung bietet sich die Fotografie ganz anders dar als aus unmittelbarer Nähe. Von weitem sieht man ein gigantisches, stellenweise lädiertes Rollo, eine abstrakte Linienkonstruktion oder ein seltsames malerisches Ornament. Erst von nahem erkennt man ein von schwarzen Planen weitgehend abgedecktes Spargelfeld, auf dem sich die gebückten Leiharbeiter einzeln identifizieren lassen – die in wiederum größerem Abstand wie Spielfiguren einer knochenharten agrarischen Ökonomie erscheinen. Aus der heimischen Umgebung vertraute, landwirtschaftlich genutzte Natur wird hier als Objekt eines anonymisierten Arbeitsverhältnisses inszeniert, das einem Kalkül effizienter

Warenproduktion unterworfen ist. In der abstrakten, von weitem beinahe verspielt wirkenden Organisation des Bildes scheint die konkrete Gewalt einer instrumentalisierten Naturaneignung auf, die dem Betrachter in einem Bruch mit der formalen Eleganz der Komposition entgegentritt.

Dergleichen ereignet sich aber nicht nur, wo Kunstwerke dingliche oder landschaftliche Ansichten in eine veränderte Sichtbarkeit stellen, sondern auch dort, wo gar keine bestimmten Gestalten eines natürlichen und/oder künstlichen Raums dargeboten werden. Auch eine mehr oder weniger »ungegenständlich« operierende Malerei vermag im Spiel ihrer Kräfte diejenigen der Natur zu ergründen. Gerhard Richters 1992 entstandenes *Abstraktes Bild* (Sprengel Museum Hannover) gehört zu einer 1976 begonnenen Folge oft großformatiger farbiger Kompositionen, die seinerzeit eine deutliche Wende in seinem Schaffen markierten. Das Bild stellt eine ebenso dichte wie inhomogene, von Grün- und vor allem Brauntönen dominierte Farbfläche dar, der der Künstler unter Verwendung langer Holzbalken durchgehende horizontale und vertikale Strukturen eingegeben hat. Die noch nasse Farbe wurde mit diesen großen Spachteln zu schmalen Segmenten von unregelmäßiger, zwischen 5 und 20 cm schwankender Breite glattgestrichen. Die Spuren dieser Formgebung sind überall manifest. So erkennt man, dass die vertikale Rhythmisierung des Bildkörpers nach der horizontalen erfolgt ist, da die senkrechten Farb-Balken die waagrechten eindeutig dominieren. Auf diese Weise erzeugt das Bild eine Spannung zwischen dem untergründigen Wogen der Farbe und ihrer formenden Bearbeitung. Überdies manifestiert es die Spuren der Zeit seiner Bearbeitung, einer Zeitlichkeit, die sich auch in der Dynamik der Betrachtung des Bildes niederschlägt, in der die senkrechten Bearbeitungsspuren eine stärkere Aufmerksamkeit beanspruchen als die waagrechten. In dieser Spannung erweist sich das nominell »abstrakte« Bild als ein höchst konkretes Gebilde. In seiner pastosen, fast reliefartigen Struktur bringt es eine körperliche Arbeit an der Farbe zum Vorschein, in der sich die Kräfte des verhalten leuchtenden Bildgrundes und seiner rhythmisierenden Organisation die Waage halten.

Zugleich aber bleibt es möglich, dieses Bild nicht lediglich als eine Darbietung seiner eigenen Kräfte, sondern darüber hinaus als eine Darstellung außerbildlicher Konfigurationen aufzufassen. Die Senkrechten etwa können als eine Nahsicht von Baumstämmen gesehen werden, wodurch das Bild auch wie eine Aufnahme aus dem Inneren eines Dschungels erscheint – eines Dschungels freilich, der jeden seiner Aggregatzustände fortwährend überwuchert. Gestalten blitzen hier nur auf, um in dem Geschehen unterzugehen, das sie hervorgebracht hat. In den Metamorphosen des Bildes vibrieren diejenigen der Natur. Es gehört zu der Grundgeste dieses lakonisch und ironisch »Abstraktes Bild« genannten Werks, die oft chamäleonhafte Natur von Kunst-Bildern – und vielleicht von Kunstwerken überhaupt – ins Bewusstsein zu rücken. In *ihrem* Changieren zwischen Gestalt und Geschehen beweisen sie eine tiefe Wahlverwandtschaft mit dem Wirken der Natur.

Natur und Kunst

»Zur Selbstverständlichkeit wurde, daß nichts, was die Kunst betrifft, mehr selbstverständlich ist« – so lautet der zu Beginn abgewandelte erste Satz von Adornos *Ästhetischer Theorie* aus dem Jahr 1970.[1] Diese beiden Sätze aber, die Abwandlung und das Original, gehören zusammen. Die Einsicht, dass sie zusammengehören, ist ihrerseits alles andere als selbstverständlich. Sie stellt vielmehr das Ergebnis eines langen historischen Prozesses dar. Denn erst im letzten Drittel des 20. Jahrhunderts hat sich die

---

1 Th. W. Adorno, Ästhetische Theorie, Frankfurt/M. 1973, 9. – In der zweiten Satzhälfte fügt Adorno hinzu: »weder in ihr noch in ihrem Verhältnis zum Ganzen, nicht einmal ihr Existenzrecht.«

Erkenntnis einer inneren, jedoch stets heiklen und spannungsreichen Komplizenschaft zwischen Kunst und Natur vollends durchgesetzt – angetrieben durch vielfältige Entwicklungen der künstlerischen Produktion und begleitet von einer zunehmend sensiblen theoretischen Reflexion.

Seit der Antike bis weit in die Neuzeit hinein war das Nachdenken über den Zusammenhang von Kunst und Natur von hierarchischen Vorstellungen bestimmt. Erst war die Natur das Vorbild, dann wurde sie zu einem Nachbild der Kunst – so könnte man die Vorgeschichte ihres Verhältnisses in einem Satz zusammenfassen.[2] In beiden Phasen dieser Entwicklung blieb das Theorem der Nachahmung prägend. Zunächst war es dem Künstler vorgegeben, sich in der Gestaltung seiner Werke an der Meisterschaft derjenigen der Natur und somit den Gesetzen einer übergreifenden kosmischen Ordnung oder an dem Ingenium eines Schöpfergottes zu orientieren. Seit der Renaissance, vor allem aber seit Ende des 18. Jahrhunderts, bahnte sich eine anthropozentrische Umkehrung dieser normativen Ordnung an, die im 19. Jahrhundert mit Verve vollzogen wurde. Oscar Wilde brachte diese Trendwende lediglich auf einen markanten Nenner, als er lakonisch konstatierte, »daß das Leben die Kunst weit mehr nachahmt als die Kunst das Leben«. Damit verbunden war eine direkte Umkehrung der traditionellen Nachahmungslehre. Denn Wilde machte geltend, »daß auch die sichtbare Natur die Kunst nachahmt. Die einzigen Eindrücke, die sie uns bieten kann, sind die Eindrücke, die wir bereits durch die Poesie oder die Malerei kennen. Dies ist das Geheimnis für den Zauber der Natur und zugleich die Erklärung für ihre Schwäche.«[3]

Aus heutiger Warte muss man sich diese Sätze nur vor Augen führen, um zu erkennen, dass diese Umkehrung des Nachah-

---

2 Vgl. M. Seel, Eine Ästhetik der Natur, Frankfurt/M. 1991, bes. 11–33 u. 163–178.
3 O. Wilde, Der Verfall der Lüge, in: Ders., Sämtliche Werke, hg. v. N. Kohl, Bd. VII, Frankfurt/M. 1982, 9–44, 44.

mungstopos die Dialektik von natürlichem Werden und künstlerischem Schaffen nicht minder verfehlt als seine ursprüngliche Fassung. Irreführende Oppositionen dieser Art freilich spiegeln sich noch immer in vielen theoretischen Debatten darüber, was unter »Natur« denn eigentlich zu verstehen sei. Letztlich ist alles Natur – so lautet die naturalistische These. Im Grunde ist alles Kultur – so lautet die kulturalistische Entgegnung. Wie immer aber diese Extrempositionen im Einzelnen ausgeführt und begründet werden, sie verfehlen den Zusammenhang, den sie vollmundig zu erklären behaupten. Denn das Verhältnis von Natur und Kultur kann nicht begreifen, wer nicht ihre unendlichen Verwicklungen zu begreifen versucht. Alles Verständnis von Natur ist ein kulturelles Produkt, wie sich alle kulturelle Produktion immer auch einer Leistung natürlicher Kräfte verdankt. Auch die Differenz zwischen Natur und Kultur, einschließlich der Faszination, Fremdheit und Gefährdung, die in ihrem Miteinander liegt, geht aus dieser komplexen Verbundenheit hervor. Es ist nun gerade die bildende Kunst, vielleicht mehr noch als alle Theorie, die zu einer Auslotung dieser Verhältnisse berufen ist. Man könnte fast sagen, es ist eine ihrer zentralen Missionen, daran zu erinnern, dass wir es uns mit unserer kulturellen Natur nicht zu leicht und nicht zu einfach machen dürfen.

Die jüngere Kunstgeschichte bietet reichhaltige Belege für eine untergründige Anverwandlung der Kunst an Natur, wie sie auch in Gerhard Richters Serie »Abstrakte Bilder« nachhaltige Spuren hinterlassen hat. Das Geschehen der Bildwerke emanzipiert sich von jeder eindeutigen Fixierung eines Bildes vertrauter Gestalten der äußeren Welt. »Je strenger die Kunstwerke der Naturwüchsigkeit und der Abbildung von Natur sich enthalten, desto mehr nähern die gelungenen sich der Natur.«[4] Man könnte diesen Satz von Adorno als Motto der Aufdeckung eines zentralen Strangs der bildenden Kunst der beiden vergangenen Jahrhunderte verwenden. Für die Malerei hat Gottfried Boehm gezeigt, wie we-

---

4 Adorno, Ästhetische Theorie, a. a. O., 120.

nig das vorläufige Ende der Landschaftsmalerei im Ausgang des 19. Jahrhunderts ein Ende des künstlerischen Bildes der Natur bedeutet.[5] Was sich nämlich in dieser Periode vollzieht, ist eine Orientierung weniger an einer *natura naturata* als vielmehr an einer *natura naturans* – der Übergang von einer Vergegenwärtigung ihrer Hervorbringungen zu einer Erkundung ihres Wirkens. Nicht ein Raum der Natur, der dem Betrachter gegenüber steht, ein Prozess der Natur, der die Position des Betrachters mit erfasst, wird etwa bei Monet und Cézanne zum Thema der Bilder. Hier tritt ein, worauf Adornos Aphorismus zielt. Im Blick auf Kandinsky, Mondrian und Pollock zeichnet Boehm einige weitere Schritte dieser Entwicklung nach. Es wird zur Würde der Kunst, im Abstand von aller Thematisierung der Natur gleichwohl »Äquivalente der Natur«[6] zu schaffen. Würde man diese Entwicklung bis in die Gegenwart weiterverfolgen, müsste man freilich den Akzent der Darstellung ein weiteres Mal verschieben. Denn die neuere Kunst hat sich keineswegs auf einer geraden Bahn fortschreitender Abstraktion entwickelt, die nur noch einen ungegenständlichen Naturbezug zulassen würde. Auch mit diesem Tabu moderner Kunsttheorien hat die Praxis der Kunst längst gebrochen. Jetzt erst – durch die Kunstentwicklung der vergangenen Jahrzehnte – sind die alten Hierarchien vollständig aufgelöst worden. Der Glaube an einen normativen Vorrang in der Kunstproduktion, sei es der Nachahmung der Natur durch die Kunst, sei es der Kunst durch die Natur, sei es der Repräsentation einer *natura naturata*, sei es der Dramatisierung einer *natura naturans* – diese Einseitigkeiten spielen in dem, was heutige Künstler tun, kaum noch eine Rolle. Mit ihrer Überwindung wird eine neue Liaison zwischen Kunst und Natur möglich, die ihre Wurzel in einem Interesse des Kunst-Machens an dem nicht

---

5 G. Boehm, Das neue Bild der Natur. Nach dem Ende der Landschaftsmalerei, in: M. Smuda (Hg.), Landschaft, Frankfurt/M. 1986, 87–110, 92.
6 Ebd., 104.

gemachten Reichtum sowie der nicht kontrollierbaren Veränderlichkeit natürlicher Phänomene hat.

Und doch: Mit einem Ende des Nachahmungsgedankens ist auch diese Entwicklung nicht gleichzusetzen. (Endstationen der Kunst gibt es bekanntlich sehr viel weniger, als ihre Theoretiker glauben.) Adorno beispielsweise benutzt dieses Theorem noch einmal in seiner *Ästhetischen Theorie*, um das traditionelle Denken über Natürlichkeit und Künstlichkeit aus den Angeln zu heben. »Als Unbestimmtes, antithetisch zu den Bestimmungen, ist das Naturschöne unbestimmbar, darin der Musik verwandt, die aus solcher ungegenständlichen Ähnlichkeit mit Natur in Schubert die tiefsten Wirkungen zog. Wie in Musik blitzt, was schön ist, an der Natur auf, um sogleich zu verschwinden vor dem Versuch, es dingfest zu machen. Kunst ahmt nicht Natur nach, auch nicht einzelnes Naturschönes, doch das Naturschöne an sich.«[7] Dieses »Naturschöne an sich« steht hier für das der begrifflichen Rede spottende Niesichgleichsein der phänomenalen Welt, für die Besonderheit von Dingen und Situationen, an die die ästhetische Naturwahrnehmung ein ums andere Mal erinnert. »Der Zweck des Kunstwerks ist die Bestimmtheit des Unbestimmten«, sagt Adorno deshalb auch.[8] In seinen Konfigurationen kann es zum Vorschein bringen, was in der alltäglichen wie der wissenschaftlichen Weltkenntnis unsichtbar bleiben muss: das unentwirrbare Geflecht von Bindungen und Begehrungen, die uns im Hintergrund unserer vordergründigen Gewissheiten und Gewohnheiten bestimmen und bewegen.

Die klassische Formulierung der Wechselwirkung von ästhetischer Natur und ästhetischer Kunst freilich war schon knapp 200 Jahre vorher geglückt. Im § 45 seiner *Kritik der Urteilskraft* aus dem Jahr 1790 schreibt Immanuel Kant: »Die Natur war schön, wenn sie zugleich als Kunst aussah; und die Kunst kann nur schön genannt werden, wenn wir uns bewußt sind, sie sei

---

7 Adorno, Ästhetische Theorie, a.a.O., 113.
8 Ebd., 188.

Kunst, und sie uns doch als Natur aussieht.«[9] Worum es Kant hier geht, ist – schon damals – die Auflösung der Frage, wer denn nun das Vorbild ästhetischer Wahrnehmung und Herstellung sei: die freie Natur oder die freie Kunst. Kants Lösung liegt in der These einer doppelten Vorbildlichkeit der Natur für die Kunst und der Kunst für die Natur. Die Gegenwart ästhetisch wahrgenommener Natur ist ein Vorbild der inneren Lebendigkeit des Kunstwerks, die Imagination des Kunstwerks dagegen ein Vorbild einer intensiven Wahrnehmung der Natur. Die gegenseitige Befruchtung von ästhetischer Kunst und ästhetischer Natur kommt erst zustande, wenn Natur unter anderem *wie* gelungene Kunst und Kunst unter anderem *wie* freie Natur wahrgenommen werden kann, ohne dass die Differenz zwischen Kunst und Natur dabei ausgelöscht wird. Nicht die im Schein der Kunst wahrgenommene Natur, nicht die im Schein der Natur wahrgenommene Kunst, den *Dialog* zwischen Kunst und Natur erhebt Kant zur Norm eines ungezügelten ästhetischen Bewusstseins. Aber stets ist dies *unser* Dialog. Er vollzieht sich in der Produktion wie in der Betrachtung von Kunst, sobald wir uns spürend darauf einlassen, wie wenig selbstverständlich uns unsere Natur eigentlich ist.

Das Modell der Landschaft

Die bildenden Künste partizipieren an diesem Dialog auf eine herausragende Weise. In der Vielfalt ihrer Genres und Formen erzeugen sie ganz verschiedenartige Reaktionen auf unsere Reaktionen gegenüber der Natur. Ob es sich um Malerei, Fotografie, Video oder Plastik handelt, wie immer diese Gattungen untergründig oder ausdrücklich miteinander paktieren mögen, oder

---

9 I. Kant, Kritik der Urteilskraft, in: Ders., Werke in zwölf Bänden, hg. v. W. Weischedel, Frankfurt/M. 1968, Bd. X, 405.

ob es Installationen sind, die einige ihrer Verwandten ins eigene Gefüge integrieren – sie alle lassen sich beunruhigen von dem ungesicherten und verletzlichen, sowohl von innen wie von außen gefährdeten Verhältnis, das gegenwärtige Gesellschaften und Kulturen zu der Naturseite ihrer Existenz unterhalten. Dieses Verhältnis aber betrifft nicht minder die Individuen, die Teil einer hochgezüchteten Lebensform sind, die ihre natürlichen Grundlagen in einem unausgeglichenen Maß hegt und verdirbt. Was die Auseinandersetzung der Kunst mit ihrem Gegenpart antreibt, ist somit das individuelle wie kollektive Selbstverhältnis des heutigen Menschen, der sich an jedem zufälligen Winkel der Welt und in der Anschauung jedes einzelnen künstlichen oder unbehandelten Dings inmitten eines globalen Spiels übergreifender sozialer und natürlicher Kräfte weiß – oder doch wissen kann. Wo die künstlerische Gestaltung dieses Kräftespiel auf die eine oder andere Weise in Szene setzt, so könnte man sagen, erforscht sie mit ihren Mitteln den Landschaftscharakter unserer Beziehungen zur Natur: Aspekte des Umstands, dass wir uns in unserem Tun und Lassen in Sphären bewegen, von denen wir wissen, dass sie den Horizont unserer Wahrnehmungsfähigkeit immer auch übersteigen.

Im klassischen Verständnis ist Landschaft diejenige Zone, in der die Erfahrung des Naturschönen kulminiert. Jedoch ist die Erfahrung von Landschaft keineswegs an Schauplätze weitgehend unberührter oder parkähnlich inszenierter Natur gebunden; sie kann sich beliebig für eine Vergegenwärtigung domestizierter und städtischer Areale öffnen. Ohnehin ist daran zu erinnern, dass beinahe alle heutigen Landschaften, auch diejenigen weit am Rand der Zivilisation, nie nur Natur sind, sondern immer auch, wenn auch in ganz unterschiedlichem Maß, *Legierungen* von Natur und Kultur darstellen. Zugleich aber ist das Gefüge jeder Landschaft, selbst dasjenige im Raum einer großen Stadt, allein durch den Einfluss von Wind und Wetter, immer auch ein Zustand und Geschehen der Natur. Jede Landschaft, wie geprägt und umstellt sie von den Werken des Menschen auch sein mag, bietet dem ästhetischen Sinn ein im Ganzen ungelenktes Schauspiel der Fülle und Veränderung – wie in einer weitgehend unberührten Natur.[10] Gerade diese wechselseitige Imprägnierung der Natur durch Kultur und der Kultur durch Natur in der Konfiguration landschaftlicher Bereiche macht deren Erfahrung zu einem theoretischen Modell für den in den bildenden Künsten geführten Dialog zwischen Natur und Kunst. Die Verwerfungen der Landschaft geben einen paradigmatischen Einblick in die tektonischen Spannungen einzelner Gebilde, in denen das Ineinander von Kultur und Natur anschaulich wird.

Der Raum einer Landschaft ist wie fast jeder Raum zusammen mit einer Mannigfaltigkeit von Gegenständen *in* diesem Raum gegeben. Für die Erfahrung eines Raums als Landschaft ist jedoch nicht das phänomenale Gegenüber einzelner oder mehrerer Gegenstände zentral, sondern vielmehr die Erfahrung, *mitten unter* diesen Gegenständen zu sein: in ihrer Nähe und Ferne, in ihrer beengenden oder befreienden, beredten oder stummen Gegenwärtigkeit. Wer sich dermaßen »mitten unter« einer Fülle von Erscheinungen befindet, für den gibt es *keine Mitte*, von der aus sich eine feste Ordnung dieser Erscheinungen ausmachen ließe. Der landschaftliche Raum *umgibt* die Wahrnehmenden, er *überformt* ihren Standort. Auch sind diese keineswegs bloße Betrachter, die auf einen distanzierenden Über- oder Rundblick aus wären (was freilich eine verbreitete Form von Landschaftsblindheit ist), sondern leibliche Subjekte, die sich als empfängliche und verletzliche Wesen inmitten eines räumlichen Geschehens erfahren. Die Wahrnehmung von Landschaft ist somit nicht allein die Erfahrung eines Daseins und Sichveränderns vieler Dinge im Raum, sie ist Erfahrung eines *geschehenden Raums*: die Erfahrung, wie es ist, unter und inmitten eines vielgestaltigen prozessualen Erscheinens räumlicher Gestalten zu sein.

---

10 Zugespitzt kann man deshalb sagen, dass Natur die Natur der Landschaft ist. Vgl. Seel, Eine Ästhetik der Natur, a. a. O., 220–233, bes. 233.

Dieses Geschehen kann sich nur in einem größeren Raum entfalten. Seine Wirklichkeit beginnt da, wo ein Raum in dem Sinn *aus seiner Dimension* tritt, dass seine Abmessungen von denen, die sich in ihm befinden, nicht erfasst werden können. Der Raum einer Landschaft hat weder Rand noch Grenze, er endet an einem Horizont: dort, wo die Konturen, Formen und Abgrenzungen diffus werden, oder dort, wo es – wie im Fall einer verwinkelten Stadt – spürbar weitergeht, ohne dass diese Weiterungen vom eigenen Standpunkt aus erfasst werden könnten. Landschaften sind somit Räume, die – aus der Warte derer, die diesen Raum als Landschaft wahrnehmen – weder überschaut noch durchmessen werden können. In den Verschiebungen ihres Horizonts gehen sie über unseren Horizont. Von einem kleineren Stadtpark etwa unterscheidet sich die Park*landschaft* dadurch, dass man durch sie nicht jederzeit hindurchsehen kann, dass man sich in ihr »verlieren«, dem Geschehen eines unabgegrenzten Orts überlassen kann. »Unüberschaubar« im hier relevanten Sinn des Wortes ist aber auch die Landschaft einer Wüste, in der sich nichts den Blicken entgegenstellt. Denn wer inmitten einer Wüste steht, findet sich von allen Seiten von einer Weite umgeben, die er im Sehen und Hören nicht ermessen, nicht einordnen, in keine Übersicht zusammenfassen kann.

Erst mit dieser vertikalen und horizontalen Unabgeschlossenheit tut sich der Raum einer Landschaft auf. Diese Unabgeschlossenheit ist immer Offenheit für ein Subjekt, das sich auf bestimmte Weise zum Raum seiner Umgebung verhält. Schließlich ist es der ganze Sinn eines wahrnehmenden Sicheinlassens auf Landschaften, dass wir in ihnen *nach draußen* gelangen: in ein zugleich reales und metaphorisches Draußen. Real ist dieses Draußen, weil wir die eigenen vier Wände, überhaupt die überschaubaren räumlichen Koordinaten, verlassen. Wir treten ins Freie. Dies ist jedoch nur eine notwendige, aber allein nicht hinreichende Bedingung der Erfahrung von Landschaft. Denn ein größerer, in alle Richtungen ausgreifender Raum ist für sich genommen lediglich ein *potentieller* Ort der Gegenwart ästhetischer Landschaft. Zur *aktuellen* Landschaftserfahrung kommt es erst, wenn wir in jenem realen Draußen zugleich in ein *metaphorisches Draußen* gelangen: wenn wir die Bindung an die pragmatischen Orientierungen lockern, die unser normales Verhalten im Raum bestimmen; wenn wir uns nicht länger mit festgelegten Zielen in diesem Raum bewegen, sondern uns freihalten für die irreguläre Gegenwart des größeren Raums selbst. Wie immer wir solche Gegenwarten durch Formen des Bauens, der Landschaftsgestaltung und -erhaltung in Stadt und Natur *möglich* zu machen versuchen – der Prozess ihrer Präsenz übersteigt alles Machen.

Wider die Blindheit

In der Erfahrung von Landschaft, mit anderen Worten, wo immer sie sich zutragen mag, schwingt ein Gefühl der Naturgebundenheit aller kulturellen Praxis, aller gesellschaftlichen Organisation und mit ihr aller Technik mit. Ihr wohnt ein Keim der Bejahung der Grenzen aller Kultur und somit wenigstens ein Hauch ökologischer Demut inne. Für Augenblicke führt sie uns aus der Befangenheit in dem Glauben heraus, wir müssten zu unserem Wohlergehen über unsere innere und äußere Natur immer besser verfügen können. Auch wo ihr Gegenüber nicht in erster Linie Naturlandschaft ist, führt sie uns ins Offene unserer naturverhafteten historischen Welt hinein.

Aus Gründen wie diesen hat Adorno dem »Kultus großartiger Landschaft« widersprochen, einem, wie er sagt, »amusischen Verhalten«, in dem der menschliche Geist nur wieder die eigene Großartigkeit feiert.[11] Die abstrakte Größe der Natur wird hier zum »Reflex des bürgerlichen Größenwahns, des Sinns für Rekord, der Quantifizierung, auch des bürgerlichen Heroenkults. (…) Darüber entgleitet, daß jenes Moment in der Natur dem Be-

---

11 Adorno, Ästhetische Theorie, a. a. O., 109 f.

trachter auch ein ganz Verschiedenes zuwendet, etwas, woran menschliche Herrschaft ihre Grenze hat und was an die Ohnmacht des allmenschlichen Getriebes erinnert.«[12] Adorno erhebt gegen einen Narzissmus der Naturbegeisterung Einspruch, der die Erfahrung von Landschaft im eigenen Herrschergestus erstickt. Einer solchen Feier des Prächtigen und Mächtigen müsse sich die Theorie des Naturschönen ebenso wie die künstlerische Auseinandersetzung mit Natur verweigern. »Skepsis gegen große Natur entspringt evident im künstlerischen Sensorium.«[13]

Ein solcher Abstand von aller Selbstbeweihräucherung ihres und unseres Könnens charakterisiert die gegenwärtige Auseinandersetzung der Kunst mit Natur. Darin entfaltet sie ihre Macht und Magie. Sie verwandelt das kulturelle Drinnen in ein metaphorisches Draußen und das natürliche Draußen in ein metaphorisches Drinnen. Sie bringt das Ferne in die Nähe und das Nahe in die Ferne. Sie lässt das Eigene fremd werden und das Fremde fremd bleiben. Mit ihren Konstruktionen spürt sie den Kontingenzen, mit ihrer Technik den Verstellungen, mit ihrer Prozessualität dem dauernden Vergehen der Natur und des Lebens nach. Fortwährend lässt sie das Erhabene ins Schöne umschlagen und dieses in jenes – und zeigt dabei, wie künstlich der Gegensatz zwischen beiden ist.

Dies erlaubt es der Kunst, auf vielfältige Weise an die Grenzen ihrer und unserer Natur zu gehen. Die Malerei lässt im Binnenraum ihrer Flächen Bezüge sichtbar werden, die mit dem Außenraum – sowohl des Bildes selbst als auch der Bildmotive – stillschweigend korrespondieren. Die Fotografie stellt darüber hinaus das Rätsel, was jenseits der Ausschnitte ihrer Aufnahmen lag. Das künstlerische Video verweigert das Heimischwerden in einer erzählten Welt. Skulptur und Objektkunst lassen keinen eindeutigen Standpunkt gegenüber ihren Gestaltungen zu. Die Kunst der Installation stülpt in ihrem Bezirk das Antlitz der äu-

---

12 Ebd., 110.
13 Ebd., 109.

ßeren Welt nach innen und das der inneren nach außen. Alle diese Künste führen vor, was sich uns entzieht. Sie schaffen Orte der Ortlosigkeit gegenüber unseren scheinbar vertrauten Orten. Sie bringen in ihrem Erscheinen die unsichtbaren Seiten des menschlichen Weltverhältnisses ans Licht. Darin liegt ihre zentrale Reminiszenz an seine, des Menschen, undurchsichtige Stellung in und zu den vielfältigen Dimensionen von »Natur«. Denn auch ihr, der Natur, sieht man oft genug nicht an, wie sie auf uns wirkt und was wir mit ihr bewirken.

Es ist dieses im Kern gesellschaftliche Verhältnis, auf das die künstlerische Bildpolitik der Natur reagiert. Auf dem Weg einer Bildstörung unterbricht sie jede selbstgewisse Handhabung der Differenz von Natur und Kultur. Wie in der entfesselten Erfahrung von Landschaft führt sie vor Augen, dass sich jede noch so große Weitsicht in einer Unschärfe verliert, die nur die Kehrseite unserer Klarheit ist. Sie verweigert den Überblick am nachdrücklichsten dort, wo wir meinen, einen Überblick zu haben. Sie verführt uns dazu, ins Halbdunkel unseres Wissens zu blicken. Sie versucht uns aus dem dogmatischen Schlummer zu wecken, mit dem der Komfort der industrialisierten Welt ihre wohlhabenden Bewohner ein ums andere Mal einlullt. Nicht nur die Natur geht über unseren Horizont, auch die Kunst kann ihn überschreiten. In den besten Fällen lässt sie uns unsere Blindheit sehen.

12. Aktive Passivität.
Über die ästhetische Variante der Freiheit

»Selbstsein im Anderssein« oder »Beisichselbstsein« im Anderen lauten Hegels Formeln für das Grundverhältnis subjektiver Freiheit. Sie akzentuieren, dass Subjekte nur zu sich selbst kommen können, wenn sie fähig bleiben, über sich hinauszugehen. Dieses Motiv spielt auch in Hegels Kunstphilosophie eine signifikante Rolle.[1] Ihm möchte ich nachgehen, indem ich zu sondieren versuche, inwiefern eine Polarität von Selbstsein und Anderssein auch für die Zustände ästhetischer Freiheit charakteristisch ist. Dies wird nicht in Form einer Exegese Hegel'scher Texte geschehen, aber doch – mit einiger Unterstützung durch Kant und Adorno – in dem Bemühen, dem Geist der Hegel'schen Philosophie so nahe wie möglich zu bleiben. Meine Betrachtungen haben die Form von Thesen mit anschließenden Kommentaren. Ich beginne mit Stichworten zur generellen Verfassung subjektiver Freiheit (1–3), um hiervon die besondere Rolle ästhetischer Freiheit abzuheben (4–7) und schließlich im Rückgriff auf Hegel herauszustellen, in welchem Sinn es sich hierbei um eine nicht unerhebliche Variante der Freiheit handelt (8–10).

---

1 Z. B. G. W. F. Hegel, Vorlesungen über die Ästhetik I-III, in: Ders., Werke in zwanzig Bänden, hg. v. E. Moldenhauer u. K. M. Michel, Frankfurt/M. 1970, Bde. 13–15, I, 28.

1. Zu sich selbst kommen kann nur, wer fähig ist, sich an Personen und Sachen zu verlieren.

Dieser Satz mag übertrieben klingen, aber eigentlich handelt es sich, zumindest im Blick auf das Denken Hegels, um eine triviale Bestimmung. Kein Selbstgewinn ohne eine Verausgabung in Praktiken sei es der Arbeit, der Bildung, der Liebe, des Spiels, der Wissenschaft oder anderer Künste – ohne ein Sicheinlassen auf einen Gegenstand oder ein Gegenüber, wodurch man erfährt, woran man mit sich ist. Dies kann nicht nur an einem Gegenstand oder Gegenüber gelingen, sondern allein an mehreren und möglicherweise vielen. Dieses Selbstsein kann nicht ein für alle Mal erreicht werden, es muss immer wieder aufs Spiel gesetzt werden. Kein Selbstgewinn ohne Selbstverlust. Jedoch sollte nicht vergessen werden, dass sich Selbstverlust durchaus ohne Selbstgewinn ereignen kann. Nicht mehr zu wissen, woran man mit sich ist, sich nicht mehr auszukennen in seinen Lebensvollzügen, sich also kaum mehr zu kennen – dies wäre das Zeichen einer Pathologie des personalen Selbstverhältnisses. Manchmal hat diese ihren Grund in einem Streben nach verfehlten Formen des Selbstbesitzes, nicht zuletzt verursacht durch falsche Ideale der Selbstgewissheit und der Selbstverfügung. Dieser Verführung muss widerstehen, wer mit sich selbst zu Rande kommen will. Das personale Sichverfehlen ist oft genug die Folge eines Mangels desjenigen Sichverlierenkönnens, in dem eine entscheidende Fähigkeit des Zusichfindens liegt.

Diese Skizze hat vorerst nur den Zweck, vorauszuschicken, worin eine wesentliche Dimension ästhetischer Freiheit liegt: in der Aktualisierung solcher Formen des Sichverlierens, die einem freien Selbstverhältnis förderlich sind. In seinem Buch über die Ontologie des Films bemerkt Stanley Cavell an einer Stelle knapp: »Apart from the wish for selfhood (hence the always simultaneous granting of otherness as well), I do not understand the value of art.«[2]

2 S. Cavell, The World Viewed. Reflections on the Ontology of Film, Cambridge/Mass. 1979, 22.

2. Handelnde können ihre Unabhängigkeit nur in Abhängigkeit von anderen und anderem gewinnen.

Dies ist nur ein Komplement der vorigen These, das nochmals zentrale Motive der Philosophie Hegels in Erinnerung ruft. Schließlich kreisen seine Theorie des Selbstbewusstseins und seine Sozialphilosophie – weit über die einschlägigen Passagen in der *Phänomenologie des Geistes* hinaus – um eine Dialektik von Abhängigkeit und Unabhängigkeit, die konstitutiv dafür ist, dass menschlichen Individuen personale Identität zuwachsen kann. An der Tugend der Unbefangenheit lässt sich dies gut erläutern. Biologisch, biographisch und ideologisch, durch Herkunft, Sprache, Aussehen und vieles andere mehr sind alle, die selbständig denken und handeln können, vielfältig determiniert, bevor sie auch nur den kleinen Finger gerührt haben. Wie sollten sie da unbefangen urteilen und agieren können? Sie können es, solange sie sich nicht einseitig bestimmen lassen. Unbefangen ist, wer nicht nur einigen wenigen seiner Prägungen nachgibt – und wer die vielen, denen er unterliegt, gegeneinander ins Feld zu führen vermag. Deshalb kommt es in der Lebensführung von Personen darauf an, sich an diejenigen ihrer Zwecke und Leidenschaften zu binden, an denen ihnen vor allen anderen liegt, wobei es hilfreich ist, sich von einigen der Bindungen tragen und antreiben zu lassen, in denen sie ohnehin stehen. An gar nichts gebunden zu sein und trotzdem im eigenen Leben einen Sinn zu finden, das geht nicht; es geht wider die Natur einer jeden Kultur. Vor allem an *eine* Person oder Sache gebunden zu sein, das geht, aber es geht nicht gut; es zerstört den freien Blick auf die Welt. Wer nicht in vielem befangen ist, kann gar nicht unbefangen sein.

Diese unübersichtlichen Bindungen betreffen auch und gerade das theoretische Verhalten des Menschen. An langen Serien von Beispielen macht Cavell in *The Claim of Reason* deutlich, dass Wissensansprüche jederzeit kontextabhängig sind. Was genau wir zu wissen beanspruchen und anderen gegenüber als Einsicht vertreten, hängt eng damit zusammen, bei welcher Gelegenheit wir etwas zu erkennen glauben und zu erkennen geben. Diese Gelegenheiten aber haben es an sich, niemals vollständig durchschaut, überblickt und erfasst werden zu können. Auch die besten Kriterien der Verwendung von Begriffen und der Begründung von Aussagen unterliegen Bedingungen der Anwendung, die nicht ihrerseits einer kriterialen Kontrolle unterliegen. Jede Bestimmtheit unserer selbst und der Welt geht notwendigerweise mit Unbestimmtheit einher, weswegen die Idee einer letzten Bestimmtheit, sei es der eigenen Gedanken, sei es äußerer Objekte, sei es dessen, was in anderen Menschen vorgeht, ein leerer Gedanke ist. Menschliches Wissen ist seiner Natur nach begrenzt und also unvollständig. Es bleibt in seinem Status auch dort fragil, wo wir uns aus guter Gewohnheit auf es verlassen können. Ein Skeptizismus, der deswegen die Hände über dem Kopf zusammenschlägt, ist genauso verfehlt wie ein Fundamentalismus, der die konstitutive Unbestimmtheit in der Bestimmtheit des Wissens nicht wahrhaben möchte.

Das ist aber nur der eine, noch vergleichsweise harmlose Teil des Arguments von Cavell. Denn seine radikale Konsequenz lautet, dass die theoretische Stellung zur Welt ihren Rückhalt in einem praktischen Verhalten, genauer noch in der Teilhabe an intersubjektiven Praktiken hat. Wir können nichts erkennen, wenn wir uns nicht in anderen erkennen und nicht die anderen in uns erkennen – wenn wir uns nicht als Teilnehmer an Lebensformen verstehen, in denen es uns gemeinsam um den immer wieder bedrohten Erhalt und die stets gefährdete Entwicklung dieser Kulturen geht. Hierfür stehen bei Cavell vor allem Wittgenstein und Heidegger Pate. Ihm zufolge stimmen beide darin überein, »was ich die Wahrheit des Skeptizismus genannt habe, was ich aber auch die Moral des Skeptizismus nennen könnte: daß nämlich die Grundlage des Menschen in der Welttotalität, seine Beziehung zur Welt als solcher, nicht kognitiver Art ist oder jedenfalls nicht von der Art, was wir uns darunter vorstellen.«[3] Was wir

---

3 Cavell ergänzt: »Sowohl Wittgenstein als auch Heidegger stehen durch ihre jeweilige Interpretation in der Tradition von Kants Einsicht, daß

»Wissen« nennen, so führt Cavell aus, ist ein Effekt von Einstellungen, die wir anderen gegenüber haben. Ihnen können wir nur dann mit dem Anspruch auf relevante und tragfähige Erkenntnis gegenübertreten, wenn wir die Fähigkeit ausbilden, uns selbst als einen oder eine *unter anderen* wahrzunehmen, und dies im Angesicht der Tatsache, dass wir uns und die anderen in dieser Achtung und Beachtung immer wieder verfehlen können. Gerade diese Risiken sind Cavell wichtig. Ohne sie gäbe es weder mehr noch weniger, sondern gar kein Wissen. In der Aufklärung der prekären Involviertheit des einzelnen Menschen in den Zusammenhang einer historischen Kultur – darin besteht für ihn die Aufgabe der Philosophie.

3. Menschliche Freiheit hat ihren Kern in der Fähigkeit, sich bestimmen zu lassen – *sich* bestimmen zu lassen und zugleich: sich bestimmen zu *lassen*.

Dies ist ein Verständnis von Selbstbestimmung, das ich – unter Bezug unter anderem auf Kant, Hegel, Nietzsche, Heidegger – an anderer Stelle ausführlicher entwickelt habe.[4] Dieses Verhältnis von »Bestimmendsein« und »Bestimmtsein«, wie es bei Fichte heißt[5], ist bei der Herausbildung und Umformung epistemischer wie praktischer Orientierungen gleichermaßen von Belang. Eine ver-

---

die Schranken des Wissens keine Defizite sind.« S. Cavell, Der Anspruch der Vernunft. Wittgenstein, Skeptizismus, Moral und Tragödie, Frankfurt/M. 2006, 401; vgl. ders., Wissen und Anerkennung, in: Ders., Die Unheimlichkeit des Gewöhnlichen, Frankfurt/M. 2002, 39–73.

4 M. Seel, Sich bestimmen lassen. Ein revidierter Begriff der Selbstbestimmung, in: Ders., Sich bestimmen lassen. Studien zur theoretischen und praktischen Philosophie, Frankfurt/M. 2002, 279–298.

5 J. G. Fichte, Grundlage der gesamten Wissenschaftslehre (1794), Hamburg 1970, 163 ff.

antwortliche Festlegung auf Überzeugungen und Absichten im Kleinen wie im Großen verlangt die Fähigkeit und die Bereitschaft, im Denken und Handeln durch Wahrnehmungen, Begriffe, Gründe, Personen, Institutionen, Traditionen, Rituale, Atmosphären, Landschaften, Kulturen und nicht zuletzt durch die Dramen der Politik und anderer Künste ansprechbar zu sein und irritierbar zu bleiben. Eine derartige Responsivität ist konstitutiv für ein freies Handeln, das sich aus eigenem Antrieb und eigener Überlegung auszurichten weiß. Dieses Eigene, das in Akten der Selbstbestimmung in Anspruch genommen wird, steht notwendig in weitreichenden Bezügen des mehr oder weniger Fremden, von denen das Selbstverhältnis gerade autonomer Individuen von Anfang bis Ende zehrt.

Eine kurze Besinnung auf die Grundstellung menschlichen Handelns kann dies verdeutlichen.[6] Da Handlungsfähigkeit und Handlungsverstehen an die in Geschichte und Kultur entwickelte Sprache des Handelns gebunden sind, hat ohne deren Bedeutungen alles Handeln keine Realität. Bedeutung aber haben Worte und Sätze, Erklärungen und Erzählungen niemals isoliert, sondern allein in Abgrenzung voneinander, ohne dass da eine Grenze wäre, hinter der alles klar oder unklar würde. Die Beziehungen von Wort zu Wort, Wort zu Welt sowie zwischen denen, die sich im Gebrauch von Worten in der Welt tummeln – die Beziehungen also, die verstanden werden müssen, wenn überhaupt etwas verstanden werden soll –, reichen nicht *ad infinitum*, sondern lediglich *ad indefinitum*.[7] Sie verleihen den Einheiten des Spre-

---

[6] Die nachstehende Passage ist teilweise entnommen aus: M. Seel, Theorien, Frankfurt/M. 2009, 184–189; vgl. ders., Teilnahme und Beobachtung. Zu den Grundlagen der Freiheit, in: Ders., Paradoxien der Erfüllung. Philosophische Essays, Frankfurt/M. 2006, 130–156.

[7] Von dieser Differenz macht Kant bei der Auflösung der Antinomien der theoretischen Vernunft Gebrauch. Vgl. I. Kant, Kritik der reinen Vernunft, in: Ders., Werke in zwölf Bänden, hg. v. W. Weischedel, Frankfurt/M.1968, Bd. IV, 478 ff. (B 547 ff./A 518 ff.).

chens und Denkens einen bestimmten Inhalt, indem sie einen insgesamt weder überschaubaren noch sonstwie bestimmbaren Zusammenhang von Verweisungen bilden. Da es eine kommunikative Praxis ist, in der Ausdrücke und Überzeugungen ihren Inhalt erhalten, erweist sich auch die Reichweite ihrer Bestimmtheit als eine letztlich praktische Frage. Denn es liegt niemals ein für alle Mal fest, *inwieweit* man die Überzeugungen eines anderen teilen oder überblicken muss, um eine seiner Äußerungen zu verstehen. Es kann und darf offen bleiben, bis zu welchem Punkt wir einander folgen und verstehen können (und wollen). Statt ins Unendliche zu reichen, sind die Vernetzungen des Denkens bis ins Unbestimmte artikuliert. Einen bestimmten Gehalt haben unsere Gedanken vor dem Hintergrund einer unbestimmt weiten Verbindung mit anderen Gedanken und mit den Gedanken anderer. Alles, was wir sagen und denken, reicht weiter als das, was wir zu sagen und zu denken vermögen, obwohl diese Reichweiten nur ein weiterer Effekt der Kultur unseres Denkens und Sprechens sind. Allein dieses ebenso beunruhigende wie bei näherer Betrachtung beruhigende Faktum macht alles einsame wie gemeinsame Sinnen und Trachten überhaupt interessant – und macht eine in Freiheit vollzogene Lebensführung allererst möglich.

Man darf, mit anderen Worten, die Indeterminiertheit des menschlichen Geistes nicht an der falschen Stelle suchen. Kein kausales Nichtbestimmtsein macht die Freiheit unseres Denkens und Handelns aus, sondern die Unbestimmtheit unseres Bestimmtseins durch Gründe. Da es keine Umgehung der Verständlichkeit unserer Gedanken und Absichten gibt, die uns unabhängig von ihren verwinkelten Wegen zugänglich machen könnte, wie es mit ihnen steht, und da jede Produktion von Bestimmtheit zugleich eine Produktion von Unbestimmtheit ist, bleibt gerade die Welt des Handelns in wesentlichen Hinsichten eine ebenso unbestimmte wie unbestimmbare. Kultur ist eben das: im Unbestimmten eine Bestimmung zu finden, die neue Unbestimmtheit erzeugt, die zu neuer Bestimmtheit führt, und so fort – ad infinitum. Das Indefinite ist das Infinite.

4. Das Feld des Ästhetischen ist ein besonderer Schauplatz der Ausübung der Fähigkeit zur Selbstbestimmung – und insofern ein besonderer Schauplatz der Freiheit.

Diese These betont die enge Verschwisterung des Begriffs ästhetischer Freiheit mit einem allgemeinen Begriff personaler Freiheit. Die Lokalisierung der spezifischen Differenz der ersteren gegenüber der letzteren verlangt darum zugleich eine Vergewisserung der Einheit von ästhetischer und sonstiger Freiheit – und damit eine Aufklärung darüber, inwiefern es sich bei jener um eine charakteristische *Variante* der Freiheit handelt. Vorausgreifend möchte ich sagen: Eine *Übung* kognitiver wie sozialer Fähigkeiten eröffnet das Feld des Ästhetischen, indem es eine genuine *Ausübung* derselben ermöglicht.

5. Ästhetisches Verhalten ist eines der Spielfelder menschlicher Freiheit, weil es das *Spiel*feld ihrer Betätigung ist.

Diese These reformuliert einen zentralen Gedanken der Ästhetik Kants. Für Kant ist die ästhetische Wahrnehmung ein ausgezeichnetes Exerzitium der Freiheit. Sie ermöglicht eine Aktualisierung des Potentials der theoretischen Bestimmung und praktischen Selbstbestimmung des Menschen – eines Potentials, das sich hier auf besondere Weise erleben und ausleben lässt. In dem ästhetischen Zustand, wie ihn Kant am Beginn der *Kritik der Urteilskraft* beschreibt, sind wir frei von der Nötigung zur Bestimmung unserer selbst und der Welt. Diese negative Freiheit aber hat eine positive Kehrseite: Im Spiel der ästhetischen Wahrnehmung sind wir frei für die Erfahrung der Bestimmbarkeit unserer selbst und der Welt. Daher sieht Kant die Erfahrung des Schönen (und auch des Erhabenen) als ein Ausspielen der höchsten Fähigkeiten des

Menschen. Der in der ästhetischen Betrachtung zugelassene Reichtum des Wirklichen wird erfahren als lustvolle Bestätigung seiner weitläufigen Bestimmbarkeit durch uns sowie unserer vielfältigen Bestimmbarkeit durch ihn.

Dabei ist es wichtig, zu beachten, dass der Begriff des »Spiels« bei Kant auch bei der Charakterisierung der Objektseite der ästhetischen Erfahrung eine Rolle spielt. So heißt es in § 14 der *Kritik der Urteilskraft*: »Alle Form der Gegenstände der Sinne (der äußern sowohl als mittelbar auch des innern) ist entweder Gestalt, oder Spiel: im letztern Falle entweder Spiel der Gestalten (im Raume, die Mimik und der Tanz); oder bloßes Spiel der Empfindungen (in der Zeit). Der Reiz der Farben, oder angenehmer Töne des Instruments, kann hinzukommen, aber die Zeichnung in der ersten und die Komposition in dem letzten machen den eigentlichen Gegenstand des reinen Geschmacksurteils aus.«[8] Kritisch zu ergänzen wäre hier jedoch, dass selbst die »Zeichnung« durch ihre jeweilige Komposition und Dynamik ihrerseits ein spezifisches, wenn auch gegenüber den sogenannten »Zeitkünsten« verschiedenartiges »Spiel von Gestalten« erzeugt. Weitaus prominenter freilich verwendet Kant den Spielbegriff bei der Bestimmung der Subjektseite des Prozesses ästhetischer Erfahrung, beispielsweise in der folgenden Passage: »In der Beurteilung einer freien Schönheit (der bloßen Form nach) ist das Geschmacksurteil rein. Es ist kein Begriff von irgend einem Zwecke, wozu das Mannigfaltige dem gegebenen Objekte dienen, und was dieses also vorstellen solle, vorausgesetzt; wodurch die Freiheit der Einbildungskraft, die in Beobachtung der Gestalt gleichsam spielt, nur eingeschränkt werden würde.«[9] Kant entwickelt hier einen basalen (und darum, wie man sagen kann, minimalen) Begriff des ästhetischen Vernehmens, noch ohne Berücksichtigung der Besonderheiten der Begegnung mit Werken der Kunst. Die-

---

8 I. Kant, Kritik der Urteilskraft (KU), in: Ders., Werke in zwölf Bänden, a. a. O., Bd. X, 304 (BA 42).
9 Ebd., § 16, 311 (B 49 f./A 49).

ses Vernehmen gilt einem synästhetischen, von allen weitergehenden Verwendungsabsichten freien Verfolgen des simultanen und sukzessiven Spiels der Erscheinungen an den jeweiligen Objekten.[10]

Man darf sich das »freie Spiel der Erkenntniskräfte«, von dem Kant in § 16 der *Kritik der Urteilskraft* spricht, keinesfalls als einen Leerlauf des kognitiven Vermögens vorstellen, nur weil es nicht auf theoretische und praktische Verfügung gerichtet ist. Vielmehr eröffnet es eine paradigmatische – und paradigmatisch lustvolle – *Tätigkeit* des Menschen: die eines Dabeiseins-bei, eines Mitgehens-mit und somit der Vergegenwärtigung-von einer Fülle von Gestalten und Bezügen, die ihm in den übrigen Formen des Weltbezugs zunächst und zumeist entgeht. Diese elementare Form der ästhetischen Praxis beschreibt Kant mit einer besonderen Betonung ihres selbstgenügsamen Charakters: »Wir weilen bei der Betrachtung des Schönen, weil diese Betrachtung sich selbst stärkt und reproduziert: welches derjenigen Verweilung analogisch (aber doch mit ihr nicht einerlei) ist, da ein Reiz in der Vorstellung des Gegenstandes die Aufmerksamkeit wiederholentlich erweckt, wobei das Gemüt passiv ist.«[11] Wir sind also in der ästhetischen Wahrnehmung keineswegs allein rezeptiv berührt, sondern verweilen so bei ihren Gegenständen, dass wir deren Variationen variierend zu folgen vermögen. In der ästhetischen Wahrnehmung nehmen wir uns Zeit für den Augenblick – sowohl für das momentane Erscheinen ihrer Objekte als auch für eine unwillkürliche Vergegenwärtigung unserer selbst.

Durch den Verlust der Fähigkeit zu ästhetischer Aufmerksamkeit, so kann man dies übersetzen, würde uns nicht so sehr *etwas*, sondern *wir* würden *uns* in einem erheblichen Maß entgehen. Wir wären nicht länger fähig, uns in den Wirklichkeiten unseres Lebens ihrer und unserer Möglichkeiten zu vergewissern, womit

10 Zu dieser Interpretation vgl. M. Seel, Ästhetik des Erscheinens, München 2000, bes. 17 ff. u. 70 ff.
11 Kant, KU, § 12, 302 (BA 37).

uns jene, wie es in § 1 der *Kritik der Urteilskraft* heißt, von kognitivem und lebenspraktischem Erfolg und Misserfolg freigestellte Steigerung des »Lebensgefühls« entgehen würde, das im Gefallen am Schönen geweckt wird.[12] In einer berühmten Passage in einem Brief an Markus Herz vom 9. Juli 1771 hat Kant den Grund dieses Gefallens folgendermaßen benannt: »Die Schönheit ist von der Annehmlichkeit und Nützlichkeit unterschieden. Die Nützlichkeit, wenn sie woran gedacht wird, giebt nur ein Mittelbares Wohlgefallen, die Schonheit ein unmittelbares. Die Schöne Dinge zeigen an, daß der Mensch in der Welt passe und selbst seine Anschauung der Dinge mit den Gesetzen seiner Anschauung stimme.«[13] Es ist primär ein kognitives und instrumentelles Passen, das Kant im letzten Satz dieser Bemerkung im Auge hat. Aber es ist zugleich verbunden mit der Möglichkeit einer vernünftigen Einrichtung auch der sozialen und politischen Welt, da es die Subjekte, die jener »Anzeige« gewärtig werden, einer wesentlichen Bedingung der Möglichkeit praktischer Selbstbestimmung versichert.

Die Erfahrung, in die Welt zu passen, ist aber – auch bei Kant – nicht das alleinige Wahrzeichen ästhetischen Bewusstseins. Denn es macht die Erfahrung des Erhabenen aus, *nicht* geradewegs in die Welt zu passen, sondern von ihr auf verschiedene Weise *gefordert* und *überfordert* zu werden, auch wenn diese Überforderung in ein »Gefühl, daß wir reine selbständige Vernunft haben« (§ 27) sowie in die Vergewisserung der »Menschheit in unserer Person« (§ 28) verwandelt werden kann.[14] Hier ist es das theoretische *und*

---

12 »Geist, in ästhetischer Bedeutung«, so heißt es später, »heißt das belebende Prinzip im Gemüte. Dasjenige aber, wodurch dieses Prinzip die Seele belebt, der Stoff, den es dazu anwendet, ist das, was die Gemütskräfte zweckmäßig in Schwung versetzt, d. i. in ein solches Spiel, welches sich von selbst erhält und selbst die Kräfte dazu stärkt.« Ebd., § 49, 413 (B 192; A 190).

13 I. Kant, Logik, in: Ders., Gesammelte Schriften (Akademie-Ausgabe), Abt. III: Handschriftlicher Nachlaß, Bd. XVI, hg. v. E. Adickes, Berlin 1924, 127 (R. 1820a).

14 Kant, KU, 346 (B 99; A 98) u. 350 (B 105; A 104).

moralische Vernunftpotential des Menschen, das die Positivierung der »Unlust« angesichts überwältigender Szenerien ermöglicht. Nimmt man dies zusammen, wie es zwar in der *Kritik der Urteilskraft* nicht eigens geschieht, aber der Sache nach erforderlich ist[15], so folgt, dass sich die ästhetische Erfahrung gerade in einem freien, von der Nötigung zu kognitiver und praktischer Festlegung entlasteten *Widerspiel* von Konsonanz und Dissonanz im Verhältnis zur Welt wie zu sich selbst vollzieht. Eben dies macht die ästhetische Wahrnehmung zu einer gleichermaßen befreienden wie irritierenden, bewegenden wie unterhaltenden *Spielform* der menschlichen Praxis, deren Bedeutung Kant zumal in seiner *Anthropologie in pragmatischer Hinsicht* hervorgehoben hat.[16]

6. Die Praxis der ästhetischen Wahrnehmung und Herstellung kulminiert in Zuständen einer »aktiven Passivität«.

Beeinflusst von Autoren wie Hegel, Schopenhauer, Nietzsche, Valéry und der modernen Kunst hat insbesondere Adorno Kants Theorie der ästhetischen Freiheit radikalisiert. Auch für ihn liegt die ästhetische Freiheit wesentlich in einem Ausleben eines ansonsten verdeckten oder verstellten Potentials der Wahrnehmung und des Verstehens.

In seiner Ästhetik-Vorlesung im Wintersemester 1958/59 hat Adorno dies am Beispiel der Musik mit einiger Emphase beschrieben: »Wenn Sie etwa wirklich einen komplexen symphonischen Satz so hören, daß Sie alle sinnlichen Momente, die es darin gibt, wirklich aufeinander beziehen, also in ihrer Einheit

---

15 Hierzu Beitrag 18 in diesem Band, 369 f.
16 Zur Prominenz des Spielbegriffs in Kants Ästhetik und Anthropologie s. M. Seel, Rhythmen des Lebens. Kant über erfüllte und leere Zeit, in: Ders., Paradoxien der Erfüllung, a. a. O., 44–69.

und in ihrer Vermitteltheit hören, sinnlich wahrnehmen, wenn Sie also das, was Sie hören, nicht nur als das hören, als was es Ihnen jetzt erscheint, sondern auch in seiner Relation zu dem, was schon vergangen ist in dem Werk, und zu dem, was in dem Werk Ihnen noch bevorsteht, und schließlich zu dem Ganzen, dann ist das sicher das höchste Maß an präziser sinnlicher Erfahrung, das überhaupt möglich ist.«[17] Diese höchst sinnliche Wahrnehmung aber schließt zugleich eine in hohem Maß intellektuelle Auffassungsgabe mit ein, da das Geflecht der Bezüge verfolgt werden muss, in denen jede Passage der betreffenden Werke steht. Darum ist Adorno die Rede vom »Kunstgenuss« einigermaßen suspekt. Vor allem in der 12. Vorlesung am 8.1.1959, die (einmal mehr) »der Problematik des Begriffs des Schönen« gewidmet ist, legt Adorno seinem Publikum dar, dass die Vitalität und Intensität der Erfahrung bedeutender Kunstwerke nicht nach dem Modell eines selbstsicheren Konsumierens verstanden werden darf. »So würde ich sagen, daß die ästhetische Erfahrung eben wesentlich darin besteht, daß man an diesem Vollzug teilhat, daß man das Kunstwerk mitvollzieht, indem man in dem Kunstwerk darin ist, daß man – wie man es ganz schlicht nennen mag – darin lebt.«[18] Die Metapher des »Lebens« signalisiert an dieser Stelle vor allem, dass – und wie sehr – das Subjekt der kunstbezogenen Wahrnehmung von dem, was es wahrnimmt, bewegt *wird*. Es erfährt sich als Teil eines Geschehens, dem es trotz seiner mitwirkenden Beteiligung wesentlich unterliegt. Darum fährt Adorno fort: »Die Frage des Genusses – um das gleich anzumelden – scheidet hier deshalb einfach aus, weil diese Art der Erfahrung, die ich versuche, Ihnen zu bestimmen, ein Weg in gewisser Weise gerade weg vom Subjekt ist, während ja jede Art von Genuß nun tatsächlich etwas ist, wovon, wie man so schön sagt, das Subjekt

---

17 Th. W. Adorno, Ästhetik (1958/59), in: Ders., Nachgelassene Schriften. Abt. IV: Vorlesungen, Bd. 3, hg. v. E. Ortland, Frankfurt/M. 2009, 184 f.
18 Ebd., 188.

etwas hat.«[19] Dies ist nicht nur gegen eine kulinarische, sondern gegen alle Arten einer Instrumentalisierung der ästhetischen Erfahrung gerichtet, die nach einem Nutzen oder Mehrwert schielt, der ihrem Prozess abgewonnen werden soll. Deswegen heißt es in derselben Vorlesung: »Es käme weniger darauf an, was einem das Kunstwerk ›gibt‹, als darauf, was man dem Kunstwerk gebe, das heißt: ob man in einer bestimmten Art von aktiver Passivität, oder von angestrengtem Sich-Überlassen an die Sache, ihr das gibt, was sie von sich aus eigentlich erwartet.«[20]

»Aktive Passivität« – das ist hier das entscheidende Stichwort. Die Begegnung mit Werken der Kunst verlangt die Fähigkeit und Bereitschaft, sich ihnen so zuzuwenden, dass ihre Prozessualität sich entfalten kann, und zwar so, dass die Hörer, Betrachter oder Leser von diesem Prozess mitgenommen werden. Sie bestimmen sich *aktiv* auf ein *passives* Bestimmtwerden hin.[21] Ob dies, wie Adorno sagt, eher im Modus einer »angestrengten« Teilhabe

19 Ebd.
20 Ebd., 190.
21 Adornos starke Betonung des Moments der Passivität – nicht nur an dieser Stelle, sondern zumal in seiner subversiven utopischen Phantasie in Aphorismus 100 seiner *Minima Moralia* – korrespondiert auf erstaunliche Weise mit einer Passage in Friedrich Schlegels *Lucinde*, in der es u. a. heißt: »Der Fleiß und der Nutzen sind die Todesengel mit dem feurigen Schwert, welche dem Menschen die Rückkehr ins Paradies verwehren. Nur mit Gelassenheit und Sanftmut, in der heiligen Stille der echten Passivität kann man sich an sein ganzes Ich erinnern, und die Welt und das Leben anschauen. Wie geschieht alles Denken und Dichten, als daß man sich der Einwirkung irgendeines Genius ganz überläßt und hingibt? Und doch ist das Sprechen und Bilden nur Nebensache in allen Künsten und Wissenschaften, das Wesentliche ist das Denken und Dichten, und das ist nur durch Passivität möglich. Freilich ist es eine absichtliche, willkürliche, einseitige, aber doch Passivität.« F. Schlegel, Lucinde. Ein Roman, Stuttgart 1963, 34. – Verwandte Motive spielen eine zentrale Rolle bei F. Schiller, Über die ästhetische Erziehung des Menschen, Stuttgart 1973, bes. 13., 14., 20. u. 21. Brief.

oder, wie es in Benjamins Abhandlung über *Das Kunstwerk im Zeitalter seiner technischen Reproduzierbarkeit* im Blick auf das Kino heißt, eher im Modus der »Zerstreuung« geschieht, bleibt demgegenüber zweitrangig.[22] So oder so kommt es darauf an, sich dem Kräftespiel der jeweiligen Objekte ohne weiteres zu überlassen. Die »präzise sinnliche Erfahrung« der Kunst schließt eine erinnernde und antizipierende, differenzierende und kombinierende, folglich stets implizit oder explizit interpretierende Aufmerksamkeit mit ein.

Das Bild ästhetischer Wahrnehmung, das Adorno hier entwirft, ist das einer bereitwilligen Hingabe. Ästhetische Freiheit ist demnach nicht eine, die man sich gegenüber einer Sache nimmt oder herausnimmt, sondern eine, die man seinem Gegenüber gibt – und die man hierdurch selbst gewinnt. Mit dieser Ethik der ästhetischen Gabe ist bei Adorno zudem ein starker Begriff des Glücks verbunden – eines Glücks nicht nur, aber auch der Begegnung mit Objekten der Kunst. Nachdem Adorno ausführlicher über die ekstatische Dimension, das »Befreiende oder Erhebende« und »Transzendierende« der Kunsterfahrung gesprochen hat[23], kommt er direkt auf ihre hedonistische Dimension zu sprechen: »Diese Augenblicke sind die höchsten wohl und die entscheidenden, deren die künstlerische Erfahrung überhaupt mächtig ist; und es ist wohl denkbar, daß von ihnen eigentlich die Vorstellung, daß Kunstwerke sich genießen ließen, abgezogen ist, weil diese Augenblicke ja wirklich eine Art von Beglückung mit sich führen, die wohl, was es sonst an Glück gibt – ich will nicht sagen: in den Schatten stellen, aber jedenfalls dem obersten, was es sonst an Glücksaugenblicken gibt, durchaus gewachsen sind, die dieselbe Gewalt haben, wie die höchsten realen Augenblicke, die wir

---

22 W. Benjamin, Das Kunstwerk im Zeitalter seiner technischen Reproduzierbarkeit, in: Ders., Gesammelte Schriften, Bd. I.2, hg. v. R. Tiedemann u. H. Schweppenhäuser, Frankfurt/M. 1980, 431–469, 466.
23 Adorno, Ästhetik (1958/59), a. a. O., 195 u. 196.

kennen.«[24] Der Begriff der »Gewalt« indiziert an dieser Stelle wiederum das zentrale Moment eines dank eigener Beteiligung Mitgenommenwerdens. Wie im übrigen Leben, so können wir auch angesichts starker Objekte der Kunst unser Glück nicht in eigener Regie »machen«, sondern müssen es uns gefallen lassen.

Die intensive Erfahrung der Kunst zeigt für Adorno zwar keineswegs an, dass die Menschen in die Welt passen, aber doch, dass – und wie – sie theoretisch wie praktisch in sie passen könnten.[25] »Die Wirklichkeit der Kunstwerke zeugt für die Möglichkeit des Möglichen«, lautet dazu die einschlägige Wendung.[26] An einer entlegenen Stelle, in einem Bericht über seine wissenschaftlichen Erfahrungen in den USA aus dem Jahr 1968, hat Adorno dieser Formel eine für seine orthodoxen Leser überraschende Lesart verliehen. Nach einer massiven Kritik an den szientistischen Idealen des amerikanischen Wissenschaftsbetriebs kommt Adorno auf das »Potential realer Humanität« und die »Erfahrung

24 Ebd., 196f.
25 Hier wie an anderen Stellen in seinem Werk wird die Erfahrung der Kunst insgeheim zu einem Modell gelingender Interaktion *überhaupt* – zwischen Subjekt und Objekt nicht weniger als zwischen Subjekt und Subjekt. Die kognitive, ethische und ästhetische »Freiheit zum Objekt«, wie Adorno mit Hegel sagt, bedingt und bleibt ihrerseits abhängig von einer ebensolchen »Freiheit zum Subjekt«. Hier zeigt sich ein Leitmotiv in Adornos Philosophie weit über die Kunsttheorie hinaus. »Diese Art der Schmiegsamkeit«, sagt er einmal, »der produktiven Passivität oder spontanen Rezeptivität, ist eigentlich das, was als Haltung des Denkens bei Hegel mit dem Begriff der Erfahrung, und zwar spezifisch der Erfahrung des Bewusstseins mit sich selbst, gemeint ist.« Th. W. Adorno, Einführung in die Dialektik (1958), in: Ders., Nachgelassene Schriften. Abt. IV: Vorlesungen, Bd. 2, hg. v. C. Ziermann, Frankfurt/M. 2010, 119; vgl. auch – unter Bezug auf Husserl – ders., Drei Studien zu Hegel, in: Ders., Gesammelte Schriften, hg. v. R. Tiedemann, Frankfurt/M. 1970, Bd. 5, 247–380, 369.
26 Th. W. Adorno, Ästhetische Theorie, Frankfurt/M. 1973, 200.

des Substantiellen demokratischer Formen« zu sprechen, die er im amerikanischen Alltag vorgefunden hat. »Wohl ist Amerika nicht mehr das Land der unbegrenzten Möglichkeiten, aber man hat immer noch das Gefühl, daß alles möglich wäre.«[27] Ausgerechnet dem Begriff der Anpassung gewinnt Adorno hier einen positiven Aspekt ab, verbunden mit einer bemerkenswerten subjektivitätstheoretischen Deutung. »Europäische Intellektuelle wie ich sind geneigt«, so räumt der Autor ein, »den Begriff der Anpassung, des adjustment, bloß als Negativum, als Auslöschung der Spontaneität, der Autonomie des einzelnen Menschen anzusehen.« Unter Anspielung auf Goethes und Hegels Kritik an der Figur der »schönen Seele« heißt es anschließend: »Es ist aber eine von Goethe und von Hegel scharf kritisierte Illusion, daß der Prozeß der Vermenschlichung und Kultivierung sich notwendig und stets von innen nach außen abspiele. Er vollzieht sich, wie Hegel es nannte, auch und gerade durch ›Entäußerung‹. Wir werden nicht dadurch freie Menschen, daß wir uns selbst, nach einer scheußlichen Phrase, als je Einzelne verwirklichen, sondern dadurch, daß wir aus uns herausgehen, zu anderen in Beziehung treten und in gewissem Sinn an sie uns aufgeben. Dadurch erst bestimmen wir uns als Individuen, nicht indem wir uns wie Pflänzchen mit Wasser begießen, um allseitig gebildete Persönlichkeiten zu werden.«[28] Fremdbestimmung, mit anderen Worten, ist eine wesentliche Dimension aller Selbstbestimmung, wenn diese nicht in egozentrischer Vereinzelung und Entfremdung verkümmern soll.

27 Th. W. Adorno, Wissenschaftliche Erfahrungen in Amerika, in: Ders., Stichworte, a. a. O., 113–148, 145.
28 Ebd., 146.

7. Prozesse der ästhetischen Wahrnehmung und Herstellung genügen sich selbst.

In der Auslegung, die ich den Ästhetiken Kants und Adornos verliehen habe, wird deutlich, warum die Fähigkeit der ästhetischen Wahrnehmung eine alles andere als marginale Spielart der Freiheit darstellt. Sie ruft das Potential der menschlichen – aktiven wie passiven – Bestimmbarkeit auf eine einzigartige Weise wach. Zumal angesichts der Rolle, die der schönen und erhabenen Natur bei Kant und Adorno zukommt, gilt dies für die ästhetische Praxis in ihrer ganzen Breite. Es gilt überdies nicht allein für die ästhetische Wahrnehmung, an der ich mich hier orientiert habe, sondern ebenso für alle kreativen Prozesse der ästhetischen Herstellung. Für die künstlerische Produktion hat dies vor allem Adorno mit Nachdruck betont. Der Sache nach ist der entscheidende Gedanke aber bereits in Kants These der produktiven Unbestimmtheit der Erzeugungen des künstlerischen »Genies« enthalten.[29] Auch die Tätigkeit des Künstlers, so sehr sie sich von derjenigen des Rezipienten unterscheidet, bezieht ihre Energien wesentlich daraus, sich in ihrer Gestaltung durch die Arbeit am werdenden Gegenstand bestimmen zu lassen. Aus der Sicht von Künstlern kommt es nach einem Diktum Adornos darauf an, Dinge zu machen, von denen sie »nicht wissen, was sie sind«.[30] Darin liegt nicht nur eine Befreiung von bisherigen – eigenen und fremden – Konventionen der künstlerischen Konstruktion, sondern zugleich die Freiheit, in der Erkundung des jeweiligen Materials etwas geschehen zu lassen, das einen unvordenklichen Spielraum der Selbstbegegnung eröffnet.

---

29 Kant, KU, § 49, 413 f. (B 192 f.; A 190); zu Adorno vgl. z. B. Ästhetische Theorie, a. a. O., 244 ff.
30 Th. W. Adorno, Vers une musique informelle, in: Ders., Gesammelte Schriften, hg. v. R. Tiedemann, Frankfurt/M. 1978, Bd. 16, 493–540, 540.

An dieser Art der Freiheit partizipieren – je auf ihre Weise – alle, die an Prozessen der ästhetischen Wahrnehmung oder Herstellung teilhaben. Sie lassen sich auf Vollzüge ein, denen auf besondere Weise ein selbstzweckhafter Charakter zukommt. Ihr Tun ist deshalb für vieles Weitere gut, weil es zunächst einmal ohne weiteres lohnend ist. Es ist das Ereignis der ästhetischen Aufmerksamkeit selbst, das ein gesteigertes menschliches Existenzbewusstsein mit sich bringt – was immer ihm darüber hinaus an Erkenntnis, Einstellungsveränderung, Perspektivenerweiterung und sonstiger Bildung und Selbstbildung entspringen mag.[31] Deswegen habe ich in meiner vierten These gesagt, das Feld des Ästhetischen ermögliche eine »Übung« kognitiver wie praktischer Fähigkeiten, indem es eine »genuine Ausübung« derselben eröffne. Die Zonen und Zeiten ästhetischer Aufgeschlossenheit stellen kein Trainingslager dar, in dem spezielle Fertigkeiten anerzogen werden. Sie sind Gelegenheiten der Begegnung mit dem Unbestimmten im theoretisch wie praktisch Bestimmten.

8. Die zentrale Tugend ästhetischer Sensibilität besteht in dem Vermögen, in einer Entfernung von sich selbst zu sich selbst zu finden.

Diese These akzentuiert die in der Tradition – mit freilich heterogener Deutung – häufig hervorgehobene innere Verbindung von Ästhetik und Ethik. Ein angemessenes Verständnis dieser Verbin-

---

31 Das hat Hegel in der Diskussion des »Zwecks« der Kunst in der Einleitung seiner Ästhetik klar gesehen: Vorlesungen über die Ästhetik I, a. a. O., bes. 75 ff. – »Nicht die Sache in ihrer praktischen Existenz, sondern das Bilden und Reden ist der Zweck der Poesie. Sie hat begonnen, als der Mensch es unternahm, sich auszusprechen; das Gesprochene ist nur deswegen da, um ausgesprochen zu sein.« Hegel, Vorlesungen über die Ästhetik III, a. a. O., 241.

dung ergibt sich jedoch nur, wenn hierbei unter »Ethik« die fragile Kunst der Lebensführung in ihrem vollen Umfang verstanden wird. Ein gelingendes Leben kann sich nicht anders als in einem unauflöslichen Wechselspiel und Widerstreit von Wissen und Nichtwissen, von Selbstsorge und Rücksicht auf andere und damit in dem stets riskanten Versuch vollziehen, sich selbst und den anderen gerecht zu werden. Dies verlangt, das eigene Selbstverständnis in theoretischer wie praktischer Hinsicht immer wieder auf die Probe zu stellen. Ein Leben in Selbstachtung und Selbstbestimmung hängt von der Bereitschaft zu einer wenigstens hypothetischen Variation der eigenen Überzeugungen, Bindungen, Affinitäten und Obsessionen ab. So sehr diese Bereitschaft in vielen Kontexten des Handelns eine gehörige und manchmal schwer erträgliche Zumutung darstellt – in der Sphäre des Ästhetischen verwandelt sie sich in eine besondere Quelle der Lust.

So gesehen, erweist sich die Tugend der ästhetischen Sensibilität als eine einigermaßen kardinale Tugend. Sie ist verwandt, aber keineswegs gleichbedeutend mit Tugenden wie Dialog- und Liebesfähigkeit, Humor, Selbstdistanz, Unbefangenheit, Mitgefühl, Aufmerksamkeit, Umsicht, Phantasie, Neugier, Gelassenheit und weiteren mehr. Wie diese ist sie mit einem Potential zur Selbstüberschreitung und Selbstentäußerung verbunden. Wie alle Tugenden ist sie zugleich von einer inneren Ambivalenz geprägt. Keine Tugend steht jemals auf einer sicheren Seite gegenüber den angrenzenden Lastern. Von Fall zu Fall kann jede zu einem abträglichen bis schändlichen Verhalten verleiten, wie umgekehrt in den meisten tatsächlichen und vermeintlichen Lastern Energien des individuell und sozial Guten enthalten sind.[32] Vor einer plumpen Moralisierung der ästhetischen Sensibilität sollte man sich darum unbedingt hüten. Gerade auf dem Schauplatz der Künste stehen nicht selten unsere gewichtigsten normativen

---

32 Hierzu M. Seel, 111 Tugenden, 111 Laster. Eine philosophische Revue, Frankfurt/M. 2011.

Überzeugungen und Einstellungen – auch die, die wir für unsere besten halten – mit zur Disposition. Ihre experimentierende Befragung ist vielmehr ein unverzichtbarer Teil der Offenheit der kunstbezogenen Selbstverständigung, die innerhalb des ästhetischen Feldes nicht zugestellt werden darf. Wenn ästhetische Aufmerksamkeit jedoch an die Stelle der moralischen tritt, hat sie ihr Recht verwirkt. Beide haben ihre Zeit, aber nicht immer ist es dieselbe Zeit. Der entscheidende Gewinn ästhetischer Sensibilität – auch und gerade gegenüber der moralischen – besteht vielmehr in dem Vermögen einer unreglementierten Justierung der Balance von Weltvertrauen und Weltmisstrauen, Selbstsicherheit und Selbstzweifel, Selbstverlust und Selbstgewinn. Darin liegt das Ethische im Ästhetischen.

9. Der Sinn ästhetischer Praxis und der mit ihr verbundenen Einstellungen liegt in einer Gewöhnung an die Entwöhnung.

In dem Kapitel zur Anthropologie in der Abteilung über den »subjektiven Geist« der *Enzyklopädie der philosophischen Wissenschaften* hat Hegel der Macht der Gewohnheit eine subtile Analyse gewidmet.[33] Hegel versteht die Gewohnheit hier – deutlicher als in den entsprechenden Passagen der *Rechtsphilosophie*[34] – zugleich als eine wesentliche Stütze und als eine strukturelle Behinderung der freien Tätigkeit des Menschen. Sie leistet eine Ver-

---

33 G. W. F. Hegel, Enzyklopädie der philosophischen Wissenschaften, in: Ders., Werke in zwanzig Bänden, a. a. O., Bde. 8–10, Bd. 10, bes. §§ 409–412, 182–198. – In dieser Sache habe ich von einem zusammen mit Christoph Menke im WS 2011/12 veranstalteten Seminar über die »Macht der Gewohnheit« stark profitiert.
34 G. W. F. Hegel, Grundlinien der Philosophie des Rechts, in: Ders., Werke in zwanzig Bänden, a. a. O., Bd. 7, bes. §§ 151 f. u. 268.

leiblichung des Geistigen, indem sie physische und psychische Routinen ausbildet, die das Individuum mit einer zweiten Natur ausstatten, die eine bewusste Aneignung des erworbenen Könnens und Wissens ebenso unnötig wie unmöglich macht. Damit hält sie das Dasein des Individuums »für die weitere Tätigkeit und Beschäftigung – der Empfindung sowie des Bewußtseins des Geistes überhaupt – offen«.[35] Die Ambivalenz dieser Operation hat Hegel in § 410 der *Enzyklopädie* drastisch beschrieben. »Ganz zufälliger Inhalt ist allerdings der Form der Gewohnheit, wie jeder andere, fähig, und es ist die Gewohnheit des Lebens, welche den Tod herbeiführt oder, wenn ganz abstrakt, der Tod selbst ist. Aber zugleich ist sie der Existenz aller Geistigkeit im individuellen Subjekte das Wesentlichste, damit das Subjekt als konkrete Unmittelbarkeit, als seelische Idealität sei, damit der Inhalt, religiöser, moralischer usf., ihm als diesem Selbst, ihm als dieser Seele angehöre, weder in ihm bloß an sich (als Anlage), noch als vorübergehende Empfindung oder Vorstellung, noch als abstrakte, von Tun und Wirklichkeit abgeschiedene Innerlichkeit, sondern in seinem Sein sei.«[36] Das Zusichkommen des Subjekts, mit anderen Worten, verlangt notwendigerweise ein Vergessen vieler der Auffassungen und Befähigungen, die es erworben hat, und damit ein Sicheinleben in Einstellungen, die den Charakter seines Personseins ausmachen. Andernfalls wäre es der »Verrücktheit« ausgeliefert.[37] In dieser »Befreiung« des Individuums von seiner bloßen Natürlichkeit aber lauert stets zugleich die Gefahr einer »Gleichgültigkeit« gegenüber den eigenen Lebensinteressen.[38] In dem Selbstgewinn, den die Gewohnheiten des Menschen gewähren, liegt ein Keim des Selbstverlusts. In dem Extremfall, den Hegel im Auge hat, führt dies zu einem Tod zu Lebzeiten, zu einem Verschwinden der Eigenständigkeit und des Eigensinns

---

35 Hegel, Enzyklopädie III, a.a.O., § 401, 184.
36 Ebd., 187.
37 Ebd., bes. §§ 402 u. 406.
38 Ebd., § 409, 185.

von Personen in ihren leiblichen und seelischen Automatismen. Sie gehen dann in ihren geistigen und sozialen Konventionen (dem Heidegger'schen Man), in einem differenz- und distanzlosen Mitmachen und Weitermachen so sehr auf, dass ihnen die Fähigkeit zu einer selbstbestimmten Lebensführung abhanden kommt. Sie verlieren die existentielle Balance, deren Rückhalt die Netze der Gewohnheit hätten sein sollen. Die Folge ist – oder wäre – eine intellektuelle und soziale Verkümmerung: eine Überanpassung an die vorgegebenen Bahnen der eigenen Lebensumgebung, die ihnen letztlich die Luft zum Atmen nimmt.

Natürlich bieten die Welt des objektiven Geistes und die sittlichen Verhältnisse, in die die Institutionen des Rechts, der Familie und die Organisation der bürgerlichen Gesellschaft eingebettet sind, bei Hegel einen erheblichen Schutz gegen diese innere Gefährdung des subjektiven Geistes. Es ist aber ein Topos bereits in der romantischen Ästhetik, aber auch bei Schopenhauer, Nietzsche, dem frühen Lukács oder Viktor Šklovskij, ebenso bei Autoren wie Valéry, Heidegger und Adorno, dass sich die Kraft der ästhetischen Erfahrung aus einem immer neuen Entzug des Gewohnten – und damit aus einem Bruch mit seiner lähmenden Macht – speist. Ästhetische Praxis, so betrachtet, ermöglicht eine fortdauernde Gewöhnung an die Entwöhnung. Die ästhetische Einstellung in ihren vielen Facetten lässt sich als ein Habitus verstehen, der darauf gerichtet ist, die festgefahrenen theoretischen wie praktischen Bindungen des Menschen stets von neuem zu lockern.[39]

In Erinnerung an die erste These kann man daher zugespitzt sagen: Um seinem Untergang zu entgehen, muss das Subjekt erneut untergehen. Wir müssen uns verlieren, damit wir uns nicht verlieren. Diese Zuspitzung hat freilich nur Sinn, wenn hierbei

---

39 Entsprechend heißt es bereits bei Kant im Blick auf Kunst: »Die Einbildungskraft (...) ist nämlich sehr mächtig in Schaffung gleichsam einer anderen Natur, aus dem Stoffe, den ihr die wirkliche gibt. Wir unterhalten uns mit ihr, wo uns die Erfahrung zu alltäglich vorkommt.« KU, § 49, 412 (B 193; A 190 f.)

zwei Formen des »Untergangs« auseinander gehalten werden: einerseits derjenige Selbstverlust, in dem das Subjekt seinen alltäglichen Verständnissen und Rollen widerstands- und distanzlos anheimfällt, und andererseits derjenige, der es ihm – in den nichtfunktionalen Vollzügen der ästhetischen Erfahrung – erlaubt, sich einer ungezügelten Selbsterprobung zu überlassen.[40] Im ersten Fall droht das Subjekt sich in der »Prosa des Lebens«, wie es bei Hegel heißt, zu verlieren, im zweiten dagegen findet es Anlass zu einer, wie die Romantiker sagen, »poetisierenden« Belebung. Diese ästhetische Kur, so muss man freilich mit Benjamin und Cavell ergänzen, arbeitet der Gewohnheit nicht einfach entgegen, sondern versucht das Befreiende in ihr zu bewahren, ohne dem Beengenden und Beklemmenden an ihr zu unterliegen.[41] Nicht um eine illusionäre Wiederverzauberung der bestehenden Lebensverhältnisse geht es dabei, sondern um eine wache – sinnliche und imaginative – Wiedervergegenwärtigung ihrer verdeckten Bezüge.[42]

40 Diese Doppelung ist ein zentrales Motiv in Th. Bernhard, Der Untergeher, Frankfurt/M. 1983.
41 W. Benjamin, Gewohnheit und Aufmerksamkeit, in: Ders., Denkbilder, in: Ders., Gesammelte Schriften, Bd. IV.1, hg. v. T. Rexroth, Frankfurt/M. 1972, 305–438, 407 f. u. S. Cavell, Die Unheimlichkeit des Gewöhnlichen, in: Ders., dass., a.a.O., 76–110. – Eine der großen Leistungen Hegels in diesem Zusammenhang ist die Positivierung der Entzweiung im sozialen und individuellen Lebenszusammenhang, die von seiner versöhnungstheoretischen Rhetorik nur teilweise überdeckt wird.
42 Dem kommt Hegel zumindest nahe, wenn er an einer markanten Stelle seiner *Vorlesungen über die Ästhetik* sagt: »Das echte Ideal aber bleibt nicht beim Unbestimmten und bloß Innerlichen stehen, sondern muß in seiner Totalität auch zur bestimmten Anschaulichkeit des Äußeren nach allen Seiten hin herausgehen. Denn der Mensch, dieser volle Mittelpunkt des Ideals, *lebt*, er ist wesentlich jetzt und hier, Gegenwart, individuelle Unendlichkeit, und zum Leben gehört der Gegensatz einer umgebenden äußeren Natur überhaupt und damit ein Zusammenhang mit ihr und eine Tätigkeit in ihr.« Hegel, Vorlesungen über die Ästhetik I, a.a.O., 318.

10. Ästhetische Freiheit ist eine konstitutive Dimension der Freiheit.

Diese These fasst den Tenor der vorausgehenden nur noch einmal zusammen. Freilich ist es entscheidend, an dieser Stelle die Grenzen zwischen ästhetischer und sonstiger Freiheit nicht verschwimmen zu lassen. Denn es gibt zahlreiche andere Praktiken, für die ebenfalls eine Dialektik von Sichverlieren und Sichfinden charakteristisch ist, man denke nur an solche der Liebe, der Fürsorge, der Andacht oder auch an die Entwöhnungen des Philosophierens, von denen Wittgenstein sagt: »Beim Philosophieren muß man in's alte Chaos hinabsteigen, und sich dort wohlfühlen.«[43] Erst recht ist es nicht nur für die künstlerische Produktion, sondern wohl für alle Arten kreativer Arbeit kennzeichnend, dass man sich ihren Herausforderungen überlassen muss, wenn in ihnen etwas gelingen soll. In Prozessen der Erziehung oder der politischen Betätigung gilt das Gleiche. Von allen diesen Formen eines tätigen Involviertseins kann man daher sagen, dass »aktive Passivität« einen Brennpunkt der Zuständlichkeit der an ihnen Beteiligten ausmacht – jedenfalls soweit das mit ihnen verbundene Tun und Widerfahren den Modus einer selbstbestimmten Begegnung mit anderen und anderem erfüllt.

Aus diesem Befund, der nochmals an meine ersten drei Thesen erinnert, ergeben sich Rückfragen an den Status der ästhetischen Freiheit als einer *Variante* menschlicher Selbstbestimmung. Worin liegt die *besondere* Freiheit ästhetischer Praxis? Inwiefern ist sie ein *Modell*, aber doch nur *ein* Modell des für Freiheit konstitutiven Zusammenhangs von Bestimmtsein und Bestimmendsein? Und inwiefern ist sie weit *mehr* als ein Modell, nämlich eine genuine *Form* der Ausübung menschlicher Freiheit?

Die grundsätzliche Antwort habe ich in meiner fünften These gegeben: »Ästhetisches Verhalten ist eines der Spielfelder menschlicher Freiheit, weil es das *Spiel*feld ihrer Betätigung ist.« Die Im-

---

43 L. Wittgenstein, Vermischte Bemerkungen, Frankfurt/M. 1977, 124.

plikationen dieser These und derjenigen, die ihr gefolgt sind, müssen jetzt nur noch einmal ausgesprochen werden. Eine besondere Spielart der Freiheit liegt in der ästhetischen Wahrnehmung (und auch Herstellung), weil alles, was aus dieser Betätigung folgen mag, daraus folgt, dass zunächst einmal nichts aus ihr folgt; weil wir uns allem, was uns in ihr mitnimmt, nötigt, zwingt, fesselt oder verstört, freiwillig überlassen; weil hier das Widerfahren auf eine von Handlungsfolgen weitgehend unbelastete Weise ausgelebt werden kann; weil hier nicht das Bestimmen, sondern das Sichbestimmen- und Sichbewegen*lassen* das Telos allen Bestimmens bildet. Aus diesen Gründen ist die ästhetische Freiheit für das Vermögen der Selbstbestimmung konstitutiv. In ihrem Gebrauch können die leiblichen und geistigen Affinitäten des Menschen durchgespielt werden. In ihrer Ausübung wird das Potential der Rezeptivität und Responsivität ohne weiteres aktiviert, auf das Personen auch in ihren übrigen Betätigungen angewiesen sind, wenn sie ein freies Selbstverhältnis gewinnen und sich erhalten wollen.

III. Vom Schönen

13. Was geschieht hier? Beim Verfolgen einer Sequenz in Michelangelo Antonionis Film *Zabriskie Point*

Eine Sequenz

Nach zehn Minuten des Films *Zabriskie Point* von Michelangelo Antonioni spielt sich eine kurze Übergangsszene ab. Für die erzählte Geschichte kommt ihr keine tragende Rolle zu. Aber hier sind die formalen Kräfte schon wirksam, die das Erzählen der Geschichte bis zum spektakulären Ende vorantreiben werden. Der Film beginnt mit einer längeren Passage, die Studenten bei revolutionärem und scheinrevolutionärem Gerede zeigt. In ihr bekennt sich die männliche Hauptfigur des Films zu der Bereitschaft, in der Revolte sein Leben aufs Spiel zu setzen, was er im Verlauf der Handlung, allerdings in einer eher existentiellen Manier – und mit tödlichem Ausgang – auch tun wird. Danach werden kurz die beiden anderen Hauptfiguren eingeführt, ein Bauunternehmer, der eine Wohnsiedlung in der Wüste plant, und die junge Frau, die der Held auf seiner Flucht ins Death Valley treffen wird. Es folgt ein abrupter Szenenwechsel. Der Held und sein Wohnungsgenosse befinden sich in einem verrosteten Pick-up auf einer Fahrt durch Los Angeles zu dem von Protesten und Polizeieinsatz geprägten Campus ihrer Universität. Diese Sequenz fungiert wie ein Vorspiel zu allem, was noch kommen wird. Es entfaltet sich eine hochimaginative Komposition, die eine chaotische Zivilisationswüste vor Augen führt.[1]

---

1 Michelangelo Antonioni, Zabriskie Point, USA 1970 (00:09:55–00:11:47). – Meine Beschreibung dieser Passage ist das Ergebnis einer Zusammenarbeit mit Angela Keppler; vgl. A. Keppler, Die wechselseitige Modifikation von Bildern und Texten in Fernsehen

Für eine Fülle von Signalen sorgen allein schon die Reklametafeln und Schriftzüge, die die Straßen und Verkehrsmittel dekorieren. Eine entscheidende Rolle spielt auch die akustische Regie. Zunächst wird die Fahrt von realistischen Geräuschen begleitet, bis nach 23 Sekunden schrille elektronische Musikklänge einsetzen, die sich in der Folge nahezu ununterscheidbar mit dem Verkehrslärm der Stadt mischen (die Originalmusik zu diesem Film stammt von *Pink Floyd*). Zu hören sind Motorgeräusche, das Rattern eines Zuges, Huplaute und Sirenenklänge. Diesem Klangdschungel korrespondiert ein Intransparentwerden des Bildverlaufs selbst, als ein vorbeifahrender Güterzug so ins Bild gesetzt wird, dass sich alle fixierbaren Gestalten in einer Art filmischem Action-Painting vorübergehend auflösen, wiederum scharf kontrastiert von der gepflegten Palmenallee, die in Richtung des Campus führt. Diese Fahrt führt durch einen ebenso gestaltenreichen wie zersplitterten Ereignisraum. In ihm ist bereits jene strukturelle Gewalt am Werk, von der die Erzählung handeln wird. Das durchquerte Gewerbegebiet wird wie ein entfesseltes Naturgeschehen präsentiert. Seine Hervorbringungen führen ein Eigenleben, das sich gegenüber den Absichten seiner Nutzer verselbständigt hat: als eine zweite Natur, die in erste Natur umschlägt – und doch im Hässlichen eine bemerkenswerte Schönheit entfacht.

Der hochambivalente Ausdruckscharakter dieser Stadtlandschaft ist das Ergebnis einer komplexen klanglichen und bildlichen Montage. Innerhalb dieser Sequenz sind zunächst unbewegte Bilder zu sehen, deren Anblick sich in eine wilde Bildbewegung steigert. Der entfremdende Zustand einer von den Kräften der Ökonomie überwucherten Gesellschaft wird in seiner unkontrollierbaren Dynamik in Szene gesetzt. Gleichzeitig aber werden die versteinerten Verhältnisse der industriellen Zone in einen visuellen Tanz überführt.

und Film, in: A. Deppermann/A. Linke (Hg.), Sprache intermedial: Stimme und Schrift, Bild und Ton, Berlin 2010, 447–467, hier 451 f.

In meiner Beschreibung dieser Sequenz kommt der Begriff der ästhetischen Erfahrung nicht vor. Das ist einerseits nicht weiter verwunderlich, da die Rede über Partien oder ganze Werke der Kunst häufig ohne einen ausdrücklichen Bezug auf deren Erfahrung auskommt. Andererseits könnte dies befremdlich erscheinen, da Kunstwerke schließlich dazu da sind, von Zuschauern, Hörern und Lesern wahrgenommen oder erfahren zu werden. Solche flüchtigen Beobachtungen aber sagen wenig über die Rolle des Begriffs der ästhetischen Erfahrung innerhalb einer Theorie der Funktion und Verfassung von Kunstwerken aus. Wie trennscharf und belastbar dieser Begriff tatsächlich ist, entscheidet sich nicht daran, wie oft er in welchen Kontexten vorkommt, sondern daran, was er für eine Verständigung über die Rolle und Bedeutung von Objekten der Kunst zu leisten vermag. Hier muss sich zeigen, ob – und wenn ja, in welcher Fassung – er einen tragenden Beitrag für eine Philosophie der Kunst übernehmen kann. Meine These wird sein, dass der Begriff der ästhetischen Erfahrung diesen Part tatsächlich zu leisten vermag. Er stellt eine grundlegende Kategorie der Erläuterung der Funktion der Kunst (und darüber hinaus der ästhetischen Praxis im Allgemeinen) dar. Richtig verstanden, zeigt auch meine kurze Beschreibung dessen, was in der scheinbar unscheinbaren Sequenz in *Zabriskie Point* geschieht, warum dieser Begriff theoretisch unverzichtbar ist.

Vorüberlegung

Bevor ich auf mein Beispiel zurückkomme, möchte ich eine kurze Erläuterung vorausschicken. Diese hat den Sinn, einige kunstphilosophische Selbstverständlichkeiten in Erinnerung zu rufen. (Das ist ja die – meist vergebliche – Hoffnung eines Philosophen: aus möglichst unspektakulären Voraussetzungen zu einer ernstzunehmenden, wenn auch nicht unbedingt spektakulären Behauptung zu gelangen.) Unkontrovers dürfte – oder sollte –

vor allem sein, dass der Status künstlerischer Objekte von bestimmten Arten der kulturellen Praxis abhängig ist. Ihr Status wird ihnen verliehen, oder sie kandidieren um ihn. Sie sind dafür gemacht oder geeignet, auf eine bestimmte Weise von potentiellen Betrachtern, Hörern oder Lesern wahrgenommen, interpretiert und bewertet zu werden. Ihr Sein ist Geschaffensein für ein Wahrgenommenwerden. Es liegt in ihrem Wesen, auf besondere Art wahrnehmbare und in Vollzügen der Wahrnehmung auf besondere Weise interpretierbare Objekte zu sein.[2]

Man kann diese minimale Ontologie des Kunstwerks auch anders benennen. Kunstwerke sind, wie Noël Carroll sagt, »response dependent«.[3] Sie sind in ihrer Existenz davon abhängig, bei denen, die ihnen ihre Aufmerksamkeit widmen, auf eine Antwort zu treffen. Hegel sagt es mit blumigeren Worten: »Das bunte, farbenreiche Gefieder der Vögel glänzt auch ungesehen, ihr Gesang verklingt ungehört; die Fackeldistel, die nur eine Nacht blüht, verwelkt, ohne bewundert zu werden, in den Wildnissen der südlichen Wälder, und diese Wälder, Verschlingungen selber der schönsten und üppigsten Vegetationen, mit den wohlriechendsten, gewürzreichsten Düften, verderben und verfallen ebenso ungenossen. Das Kunstwerk aber ist nicht so unbefangen für sich, sondern es ist wesentlich eine Frage, eine Anrede an die widerklingende Brust, ein Ruf an die Gemüter und Geister.«[4] Die

---

2 Bereits hier freilich liegt ein möglicher Boden für Kontroversen. Anders als Autoren wie beispielsweise Arthur Danto halte ich die Annahme, es gebe »nicht-ästhetische« Kunstwerke, für deren Verständnis eine besondere Art der sinnlichen Wahrnehmung irrelevant sei, für einen Irrglauben. Für eine Kritik an Dantos Auffassung s. M. Seel, Ästhetik des Erscheinens, München 2000, 192–214.
3 N. Carroll, Aesthetic Experience: A Question of Content, in: M. Kieran (Hg.), Contemporary Debates in Aesthetics and the Philosophy of Art, Oxford 2006, 69–97, 91.
4 G. W. F. Hegel, Vorlesungen über die Ästhetik I, in: Ders., Werke in zwanzig Bänden, hg. v. E. Moldenhauer u. K. M. Michel, Frankfurt/M. 1970, Bd. 13, 102.

Aufklärung des Status von Kunstwerken als Objekte einer besonderen Art schließt daher eine Klärung dessen mit ein, wie sie von möglichen Rezipienten in besonderer Weise aufgenommen und aufgefasst werden können. Die Explikation ihres spezifischen Gehalts erfordert eine Explikation ihres spezifischen Potentials, ein Publikum durch ihre internen (und intertextuellen)[5] Konfigurationen zu faszinieren, zu agitieren oder anderweitig zu animieren. Diese Abhängigkeit besteht jedoch nicht nur in einer Richtung. Denn kunstbezogene Wahrnehmung und Interpretation bleiben ihrerseits an die Struktur der Werke gebunden, denen sie gelten. Wie Hegel, Gadamer oder Adorno mit Nachdruck betont haben, kommt gelungenen Objekten der Kunst eine erhebliche Macht gegenüber ihren Interpreten zu: die Kraft, im Verlauf der Begegnung mit ihnen verschiedene Arten der Resonanz hervorzurufen. Die Begriffe des Kunstwerks und seiner Aufnahme als Kunstwerk sind interdependent; sie können nur wechselseitig erläutert werden.

Dieses intime Verhältnis von Gegenstand und Gegenstandsauffassung ist freilich nicht allein für Kunstwerke, sondern für viele Arten interpretierbarer Objekte oder Ereignisse kennzeichnend. Man denke nur an philosophische Vorträge und Abhandlungen, an politische Aktionen und viele andere Arten des Handelns (einschließlich ihrer jeweiligen Manifestationen). Daraus ergibt sich die Frage, ob sich eine spezifische Relation zwischen Objekten der Kunst und den konstitutiven Formen ihres Gebrauchs ermitteln lässt – ein Verhältnis, das für den Status *dieser* Art von Objekten charakteristisch ist. Dies aber ist der systematische Ort, an dem traditionellerweise der Begriff der ästhetischen Erfahrung seinen Auftritt hat.

---

5 Noël Carroll z. B. hat mich darauf hingewiesen, dass die kleine Sequenz aus *Zabriskie Point* möglicherweise auch die Kontrafaktur einer Szene aus dem Film *Easy Rider* enthält.

Ästhetische Erfahrung, die Erste

Im Kontext einer Theorie der Künste erfüllt der Begriff der ästhetischen Erfahrung eine wichtige Funktion, wenn es darum geht zu klären, in welchem Sinn Kunstwerke *Darbietungen* einer besonderen Art sind – Darbietungen im Unterschied sowohl zu anderen Modi der Kommunikation als auch zu anderen Arten interpretierbarer Handlungen und Ereignisse. Diese Annahme ist verbunden, aber keineswegs identisch mit der generellen Vermutung, dass der Begriff der ästhetischen (Wahrnehmung und) Erfahrung geeignet ist, zu erläutern, wie sich ästhetische Praktiken im weitesten Sinn von anderen Arten der Praxis und ihren spezifischen Gegenständen und Gelegenheiten unterscheiden lassen. Diese allgemeine Annahme aber werde ich hier auf sich beruhen lassen.[6] Ich möchte lediglich die These verteidigen, dass die spezifischen Qualitäten künstlerischer Objekte nur unter Bezug auf die durch sie ermöglichte Form der Erfahrung theoretisch erfasst werden können. Dies bedeutet zugleich, dass der spezifische Gehalt einzelner Kunstwerke nicht ohne einen wenigstens impliziten Bezug auf die ihnen jeweils angemessene Art ihrer Erfahrung hervorgehoben werden kann. Wenn beides zutrifft, sind die Meriten des Erfahrungsbegriffs erheblich: Er ist geeignet, zu erhellen, was Kunstwerke sind und wofür sie da sind.

Das entscheidende Argument für diese Auffassung ergibt sich aus einer Deutung der oben markierten Interdependenz der Begriffe des Kunstwerks und seiner Aufnahme durch potentielle Adressaten. Der Prozess der Erfahrung eines Kunstwerks und der Prozess des an ihm Erfahrenen lassen sich begrifflich nicht separieren. Denn nur in der Erkundung der Präsenz des Werks, also dessen, *wie* es sich in den Konfigurationen seines Erschei-

---

6 Hierzu M. Seel, Über die Reichweite ästhetischer Erfahrung, in: Ders., Die Macht des Erscheinens. Texte zur Ästhetik, Frankfurt/M. 2007, 56–66.

nens einem Publikum darbietet, ist es möglich, zu erkunden, *was* es jeweils präsentiert.[7]

In diesem Zusammenhang kommt alles darauf an, sich gleichermaßen vor (allzu) objektivistischen und (allzu) subjektivistischen Deutungen der ästhetischen Erfahrung zu hüten. Ein irregeleiteter Objektivismus übersieht, dass in der individuellen Verfassung künstlerischer Objekte ein impliziter Bezug auf ihre Erfahrbarkeit von vornherein enthalten ist. Dies ist jedoch ein Bezug nicht auf *meine* oder *deine* persönliche Erfahrung, die naturgemäß unterschiedlich gefärbt sein wird, sondern auf die Erfahrung, die *beliebige*, hinreichend aufnahmefähige Subjekte an den betreffenden Werken – wenn auch je auf ihre Weise – machen können oder könnten. Wie viel Empfänglichkeit und Imagination, Unterscheidungs- und Interpretationsfähigkeit, Kenntnis und Erkenntnis aufseiten der Adressaten für die Teilhabe an diesem Gehalt auch verlangt sein mag, dieser Gehalt ist kein bloß subjektives Konstrukt, denn sonst könnten unterschiedliche Rezipienten weder an ihm teilhaben noch über ihn uneins sein. Ein irregeleiteter Subjektivismus kann darum zu keinem brauchbaren Begriff der Identität von Kunstwerken gelangen. Er muss bereits den Umstand verfehlen, dass wir uns – wie kontrovers auch immer – auf ein und dasselbe Werk beziehen können. Er übersieht, dass es die – intersubjektiv zugängliche und in diesem Sinn objektive – Verfassung der jeweiligen künstlerischen Werke ist, die in der Wahrnehmung, Interpretation und Bewertung von

---

7 Worin dieses »Was« – der künstlerische Gehalt – jeweils besteht und welche Art des »Weltbezugs« oder der »Welterschließung« er gegebenenfalls einschließt, kann an dieser Stelle offen bleiben. Im Fall künstlerischer Darbietungen, so nehme ich lediglich an, besteht ein Primat der »Selbst-Präsentation« vor aller (geleisteten oder verweigerten, direkten oder indirekten) »Welt-Präsentation«. Es gehört, schlicht gesagt, zur Rhetorik sprachlicher wie nichtsprachlicher Künste, dass alles, was sie sagen, zeigen oder anderweitig offenbaren mögen, an den individuellen Stil der Organisation ihres jeweiligen Materials gebunden bleibt.

Kunstwerken zählt. Eben diese Verfassung aber muss wiederum – gegen einen blinden Objektivismus – als das genuine Potential der betreffenden Werke verstanden werden: als ein Potential für die Sensationen und manchmal Ekstasen der ästhetischen Erfahrung. Weil Kunstwerke derartige Potentiale sind, verlangt ihr Begriff nach einem Begriff der durch sie ermöglichten Erfahrung.

Was geschieht hier?

Was es mit dieser wechselseitigen Abhängigkeit auf sich hat, möchte ich an meinem Beispiel ein wenig genauer erläutern. Die transitorische Sequenz, die ich ausgewählt habe, entwirft eine surreale Fahrt durch eine reale Stadt. Durch ihren klanglichen und bildlichen Verlauf exponiert sie zentrale Motive des Films. In ihrer komplexen Montage (sowie durch das Fehlen von Dialogen) macht die Sequenz mit Nachdruck deutlich, dass auch der restliche Film formal die Waage zwischen einem »cinema of narration« und einem »cinema of attraction« halten wird.[8] Zudem wird hier das paradoxe, im Titel des Films annoncierte poetische und politische Gegenbild der Wüste vorbereitet, das in einem Kontrast zu der Gewalt einer entfesselten Ökonomie stehen wird – ein Kontrast freilich, den die Bildsprache des Films im Ganzen ihrerseits dekonstruiert. Nicht zuletzt führt der Film hier wie in anderen Passagen seine eigene Virtuosität mit ostentativer Geste vor, worin die verdeckte (von der zeitgenössischen Rezeption weitgehend verkannte) politische Botschaft von *Zabriskie Point* liegen dürfte: So wenig es der Studentenbewegung gelungen ist, die Phantasie an die Macht zu bringen, so sehr liegt es in

---

8 T. Gunning, An Aesthetic of Astonishment. Early Film and the (In)Credulous Spectator, in: L. Williams (Hg.), Viewing Positions. Ways of Seeing Film, New Brunswick 1995, 114–133.

der Macht der künstlerischen Phantasie, auf einer unzensierten Anschauung der Lebensverhältnisse zu bestehen.

Für eine Bestimmung der Rolle der ästhetischen Erfahrung innerhalb einer Theorie der Kunst ist es aufschlussreich zu fragen, was hier – in einer Sequenz wie dieser – eigentlich geschieht. Eine Antwort auf diese Frage aber lässt sich nicht geben, ohne zugleich anzugeben, was es heißt, eine Sequenz wie diese wachen Sinnes zu verfolgen. Sie aufmerksam zu betrachten bedeutet, sich bewegen zu lassen von ihrer Oszillation zwischen statischer und dynamischer Bildlichkeit, struktureller Gewalt und visuellem Tanz, musikalischer Komposition und akustischer Irritation sowie zwischen narrativer Entwicklung und ostentativem Spektakel. *Was* hier – in dieser Sequenz – geschieht, ist untrennbar damit verbunden, was *uns* geschieht, wenn wir diese Sequenz sehend und hörend verfolgen. Das eine lässt sich ohne das andere nicht ausmachen. Die signifikanten Qualitäten dieser Sequenz, von denen ich einige genannt habe, sind das Resultat einer dichten Interaktion ihrer audiovisuellen Komponenten. Diese Interaktion aber spielt sich nur insofern innerhalb des Werks ab, als seine Betrachter an diesem Spiel im Vollzug ihrer Wahrnehmung tatsächlich teilzunehmen vermögen. Was diese Sequenz künstlerisch »ist«, mit anderen Worten, hängt unweigerlich davon ab und ist unweigerlich darauf bezogen, was sie potentiellen Betrachtern gegenüber »tut«: wie sie im Prozess ihres Erscheinens denjenigen ihrer ästhetischen Erfahrung entzündet.

Ästhetische Erfahrung, die Zweite

Diese theoretische Auslegung meines Beispiels benennt den Grund dafür, warum die Rede von künstlerischer »Verfassung« oder »Form« notwendigerweise einen wenigstens »impliziten Bezug« auf den Prozess ihrer Aneignung enthält und darüber hinaus einen wenigstens impliziten Bezug auf ihre mögliche Bewertung. Denn würden wir die künstlerische Komplexität jener Sequenz nicht *wahrnehmen*, wären wir nicht in der Lage, sie *anzuerkennen*, und würden wir sie nicht anerkennen, wären wir nicht in der Lage, von *dieser* (oder überhaupt einer) Art künstlerischer Raffinesse angezogen zu sein. Sie wäre schlicht nicht da. Das fragliche Werk hätte gar keinen oder einen ganz anderen Gehalt. Zwar ist es jederzeit möglich, dass bestimmte (oder auch zunächst alle) Adressaten die Virtuosität, Subtilität, Intensität usf. eines künstlerischen Objekts verkennen. Aber die Art der Gelungenheit eines Werks zu *er*kennen bedeutet stets, ihm in der wahrnehmenden Begegnung mehr oder weniger viel abgewinnen zu können.

Was ich oben meine »Beschreibung« der Sequenz aus *Zabriskie Point* genannt habe, war deshalb weit mehr als nur eine Beschreibung und konnte auch gar nicht weniger sein. Sie enthielt eine massive Interpretation ihres Verlaufs und eine nicht minder massive Bewertung. Allein die Deutung dieser Passage als eines »Vorspiels«, in dem die »formalen Kräfte« des Films alle »schon wirksam« sind und das Leitmotiv einer »strukturellen Gewalt« anklingen lassen, spricht ihr eine erhebliche Bedeutung zu, eine Bedeutung, die sie einer »dichten Interaktion« und flirrenden »Oszillation« ihrer Elemente verdankt. Explizit bewertend war zumal meine Rede von einer »hochimaginativen Komposition«, der unter anderem der Übergang in ein »filmisches Action Painting« gelingt, wodurch sich sowohl die vorgeführte Szene als auch ihre filmische Darbietung in einen suggestiven »Ereignisraum« verwandelt. Es kommt aber gar nicht darauf an, wie ostentativ bewertend die Auslegung eines Kunstwerks ausfällt. Entscheidend ist, dass sie anders als evaluierend gar nicht ausfallen darf, wenn sie überhaupt etwas an der künstlerischen Organisation ihres Gegenstands treffen will. Kunstwerke sind nun einmal keine neutralen Sachverhalte. Aus den in meiner Vorüberlegung genannten Gründen sind sie ihrem Wesen nach Kandidaten für eine besondere Art der Aufmerksamkeit, die sie in mehr oder weniger hohem Maß verdienen. Dabei macht es einen erheblichen

Unterschied, ob und in welchem Maß sie diese verdienen. Zwar beziehen sich positive, negative oder indifferente ästhetische Erfahrungen an ein und demselben Werk auf *dasselbe* künstlerische Objekt, wie es über unkontroverse Kommentare zu seiner Entstehung, Verfassung und seiner Stellung in der Geschichte der Künste identifiziert werden kann. Was hier jedoch eine elementare und daher unkontroverse Beschreibung ausmacht, ergibt sich selbst allein *innerhalb* einer mehr oder weniger kontroversen Auseinandersetzung über das Werk. Die Identität eines künstlerischen Objekts ist kein vor der sei es laienhaften, sei es professionellen (kunstkritischen und kunsthistorischen) Auseinandersetzung mit ihm Gegebenes. Sie ist selbst ein *Resultat* dieser Auseinandersetzung. Hieraus folgt, dass der Gehalt, der einem Objekt der Kunst zukommt, stets von der Art und dem Grad der Bewertung seiner Gelungenheit abhängt. Es sind unsere nichtneutralen Deutungen, die einem Werk einen künstlerischen Gehalt verleihen, einen Gehalt freilich, den wir *ihm* zusprechen, indem wir behaupten, dass er *an* ihm entdeckt werden kann (oder indem wir dies bestreiten). Wo diese Entdeckung und Erkundung sich nach unserem Urteil lohnt, wissen wir zugleich, dass die Konstellationen der jeweiligen Werke immer wieder neu oder doch immer weiter ergänzend ausgelegt werden können, ohne dass hier – allein wegen ihres Status als historischer Gegenstände – ein Abschluss zu erwarten wäre. Soweit die Künste betroffen sind, gibt es keine Identifikation ohne Interpretation und keine Interpretation ohne Evaluation.[9]

Würde die Sequenz aus *Zabriskie Point* als ein ebenso enervierendes wie überflüssiges Zwischenstück angesehen, könnte ihr nicht das an Ausdruck, Gestik und Stil zugeschrieben werden,

---

9 Hier widerspreche ich z. B. Carroll, Aesthetic Experience, a. a. O., bes. 82. Vgl. ausführlich M. Seel, Die Kunst der Entzweiung. Zum Begriff der ästhetischen Rationalität, Frankfurt/M. 1985, 236–288 und Ders., Dialoge über Kunst, in: J. Kirschenmann/Ch. Richter/K. H. Spinner (Hg.), Reden über Kunst, München 2011, 15–27.

was ich ihr zugeschrieben habe. Das gilt nicht nur hier, es gilt generell. Ein simples Faktum kann dies verdeutlichen. Wer – um in meinem Beispielgenre zu bleiben – Filme wie *A Day at the Races* (Sam Wood, USA 1937), *Hellzapoppin'* (Henry C. Potter, USA 1941), *The Great Dictator* (Charlie Chaplin, USA 1940), *To Be or Not to Be* (Ernst Lubitsch, USA 1942) oder *La vita è bella* (Roberto Benigni, I 1997) nicht komisch finden und also: wer beim Betrachten dieser Filme nicht lachen könnte, könnte in ihnen nicht das sehen, was sie sind: in den beiden ersten Fällen eine karnevalistische Verballhornung sozialer und filmischer Ordnungsprinzipien, in den anderen eine komische Destruktion des tödlichen Ernsts der faschistischen Politik. Oder umgekehrt: Wer einen Film wie *Das weiße Band* (Michael Haneke, A/D/F/I 2009) zum Lachen fände, hätte »einen anderen Film gesehen«, was aber nur heißt: hätte in *demselben* Film etwas ganz anderes gesehen als die meisten anderen und ihn, jedenfalls nach der gängigen Deutung, gründlich missverstanden. Ein solches Missverstehen schließt in der Regel eine irreführende Bewertung mit ein. Schließlich dürfen wir nicht vergessen, dass das, was Objekte der Kunst nach Ansicht ihrer Erfinder und mancher ihrer Verehrer sein sollen, nicht immer das ist, was sie sind. Im Guten sind sie weit mehr, im Schlechten weit weniger. Die Art und das Maß ihrer Gelungenheit haben einen direkten Einfluss auf ihre Bedeutsamkeit für ein aktuelles oder potentielles Publikum.

Nimmt man die Respons-Abhängigkeit und Resonanz-Bezogenheit künstlerischer Objekte ernst, so führt dies erneut zu der Anerkennung der oben hervorgehobenen begrifflichen Interdependenz. So wenig man die Konfigurationen von Kunstwerken ohne einen wenigstens impliziten Rückgriff auf den Prozess ihrer Erfahrung charakterisieren kann, so wenig ist der Begriff ihres Gehalts von dem seiner Erfahrung zu trennen. Wie Objekte künstlerisch verfasst sind, hängt davon ab, was sie künstlerisch ermöglichen; was sie künstlerisch ermöglichen, hängt davon ab, wie sie künstlerisch verfasst sind. Ihr Potential als Kunstwerke ist nur im Blick auf die mögliche Entfaltung dieses Potentials zu verstehen. In dieser Entfaltung besteht schließlich der Sinn ihrer Existenz: in der Erprobung der Möglichkeiten, die jeweilige Werke einer aufgeschlossenen Wahrnehmung eröffnen – Möglichkeiten, die ihre Valenz und ihr Valeur vielfach erst im Zuge eines passionierten Mitgehens gewinnen.

Darum ist das, was in den Künsten geschieht, stets etwas, das ihren potentiellen Betrachtern, Hörern oder Lesern im Verfolgen dieses Geschehens geschieht. Um diesen Zusammenhang geht es im Prozess der ästhetischen Erfahrung der Kunst. Die Freundinnen und Freunde dieser seltsamen Art interpretierbarer Objekte überlassen sich einem Geschehen, das sie weder unter ihrer Kontrolle haben noch unter Kontrolle haben wollen. Ohne Gefahr für Leib und Leben setzen sie *sich* aufs Spiel, indem sie auf das artistische Potential der jeweiligen Werke reagieren. Sie wollen ihr Selbstgefühl und ihr Selbstverständnis variieren, ohne dabei anders als durch die Eingebungen ihrer Aufmerksamkeit für das jeweilige Gebilde gefesselt zu sein.[10] Für ästhetische Erfahrung im Bezirk der Künste bereit zu sein bedeutet, offen dafür zu sein, sich durch die Formen und Kräfte der jeweiligen Werke bestimmen zu lassen, mit freilich erheblichen Risiken der Ernüchterung und Enttäuschung. Es bedeutet, frei zu sein für eine Erfahrung um der Erfahrung willen. Mit einer solchen Einstellung steht und fällt die Rolle der Kunst als einer maßgeblichen kulturellen Institution.

Praktiken, die auf selbstzweckhafte Erfahrung ausgerichtet sind, sind jedoch kein Privileg allein des Umgangs mit Kunst.[11] Sie haben andere prominente Domänen etwa angesichts des Naturschönen oder der Spektakel des professionellen Sports. Die Philosophie und die Wissenschaften eröffnen darüber hinaus ein weites nichtästhetisches Betätigungsfeld vollzugsorientierter Tä-

---

10 Hierzu ausführlich Beitrag 12 in diesem Band.
11 Zu dieser Thematik vgl. G. Iseminger, The Aesthetic State of Mind, in: Kieran (Hg.), Contemporary Debates in Aesthetics and the Philosophy of Art, a. a. O., 98–112.

tigkeiten. Nur wenn man dies im Auge behält, lässt sich angeben, was in der Zone der Kunst den entscheidenden Unterschied ausmacht. Die Vielfalt der Künste gewährt eine öffentliche *Darbietung* der in der Begegnung mit ihren Werken ermöglichten Erfahrung. Ihre Objekte sind nicht allein Anlässe, sie sind *Artikulationen* dessen, was zu erfahren sie ihren Rezipienten ermöglicht haben oder hätten ermöglichen können – Präsentationen eines künstlerischen Gehalts, die zudem oft wieder und wieder ausgestellt, aufgeführt und angeeignet und damit immer wieder neu oder anders erfahren, interpretiert und bewertet werden können. Insofern ist die interpretierende und bewertende Verständigung über ein künstlerisches Werk immer zugleich eine Auseinandersetzung mit dem Potential der Selbst- und Welterkundung, die an ihm vollzogen werden kann. Diese erlaubt es Individuen wie Kollektiven, ihrer biographischen wie historischen Gegenwart auf eine besondere Weise innezuwerden.[12]

Explosion

Vor dem Hintergrund meiner Überlegungen kann der Schluss von *Zabriskie Point* als eine – zugegebenermaßen extreme – Metapher dafür gedeutet werden, was »hier«, beim Verfolgen meiner Beispielsequenz oder bei der Begegnung mit irgendeinem anderen respektablen Kunstobjekt, geschieht. Am Ende des Films imaginiert die junge Frau (Daria Halprin), die gerade im Radio erfahren hat, dass ihr Freund von der Polizei erschossen worden ist, die Explosion der luxuriösen Villa, in der die Leiter der *Sunnydunes Development Corporation* eine absurde Wohnanlage in der Wüste planen, einem Landschaftstypus, der in einer früheren Passage des Films als ein anti-kapitalistisches Paradies inszeniert worden ist. In dieser Phantasie entladen sich die politischen

---

12 Seel, Ästhetik des Erscheinens, a. a. O., 215 ff.

und emotionalen Antagonismen der Handlung in einer weitgehenden Verselbständigung gegenüber ihrer narrativen Entwicklung. Gleichzeitig abstrakt und höchst konkret, sprengt sie jeden erwartbaren und berechenbaren Gang der Dinge. Mit einer künstlerischen Technik nicht allein der Kontingenzdarstellung, sondern der Kontingenzerzeugung[13] überlässt sich der Film mehr als fünf Minuten lang dem puren Wirbel seines eigenen Erscheinens.[14] In Originalgeschwindigkeit und realistischer Akustik wiederholt sich die Explosion in zunehmend rascherer Folge insgesamt dreizehn Mal aus unterschiedlichen Blickwinkeln und in immer näher rückenden Einstellungen. Wieder und wieder taumeln anschließend Teile der unter dem Druck der Explosion sich auflösenden Inneneinrichtung in Superzeitlupe durch das Bild. Begleitet wird diese Passage von einer zunächst ziellos schwingenden Musik, die sich am Ende in einen exzessiven Ausbruch steigert. Als hätte der Regisseur das pyrotechnische Vokabular der *Ästhetischen Theorie* Adornos beim Wort genommen,[15] wird die vibrierende Materialität der von Menschen zugerichteten Landschaft hier in einer nochmals gesteigerten Form präsentiert – gleichsam in einem Aufstand von Raum und Zeit gegen ihre kulturelle Verformung. Die Produkte der Warenwelt verwandeln sich in skulpturale Objekte, die sich losgelassen von aller Zweckmäßigkeit befreien. Als ob sie unter Wasser schwämmen, fliegen die Einzelteile der Einrichtung mit gebremstem Schwung durch die Luft, formieren sich zu einer Performance ohne Darsteller, zu einem Geschehen ohne Geschehendes, in dem nichts eine feste Gestalt behält. Eine von der Schwerkraft be-

---

13 Zu dieser Unterscheidung vgl. Beitrag 17 in diesem Band.
14 Michelangelo Antonioni, Zabriskie Point, a.a.O., 01:40:24–01:45:23. – Im Kontext der Filmerzählung ist diese Sequenz außerdem als eine elaborierte Rachephantasie der weiblichen Hauptfigur zu verstehen; diesen Hinweis verdanke ich Gertrud Koch.
15 Th. W. Adorno, Ästhetische Theorie, Frankfurt/M. 1973, bes. 123–128.

freite *natura naturans* bricht bedrohlich und bezaubernd hinter der *natura naturata* und aller auf sie gestützten Gestaltungskunst hervor.

Eine Metapher des Prozesses der ästhetischen Erfahrung bietet diese Passage insofern an, als sich hier eine Entfesselung der vertrauten Gestalt der Welt ereignet, die eben darum auf eine besondere Weise fesselnd ist. Die aus ihrer gewohnten Passung in den Gang und Zusammenhalt der Dinge gerissenen Objekte werden so in Bewegung versetzt, dass sich eine unvergleichliche Choreographie ihres Zusammenspiels ergibt. Dies hat den Effekt einer staunenswerten Verbesonderung aller Gestalten, die auf der Leinwand ein unübersehbares und im Ganzen unüberschaubares Eigenleben führen. Sie werden von ihrer Funktionalisierung befreit, was zugleich den Betrachtern die Fixierung auf ein festgefahrenes Selbstbild nimmt. Eine Ingredienz dieser Befreiung, wenn auch in oft deutlich schwächerer Dosis, ist in der Dynamik der ästhetischen Erfahrung der Kunst seit jeher enthalten. Sofern und solange wir an ihr teilhaben, lassen wir aus freien Stücken etwas mit uns geschehen, das wir uns niemals hätten einfallen lassen können, hätten wir nicht diese sonderbaren Objekte, die uns vormachen, dass man sich nichts vorzumachen braucht, um über die Gewissheiten und Gewohnheiten unseres Denkens und Fühlens hinaus zu gelangen.

14. Bewegtsein und Bewegung.
Elemente einer Anthropologie des Films

Im Kontrast zu der Ungerührtheit eines unbewegten Bewegers ist das menschliche Leben immer wieder in einer unauflöslichen Spannung entgegengesetzter Pole gesehen worden – als ein fortwährender Wechsel zwischen Bewegung und Stillstand, Anspannung und Entspannung, als Pendel zwischen Schmerz und Langeweile, als Antagonismus von Lustprinzip und Todestrieb. Wie immer man diese Deutungen ihrerseits deuten mag, sie sprechen dafür, in der Polarität von Bewegtwerden und Sichbewegen ein Grundgesetz nicht einmal nur des menschlichen Lebens zu sehen. Allerdings darf diese Polarität nicht als ein Konflikt voneinander unabhängiger und auch nicht in erster Linie als ein Konflikt gegensätzlicher Kräfte aufgefasst werden. Sie bezeichnet vielmehr eine Grundspannung, von der das eher aktive wie das eher passive Verhalten *gleichermaßen* geprägt sind. Bewegtsein und Bewegung wirken zusammen. Wir können uns nicht bewegen, ohne bewegt zu sein; wodurch wir bewegt werden, hat Einfluss darauf, wie wir uns bewegen. In allem, wonach wir leiblich und seelisch streben, werden wir leiblich und seelisch bewegt; alles, wodurch wir physisch oder psychisch bewegt werden, modifiziert unser Vermögen der körperlichen oder geistigen Bewegung. Dies beschreibt nicht allein eine Lage, in der wir unausweichlich sind, sondern ebenso eine, die wir in unserem Sinnen und Trachten unausweichlich begehren. Denn wir können nicht anders, als so oder anders bewegt sein zu *wollen*. Wir streben nach Situationen, von denen wir erwarten oder erhoffen, dass sie uns in einer entgegenkommenden, überraschenden oder sonstwie erhebenden Weise bewegen werden. In allem, wozu wir uns bestimmen,

bestimmen wir uns immer auch dazu, uns bestimmen zu lassen.¹

Für den Zweck dieses Beitrags will ich ohne weitere Diskussion annehmen, dass es sich tatsächlich so verhält. Dieser Befund erlaubt es mir zu untersuchen, wie der Film – nicht bestimmte Filme, sondern das *Medium* Film – in das anthropologisch grundlegende Gefüge von Bewegtsein und Bewegung eingreift, oder anders gesagt, welchen Dreh er der menschlichen Position zwischen Bestimmtsein und Bestimmendsein verleiht. Meine Frage lautet daher, was für Kräfte der Film durch seine Bewegung entfacht und entfaltet, und damit: was für eine Wahrnehmungssituation er für seine Betrachter schafft, und folglich: was diese mit sich geschehen lassen, wenn sie sich in diese Situation begeben.

Eine Antwort zumindest liegt auf der Hand: Die Bewegung, die der Film ist, ebenso wie diejenige, die er hervorruft, ist keine leibliche Bewegung. Wie einige andere Künste enthebt der Film seine Konsumenten der Nötigung zur leiblichen Aktion und schützt sie vor ihr. Trotzdem kann er seine Dynamik nur in der leiblichen Anwesenheit von Zuschauern entfalten; er kann sie nur animieren und agitieren, weil sie leibliche Subjekte sind, die sehend, hörend und fühlend auf das filmische Geschehen reagieren. Dies gilt natürlich auch für die Bewegung von Wind und Wetter, von der man sich auf einer geschützten Veranda, ebenso wie für die von Paaren und Passanten, von der man sich im Blick aus einem Hotelfenster unterhalten lässt. Der Raum und die Zeit, die Sichtbarkeit und Hörbarkeit filmischer Szenen sind jedoch durchaus anders verfasst als der übrige Teil der wahrnehmbaren Welt; sie treffen und betreffen die Zuschauer auf andere Weise, als es an-

---

1 Die Motive, die ich hier nur anklingen lasse, habe ich näher ausgeführt in: M. Seel, Sich bestimmen lassen. Ein revidierter Begriff der Selbstbestimmung, in: Ders., Sich bestimmen lassen. Studien zur theoretischen und praktischen Philosophie, Frankfurt/M. 2002, 279–298.

dernorts – und auch in den anderen Künsten – der Fall sein könnte.

Ich werde mich diesem Modus auf einem vergleichsweise formalen Weg nähern, indem ich über das Erscheinen filmischer Räume spreche. In jedem Film haben wir es mit einer Pluralität von Räumen und Raumverhältnissen zu tun – mit einem Prozess der Raumbildung, der sich nicht allein in einer visuellen, sondern zugleich in einer akustischen Dimension entfaltet. Um diese Einheit der filmischen Bewegung besser zu verstehen, werde ich bestimmte ihrer Dimensionen zunächst isolieren, um nach und nach ein reicheres Bild des filmischen Erscheinens – und seiner besonderen Paradoxien – zu zeichnen. Ich werde erstens über die Architektonik, zweitens über die Musikalität und drittens schließlich über den besonderen Bildcharakter des Films sprechen – um auf diesem Weg zu erkunden, wie er sich und wie er uns zu bewegen vermag.[2]

1. Film als Architektur

Um dies zu erreichen, möchte ich den Film zunächst als ein architektonisches Medium interpretieren. Das mag seltsam klingen, aber so seltsam ist es gar nicht. Denn beide Künste – die Architektur nicht weniger als der Film – sind sowohl Künste der Raumbildung als auch Bildkünste – auch wenn der Raum und das Bild in ihnen eine durchaus unterschiedliche Rolle spielen. Wie alle Künste sind sie darüber hinaus Zeitkünste: Sie führen ihren Betrachtern und Benutzern eine Bewegung vor oder verlangen eine von ihnen, die ohne die Konstruktion sei es eines Bauwerks, sei es eines Films ganz unmöglich wäre.

---

2 Anm. 2014: Dieser – zuerst 2008 erschienene – Versuch ist ein erster Entwurf meines späteren Buches *Die Künste des Kinos* (Frankfurt/M. 2013).

Bekanntlich liegt die grundlegende Operation der Architektur in einem Verfahren der Raum*teilung* und Raum*gliederung*. Dabei werden Differenzen von *Innen* und *Außen* etabliert, die vielfach wiederholt, variiert, gespiegelt und durchbrochen werden können. Mit jedem Gebäude entsteht ein *Raum von Räumen*, die auf unterschiedliche Weise voneinander getrennt und füreinander offen sind. Gebäude fast aller Art sind nicht nur Abgrenzungen eines inneren Raums von einem äußeren und somit nicht allein eine Umgrenzung eines inneren Areals, sie leisten eine Vervielfältigung ihres Raums. Das Ensemble von Räumen, das so entsteht, bildet zugleich einen *Raum für Räume*, indem es Übergänge und Durchgänge, Brüstungen und Schwellen, Aussichten und Hereinsichten hervorbringt, durch die die von ihm entworfenen Orte *miteinander* korrespondieren. Sie korrespondieren nicht allein nach innen, sondern ebenso sehr nach außen: mit Bauten und Bäumen, mit Licht und Himmel, mit Ruhe und Lärm, kurz: mit allem, wofür sich das Gebäude als erfahrbare *Umgebung* seines Ortes öffnet. Darin zeigt sich schließlich, dass jedes Bauwerk einen *Raum in Räumen* entstehen lässt; es stellt seinen pluralen Raum in einen größeren Raum, der ebenfalls ein Erzeugnis vielfältiger Kräfte ist: Es ist ein geographischer, kultureller, historischer und alltäglicher Ort, an dem das einzelne Gebäude seine Wirksamkeit entfaltet. Diese Räume aber, in denen ein Bauwerk steht, verbinden sich letztlich wieder zu *einem* Raum: zu dem Raum einer *Landschaft*, der das Gebäude seit seiner Entstehung angehört und der es mit seiner Entstehung einen eigenen Akzent verliehen hat.

Wie in dem Raum buchstäblicher Architekturen handelt es sich auch bei demjenigen, durch den die Bewegung von Filmen führt, um einen durch und durch konstruierten Raum – um einen, der nicht minder aus Operationen der Raumteilung und Raumgliederung, der Vervielfältigung, Öffnung und Schließung von Räumen hervorgeht und also – wie die Baukunst – einen Raum *von* Räumen und *für* Räume im Ganzen eines unüberschaubaren Raums entstehen lässt. Auf den Bewegungsraum von

Spielfilmen trifft daher alles das zu, was ich soeben skizzenhaft über den architektonischen Raum gesagt habe – mit dem freilich entscheidenden Unterschied, dass der eine ein bewegter Bildraum und der andere darüber hinaus ein Raum physischer Bewegung ist. Dennoch: Wenn diese Parallele haltbar wäre, dürfte man sagen, dass die filmische Phantasie von Haus aus eine architektonische und die architektonische im Herzen eine filmische ist.

Diese Parallele kann freilich nur aufschlussreich sein, wenn es gelingt, die über das Offensichtliche hinaus entscheidende Differenz zu markieren, die den filmischen von jedem architektonischen Raum unterscheidet. Der *point of departure* liegt, wie nicht anders zu erwarten, in einem alternativen Verfahren der Raumteilung. Der Grundunterscheidung von Innen- und Außenraum im Fall der Architektur entspricht beim Film diejenige zwischen *on-screen* und *off-screen*. Seine Bewegung vollzieht sich als ein steter Wechsel zwischen dem auf der Leinwand Sichtbaren und dem auf ihr noch nicht oder nicht mehr oder überhaupt nicht Sichtbaren (und ist als potentieller Wechsel auch dort immer virulent, wo wir es mit extrem statischen Aufnahmen zu tun haben). Die Innen/Außen-Verhältnisse, die *im* Film sichtbar werden – Ausblicke, Einblicke, Blickbewegungen, Aufblenden, Abblenden, Schwenks, Blicksprünge etc. –, werden im Medium dieser Differenz zwischen dem auf Leinwand oder Bildschirm zu einem gegebenen Zeitpunkt Sichtbaren und dem dort jeweils Unsichtbaren organisiert. Kraft der Kadrierung der Bildausschnitte etablieren Filme den spezifischen Raum ihres Geschehens: jenen Raum, *in dem* sich alles ereignet, was sich in ihnen ereignet, und *der sich* ereignet, während sich der filmische Fortgang ereignet.

An der bisher beschriebenen Raumbildung hat auch die akustische Dimension von Filmen einen erheblichen Anteil: Durch Musik, Sprache und andere Toneffekte wird das auf der Leinwand Sichtbare ebenso wie das auf ihr Unsichtbare auf vielfältige Weise akzentuiert. Je nach Art der Lokalisierung von Geräuschquellen im Verhältnis zu den jeweils auf der Leinwand erscheinenden

Szenen werden auch hier komplexe Innen/Außen-Verhältnisse geschaffen, die in der zeitlichen Konfigurierung der eingesetzten Mittel eine weitere Steigerung erfahren. Auf diese Weise wird der Klangraum zu einem Teil des Ereignisraums, der durch filmische Verläufe entworfen wird. Denn das ist die eigentliche Pointe der filmischen Architektur: Räume zu zeigen, zu erkunden, zu wechseln, zu verschachteln; auf diese Weise einen Raum von Räumen und für Räume zu erzeugen; einen Raum aber, der sich der Wahrnehmung allein so erschließt, dass er ihr stets wesentlich unerschlossen bleibt: weil alle jeweils sichtbaren Räume zu der imaginären Welt des Films hin offen bleiben, in der sie auf eine unüberschaubare Weise miteinander verbunden sind.

Man könnte hier geradezu von einem Landschaftscharakter der Filmerfahrung sprechen, der demjenigen der Erfahrung architektonischer Räume durchaus nahekommt. Landschaftserfahrung ist wesentlich die Erfahrung eines vielgestaltigen, variablen, unüberschaubaren und darum vernehmend und verstehend unbeherrschbaren, kurz: eines geschehenden Raums.[3] Im Angesicht von Gebäuden ist dies die Präsenz der Weite der realen Welt, in der das Bauwerk seine Stellung einnimmt und zu der es eine Stellung bezieht. Im Klangbildraum des Kinos ergibt sich dieser Effekt aus dem Umstand, dass ein Film seinen Zuschauern kein annähernd vollständiges Bild des Raums gibt, in dem er sich abspielt, sondern immer nur Aspekte desselben, die in einem Spiel von Erinnerung und Erwartung imaginativ ergänzt werden müssen, ohne sich je zu einem durchschaubaren Ganzen zu formen. Insbesondere jeder Spielfilm ist zu einer – zu seiner – Welt hin offen, die *als* Welt weder sichtbar ist noch sichtbar werden kann, weil wir uns betrachtend *in* ihr befinden. Jeder Spielfilm etabliert

---

3 Zu diesem Verständnis vgl. M. Seel, Ästhetik und Aisthetik. Über einige Besonderheiten ästhetischer Wahrnehmung – mit einem Anhang über den Zeitraum der Landschaft, in: Ders., Ethisch-ästhetische Studien, Frankfurt/M. 1996, 36–69, bes. 60–69; vgl. in diesem Band S. 233–237.

für seine Betrachter eine Position des Innerhalb und Inmitten einer unüberschaubaren Szenerie und Ereignisfolge, die im Verlauf des Films von innen her erkundet wird, wodurch sich stets wechselnde Verhältnisse des Innen und Außen, Sichtbaren und Unsichtbaren, Heimlichen und Unheimlichen, des Präsenten und Absenten ergeben. Nicht nur bewegen sich die Betrachter sehend und hörend in einem virtuellen, ihrem leiblichen Zugriff entzogenen Raum und lassen sich von dem, was *in ihm* geschieht und wie *er* geschieht, sehend und hörend, fühlend und verstehend bewegen. Dieser allein spürend vernehmbare Raum bleibt darüber hinaus virtuell auch in dem weiteren Sinn, dass er sich einer wahrnehmenden Erkundung prinzipiell entzieht, da die Wahrnehmung hier nicht auf anderes hin gelenkt werden kann als auf das, was in der Bildbewegung erscheint und verschwindet. Eben dadurch aber werden die Betrachter in das klangbildliche Geschehen des Films hineingezogen, sie können sich führen und verführen, mitnehmen und gehen lassen in einer Weise, wie es im Inneren begehbarer Räume nicht möglich ist. Die filmische Raumteilung gliedert, akzentuiert, vervielfältigt und verändert nicht einen Raum, der zuvor schon gegeben ist, sondern stellt eine durch die Bildbewegung erzeugte Raumerfahrung sui generis her, in der wie in der buchstäblich architektonischen jedem Innen ein Außen und jedem Außen ein Innen korrespondiert, eine Korrespondenz, die sich jedoch radikaler als in dieser inmitten eines dem Vernehmen und Verstehen unzugänglichen Raums manifestiert.

In der Montage von Bildern und Klängen stellen Filme einen bewegten und die Zuschauer bewegenden Raum her, der als Fragment einer filmischen *Welt* erfahren wird. Dieser Welt muss auch dann nichts in der realen Welt entsprechen, wenn viele der in ihr sichtbaren Schauplätze, Geschehnisse oder Gestalten eine Entsprechung in der realen Welt haben. Nichtfiktionale Filme freilich erheben den Anspruch, im Verlauf ihrer Einstellungen Einblicke in den Bezirk der wirklichen Welt zu ermöglichen; ihr Gestus ist es, Ausschnitte der Welt sowie Ereignisfolgen in ihr zu inszenieren, die unabhängig von der Darstellung des Films bestanden haben und zum Zeitpunkt der Aufnahmen *dort draußen* zugänglich waren.[4] Der entscheidende Schritt von der Dokumentation zur Fiktion dürfte in der Konstruktion von Ereignisverläufen – in der Regel: von Geschichten – liegen, die sich so, wie sie im Film gezeigt werden, nie zugetragen haben.[5] Daher besteht gerade in Spielfilmen ein grundsätzlicher Primat des Bewegungsraums vor dem Bedeutungsraum; aus ihrer Raumbewegung gehen die Schauplätze ihrer Geschichten, die Orte ihrer Handlung hervor. Aber ohne diese Raumbewegung kommt *keine* filmische Präsentation zustande. Denn alles, was sie uns gegebenenfalls »sagt«, hängt ab von den Räumen, durch die sie uns führt – von Räumen, die sie uns so zeigt, dass sie sie stets zugleich vor unserem Blick verbirgt. So verfährt die filmische Architektur: Sie baut eine Welt, in der wir uns wahrnehmend aufhalten dürfen, ohne wirklich in ihr zu sein. Diese Unwirklichkeit oder Virtualität des filmischen Raums aber ist ihrerseits etwas durchaus Wirk-

4 Meine Rede von einem spezifischen »Gestus« und einer spezifischen »Inszenierung« dokumentarischer Filme weist darauf hin, dass die Differenz zwischen *fiction* und *faction* wesentlich eine stilistische ist. In ihrem Stil – genauer: mit einem jeweiligen Bündel von Stilmerkmalen – weisen Filme darauf hin, ob sie (primär) als fiktive Erkundungen einer von ihnen geschaffenen oder als dokumentarische Präsentationen einer von ihnen aufgesuchten, auch unabhängig von ihnen bestehenden Szenerie aufgefasst werden wollen. Vgl. dazu sehr überzeugend A. Keppler, Mediale Gegenwart. Eine Theorie des Fernsehens am Beispiel der Darstellung von Gewalt, Frankfurt/M. 2006, 158–182.
5 Dies ist auch dann der Fall, wenn es »wahre Begebenheiten« sind, von denen eine filmische Narration inspiriert ist. Unter Verwendung historischer Schauplätze sowie mehr oder weniger minutiös nachgestellter Situationen führt sie gleichwohl in den unübersehbaren Raum *ihrer* Landschaft, den sie durch *ihre* Klangbildsequenzen erzeugt, mit denen sie ein Spiel von Innen/Außen-Verhältnissen entfacht, dem außerhalb ihres Kosmos auch dann *nichts* korrespondiert, wenn sie im Ganzen ihrer Konfigurationen eine bestimmte *Deutung* von Zuständen der historischen Welt anbietet.

liches. Sie verdankt sich dem *Erscheinen* einer bildlichen und klanglichen Bewegung, das die Betrachter für eine Weile in Wahrnehmungsvollzüge verstrickt, die von Anfang bis Ende an das unwahrscheinliche Dasein des audiovisuellen Geschehens auf Leinwand oder Bildschirm gebunden sind.

Die Beispiele für diese Offenheit des filmischen Raums sind Legion; eines der bekanntesten ist die Schlusseinstellung in John Fords *The Searchers* (USA 1956), in der sich die Kamera in den Innenraum eines Farmerhauses zurückzieht und den ruhelosen John Wayne alias Ethan Edwards in der Weite der Prärie einem ungewissen Schicksal entgegengehen lässt. Diese Schlusseinstellung nimmt die allererste Einstellung wieder auf, die sich in der Mitte des Films bereits einmal wiederholt hat. Am Ende des Films, bei der zweiten Wiederholung, bringt Ethan nach langen Jahren der Suche die von den Indianern entführte Debbie in das Haus der Nachbarn ihrer ermordeten Eltern zurück. Das Ehepaar nimmt die junge Frau fürsorglich in Empfang und geleitet sie nach drinnen, der Kamera entgegen, die sich rückwärts ins Innere des Hauses bewegt, so dass der Ausschnitt der Tür und mit ihm der Blick in die helle Landschaft nur noch etwa ein Drittel der Leinwand ausfüllt – schwarz eingerahmt von der Wand des Innenraums. Ethan Edwards macht einige Schritte auf die Haustür zu, dreht sich um, lässt Martin Pawley und Laurie Jorgensen, das wieder vereinte junge Paar, vorbei, wendet sich dem Haus zu, zögert, dreht ab, und schreitet langsam ins Weite davon. Daraufhin schließt sich die Tür des Hauses. Sie wird jedoch von *niemandem*, von keiner Figur *im* Haus geschlossen; vom Innenraum ist nichts mehr zu sehen. Mit dem Zufallen der Tür schließt sich hier der Raum des Films selbst. Mit der Weite wird zugleich die Nähe, mit dem Außen das Innen ausgeblendet. Keine Raumteilung geschieht mehr, es ist nur noch ein schwarzer Hintergrund da, auf dem das Insert *The End* erscheint. Die Leinwand wird wieder zu einer Wand, die nurmehr den Raum des Kinos begrenzt; sie fungiert nicht länger als Passage zu einem imaginativen Raum *in* seinem Raum.

Diese Szene ist zum einen ein Exempel für das gespaltene Begehren zugleich nach einem bergenden Drinnen und einem befreienden Draußen, das die Erzählung vieler Spielfilme motiviert. Man kann sie aber grundsätzlicher als eine Allegorie der konstitutiven Ausschnitthaftigkeit des Filmraums deuten, die gerade dort gegeben ist, wo seine Einstellungen den Blick in eine unbestimmte Weite eröffnen. So verstanden, wird sie darüber hinaus zu einem Wahrzeichen der *unsteten Rahmung*, der alles filmische Geschehen unterliegt.

Von dieser variablen Umgrenzung aber hängt alles ab. An ihr zeigt sich, dass der filmische Raum ungleich offener *und* geschlossener, dass er zugleich stabiler *und* instabiler ist als alle Räume, in denen wir uns ansonsten befinden und bewegen. Geschlossener und stabiler ist er, weil sich die Bewegung, der er unterliegt und die sich in ihm abspielt, unabhängig von der Position der Wahrnehmenden in unabänderlicher Abfolge vollzieht. Alles an dieser Bewegung liegt fest; alle Betrachter unterliegen ihr. Offener und instabiler aber ist er, eben weil es ein sich bewegender Raum ist, der stets dem Gesetz seiner eigenen Dynamik folgt. Der Horizont, in dem das, was jeweils zu sehen ist, erscheint, verschiebt sich nicht relativ zu und verschmilzt nicht mit der leiblichen Bewegung der Betrachter, er hält diese fest und springt mit ihnen um, indem er sich ihnen fortwährend entzieht. Denn so viel Horizont – wie etwa in der Schlusssequenz von *The Searchers* – *im* Bild auch sichtbar sein mag, der *des* Bildes ist es nicht. Er liegt außerhalb seines Rahmens, und dies in einer grundsätzlich anderen Weise, als es bei anderen Bildformen der Fall sein mag und zumal in vielen *fotografischen* Bildern fast handgreiflich der Fall ist.[6] Der Raum von Filmen geht nicht über *unseren* Horizont, wie es ja nur die wenigsten tun, er geht über *seinen* Horizont: Mit jeder Einstellung, jedem Schnitt, jedem Schwenk, jedem Zoom, jedem Objekt, das sich in das sichtbare Feld hinein oder aus ihm heraus bewegt, verändert sich der Bereich dessen,

---

6 Vgl. Beitrag 15 in diesem Band.

was außerhalb seines Erscheinens liegt, ohne dass dieses Außerhalb anders als in immer neuen Fragmenten und damit immer neuen Dimensionen des Draußen gegenwärtig würde.

Deswegen ist der filmische Raum ein imaginierter Raum. Er ist es nicht, weil er durch Imagination *erzeugt* wäre, wie sehr dies auch gelegentlich der Fall sein mag; er ist es nicht nur, weil er fast jederzeit durch Imagination der Betrachter *ergänzt* werden muss; er ist es, weil er sich mit allem, was in ihm sichtbar wird, in einem unsichtbaren Horizont bewegt. Das macht ihn virtuell. Und das macht seine *Erfahrung* zu der eines Mitgenommenseins in eine ansonsten unzugängliche und selbst in seiner wahrnehmend *zugänglichen* Form stets unzugänglich *bleibenden* Welt, die es so nur im Film gibt. Der filmische Raum ist ein beweglicher Anschauungsraum, der die Betrachter in eine wahrnehmende Bewegung versetzt, die gerade dort über sich hinausweist, wo sie vom Spiel der in ihm sichtbaren Erscheinungen gänzlich gebannt sind.

2. Film als Musik

In dieser Überlegung liegt natürlich schon, dass die Imagination des filmischen *Raums* eng mit einer Imagination der *Zeit* verbunden ist. Sie ist es so sehr, dass man den Film nicht nur als eine (wenn auch uneigentliche) Form der Architektur, sondern nicht minder als eine (wenn auch uneigentliche) Form der Musik auffassen kann. Weil der Film *selbst* musikalisch ist, konnte er sich mit der Sphäre des Tons und Klangs so verbinden und mischen, wie er es im Lauf seiner Geschichte getan hat. Die Erscheinung filmischer Räume ist daher immer zugleich eine eminente Erscheinung erlebter und erlebbarer Zeit.

Es ist ja traditionellerweise gerade die Musik, die als das Leitmedium einer künstlichen Erzeugung und Darbietung von leiblicher und seelischer Bewegtheit und Bewegung gilt. Anders als die Architektur *ist* die Musik Bewegung; sie führt diese vor und verführt ihre Hörer mit ihr. Als ihr basales Medium kann die Erzeugung von Rhythmen und Klangverhältnissen verstanden werden. Sie arbeitet mit Intervallen von Zeiten und Tönen.[7] Ihr Verlauf ist die Entfaltung einer Konstellation von Ereignissen, die in ihrer eigenen Bewegtheit oft zugleich ein buchstäblicher oder metaphorischer Ausdruck menschlicher Bewegtheit ist. Ganz unabhängig davon aber, ob sie solche Ausdrucksqualitäten besitzt, folgt sie einem Verfahren des *suspense*: eines Aufbaus, Abbaus und Umbaus von Spannungen innerhalb des Zeiterlebens. Sie schafft eine gegliederte Zeit: eine mit Erinnerung und Erwartung durchwobene Gegenwart, die sich im musikalischen Verlauf in einem bleibenden Vergehen bemerkbar macht. Aus der begrenzten Zeit etwas machen: das macht die Musik uns vor.

Die Idee der Musik, mit anderen Worten, ist gar keine Idee nur der Musik, sondern eine Idee des Lebens. Aber die Musik realisiert diese auf eine Weise, die es nur einmal im Leben gibt, nämlich im Machen und Hören von Musik. Sie gewährt uns Einklang mit uns durch einen Einklang mit ihr. Verglichen mit Sport und Sex, Reden und Reisen bleibt Musik in der Fülle ihrer Gesten immateriell. Sie erfasst uns, aber sie fasst uns nicht an. Sie nimmt uns mit und hält uns aus dem Gang der Dinge heraus. Umfangen und herausgehoben, entfesselt und gefesselt, ganz dabei und ganz entrückt, bis ins Mark erschüttert und vor allem geschützt, unbelangbar und getroffen – in diese Stellung versetzt uns zumal die Musik und ihr jüngerer Bruder, der Film.

Nicht anders als die Verläufe von Musik nämlich geben uns die Ansichten eines Films ihre Gegenwart nur, indem sie sie vergeben. Immerfort *entgeht* uns etwas, das schon nicht mehr da ist; immerfort *entsteht* vor uns etwas, das noch nicht da ist. Dieser

---

7 Wie die Architektur mit Verfahren der Raumgliederung operiert und dadurch auch die Erfahrung der Zeit in ihren Bauwerken modifiziert, so operiert die Musik mit Techniken einer Gliederung der Zeit, die dadurch auch eine veränderte Erfahrung des Raums ihres Erklingens bewirkt.

visuelle *Rhythmus* ist das formale Privileg des filmischen Bildes, für das es aufseiten der ruhenden Bilder kein Äquivalent gibt. Filme sind Musik fürs Auge. Wie die Musik ist der Film eine bewegte Darbietung, in der wir oft eine Darbietung von Bewegtheit vernehmen. Nur in *zweiter* Linie ist hierfür die Tatsache verantwortlich, dass der Film immer auch Musik *ist*, seit er in seinen frühen Tagen von Stimme und Musik begleitet und später mit einer Tonspur versehen wurde. In *erster* Linie »jedoch ist es die Dynamik der Bilder selbst, die den Film zu einem Analogon des musikalischen Geschehens macht. Auf visuellen Wegen erneuert er das aus der Musik bekannte Paradox einer Darbietung, der man sich nicht entziehen kann, weil sie sich fortwährend entzieht. Der Film verwickelt seine Betrachter in ein räumliches Geschehen, das von ihnen nicht überschaut werden kann; zugleich aber, da es eine *Bildbewegung* ist, durch die er sich vollzieht, verwickelt er sie in ein Geschehen, in das sie selbst *nicht* verwickelt sind. (...) Er vermag *seine* Gegenwart mit der Darbietung *einer* Gegenwart und diese eng mit *unserer* Gegenwart zu verknüpfen. Mit einer uns vom Leib gehaltenen Wirklichkeit vermag er uns auf den Leib zu rücken.«[8]

Dieses Zitat stammt aus dem Buch von Angela Keppler über die *Mediale Gegenwart* des Fernsehens, aber eben auch des Films. Wie der Film durch seine bildliche Bewegung musikalische Effekte erzielen kann, möchte ich an einem Beispiel demonstrieren, das Keppler in diesem Buch ausführlicher analysiert hat.[9] Die Szene, um die es geht, stammt aus dem Beginn des Films *True Lies* von James Cameron (USA 1994). Wir sehen eine Verfolgungsjagd, in der der ebenso unbesiegbare wie unverletzbare Geheimagent Harry Tasker, gespielt von Arnold Schwarzenegger, einem ganzen Heer von schwerbewaffneten Wachleuten entkommt. Die Sequenz ist 166 Sekunden lang und enthält 90 Schnitte; die durchschnittliche Länge der Einstellungen liegt unter zwei Se-

---

8 Keppler, Mediale Gegenwart, a. a. O., 66.
9 Ebd., 274–280.

kunden, viele von ihnen habe eine Dauer von lediglich einer halben Sekunde. Die ganze Aktion kommt fast ohne Worte aus und ist ohne weitere Erläuterung verständlich. Sie wird von einer sanft-beschwingten Orchestermusik begleitet, der vor allem die Aufgabe zukommt, der schnellen Folge von Gewalthandlungen einen vorwiegend ornamentalen Charakter zu verleihen. Für den Rhythmus und den Drive der Sequenz sorgt hier allein schon die Abfolge der Bilder; auch ohne die Musik entfalten sie eine eigene Musikalität.

»Die Hauptaufgabe der Musik«, schreibt Hegel in seinen Vorlesungen über die Ästhetik, »wird deshalb darin bestehen, nicht die Gegenständlichkeit selbst, sondern im Gegenteil die Art und Weise widerklingen zu lassen, in welcher das innerste Selbst seiner Subjektivität und ideellen Seele nach in sich bewegt ist.«[10] Auf *diese* Auffassung von Musik und Musikalität wird man den Film freilich nicht festlegen dürfen. Denn es kann wie in der *True-Lies*-Szene um die pure Attraktion einer mehr oder weniger effektreichen »gegenständlichen« Bewegung gehen, die eine affektiv bewegende Wirkung nicht deswegen hat, weil sie den Affekten einer subjektiven Bewegtheit *Ausdruck* verleiht (wie es in dieser Szene gerade nicht der Fall ist), sondern weil sie Bewegungen *im* Bildraum und *des* Bildraums geschehen lässt, die allein durch ihren Rhythmus zu fesseln vermögen. Ebenso wenig aber ist dieser Rhythmus notwendigerweise an eine Stelle in der Beschleunigung oder Verlangsamung einer filmischen *Erzählung* gebunden. Er kann sich auch ganz unabhängig von ihr entfalten.[11] In der Wahrnehmung von Filmen gleich welcher Art, heißt das, un-

---

10 G. W. F. Hegel, Vorlesungen über die Ästhetik III, in: Ders., Werke in zwanzig Bänden, hg. v. E. Moldenhauer u. K. M. Michel, Frankfurt/M. 1970, Bd. 15, 135.

11 – sei es *innerhalb* narrativer Filme (z. B. in der Schlusssequenz von *L'Eclisse* von Michelangelo Antonioni) oder in *anderen* filmischen Formen (z. B. in dem Dokumentarfilm *Mülheim/Ruhr* (BRD 1964) von Peter Nestler u. Reinald Schnell).

terliegen wir einem zeitlichen Diktat; wir lassen uns von ihrem Rhythmus beherrschen – von einer unerbittlichen Zäsurierung, von der man sich abwenden, die man aber nicht – sei es durch eine Veränderung der eigenen Position, sei es durch massivere Eingriffe in den Lauf von Ereignissen – variieren kann.

Von der Musik lässt sich das so gerade nicht sagen. Denn die Veränderung der Position von Hörern im Raum verändert das akustische Erscheinen der Musik auch dann, wenn diese durch Konserven der einen oder anderen Art reproduziert wird. Eine stärkere Varietät liegt zudem bei allen Gelegenheiten der produktiven Darbietung von Musik vor, da jede ihrer interpretierenden oder improvisierenden *Aufführungen* einen doch immer anderen Klangverlauf hervorbringt. Die unverrückbare Zeitlichkeit des filmischen Geschehens hingegen vollzieht sich in der soeben beschriebenen Radikalität allein in seinem *visuellen* Erscheinen, wie sehr dieses auch durch akustische Operationen aller Art verstärkt und bereichert werden mag. Dieses visuelle Erscheinen *bindet* das Sehen von Anfang bis Ende. Die durch Filme erzeugte Ergriffenheit durch das *Gezeigte* basiert demnach immer auf einer durch das *Zeigen*, durch die wie immer organisierte Folge der bildlichen Sequenzen. Nicht nur in der Entfaltung des filmischen *Raums*, bedeutet dies, sondern ebenso in derjenigen der filmischen *Zeit* besteht ein grundsätzlicher Primat der Bewegung vor der Bedeutung. Aus jener geht diese hervor. Alles, was ein Film zeigt, zeigt er innerhalb der durch die in ihm kombinierten Operationen von Kamera und Montage organisierten Zeit; in allem, was er zeigt, zeigt er *seine* Zeit. Der imaginierte Raum eines Films ist somit zugleich imaginierte Zeit und vice versa. Zusammen erzeugen sie eine Imagination, der seine Betrachter *unterliegen,* wie sehr diese dabei auch imaginierend, deutend und bewertend *tätig* sein mögen.

3. Film als Bildbewegung

Nun müssen wir uns nur noch ausdrücklich daran erinnern, dass Filme weder nur eine Art beweglicher Architektur noch nur eine Art visueller Musik, sondern eben *movies*, also Bildbewegungen sind, die ihre Betrachter in eine einmalige Bewegtheit versetzen. Von diesem besonderen – auf besondere Weise »imaginativen« – Bildcharakter von Filmen war natürlich schon die ganze Zeit die Rede. Als uneigentliche Form der Architektur und uneigentliche Form der Musik ist der Film eine eigentliche Form des Bildes, die ich abschließend vom Grundcharakter von Bildern abgrenzen möchte.

Im Unterschied zu anderen Arten der Darbietung sind Bilder bekanntlich Objekte nicht primär des Sagens, sondern des Zeigens. Sie sind Darbietungen, die im Bereich einer überschaubaren Fläche auf ihr sichtbare Relationen präsentieren.[12] Ein Bild bringt im Medium seines visuellen Erscheinens etwas zur Erscheinung: nur dem Auge zugängliche Verhältnisse, die von denen, die ein betreffendes Objekt als Bild auffassen und verwenden, als das von ihm Präsentierte verstanden werden, mögen dies »gegenständliche« oder »ungegenständliche« Bezüge sein. Dabei verlangt die Auffassung von Bildern – nach einer hellsichtigen Bestimmung von Richard Wollheim, die sich bei Gottfried Boehm unter dem Stichwort einer »ikonischen Differenz« ausgearbeitet findet – stets eine doppelte Aufmerksamkeit: für den Bildgrund, also die Fülle der im Rahmen einer überschaubaren zweidimensionalen Fläche wahrnehmbaren Erscheinungen, und zugleich für das, was sich in der Organisation dieses Bildgrundes dargestellt oder dargeboten findet. Bildsehen, so kann man auch sagen, vollzieht eine besondere Form des Sehens-als: nicht das einfache, das überall in Kraft ist, wo etwas zutreffend oder irrtümlich als etwas wahrgenommen wird (ein Objekt als Ball, ein Baum als Ge-

---

12 Ausführlicher: M. Seel, Dreizehn Sätze über das Bild, in: Ders., Ästhetik des Erscheinens, München 2000, 255–293.

spenst, eine Person als Schreckschraube), sondern das präsentative, das immer dort gegeben ist, wo ein begrenzter visueller Ausschnitt als *Darbietung* von etwas (einer Person, einer Landschaft, einer Stimmung, einer Malbewegung oder eines Farbakkords) aufgefasst wird. Bilder zeigen in ihrem Raum etwas, das so nur in ihnen zur Erscheinung kommt, wie sehr es auch auf Verhältnisse außerhalb des bildlichen Erscheinens verweisen mag.

In manchen Bildtheorien wird dies direkt mit einem Sehen-als-ob verbunden: Ich sehe die Person im Bild so, als ob da eine Person wäre (obwohl ich weiß, dass da nicht wirklich eine Person ist). Das aber ist wenig plausibel. Dass ich auf oder in einem Bild einen Vampir (oder sonst etwas) sehe, bedeutet, dass ich das Bild als eine Vampir-*Darstellung* (oder wovon auch immer) sehe. »Da ist ein Vampir«, im Blick auf ein Bild gesprochen, bedeutet nicht, dass es so wäre, *als wäre* da ein Vampir; es bedeutet, dass hier die Gestalt oder Figur eines Vampirs im Medium des Bildlichen *gezeigt* wird. *So* ist sie da – und so *ist* sie da. Wir müssen daher bildtheoretisch jeden *konstitutiven* Illusionismus im Ansatz zurückweisen, gerade wenn wir die besonderen illusionistischen *Techniken* verstehen wollen, derer sich die Produktion statischer oder bewegter Bilder von Fall zu Fall bedienen *kann*. Grundsätzlich lassen Bilder etwas diesseits des Scheins zum Erscheinen kommen. Sie verschaffen uns nicht die (wie immer durchschaute) Illusion einer realen Anwesenheit der Verhältnisse, die von ihnen präsentiert werden, sie verschaffen uns reale, unvertretbare *Ansichten* dessen, was immer sie zeigen – und erweitern eben dadurch das Spektrum der menschlichen Wahrnehmung. Bilder schaffen eine von der übrigen leibzentrierten Situation der Wahrnehmung abgetrennte und abgehobene Situation des Sehens und Verstehens. Zugleich ist die Situation hier eine grundlegend andere als bei den geistigen Operationen der bild*un*gebundenen Reflexion und Imagination, die ebenfalls weit über das in der Gegenwart Anwesende hinauszureichen vermögen. Denn das Bild *ist* anwesend. In seinem zweidimensionalen Raum bringt es situationsinvariante Bezüge zur Darbietung. Es macht sich in seiner Sinnlichkeit sichtbar, wodurch es auf fernliegende oder abstrakte Verhältnisse verweisen kann, aber nicht muss. In seiner Körperlichkeit lässt es seine Betrachter über die körperliche Welt hinausblicken. In seinen Grenzen und mit seinen Beschränkungen öffnet und eröffnet es einen Bezirk des Sichtbaren, der Weisen des Sehens und damit des Sinns in einer Weise *öffentlich* macht, wie kein anderes Medium es kann. Es macht Möglichkeiten anschaulich, und variiert diese in der Vielfalt seiner Formen, in denen wir etwas und uns sehen können oder könnten. Es lässt uns Sehen sehen und damit auf besondere Weise sehend sein. Die Imagination eines Bildes ist *artikulierte* Imagination.

Alles dies trifft auch auf das filmische Bild zu. Als eine Form des Bildlichen teilt es den so weit beschriebenen Grundcharakter des Bildes. Aber es vollzieht sich als sich bewegendes Bild, wodurch es sein bildliches Erscheinen mit den Formen des Architektonischen und Musikalischen verbündet, die ich vorhin beschrieben habe. Für dieses Bündnis spielt wiederum die von mir zunächst künstlich vernachlässigte *akustische* Dimension des Films eine nicht zu unterschätzende Rolle. Zusammen mit der engen Verwandtschaft mit Architektur und Musik markiert die kalkulierte und koordinierte Abfolge von Tönen und Klängen eine weitere Differenz zu anderen Arten des Bildes (und den meisten Arten der *Präsentation* von Bildern). Denn in ästhetischer Hinsicht ist es die primäre Funktion der Tonspur, den filmischen Raum aus Räumen zu erweitern und zu bereichern – und dies nicht allein »von innen«, d. h. als Modellierung dessen, was jeweils sichtbar und unsichtbar geschieht, sondern zugleich, und mit gleichem Gewicht, als eine Verschränkung oder doch Überschneidung des filmischen Raums mit demjenigen, *in dem* der Film jeweils präsentiert wird. Das ist der Grund, warum Filme – selbst die sogenannten stummen – den Ton brauchen. Denn es ist die akustische Bewegtheit – sei es durch Dialoge, Arten der Musik oder Geräuschquellen anderer Art, sei es durch eine mehr oder weniger elaborierte Choreographie dieser Dimensionen –, die die filmische Bewegung in den Raum ihrer

Wahrnehmung intervenieren lässt. Der Klang der Filme füllt den Raum ihres Erscheinens in einem ganz und gar buchstäblichen Sinn; er umfasst das Publikum und bezieht es damit in die entworfenen visuellen Landschaften ein. Die Komposition akustischer Ereignisse verbindet auf diese Weise den *virtuellen* Raum von Filmen mit dem *realen* ihrer Präsentation – und sie vollbringt dies durch eben jene Klangquellen, die in einer komplexen Beziehung zu all dem stehen, was sich auf Leinwand oder Bildschirm und jenseits ihrer Grenzen ereignet.

Diese Kombination visueller und auditiver Prozesse macht verständlich, warum der Film radikaler als jede andere Darbietung und radikaler als jede *Kunst* der Darbietung – handle es sich um Texte, Gespräche, Reden, Formen der Musik, des Theaters, Tanzes oder sonst einer Performance – seinen Betrachtern *seine* Bewegung aufzuzwingen vermag; radikaler als alle Formen *nur* der Musik gibt er ihnen seine Zeit vor; radikaler als jede andere Form des Bildlichen oder Architektonischen nimmt er sie in seinen zugleich bestimmten und unbestimmten Raum mit; radikaler als andere Formen des Bildlichen führt und entführt er sie in eine Zone der Imagination noch dort, wo seine Ansichten aus Einstellungen auf Ausschnitte der realen Welt hergestellt sind.

Eine filmische Analyse der Unbestimmtheit in der Bestimmtheit des fotografischen und mehr noch des filmischen Bildes bildet den dramatischen Kern von Michelangelo Antonionis Film *Blow Up* aus dem Jahr 1966. In der Mitte des Films sehen wir die Hauptfigur des Fotografen zunehmend gebannt von den soeben entwickelten Aufnahmen, die er am Morgen des Tages mit seiner Kamera geschossen hat. In dieser Sequenz wird der Film einmal mehr zu einem artistischen Lehrstück über die Ontologie statischer wie bewegter Bilder. Es sind zunächst drei Bilder, von denen ihr Produzent den Blick nicht lassen kann. Das erste zeigt eine den Helden wie die Zuschauer verwirrende Aufnahme aus einem Londoner Park, die durch die bisherige Erzählung bereits erheblich mit Bedeutung aufgeladen ist. Diese Fotografie, ein Paar in enger Umarmung zeigend, verweist somit innerfiktional über sich hinaus auf den Anfang des Films. Ein zweites Foto zeigt dasselbe Paar aus näherer Distanz. Der folgende, zwischen den beiden Bildern hin und her pendelnde (und zusätzlich von einem halluzinatorischen Blätterrauschen begleitete) Schwenk – ein *point of view shot* aus der Sicht des Fotografen – markiert dabei en passant die grundlegende Differenz zwischen dem fotografischen und dem filmischen Bild: Das letztere zwingt den Betrachter, dem Geschehen im filmischen Raum, hier einer Blickbewegung zwischen fotografischen Bildern, in einem vorgegebenen zeitlichen Ablauf zu folgen – eine Dramaturgie der Betrachtung einer Bilderbetrachtung, die sich im Folgenden ein ums andere Mal wiederholt. Immer mehr Blicke auf Bilder sammeln sich an, durch die die einzelnen statischen Bilder immer stärker über sich hinausweisen auf einen Ort und ein Ereignis, die weder die vielen Bilder noch der auf ihnen nach Spuren suchende Fotograf, noch die dem Film zugewandten Betrachter dieser Spurensuche zu fassen bekommen. Für einen kurzen Augenblick bewegt sich die Kamera *hinter* die beiden ersten Bilder und erzeugt so eine visuelle Metapher der vergeblichen Anstrengung des Fotografen, hinter das Geheimnis seiner Aufnahmen zu kommen. Zugleich lassen die auffälligen Lichtreflexe auf den beiden Anfangsbildern das fotografische Bild als einen aus Lichtreflexen hergestellten materiellen Gegenstand hervorleuchten, der in seiner Transparenz doch zugleich intransparent bleibt. Das dritte Bild schließlich ist ausdrücklicher als die beiden ersten eine Aufnahme eines in einen Raum außerhalb seines Rahmens gerichteten Blicks – desjenigen der von Vanessa Redgrave gespielten Figur, die dorthin schaut, wo ein vermeintlicher oder tatsächlicher Mörder lauert. Dieses fotografische Bild ist *von* einem Blick, der in ein Außerhalb des Bildes verweist, wie es sich jenseits jedes fotografischen Bildes erstreckt – und wie es in jeder Einstellung einer filmischen Bildfolge immer wieder neu und immer wieder anders entsteht. Wie in einer Nussschale ist hier die Energie gebündelt, mit der *Blow Up* von dem Mysterium einer Serie fotografischer Bilder handelt – aber nicht nur davon. Denn der Film vertieft sich darüber hinaus in das Mysterium *des* fotografischen Bildes selbst und schließlich, vor allem am Ende, in die Paradoxie seines eigenen Mediums: in allem, was es zum Erscheinen bringt, einen Pakt mit dem Verschwinden zu schließen.

Einen Teil dieses Mysteriums habe ich in diesem Beitrag zu erklären versucht. Der Film – in seinem Grund*potential*, wie immer einzelne Filme und Filmgattungen es realisieren mögen – schafft eine Situation, in der wir sehend und außerdem hörend in einer Weise über uns hinaus sein können, wie es die übrigen Formen sowohl der Wahrnehmung als auch der Bildwahrnehmung nicht gewähren. Wir müssen keinen Film anschauen, um uns leiblich unbewegt einer Bewegung auszusetzen; für dergleichen können wir uns heute in den Zug oder ins Auto setzen. Auch der Blick von der Veranda oder einem anderen Aussichtspunkt kann uns mit vielerlei visueller Bewegung und Bewegtheit versorgen. Ebenso müssen wir uns keinen Film anschauen, um uns sehend in einem virtuellen Raum zu bewegen; dafür können andere Formen des Bildlichen sorgen. Wir sehen Filme (oder gehen in ihre machtvollste Wirkungsstätte, das Kino), um uns leiblich unbewegt – aber oft alles andere als ungerührt – von einem bewegten Klangbildraum bewegen zu lassen: von dem Geschehen eines unüberschaubaren virtuellen Raums, dessen Unabänderlichkeit und Unerschließbarkeit eine aus der unmittelbaren Umgebung herausgehaltene Begegnung mit der realen oder einer fingierten Welt erlaubt.

Aber das ist nicht alles. Denn der Film schafft für seine Betrachter zugleich eine Situation, in der sie sehend und außerdem hörend, indem sie auf besondere Weise *außer* sich sind, in einer Weise *bei* sich sein können, wie es die übrigen Formen sowohl der Wahrnehmung als auch der Bildwahrnehmung nicht gewähren. Indem sie seinem visuellen wie akustischen Diktat unterliegen, kommen sie der Erfüllung ihres Begehrens näher als irgendwo sonst, ihre Lage einmal nicht bestimmen zu müssen, sondern sich von ihr bestimmen *lassen* zu können. Der Film verschafft ihnen besondere Wonnen (und also manchmal auch Qualen) der

Passivität. Hier, bei seiner Bewegung, können sie bleiben, können sie in einem Bewegtsein verweilen, ohne in der Gefahr zu sein, von dieser Bewegung anders als sehend und hörend erfasst zu werden. Alle Aktivität des Vernehmens und Verstehens, die das Wahrnehmen von Filmen seinen Betrachtern wie alle andere Wahrnehmung auch abverlangt, ist fundiert in dieser gesteigerten Passivität. Gegenüber der für die übrige Wahrnehmung charakteristischen Passivität *gesteigert* ist sie, weil den Wahrnehmenden hier jede Regie über die Zeit und die Richtung ihres Vernehmens abgenommen ist. Dies abgenommen zu bekommen aber kann hier als ein Gewinn, ja als eine Befreiung erfahren werden. Denn die Kehrseite dieser Unterwerfung ist die Gabe, sich dem Geschehen einer virtuellen Welt überlassen zu dürfen in einer Weise, wie es in der realen beklemmend, erniedrigend und manchmal tödlich sein müsste. Die Wahrnehmung von Filmen erzeugt eine Bewegung *in* und ein Bewegtsein *durch* Situationen, die dem Handeln der Wahrnehmenden entzogen bleiben, wie sehr sie auch in ihr Empfinden, Fühlen, Vorstellen und Verstehen hineinwirken mögen. Der Film, als Medium, hat das Potential, Verharren und Beschleunigung, Geschehen und Stillstand in einer Weise zu vereinen, wie es sonst in der Welt nicht möglich ist.

15. Die Imagination der Fotografie

Bilder unterscheiden sich. Jedes ist anders. Bildarten unterscheiden sich. Jede folgt einem anderen Kalkül. Aber Bildarten überschneiden sich auch. Sie sind, was sie sind, indem sie untereinander im Austausch stehen. Viele der einzelnen Bilder, die dieser oder jener piktoralen Sphäre entstammen, können dies bezeugen. Einige berühren, einige kreuzen, andere verwischen und wieder andere unterlaufen die Grenzen, die zwischen Bildarten bestehen oder bestanden. Manche gehören nicht nur einem, sondern mehreren dieser Genres an. Bilder und Bildarten unterscheiden sich voneinander, weil sie ihren Stellenwert miteinander ausmachen.

Bilder sind Machwerke des Menschen. Sie werden zu ganz unterschiedlichen Zwecken gebraucht. Manche zählen als Kunst, die meisten nicht. Als Kunst zählen die, die davon erzählen, wie sie sich unterscheiden – von anderen Bildern nicht weniger als von anderen Bildstilen und Bildgattungen. Seit jeher ist die Bildkunst ein Schauplatz solcher Überschneidungen, wie überhaupt die Kunst nicht in naturgegebene Gattungen zerfällt, sondern eigentlich nichts anderes als ein fortwährender Dialog zwischen ihren Gattungen ist. In diesen Überlagerungen oder, wie Adorno es nannte, »Verfransungen« aber verlieren die Künste ihre Identität nicht; sie gewinnen sie dort ein ums andere Mal. Wo sie über ihre bisherigen Grenzen hinausgehen, kommen sie zu sich selbst. So auch das künstlerische Bild. Es gewinnt seine Stellung gegenüber den anderen Bildern und unter den Künsten, indem es sie immer wieder neu bestimmt.

Einer der spannendsten Orte, an denen sich die Veränderungen des Bildseins in den vergangenen Jahrzehnten vollzogen haben, ist der Schauplatz der künstlerischen Fotografie. An ihrem Erscheinen, ihren Grenzen, ihrer Technik und ihrer Geste lässt sich erkunden, worin ihre besondere Imagination liegt. An ihrem Ort unter anderen Bildarten lässt sich erkennen, worin ihre Kunst besteht.

Erscheinen

Im Unterschied zu anderen Formen der Darstellung sind Bilder Objekte nicht primär eines Sagens, sondern eines Zeigens. Sie sind Darbietungen, die im Bereich einer überschaubaren Fläche eine Vielfalt sichtbarer Relationen präsentieren. Ein Bild bringt im Medium seines Erscheinens etwas zur Erscheinung. Es offenbart nur dem Auge zugängliche Räume, in denen das Sehen bedeutsame Verhältnisse verschiedenster Art herausgestellt findet. Dieses Bildsehen vollzieht eine besondere Weise des Sehens-als: nicht das einfache, das überall in Kraft ist, wo etwas zutreffend oder irrtümlich als etwas wahrgenommen wird (ein Objekt als Ball, ein Baum als Gespenst, eine Person als Schreckschraube), sondern das präsentative, das immer dort gegeben ist, wo ein begrenzter visueller Ausschnitt als *Darbietung* von etwas (einer Person, einer Landschaft, einer Stimmung, einer Malbewegung oder eines Farbakkords) aufgefasst wird. Bilder zeigen in ihrem Bezirk etwas, das allein in ihnen zur Erscheinung kommt, wie sehr sie dadurch auch auf Situationen außerhalb ihres bildlichen Erscheinens verweisen mögen.

Darum verlangt das Verstehen von Bildern stets eine doppelte Aufmerksamkeit: für den Bildgrund, also die Fülle der im Rahmen einer zweidimensionalen Fläche wahrnehmbaren Erscheinungen, und zugleich für das, was sich in der Organisation dieses Bildgrundes dargeboten findet. Dies können eher »gegenständliche« oder »ungegenständliche« Bezüge sein – solche, die sich auf Zustände der realen oder einer imaginierten Welt beziehen, oder solche, in denen das Bildobjekt Aspekte seiner eigenen Verfassung zum Vorschein bringt. Oft ist beides der Fall. Denn es gehört zum Potential von Bildern, dass in ihnen immer beides gegeben sein kann. Ein Bild zu sein heißt, auf sich *und* auf die Welt verweisen zu können. Erst das künstlerische Bild allerdings dramatisiert diesen doppelten Bezug. Es reizt das Potential von Bildern aus. Es macht *sein* Erscheinen zum Schauplatz *eines* Erscheinens, das jederzeit von der Intensität *seines* Erscheinens abhängig bleibt.

So auch in der Fotografie. In der Bildserie *Patricia Hearst. A thru Z* aus den Jahren 1979–89 hat der Künstler Dennis Adams 26 Fotografien von Patricia Hearst zu einem trapezförmigen Tableau zusammengestellt. Die Tochter eines Zeitungsmagnaten wurde seinerzeit nach einer Entführung in den USA zu einer nationalen Berühmtheit. Bei den schwarzweißen Bildern handelt es sich erkennbar um Zeitungsfotos unterschiedlicher Qualität, deren Format für den Zweck des Arrangements angeglichen wurde. Fettgedruckte weiße Großbuchstaben im unteren Segment der Aufnahmen stellen eine zeitliche Folge zwischen ihnen her. Dies führt zu dem Effekt eines zwischen den strahlenden Porträts bei Kommunion und Hochzeit sich abspulenden, auf ein kitschiges *happy ending* zulaufenden Zeitraffers. Hieraus ergibt sich eine Reminiszenz auch an die TV-Bilder, die von dieser Frau ausgestrahlt wurden. Überdies verweisen die Buchstaben auf die Zeitungstexte, in denen die Aufnahmen ursprünglich als Blickfang für ausgiebige öffentliche Kommentare standen. Dieser Zusammenhang selbst aber wird ausgeblendet. Von einer Episode der amerikanischen Geschichte bleibt nur eine aus Fremdbildern montierte Bildergeschichte übrig. Sie erzählt von der Macht, die Fotos über das Schicksal einzelner haben, sowie von ihrer Ohnmacht, etwas über ihr persönliches Schicksal zu verraten. Die abgenutzten Aufnahmen verwandeln sich in Bilder über Bilder, die nicht allein die Unschärfe der Identität der abgebildeten Person, sondern auch ihre eigene Unauslotbarkeit zum Vorschein bringen.

Grenzen I

Die Sichtbarkeit von Bildern steht mit dem in ihnen Unsichtbaren im Bunde. Jedes Bild zeigt einen Ausschnitt. Jedes verhält sich anders zu dieser Ausschnitthaftigkeit. Aber nicht nur jedes Bild, auch jede Bildart geht anders mit den Grenzen des Bildes um.

Viele Werke der Malerei zeigen nur ihren eigenen Kosmos. Bei ihnen wäre es sinnlos, danach zu fragen, was jenseits des Bildausschnitts liegt. Sie zeigen, was sie zeigen, Punktum. Das jeweilige Motiv und seine Ausgestaltung liegen in der Hand des Malers. Sie sind das Ergebnis seiner Willkür. Er entscheidet, was er wie auf der Fläche seines Bildes unterbringen will. Sosehr die Wahrnehmung der Betrachter im Angesicht gemalter Szenen zu einer imaginativen Ergänzung der Bildsituation verleitet wird – was das Bild vorführt, ist *seine* Sicht auf das, was in *ihm* sichtbar ist. Diese verhält sich oft indifferent gegenüber jedem konkreten Außen – selbst dann, wenn die Ansicht einer allseits bekannten Natur- oder Stadtlandschaft präsentiert wird. Was sich oberhalb, unterhalb und seitlich jenseits der Grenzen des Bildmotivs erstreckt, bleibt unerheblich für seine Gestaltung als malerisches Objekt. Auch dort, wo bestimmte Gemälde ihre Ausschnitthaftigkeit eigens vorführen – wie bei den am Rand abgeschnittenen Balletttänzerinnen von Edgar Degas, dem All-Over der Malgeste bei Jackson Pollock oder den Farbflächen bei Barnett Newman, die sich über die Bildfläche hinaus zu erstrecken scheinen –, verweisen sie nicht auf Zustände jenseits ihres Bildausschnitts. Vielmehr experimentieren sie mit *ihrem*, dem innerbildlichen Raum in seinem Verhältnis zu demjenigen, in dem sie zur Betrachtung kommen.

Das kann freilich auch die Fotografie. Thomas Struths Aufnahme *Louvre III* aus dem Jahr 1989 zeigt einen Raum dieses Museums. Auf Bänken vor einer Wand mit Bildern von Tizian, mit dem Rücken zu diesen, sitzen acht Besucher. Einige blicken nach rechts und links seitwärts in den Raum, andere auf die gegenüberliegende Wand, an der damals die *Mona Lisa* hing. Dieser Blickfang aber bleibt unsichtbar. Wenn Struths Bild im Frankfurter Städel hängt, vergegenwärtigt es an einem fremden Ort zugleich den Raum seiner Betrachtung. Die Besucher des Städel befinden sich in einem mit Bildern ausgestatteten Raum analog jenem, in den sie bei der Betrachtung dieser Fotografie schauen. Vor dem Bild haben sie Zugang zu einer Situation wie ihrer eigenen – in beinahe handgreiflicher Verdeutlichung des Satzes von Heidegger, die Kunst gewähre dem Menschen eine »Aussicht auf sich selbst«.

Zugleich aber lässt Struths Fotografie etwas ganz anderes sichtbar werden: die Differenz von malerischem und fotografischem Blick. An der frontalen, in leichter Schrägsicht aufgenommenen Wand hängen über- und nebeneinander 15 in altem Stil mit Goldrahmen versehene Gemälde kleinen und mittleren Formats, unter ihnen Porträts, Landschaften, Stillleben. Das ungerahmte Großformat steht dazu in einem scharfen Kontrast – nicht nur durch den Raum, den es einnimmt, sondern entscheidend durch die Zeit, die es bezeugt. Während die Gemälde in Tizians Werkstatt in einer Dauer von Tagen, Wochen oder Monaten Zug um Zug entstanden sind, ist Struths Bild das Dokument eines Sekundenbruchteils, in dem alles so war, in dem sich im repräsentierten Raum alles so verhielt, wie es sich auf dem fotografischen Abzug verhält. Der leicht verwackelte Kopf der Person am rechten Bildrand indiziert diesen zeitlichen Zustand. Aber hierin liegt wiederum nicht nur eine zeitliche, sondern ebenso eine räumliche Schranke. Denn genau *hierhin* hat der Fotograf seine Kamera im Augenblick der Aufnahme gerichtet. Er hat die im Bild sichtbare Konfiguration herausgeschnitten aus allem, was sonst in diesem Raum vorhanden war. Auch von dieser Zäsur zeugt das Bild. In einem radikaleren Sinn als bei gegenständlichen Gemälden ist die motivische Wahl des Fotografen das Resultat einer Auswahl. Seine Bildausschnitte verdanken sich *Einstellungen* auf äußere Gegebenheiten. Sie sind direkt der wahrnehmbaren Welt entnommen.

Daraus ergibt sich ein grundsätzlich anderer Bezug des Bildes zu seinem Außen. In der Begrenzung seiner Ansicht hält es die Arbitrarität dieser Begrenzung präsent; es verweist sowohl darauf, was dort jetzt nicht mehr (oder nicht mehr so) sichtbar ist, als auch darauf, was dort außerdem sichtbar war. Das fotografische Bild ist stärker als jede andere Form des Bildlichen an den Ort und die Zeit seines Entstehens gefesselt. Es unterbricht das zeitliche und räumliche Kontinuum des Schauplatzes, an dem es entstand. Es bleibt ein kontingentes Bild noch da, wo es seine Kontingenz abstreifen will – wie in den nach Modellen aus Pappe und Papier gefertigten Motiven von Thomas Demand. In seinem großformatigen *Büro* ist in einem künstlich klaren Licht eine über funktionale Möbel sich ausbreitende, wie zufällige Unordnung von Ordnern und unbeschriebenen Blättern zu sehen. Jedoch verdankt sich der Raum im Bild erkennbar einem durch und durch artifiziellen, von keiner Szene des Lebens berührten Arrangement.[1] Einen verwandten Effekt erzielt Oliver Bobergs Aufnahme *Zwischenhof*. Mit brutaler Direktheit lässt sie den Betrachter auf das Segment eines äußerst schmucklosen Bauwerks blicken. Dieses wirkt wie die Hinteransicht eines rein funktionalen Parkhauses. Man glaubt die Nische eines aus Gussbeton und Betonplatten erstellten Gebäudes zu sehen. Hinter vier übereinandergereihten Brüstungen ist ein dunkler Innenraum zu erkennen. Ein fünftes Stockwerk und vielleicht weitere sind ebenso abgeschnitten wie der übrige, nach rechts und links sich erstreckende Komplex. Die Kamera zwingt den Blick auf das verwaschene Graubraun seiner nackten Fassade. Sie verweigert jeden Ausblick auf den Ort des Bauwerks. Sie bannt einen unspektakulären architektonischen Zustand, indem sie alles Übrige, insbesondere alle Atmosphäre, verbannt. Nur dass dieses »Übrige« niemals da gewesen ist. Denn auch diese hyperrealistisch wirkende Ansicht ist nach einem Modell entstanden. Die Kamera war auf ein skulpturales Objekt gerichtet. Ihre abschneidende Einstellung aber lässt dieses nicht in *seinem* Raum und somit nicht als plastisches Gebilde zur Geltung kommen. Sie zwingt den Blick frontal auf eine Gebäudeansicht, als wäre er auf die

---

1 Für eine Interpretation dieses Bildes s. unten S. 345–347.

Masse und Macht einer realen Fassade gerichtet. Gerade die Simulation eines Realitätsausschnitts jedoch bringt die Wucht der Welt außerhalb der Grenzen des Bildes zum Vorschein.

Grenzen II

Von einer anderen Seite her, derjenigen des Films, wird die besondere fotografische Affäre zwischen Sichtbarkeit und Unsichtbarkeit noch einmal deutlich. Die Bewegung eines Films vollzieht sich als ein steter Wechsel zwischen dem auf der Leinwand Sichtbaren und dem auf ihr noch nicht oder nicht mehr oder überhaupt nicht Sichtbaren (und ist als potentieller Wechsel auch dort immer virulent, wo wir es mit extrem statischen Einstellungen zu tun haben).[2] Die Innen/Außen-Verhältnisse, die *im* Film sichtbar werden – Ausblicke, Einblicke, Blickbewegungen, Aufblenden, Abblenden, Schwenks, Blicksprünge etc. –, werden im Medium dieser Differenz organisiert. Kraft der Kadrierung der Bildausschnitte etablieren Filme den spezifischen Raum ihres Geschehens: jenen Raum, *in dem* sich alles ereignet, was sich in ihnen ereignet, und *der sich* ereignet, während sich der filmische Fortgang ereignet. Radikaler als das fotografische weist das filmische Bewegungsbild in den Grenzen von Leinwand oder Bildschirm über seine Grenzen hinaus. Es stellt eine beständige Variation entkörperter Blickpunkte dar. Dagegen fixiert das fotografische Bild *einen* solchen Punkt (oder integriert mehrere davon in eine neue Ansicht). Es hält in seinem Rahmen etwas fest, worauf es die Aufmerksamkeit der Betrachter unverrückbar richtet. Wo der Film sich und seine Betrachter gehen lässt, verweigert die Fotografie den offenen Sprung ins Abseits des Bildes.

Auffällig wird diese Verweigerung gerade dann, wenn die Fotografie selbst mit filmischen Effekten operiert. Auf Raïssa Venab-

---

2 Vgl. zum Folgenden ausführlich Beitrag 14 in diesem Band.

les' Fotografie *Aimée's Staircase* ist ein schäbiger Flur mit grünlich-gelblichen Wänden und ebensolchem Boden zu sehen, in dem sich direkt vor den Augen des Betrachters eine ramponierte, mit braunen Matten ausgelegte Treppe erhebt, die am oberen Bildrand in einer Windung nach rechts in das höhergelegene Stockwerk führt. Das Treppenhaus ist fast vollkommen kahl. In dem Gang neben der Treppe befindet sich eine dunkle Holztür, an der Decke eine schwache Dosenlampe, in einer Nische an der Biegung der Treppe ein leerer roter Blumentopf und daneben ein kleines Gebilde, das eine Zimmerpflanze sein könnte. Sonst nichts. Aber die Szene ist grell ausgeleuchtet wie in einem *low-budget film,* in dem es gleich zu absonderlichen oder grässlichen Vorfällen kommen wird. Die Fotografin inszeniert diesen Raum, als wäre er ein filmisches Set. Der hellste Lichtstreifen fällt von dem oberen Stockwerk auf die Biegung der Treppe hinab, wodurch eine zusätzliche Sogwirkung des Bildraums entsteht. Der Blick wandert die Treppe hinauf, fast als würde er der Fahrt einer subjektiven Kamera folgen, folgt den Stufen wieder abwärts und durchsucht den seitlichen Gang nach verdächtigen Spuren. Doch diese außerordentlich starke Blickführung bleibt hier, anders als im Film, ganz der inneren Bewegtheit dieses einen ruhenden Bildes verhaftet. Alles, was hier geschehen sein mag oder geschehen könnte, bleibt vollständig der Imagination des Betrachters überlassen. Der Bildraum bleibt stabil – und erzeugt in seiner Verweigerung allen Weitergehens ein starkes Gefühl für das Abseitige und Abwesende des in ihm dargebotenen Raums.

Technik

Alle malerischen, fotografischen oder filmischen Bilder einschließlich derer, die auf den Bildschirmen dieser Welt erscheinen, verdanken sich einer bestimmten Technik. Bei Fotografie und Film erfolgt die entscheidende Operation nicht durch die malende oder zeichnende Hand, sondern durch den Akt der Aufnahme durch einen bilderzeugenden Apparat. Die fotografische Kamera stellt Einzelbilder her, die ihr Entstehen der kausalen Einwirkung von Lichtwellen auf ein analoges oder digitales Speichermedium verdanken, die von den Objekten im Fokus des Objektivs abgestrahlt wurden. Sie registriert, was im jeweiligen Augenblick vor ihrem Blick da war. Geleitet durch das Auge des Fotografen, spielen dabei zahlreiche Parameter eine entscheidende Rolle: die Ausstattung der Kamera selbst, die Art des Objektivs, die Belichtungszeit, der Einsatz von Blenden und Filtern, die Einstellung, der Moment der Auslösung, die Ausrichtung auf zufällige oder aufwendig inszenierte Zustände, die Art der Entwicklung, Bearbeitung und Nachbearbeitung, die Möglichkeit einer innerbildlichen Montage und Komposition einschließlich der Realisierung des Bildes im jeweiligen Format und auf einem jeweiligen Trägermaterial. Wie alle Bilder sind die fotografischen durch und durch Artefakte. Sie bilden nie nur ab, sie bilden eine Ansicht aus. Denn es sind nur ganz bestimmte Zustände, die durch den fotografischen Prozess sichtbar gemacht werden – diejenigen, die er aus dem Geschehen in Raum und Zeit hervorgeholt, hervorgehoben und so von ihm herübergerettet hat.

Gleichwohl bleiben die Erfindungen der Fotografie immer an ein Finden gebunden: an das Festhalten und manchmal die Variation stillgestellter Konfigurationen, die sich an einer winzigen Zeitstelle im Raum vor einer Kamera aufgetan haben. Wie alle Bilder bieten sie dem Betrachter etwas im Spielraum einer überschaubaren Fläche dar. Wie alle Kunst-Bilder entfachen und entfalten die künstlerischen unter ihnen ein Widerspiel zwischen Selbstpräsentation und Weltpräsentation. Jedoch gewinnt diese Spannung bei fotografischen Kunstwerken eine besondere Gestalt, die mit anderen Bildformen korrespondiert, sich in sie verstrickt – und sich doch von ihnen unterscheidet.

Unter dem Titel *nature morte* hat der Maler und Fotograf Matthias Holländer im September 2007 in Konstanz unter anderem Paare von Bildern ausgestellt, je ein Gemälde und eine Fotografie, die beide demselben Motiv gewidmet sind. Da Holländers Malerei in der Tradition des Fotorealismus steht, kommen sie sich in ihrem Erscheinen außerordentlich nahe, auch wenn die Fotografien in Schwarzweiß und die Gemälde in Farbe gehalten sind. Das Foto *Herde*, aufgenommen im naturhistorischen Museum in Paris, blickt frontal in einen Raum mit zahllosen Skeletten von Säugetieren, die alle dem Betrachter zugewandt sind. Im Vordergrund starrt der massive Schädel eines Seelöwen mit einem erstorbenen Grinsen in die Kamera. Auch hier ergibt sich ein bemerkenswert filmischer Effekt. Man hat den Eindruck eines Laboratoriums von startbereiten Robotern, die kurz davor stehen, sich aggressiv in Bewegung zu setzen – einer Szene, wie man sie aus Filmen wie *I, Robot* kennt. Andererseits ist das ursprünglich farbige Foto mehrfach bearbeitet worden. Nicht nur wurde die Kolorierung getilgt, auch die Kontraste wurden verschärft. Zusätzlich hat der Künstler der Fotografie mit einem elektronischen Malstift eine ergänzende Interpretation verliehen. Die verblichenen Wesen kommen nun mit einer gespenstischen Leichtigkeit daher, als seien sie der exakten Phantasie eines Zeichners entsprungen. Eine umgekehrte Wirkung hingegen erzeugt das Gemälde *Atemlos*, das in einer Art Breitwandformat dasselbe Motiv präsentiert. Nähert sich in *Die Herde* das fotografische Bild aufgrund seiner Technik einem graphischen an, so dieses Mal das malerische einem fotografischen. Ausgangspunkt des Gemäldes war dieselbe, jedoch im Blickwinkel leicht veränderte Aufnahme. Diese wurde zum Gegenstand einer langwierigen malerischen Erkundung, in der die Konstellationen des fotografischen Entwurfs Schicht um Schicht hervorgehoben und wieder verdeckt, verschüttet und wieder freigelegt wurden. Mit Techniken des Malens und Sprühens wurde Farbe aufgetragen und wieder abgeschliffen, bis der von einem flirrenden Licht durchflutete, von weißen, gelben und braunen Tönen getragene Bildraum entstand, in dem die Schar der Skelette zu einem atemberaubenden piktoralen Leben wiedererweckt worden ist. Geht man nahe an das Bild heran, so lösen sich alle Figuren im Raum wie dieser selbst in einen Humus von Verwesungssprenkeln und -spuren auf. Holländers Gemälde gleichen archäologischen Operationen. Sie dienen der Wiedergewinnung einer verlorenen Zeit. In *Atemlos* geben sie dem fotografischen Motiv eine Körperlichkeit und Diffusität zurück, die ihm die Fixierung mit der Kamera genommen hat.

Sieht man sich die Bilder von weitem an, so erscheinen sie beide wie Fotografien. Je näher man ihnen kommt, desto deutlicher wird ihre Differenz. Trotz ihres zeichnerischen Effekts ist und bleibt die Fotografie das unberührtere Bild, während das Gemälde sehr viel stärker die leibliche Anwesenheit und Arbeit des Malers spürbar sein lässt. Trotz seiner ausgedünnten Konturen bleibt jene ein direkteres Bild ihres Gegenstands als dieses. Trotz der nahezu identischen starren Anordnung, die beide Bilder zeigen, bleibt das fotografische das Dokument eines augenblicklichen Zustands, während das malerische einen geduldigen Akt der Reanimation bezeugt. Das nach einer Fotografie entstandene Gemälde ergründet die Momentaneität, Direktheit und Fragilität seines Pendants, indem es dessen Ablichtung in das Vibrieren seines farblichen Auftrags überführt. Von verschiedenen Seiten her wandeln beide Bilder auf der Grenze zwischen Malerei und Fotografie. Zusammen führen sie ein Gespräch über die Direktheit und Indirektheit, mit der Bilder sich in ihrem Raum auf den Raum außerhalb ihres Rahmens beziehen.

Geste

Durch seine Technik ist das fotografische Bild mit einer einfachen Geste verbunden, der alle seine Wunder entspringen. Es zeichnet sich durch einen realistischen Anschein aus, der erfüllt oder unerfüllt sein kann. Es enthält das Versprechen, der Aufweis einer vergangenen Gegenwart zu sein: einer Konstellation von Objekten, die zum Zeitpunkt der Bildentstehung an einem bestimmten

Ort tatsächlich da gewesen sind. Dieses Versprechen wird jedoch von fotografischen Bildern keineswegs immer gehalten. In die Konfiguration der im Bild sichtbaren Objekte kann so stark eingegriffen werden, dass es keinen bestimmten Ort und keine bestimmte Zeit mehr gibt, auf die das Bild verweist, obwohl das in ihm Sichtbare sich durchaus und dezidiert einer *fotografischen* Erkundung verdankt. Bilder, die überhaupt als fotografische angesehen werden, präsentieren sich als das optische Festhalten eines vergangenen Augenblicks. In diesem Gestus liegt das spezifische Potential des Mediums Fotografie, das auch jene fotografischen Bilder ausnutzen, die das in ihm liegende Versprechen offen oder insgeheim, ganz oder teilweise brechen.

Diese Geste entfaltet sich unabhängig davon, durch welche technischen Verfahren sie im Einzelnen hervorgebracht wurde – solange *fotografische* Verfahren daran einen entscheidenden Anteil haben. Was ein Bild zu einem fotografischen macht, ist seine Herkunft aus Aufnahmen mit einer entsprechenden Kamera dieser oder jener Art. Darum ist es wichtig, diese Art des Bildes von Erzeugnissen einer Computergraphik zu unterscheiden, die nicht aus einem fotografischen Prozess hervorgegangen oder durch ihn hindurchgegangen sind. Sosehr es gerade in der künstlerischen Produktion auch hier intensive Grenzfälle gibt, als Fotografien können nur Bilder zählen, die sich Akten einer apparativen Aufnahme von Zuständen der äußeren Welt verdanken. Fotografisch sind Bilder, bei deren Geburt das Licht der Welt ein entscheidendes Wort mitzureden hatte. Sie gehen zurück auf Anordnungen von Dingen, die außerhalb der Kamera vorhanden waren, wobei vieles unsichtbar bleiben kann, was man vor Ort hätte sehen können, und vieles sichtbar werden, was ohne den Blick der Kamera hätte unsichtbar bleiben müssen. Zugleich aber können sie in ihrem bildlichen Erscheinen weit über das hinausgehen, was am ursprünglichen Ort der Aufnahmen vorhanden war.

Der fotografische Prozess nämlich bleibt niemals auf den bloßen Akt der Aufnahme beschränkt. Alle die oben genannten Parameter können einen entscheidenden Einfluss auf den finalen

Bildzustand haben. Die digitale Bildherstellung und -bearbeitung hat daran nichts grundsätzlich geändert. Schließlich waren Eingriffe in das von der Kamera erzeugte Ausgangsbild durch Retuschen und Montagen in der Dunkelkammer immer schon möglich; durch die Bildprogramme des Computers sind diese Möglichkeiten lediglich stark erweitert worden. Im Blick auf die Fotografie zeichnet sich das digitale Zeitalter daher durch eine gesteigerte Ungewissheit gegenüber dem Status ihrer Bilder aus – eine ontologische Unschärfe, mit der die Werbung und Teile der künstlerischen Fotografie seit langem operieren. Wie diese Unschärfe zu bewerten und wie mit ihr umzugehen ist, hängt wesentlich von den Kontexten des Gebrauchs fotografischer Bilder ab. Zum Ethos einer journalistischen Fotografie gehört es, Verhältnisse festzuhalten, die vor Ort genau so gegeben waren. In der künstlerischen hingegen ist alles erlaubt, was ein starkes Bild ergibt. Komposition, Transposition, Transfiguration: *anything goes.*

Deswegen kann, soweit von dem *Medium* der Fotografie die Rede ist, zwar von einer realistischen *Geste*, keineswegs aber von einem durchgängigen *Realismus* ihrer Bilder die Rede sein. Unabhängig von ihrem jeweiligen Ausgangsmaterial und der jeweiligen Bearbeitung dieser Bilder macht es ihr spezifisches Erscheinen aus, einen Ausschnitt der Welt sichtbar werden zu lassen. Mit diesem Anschein ist oft der Anspruch verbunden, eine Konfiguration von Objekten zu präsentieren, die zum Zeitpunkt der Aufnahme vor der Kamera so vorhanden war. Dieser Anspruch ist erfüllt, wenn es tatsächlich so war; er bleibt unerfüllt, wenn es nicht so war. Wurde dieser Anspruch durch den Kontext der Präsentation des Bildes – in Nachrichten oder Reportagen – erhoben, ihm aber nicht entsprochen, so steht das Bild im Dienst einer Rhetorik der Täuschung. Durch seine Präsentation wird es Teil einer Lüge. (Ein fotografisches Bild *alleine*, unabhängig von bestimmten Zusammenhängen seiner Verwendung, vermag nicht zu lügen, da es für sich genommen nichts *sagt*, das wahr oder falsch sein könnte.) Dieser Anspruch aber, wie ihn die fotografische Geste nahelegt, muss gar nicht erhoben werden. Er kann auf verschiedene Weise unterlaufen, gestört, thematisiert, reflektiert oder ganz verweigert werden. In der Kunstfotografie ist dies keineswegs immer, aber immer häufiger der Fall. Nicht selten haben wir es mit Kompositionen zu tun, deren bildlicher Darbietung nie etwas in der realen Welt entsprochen hat. Das Versprechen der Fotografie kann auf herausragende Weise gerade dort gehalten werden, wo es gebrochen wird.

Besonders an der digital modifizierten Fotografie unserer Tage wird deutlich, dass und warum der Anschein erfüllter Referenz selbst dort zum fotografischen Bild gehört, wo es diesem Gestus nicht (ganz) entspricht. Gurskys Fotografie *Singapur Börse II* erscheint wie ein riesiges Suchbild, in dem ein Moment des Geschehens an seinem Schauplatz festgehalten ist. Die unterschiedliche Kleidung der Personen in unterschiedlichen Funktionen – vorwiegend blau, rot und rot-weiß gestreift – lässt die Szene wie das Ergebnis einer komplexen Masseninszenierung aussehen, deren Teilnehmer in einen rituellen Tanz um das schwarze Hauptdisplay und seine vielen kleinen Ableger verstrickt sind. Zugleich aber sehen wir eine Zufallschoreographie, die der geschäftlichen Rolle eines jeden der Beteiligten entspringt. Wie viel Zufall oder Willkür dabei im Spiel ist, bleibt dennoch ungewiss. Denn, wie oft bei Gursky, sieht man nicht, ob es eine Aufnahme oder eine Montage von Aufnahmen ist, aus der die Anschauung des Bildes hervorgegangen ist. Mehr noch, manchmal ist es gar nicht einmal sicher, inwiefern das Bild überhaupt *eine* Anschauung präsentiert. Sobald man den Abstand zur Bildfläche variiert, bieten sich durchaus unterschiedliche Ansichten dar.

In einem nochmals stärkeren Maß sind die fotografischen Landschaften von Beate Gütschow konstruierte Bilder. Auf dem Bild *LS#7* ist in mildem Licht eine wohltemperierte Szene mitteleuropäischer Provenienz zu sehen. Von erhobener Position blickt der Betrachter in eine rechts von einer aufragenden Baumgruppe, links von einem Hügel umrahmte Senke, die im Zentrum von einem sachten Anstieg begrenzt wird, hinter dem sich ein heller Himmel öffnet. Die idyllische Anmutung wird verstärkt durch eine Gruppe aus vier Personen, die am vorderen Rand der Senke auf dem Gras sitzen und ihrerseits in die Weite des Landes blicken. Schon durch diese Gruppe wirkt die Szene gestellt. Sie ist aber weit mehr als das. Wie sich bei näherem Hinsehen erkennen lässt, ist die gesamte Situation aus unterschiedlichen Aufnahmen montiert. Diese Landschaft gibt es nur im Bild, obwohl ihre Teilstücke in realen Landschaften aufgenommen wurden. Es ist buchstäblich ein Blick von nirgendwo, der dem Betrachter dieser Ansicht zugemutet wird. Es handelt sich um ein Stück Malerei mit den Mitteln der Fotografie. Dieses führt einen ironischen Dialog mit klassischen Motiven der Bildkunst. Die vier Personen, die im Vordergrund zu sehen sind, verbringen kein erotisches Frühstück im Freien. Es sind gewöhnliche, wie Touristen gekleidete Leute, die nur das zu sehen vermögen, was ihnen die Phantasmagorien einer überlieferten Malerei vor Augen geführt haben. Sie blicken auf ihr eigenes, aus vielen Gemälden synthetisiertes Nachbild, das Gütschows Komposition den Betrachtern außerhalb des Bildes zu sehen gibt. Diese fotografische Montage macht ein Sehen sichtbar, das die Landschaftswahrnehmung unbewusst leitet. Sie lässt zugleich die Unsichtbarkeit der kulturellen Prägungen spürbar werden, die in unseren Begegnungen mit natürlichen Gegebenheiten stillschweigend wirksam sind. In unsere Nahsicht auf Natur ist eine Ferne ihr gegenüber eingebaut, die uns im künstlerischen Bild entgegentritt.

Imagination

Man könnte versucht sein, angesichts der zuletzt erörterten Bilder von einer Kunst der fotografischen Illusion zu sprechen. Diese Illusion würde dort beginnen, wo in die Konstellation des fotografischen Bildes eingegriffen wird, und dort enden, wo verschiedene Aufnahmen zu einem neuen Bild miteinander verbunden werden. Man hätte es mit Bildern zu tun, die entweder Fotografien zu sein *scheinen*, es aber nicht sind, oder aber eine Realität *vorspiegeln*, die einer puren fotografischen Phantasie entsprungen ist – oder mit beidem zugleich. Aber das wäre verkehrt. Denn einen Realitätseindruck zu vermitteln, dem (so) keine äußere Realität entspricht, gehört zu den grundlegenden Leistungen der *Imagination* des fotografischen Bildes.

Warum das so ist, wird aus seiner Verwandtschaft mit den übrigen Bildern verständlich.[3] Sie alle lassen etwas diesseits des Scheins zum Erscheinen kommen. Sie verschaffen uns nicht die (wie immer durchschaute) Illusion einer realen Anwesenheit der Verhältnisse, die von ihnen präsentiert werden, sie verschaffen uns reale, unvertretbare *Ansichten* dessen, was immer sie zeigen – und erweitern eben dadurch das Spektrum der menschlichen Wahrnehmung. Bilder schaffen eine von der übrigen leibzentrierten Situation der Wahrnehmung abgetrennte und abgehobene Situation des Sehens und Verstehens. Zugleich ist die Situation hier eine grundlegend andere als bei den geistigen Operationen der bild*un*gebundenen Reflexion und Imagination, die ebenfalls weit über das in der Gegenwart Anwesende hinauszureichen vermögen. Denn das Bild *ist* anwesend. In seinem zweidimensionalen Raum bringt es situationsinvariante Bezüge zur Darbietung. Es macht sich in seiner Sinnlichkeit sichtbar, wodurch es auf fernliegende oder abstrakte Verhältnisse verweisen kann, aber nicht muss. In seiner Körperlichkeit lässt es seine Betrachter über die körperliche Welt hinausblicken. In seinen Grenzen und mit seinen Beschränkungen öffnet und eröffnet es einen Bezirk des Sichtbaren, der Weisen des Sehens und damit des Sinns in einer Weise öffentlich macht, wie kein anderes Medium es kann. Vor allem das künstlerische Bild macht Möglichkeiten anschaulich, und variiert sie in der Vielfalt seiner Formen, in denen wir etwas und uns sehen können oder könnten. Es lässt uns Sehen sehen und damit auf besondere Weise sehend sein. Die Imagination solcher Bilder ist *artikulierte* Imagination.

---

3 Der Rest dieses Absatzes ist identisch mit einer Passage in Beitrag 14.

An dieser Imagination hat jede starke künstlerische Fotografie von Anfang bis Ende teil. Sie hat daran teil ganz unabhängig davon, wie sehr oder wie wenig in das Ausgangsbild eingegriffen wurde. Auch dort, wo der Situation im Bild kein vergangener Zustand der Welt mehr entspricht, präsentiert dieses *seine* Ansicht von Gegebenheiten, deren Spuren es aufgenommen hat. Sein realistischer Anschein ist auch dort kein Schein, wo das Versprechen der genauen Repräsentation eines bestimmbaren Orts ins Leere läuft. Denn *es* ist der Ort, an dem es seinen Blick auf die Welt entwirft. Diesen *entwirft* es und gibt ihn zur Ansicht frei, gleich in welchem Maß es in seiner Ordnung einer zuvor gegebenen äußeren Anordnung folgt. Die phänomenale Gegenwart des künstlerischen Bildes entscheidet auch hier über die Kraft seiner Imagination.

In einem großformatigen, *T&I* betitelten Tableau mit Heliogravüren führt Tacita Dean etwas von der Reichweite dieser Imagination vor. Grundlage der Bildwand ist ein Foto von einem Gemälde, das Besucher anlässlich einer Ausstellung in London im Jahr 1924 aufgenommen haben. Die Künstlerin hat es auf einem Flohmarkt ausfindig gemacht. Dieses Foto einer gemalten Küstenlandschaft hat sie in 25 Einzelbilder zerlegt und mit handschriftlichen, zum Teil schwer entzifferbaren Regieanweisungen versehen. Entstanden ist ein fotografisches Skizzenbuch zu einem Film über Tristan und Isolde, das aus dem düster verhangenen, grobkörnigen, in einzelne *takes* gegliederten Malgrund eine eigene Musikalität gewinnt. Ein fotografisches Bild von einem Gemälde wird in viele solcher Bilder verwandelt, die sich im Abstand wieder zu einem formieren. Die Aufnahme einer Landschaft wird zu einer Landschaft aus Landschaften, die in ihrem Raum die Grenzen der Malerei, des Films, der Schrift sowie ihre eigenen umspielt. So eine Landschaft ist auch die künstlerische Fotografie.

16. Expressivität. Eine kleine Phänomenologie

Dies ist kein Beitrag über den Expressionismus, sondern, wie es der Titel bereits ankündigt, über elementare und weniger elementare Dimensionen der Expressivität – und somit über Vorbedingungen dessen, was gestern wie heute als »Expressionismus« in den Künsten bezeichnet werden kann. Die folgende Skizze läuft darum auch nicht auf eine Bestimmung der Verfassung künstlerischer Expressionismen hinaus, auch wenn sie gelegentlich Seitenblicke auf deren Besonderheit gewähren wird. Sie mündet lediglich in eine These über die Struktur künstlerischer Expressivität und schlägt vor, den Expressionismus in einem engeren und spezifischen Sinn als eine charakteristische Variante der Ausdruckshaftigkeit künstlerischer Operationen zu verstehen. Drei Zugaben am Ende werden versuchen, die Spannweite dieser Operationen am Beispiel des Kinos exemplarisch zu verdeutlichen.

1. Zur Logik des Expressiven

Es lohnt sich, mit der Beachtung einiger begrifflicher Nuancen zu beginnen. So bedeutet der Begriff der »Expressivität« durchaus nicht dasselbe wie das umgangssprachliche Attribut »expressiv«. Was Ausdruck hat oder womit etwas zum Ausdruck gebracht wird, muss dies keineswegs in einem »expressiven«, also in einem auf die eine oder andere Weise ausdrucksstarken Modus leisten. Ähnlich können Kunstwerke verschiedener Art eindeutig »expressive« und sogar »expressionistische« Passagen enthalten, ohne im Ganzen die Zuschreibung eines expressiven oder einer Spielart des Expressionismus zugehörigen Stils zu verdienen. Expressivität, so verdeutlichen diese ersten Hinweise, ist ein höchst allgemeines Phänomen, das, wenn es in seiner Breite erfasst werden soll, nicht mit den Formen eines in einem engeren Sinn »expressiven« Verhaltens gleichgesetzt werden darf. Entsprechend wird der Begriff der »Expressivität« im Folgenden als Oberbegriff für diverse Spielarten des Ausdruckshaften verwendet, deren vielleicht prominenteste nun besichtigt werden sollen.

Ausdrucksaspekte

Träger von »Ausdruck« können Dinge, Personen und andere Lebewesen sein; alle können sie Ausdruck »haben« oder Ausdruck »zeigen«. Wenn wir von der »Physiognomie« von Objekten sprechen, seien es Artefakte oder Gebilde der Natur, schreiben wir ihnen Ausdruckseigenschaften zu, die oft einen Einfluss auf die Atmosphäre der Räume haben, in denen sie sich befinden. Dies gilt für eine »schroffe« Gebirgskette oder ein »sanftes« Tal nicht weniger als für ein »verführerisches« Sofa, für ein »graziles« Gewächs nicht weniger als für eine »elegante« oder eine »wuchtige« Skulptur. Die Wahrnehmung eines solchen an Objekten haftenden Ausdrucks hat nichts – oder jedenfalls nicht notwendigerweise etwas – mit einem Animismus zu tun, der sie als oder wenigstens wie beseelte Gegenstände erfährt. Kraft ihrer Gestalt oder Gestaltung kommen ihnen die entsprechenden Eigenschaften oft in einer durchaus buchstäblichen Bedeutung zu. Mag das Vokabular hierfür auch teilweise aus dem Bereich der Expressivität des menschlichen Verhaltens übernommen sein, an diesen *Objekten* können wir ebenfalls Eigenschaften finden, mit denen sie sich uns auf eine je spezifische Weise zeigen. Freilich handelt es sich hierbei immer um »sekundäre« Qualitäten, die nur in Relation auf unser Empfindungs- und Auffassungsvermögen gegeben sein können. Diese Qualitäten können ihrerseits wiederum in unterschiedlichen Arten und Graden als ausdrucksstark verbucht werden. Eine »liebliche« Blume am Wegrand entbietet nicht dieselbe Art des Ausdrucks wie eine »schauerliche« Schlucht oder ein »überwältigendes« Bauwerk.

Erheblich breiter noch ist das Spektrum der menschlichen Ausdrucksmöglichkeiten, das zahllose Steigerungsformen kennt. Es beginnt bei einfachen gestischen, lautlichen und verbalen Äußerungen und endet erst bei den Arien der Oper und anderen Arten künstlerischer Virtuosität, gleich ob sie eher einem kühlen oder heftigen Duktus folgen. Auf welchem Niveau sie sich in ihren kommunikativen Akten oder Konstrukten auch bewegen, Personen können dabei »etwas« oder etwas »von sich« ausdrücken. Oft aber tun sie beides zugleich, wobei das Verhältnis dieser Aspekte häufig daran erkennbar ist, wie sie ihre jeweilige Äußerung vollziehen. Wenn sie einen Schmerz kundtun oder eine Information weitergeben, ist eher das eine, wenn sie hingegen eine Liebeserklärung machen oder ihre Geschichte zu erzählen versuchen, eher das andere der Fall. Menschen, die Letzteres versuchen, stoßen dabei auf die Unmöglichkeit, geradewegs »sich« – ihr eigenes Selbstverständnis – zum Ausdruck zu bringen. Zwar können wir uns in unserer eigenen Art stets so oder anders zeigen, oder wir können uns bemühen, uns in dieser Hinsicht weitgehend zu verstellen. Aber wir können uns anderen nicht kommunikativ, gleichsam mit einem Schlag, »offenbaren«, ohne uns zugleich ihnen und auch uns selbst gegenüber zu verbergen. Die Aspekte der Offenlegung und Verhüllung des eigenen Selbstseins spielen stets ineinander. Gerade im Alltag wird das oft schmerzhaft erfahren. Kein geringes Motiv bei der Erzeugung künstlerischer Ausdrucksweisen, wenn auch keineswegs das einzige, ist es deshalb, in den Formen des Selbstausdrucks weiter zu gehen, als es in anderen Kontexten möglich ist.

Ausdruck und Absicht

Eine wichtige Differenz in diesem Feld besteht in einem willkürlichen im Unterschied zu einem unwillkürlichen Ausdrucksverhalten. Es gibt vieles, was Personen absichtlich, kontrolliert oder kalkuliert zum Ausdruck bringen können. Sie sagen oder geben anderweitig genau das zu verstehen, was sie mitzuteilen oder von sich zum Besten zu geben beabsichtigen. Dieses willkürliche Ausdrucksverhalten aber wird fast immer von unwillkürlicher Expressivität begleitet. Sei es, dass wir bei einer heiklen Äußerung erröten, dass wir ins Stocken oder Stottern geraten, uns versprechen oder unversehens abschweifen, sei es, dass unsere Äußerungen Konnotationen oder Implikationen enthalten, die wir nicht überblicken, sei es, dass unser Gegenüber andere Arten des Subtexts in einem gesprochenen oder geschriebenen Text erkennt (oder zu erkennen glaubt). Die Kontrolle, die Personen über den Ausdruck haben, den sie zu zeigen, sowie die Äußerungen, die sie zu vollziehen beabsichtigen, bleibt grundsätzlich immer begrenzt. Während das willkürliche Ausdrucksverhalten in der Regel wenigstens Spuren eines unwillkürlichen aufweist, gilt dies im umgekehrten Fall nicht. Häufig geben wir etwas (sprachlich, mimisch oder gestisch) zum Ausdruck, das wir so nicht, oder nicht bewusst, und manchmal überhaupt nicht sagen oder zu erkennen geben wollten. »Er konnte nicht an sich halten«; »Es brach aus ihr heraus«: Dies sind Gelegenheiten, bei denen sich eine plötzliche Ausdrucksnot oder ein unwillkürliches Ausdrucksverlangen manchmal gänzlich von der Ausdrucksabsicht der betreffenden Personen löst. Ein wiederum entgegengesetztes Phänomen freilich ist der kalkulierte Wutausbruch, den manche Lehrer oder Ressortchefs bis zur Vollendung beherrschen.

Eine verwandte Polarität ist diejenige von Unmittelbarkeit und Mittelbarkeit des menschlichen Ausdrucksverhaltens. Unmittelbar ist oder erscheint dieses, wenn Reflexion oder Kalkül wenig oder keinen Einfluss auf es haben, mittelbar hingegen, je mehr dies der Fall ist. Seine Gefühle, Gedanken und Absichten kann ein Subjekt eher gefiltert oder ungefiltert zum Ausdruck bringen. Bei der Diagnose, ob es sich um das eine oder das andere handelt, ist allerdings bereits im Alltag und erst recht in der Sphäre der Kunst große Vorsicht geboten. Formen der Expressivität, die – vergleichsweise oder völlig – ungekünstelt erscheinen, müssen es keineswegs sein. Gerade eine expressionistische Kunst und ihre Deutung können einer Ideologie der Unmittelbarkeit unterliegen. So sehr die Werke etwa der expressionistischen Malerei nicht selten den Eindruck eines unmittelbaren Ausdrucks erwecken, auch sie folgen meist einem hohen technischen und kompositorischen Kalkül und unterhalten fast immer spannungsreiche Beziehungen zu verwandten und fremden künstlerischen Genres und Stilen. Hier und andernorts können sich Mittelbarkeit und Unmittelbarkeit auf eine ebenso komplexe wie paradoxe Weise durchdringen.

Ausdrucksinhalt

Was aber zeigt sich, wenn etwas oder jemand Ausdruck hat oder zeigt? Das kommt ganz darauf an – auf die Art der Subjekte oder Objekte, mit denen wir es zu tun haben, nicht weniger als auf die Situationen, in denen sie sich in ihrem Ausdrucksverhalten oder ihrer Ausdrucksgestalt präsentieren. Immer jedoch handelt es sich um seelische Zustände oder solche, die mit ihnen auf die eine oder andere Art korrespondieren. Unter »seelischen Zuständen« sind dabei Empfindungen, Gefühle, Erfahrungen, Stimmungen, Wünsche, Absichten oder Gedanken zu verstehen – alles, was in einem weiten Sinn zu den geistigen Zuständen von Personen zählt. Wie oben schon festgehalten, können unbelebte Objekte in vielfacher Weise mit diesen Zuständen korrespondieren, wodurch auch ihnen ein besonderer Anmutungscharakter zukommt. Objekte beinahe aller Art können expressive Eigenschaften besitzen, mit Gefühlen besetzt sein oder Stimmungen hervorrufen. Solche expressiven Qualitäten unbelebter Objekte aber gibt es nur aus der Warte von Lebewesen, die durch diese Eigenschaften auf die eine oder andere Weise affiziert werden können.

Die bisherigen Beobachtungen lassen sich folgendermaßen zusammenfassen: In einem weiten Sinn verstanden, ist »expressiv« ein Prädikat für das Sichdarbieten von Personen, anderen Lebewesen, Dingen der Natur oder Artefakten – je nachdem, in welchem Spiel von Gestalten oder in welcher Ausgestaltung von Äußerungsformen sie sich Hörern oder Betrachtern offenbaren. Ausdruck in diesem Sinn hat, was in seinem Erscheinen als Anzeichen, Analogon, Resonanz oder Artikulation seelischer Regungen aufgefasst wird. In einem engeren Sinn expressiv hingegen ist, was in seinem Erscheinen als vergleichsweise exaltierte oder pathetische Artikulation vergleichsweise starker seelischer Zustände aufgefasst wird. Man könnte versucht sein, diese gesteigerte Expressivität als eine in besonderer Weise »auffällige« Gestalt und Gestaltung seelischer Zustände zu verstehen. Jedoch wäre dies irreführend. Denn zumal im Bezirk der Künste können auch extreme Emotionen außerordentlich kühl – und eben darin besonders auffällig – präsentiert werden.

2. Dimensionen der Expressivität

Die Logik der Rede von Spielarten der Expressivität ist eng mit der Varietät des betreffenden Ausdrucksverhaltens verbunden. In ihr spiegelt sich außerdem die Unvermeidlichkeit, anderen gegenüber diesen oder jenen Ausdruck oder diese oder jene Kombination seiner Formen zu zeigen. Ebenso wie man in menschlichen Interaktionen nicht nicht kommunizieren kann, ist es unmöglich, hierbei keinen Ausdruck zu zeigen. Auch das »Pokerface« ist schließlich ein Ausdrucksverhalten. Dabei lassen sich grundlegende Stufen der Expressivität unterscheiden. Bevor die Eigenart – oder, wenn man will, wiederum die besondere »Logik« – künstlerischer Expressivität zur Sprache kommen kann, sollen drei zunehmend komplexe Dimensionen vorgestellt werden: elementare, elaborierte und kalkulierte Expressivität.

Elementare Expressivität

In seinen einfachsten Formen zeigt sich menschlicher Ausdruck als eine körpergebundene Vernehmbarkeit der Befindlichkeit jeweiliger Personen. Schmerzverhalten, Äußerungen des Behagens, der Unzufriedenheit, des Ärgers, der Begeisterung, der Nervosität bis hin zu Wehklagen oder Jubel bekunden sich durch ein weites Spektrum verbaler, gestischer und anderer leiblicher Äußerungsformen – einschließlich der zugehörigen Handlungsweisen in den betreffenden Situationen. Mögen auch die inneren Zustände anderer Personen, etwa die Kopfschmerzen eines Prüflings oder die Konzentration eines Schachspielers, unserer Wahrnehmung unzugänglich oder vor ihr verborgen bleiben, so wissen wir doch, was charakteristische Erscheinungsformen solcher Befindlichkeiten sind oder sein könnten (und dies oft selbst dann, wenn wir diese nicht aus eigener Erfahrung kennen). »Denkst du oder starrst du nur vor dich hin?«, können wir ein Kind fragen, das über seinen Hausaufgaben brütet. Auch wenn sich dergleichen nicht immer entscheiden lässt, gibt es doch eine Reihe von Anhaltspunkten, ob eher das eine oder das andere der Fall ist – nicht zuletzt die Zeit und die Qualität, in der die jeweilige Aufgabe ausgeführt werden. »Ein ›innerer Vorgang‹ bedarf äußerer Kriterien«, bemerkt Wittgenstein in § 580 seiner *Philosophischen Untersuchungen*.[1] Das soll natürlich nicht heißen, dass jeder innere Vorgang oder Zustand an der leiblichen Oberfläche eines Menschen sichtbar würde. Unsere Überzeugungen und auch viele unserer Gefühle stehen uns nun einmal nicht auf die Stirn geschrie-

---

1 L. Wittgenstein, Philosophische Untersuchungen, Frankfurt/M. 2003, 247.

ben, aber selbst solche, die wir verheimlichen wollen, können in unserem Reden und Handeln dann und wann zum Vorschein kommen. Könnten sie es nicht, hätten wir sie nicht. Sich für einen Philosophen zu halten oder dafür gehalten zu werden, bedeutet bekanntlich noch lange nicht, einer zu sein: »Si tacuisses, philosophus mansisses.« Entsprechend: Ob sich ein Schachspieler auf sein Spiel und nicht etwa auf die Physiognomie der Spielfiguren konzentriert, kommt an den Zügen zum Ausdruck, die er nach längerer Überlegung macht.

Elaborierte Expressivität

Das letzte Beispiel zeigt, dass eine simple Körperbewegung unter Umständen das Ergebnis einer genialen Strategie sein kann. Komplex ist dabei freilich nicht die Handlung, in der sie zum Ausdruck kommt, sondern sind die Überlegungen, die sie veranlasst haben. Vergleichsweise elaborierter sind dagegen viele sprachliche Ausdrucksformen, mit denen wir komplexeren Gedanken, Gefühlslagen, Beobachtungen und Erlebnissen Ausdruck geben – im Medium lebhafter Gespräche, alltäglicher Geschichten, durch das Erzählen von Witzen oder Anekdoten, in wissenschaftlichen Abhandlungen, öffentlichen Reden und vielem anderen mehr. Diversen Redefiguren wie der Ironie oder anspruchsvolleren Metaphern kommt dabei auch diesseits der Kunst die Funktion zu, persönliche Einstellungen zu oder Perspektiven auf die jeweils angesprochenen Verhältnisse zu kommunizieren. Sie erlauben es, unausdrückliche Horizonte des Glaubens und Wertens als solche zu artikulieren; sie vermögen implizite Verweisungen und Färbungen unseres Wissens und Wollens in ihren Verästelungen explizit zu machen; sie geben zu verstehen, was uns in unserem Verstehen stillschweigend bewegt. Aber nicht nur der sprachliche Code eines Menschen gibt Auskunft über seinen Stil, sei es als Person im Ganzen, sei es bei der Interpretation seiner unterschiedlichen sozialen Rollen. Wie ein Mensch sich nimmt und sich gibt, kommt auch in vielen Facetten seines nonverbalen Benehmens zum Ausdruck, in denen es manche zu einer erheblichen Raffinesse bringen. Gelegenheit zu einer gesteigerten Selbstdarbietung bis hin zur Schauspielerei gibt es nicht allein auf den Bühnen der Kunst, sondern bereits auf der des Lebens.

Kalkulierte Expressivität

Von den eher elementaren oder elaborierten Ausdrucksformen kann man wiederum einen eher unwillkürlichen oder willkürlichen, unmittelbaren oder reflektierten Gebrauch machen. Absichtsvolles und reflektiertes Ausdruckshandeln ermöglicht eine kalkulierte Expressivität, bei der es zu einem bewussten und betonten Einsatz der jeweiligen Ausdrucksmittel kommt. Dies ist bereits bei der Gestaltung von Resonanzobjekten unterschiedlicher Art der Fall, die nicht (oder nicht unbedingt) einen Anspruch auf den Status von Kunstwerken erheben, seien es Kleider, Möbel, Autos oder andere Schmuckstücke. Nicht minder gefragt – wenn auch nicht immer gegeben – ist diese Fähigkeit im öffentlichen Reden und professionellen Schreiben, da es hier wesentlich auf die Dramaturgie ankommt, mit der Gedanken, Gefühle oder Stimmungen in welcher Sache auch immer vorgebracht und vermittelt werden. Ein dritter prominenter Schauplatz inszenierter Expressivität ist die persönliche Selbstdarbietung. Man denke nur an Schwüre, Beteuerungen oder auch Geständnisse, bei denen insbesondere die unwahrhaftigen, wenn sie dennoch glaubhaft erscheinen sollen, ein gehöriges Maß an expressivem Kalkül verlangen. Oder man denke an kokettes, lasziعs oder glamouröses Verhalten. »Anybody got a match?«, fragt Lauren Bacall in der Rolle der Marie Browning in einer legendären Szene zu Beginn des Films *To Have and Have Not* von Howard Hawks (USA 1944). In gelassener Haltung lehnt sie am Rahmen der offenen Tür zu dem bescheidenen Hotelzimmer von Humphrey Bogart alias Harry Morgan – erste Kontaktaufnahme mit dem Mann, der ihr später mehr als nur zur Seite stehen wird.² Die dargestellte Figur erscheint abweisend und anziehend, selbstbewusst und verletzlich, ebenso schön wie undurchschaubar. So stellt sie sich dar – in genau der Pose, die sie für einen wie Harry Morgan, wenn auch zunächst wider Willen, unwiderstehlich macht. Ganz anders der letzte Auftritt von Marlon Brando in der Rolle des Colonel Walter E. Kurtz in Francis Ford Coppolas *Apocalypse Now* (USA 1979). Zuvor war in einer Parallelmontage mit der rituellen Tötung eines Stiers die – im Dunkel der Szene eher angedeutete, aber von ihrem Opfer mindestens zugelassene, wenn nicht inszenierte – Abschlachtung von Kurtz durch Captain Willard (Martin Sheen) zu sehen. In Großaufnahme sieht man nun den Kopf des Sterbenden, der sein Leben mit den Worten »The horror, the horror« aushaucht. Wie der folgende Schnitt auf Willard zeigt, übt Kurtz auch mit diesen Worten noch einen kalkulierten Schrecken auf seinen Henker aus. Zugleich sind seine Worte ein poetisch verdichtetes Resümee seiner Lebenserfahrung – und ein geflüsterter Aufschrei im Augenblick seines Endes. Zumindest im Kino gibt es Sterbende, die noch mit ihren letzten Atemzügen auf allen Grundebenen der Expressivität zugleich operieren.

3. Artistische Expressivität

Mit den letzten Beispielen ist das Feld der Kunst bereits betreten. Was dieses betrifft, sollte man sich jedoch vor einer allzu einfachen Folgerung hinsichtlich des Verhältnisses elementarer und weniger elementarer Formen der Expressivität unbedingt hüten. Gewiss, artistischer Ausdruck ist eine oft gesteigerte Form elaborierten und kalkulierten Ausdrucks. Aber er ist niemals nur und

---

2 Legendär ist diese Szene auch deshalb, weil dies die erste filmische Begegnung der Bacall mit Bogart ist, die während der Dreharbeiten ein Paar und bald darauf ein Ehepaar wurden.

keineswegs immer vorrangig eine nochmalige Steigerung der gesteigerten Formen menschlicher Expressivität. Meine These lautet vielmehr: In Objekten der Kunst gehen das Zeigen und das Haben von Ausdruck, seine elaborierten und elementaren, willkürlichen und unwillkürlichen, mittelbaren und unmittelbaren Formen unwahrscheinliche und unverwechselbare Legierungen ein. Oft sind oder erscheinen die Darbietungen der Kunst elaborierter als die elaboriertesten und doch zugleich elementarer als die elementarsten dinglichen wie menschlichen Ausdrucksformen. Je auf ihre Weise verbinden sie Einfachheit und Komplexion, Kargheit und Üppigkeit, Reduktion und Opulenz, Fülle und Leere, Stille und Tosen, Askese und Ausschweifung. Nicht nur halten sie sich nicht an die Unterscheidungen, die sich in der Sphäre des Expressiven treffen lassen, denn dies tun auch die alltäglicheren Varianten des Ausdrucksverhaltens häufig nicht. Vielmehr unterlaufen, kombinieren und durchkreuzen sie die Unterschiede, die hier einen Unterschied machen. Im Feld der Künste gibt es, was die Dimensionen des Ausdrucks betrifft, keine Hierarchie; hier herrscht Anarchie.

Konfundierung

Verglichen mit den zuvor unterschiedenen Dimensionen kommt den Werken der Kunst eine konfundierte Ausdruckshaftigkeit zu. »Der fruchtbare Moment ihrer Objektivation«, schreibt Adorno in seiner *Ästhetischen Theorie*, »ist der, welcher sie zur Erscheinung konzentriert, keineswegs nur die Ausdruckscharaktere, die über die Kunstwerke verstreut sind. Sie überflügeln die Dingwelt durch ihr eigenes Dinghaftes, ihre artifizielle Objektivation. Beredt werden sie kraft der Zündung von Ding und Erscheinung.«[3]

Was Adorno hier mit einer seiner pyrotechnischen Metaphern anspricht, verweist zum einen auf die sinnlich-dingliche Verfas-

---

3 Th. W. Adorno, Ästhetische Theorie, Frankfurt/M. 1973, 125.

sung künstlerischer Objekte, von deren Materialität das nicht separiert werden kann, was ihnen an Gehalt eingegeben ist. Sie sind Resonanzobjekte einer besonderen, weil um ein Vielfaches potenzierten Art. Zum andern weist Adorno darauf hin, dass sich die Expressivität der Kunst nicht auf die einzelnen »Ausdruckscharaktere« reduzieren lässt, die an ihren Werken mit unterschiedlicher Dichte aufzufinden sind. Denn der Ausdruck, der einem Kunstwerk zukommt, ergibt sich stets aus seiner inneren Prozessualität: aus der Konfiguration seiner Materialien und gestaltenden Operationen, die nicht an einzelnen seiner Momente dingfest gemacht werden kann. Man könnte hier von einer internen Konfundierung ausdruckshafter Momente sprechen. Darum heißt es bei Adorno über die Verfassung von Kunstwerken: »Ausdruck ist ein Interferenzphänomen, Funktion der Verfahrungsweise nicht weniger als mimetisch.«[4]

Objekte der Kunst

Adornos Rede von einem »mimetischen Charakter« künstlerischer Konstruktionen lässt sich in freier Übersetzung wie folgt reformulieren. Kunstwerke sind Ausdrucksobjekte einer besonderen Art: In den Konfigurationen ihres Erscheinens vergegenwärtigen sie Wirklichkeiten und Möglichkeiten menschlichen Lebens und Erlebens. In *ihrer* Gegenwart präsentieren sie *eine* Gegenwart: Mit realer, irrealer oder surrealer Geste spielen sie aus und spielen sie durch, was es heißt und wie es ist (oder was es hieße und wie es wäre), inmitten einer jeweiligen Zeitspanne von den Schrecken und der Schönheit eines endlichen Daseins bewegt zu sein.[5]

4 Ebd., 174.
5 Vgl. hierzu M. Seel, Form als eine Organisation der Zeit, sowie ders., Über die Reichweite ästhetischer Erfahrung, beide in: Ders., Die Macht des Erscheinens. Texte zur Ästhetik, Frankfurt/M. 2007, 39–55 und 56–66.

Es sei jedoch festgehalten, dass diese Stichworte zur artistischen Expressivität eine offene Flanke haben, die sie für einen bestimmten Typus von Einwänden anfällig erscheinen lassen. Diese – auch schon bei Adorno diskutierten – Vorbehalte machen geltend, die Entwicklung der Kunst zumal in der zweiten Hälfte des 20. Jahrhunderts habe zahlreiche Strategien der Ausdrucksverweigerung hervorgebracht, man denke nur an die *Object* und *Concept Art* im Bereich der bildenden Künste oder an verwandte Tendenzen in der Neuen Musik. Ob dieser Einwand triftig ist, kann und soll hier nicht eigens erörtert werden.[6] Nicht wenig aber hängt davon ab, wie eng oder weit das jeweils zugrunde gelegte Verständnis der »expressiven Eigenschaften« von Objekten der Kunst ausfällt. Wenn man Qualitäten wie beispielsweise Witz, Ironie, Coolness, Reflexivität oder imaginative und intellektuelle Kraft nicht willkürlich ausschließt, da diese ebenso in das weite Spektrum seelischer Zustände gehören, so wird zumindest absehbar, dass Expressivität in der Kunst bei weitem nicht bei einer Darbietung affektiver Zustände endet. Ihre Bewegtheit schließt eine Exploration und Exponierung aller nur denkbaren Formen des menschlichen Bewegtseins mit ein.

Expressionismus

Weder *To Have and Have Not* noch *Apocalypse Now*, meine ersten beiden Beispiele, sind expressionistische Filme. Dies erinnert nochmals daran, dass Kunstwerke in ihrem artistischen Kalkül und ihren Ausdrucksgesten keineswegs immer in einem engeren Sinn »expressiv« verfahren. Aber sie können eine »vergleichsweise exaltierte« Darbietung »vergleichsweise starker« seelischer Regungen sein – und sind es dann in einem engeren und manchmal im engsten Sinn. Dieses Expressiv-Sein ebenso wie das, was

6 Zu einer Reaktion auf verwandte Einwände vgl. M. Seel, Ästhetik des Erscheinens, München 2000, 192 ff.

in unterschiedlichen Künsten und Epochen als »Expressionismus« bezeichnet wird, stellt folglich eine besondere Stileigenschaft ästhetischer Formbildung dar. Es markiert eine – ihrerseits äußerst vielgestaltige – Variante künstlerischer Expressivität. In ihm liegt überdies eine Grundmöglichkeit der künstlerischen Operation. Sie kann sowohl in einzelnen Partien künstlerischer Objekte als auch in ihrer Organisation im Ganzen aktualisiert werden, und dies durchaus unabhängig davon, wie es in Geschichte und Gegenwart mit einem »Expressionismus« in verschiedenen Künsten stehen mag.

4. Drei Zugaben

Fritz Langs erster Tonfilm *M – Eine Stadt sucht einen Mörder* aus dem Jahr 1931 ist anders als etliche seiner früheren Filme kein expressionistisches Werk. In manchen Partien nähert er sich einem sozialen Realismus sowie einer frühen Form des Polizeifilms. Eine zentrale Sequenz jedoch gibt es, die eindeutig einer expressionistischen Ästhetik verpflichtet ist. Die Ganoven der Stadt, die ihre Geschäfte durch die hektischen Aktivitäten der Polizei bedroht sehen, haben den Kindsmörder Hans Beckert, den diese vergeblich sucht, aufgespürt und in eine leere Fabrikhalle gebracht, wo sie ihm den Prozess machen wollen. Nach einigem Hin und Her wird dem »Angeklagten« die Gelegenheit zu einer Stellungnahme gegeben. In der berühmtesten Szene seines Schauspielerlebens spricht Peter Lorre einen knapp fünf Minuten langen Monolog, in dem er die Nöte des Triebtäters schildert, den er verkörpert. In einem pathetisch-theaterhaften Vortrag, mit starker Mimik und Gestik, spricht er von dem Drang, dem er sich ausgeliefert fühlt:

»Aber ich – kann ich denn, kann ich denn anders? Hab' ich denn nicht dieses Verfluchte in mir – das Feuer, die Stimme, die Qual? Immer, immer muss ich durch Straßen gehen, und immer spür ich, da ist einer hinter mir her – das bin ich selber – und verfolgt mich, lautlos, aber ich hör' es doch. Ja, manchmal ist mir, als ob ich selber hinter mir herliefe. Ich will davon, vor mir selber davonlaufen, aber ich kann nicht, kann mir nicht entkommen, muss, muss den Weg gehen, den es mich jagt, muss rennen, rennen, endlose Straßen, ich will weg, ich will weg! Und mit mir rennen die Gespenster von Müttern, von Kindern. Die gehen nie mehr weg, sie sind immer da! Immer! Immer! Immer! Nur nicht, wenn ichs tue, wenn ich – dann weiß ich von nichts mehr (...).«[7]

Zusammen mit dem Wechsel von Licht und Schatten, der sich in dem weichen Gesicht des Darstellers in dieser düsteren Szene abspielt, ist dies eine extrem expressive und stilistisch eindeutig expressionistische Sequenz. Es hatte aber seinen Grund, wenn es oben hieß, dass in den Künsten »auch extreme Emotionen außerordentlich kühl – und eben darin besonders auffällig – präsentiert werden« können. Ein Beispiel hierfür ist eine kurze Szene in dem Film *Faustrecht der Freiheit* von Rainer Werner Fassbinder aus dem Jahr 1975. Fassbinder selbst spielt hier die Figur des arbeitslosen Schaustellers Franz Bieberkopf alias »Fox, der tönende Kopf«, der nach einem erheblichen Lottogewinn von seinen schwulen Freunden nach Strich und Faden ausgenommen wird. Am Ende des Films, bevor er sich schließlich in einer U-Bahn-Station umbringt, sitzt Bieberkopf im Dunkeln einsam in dem protzigen Sportwagen, der ihm als letzte Zuflucht geblieben ist. Er schaltet das Radio an, aus dem der todtraurige Song *Bird on the Wire* von Leonard Cohen erklingt. Schnitt. Die Kamera wechselt aus dem Inneren des Wagens nach außen. Durch die Frontscheibe sieht man, wie Bieberkopf sich eine Zigarette anzündet und fast reglos ins Nirgendwo blickt. Mit einer leichten Bewegung betätigt er den Scheibenwischer, der zweimal über die trockene Scheibe hin und her wischt – das lautlose Bild einer Ausweglosigkeit, in dem eine letzte Zärtlichkeit, das Abwischen der Tränen, die der Held nicht mehr zu weinen vermag, von der

---

7 Hier wiedergegeben in einer Transkription des Verfassers.

Geste einer Maschine übernommen wird. So sehr dies eine starke Metapher für einen Zustand extremer Verzweiflung ist, sie ist stark, gerade weil sie diesen Zustand mit äußerster Lakonie präsentiert.[8]

Phänomene des Ausdrucks aber, so haben die voranstehenden Sondierungen ergeben, sind keineswegs notwendigerweise der Präsenz des menschlichen Leibes oder seiner Darstellung verhaftet. Ausdruck ist nicht an die Expressivität eines Subjekts gebunden; auch Dinge, Räume und Landschaften können in der erläuterten Weise Ausdruck haben und zeigen. Gerade innerhalb der Künste können diese Formen des Ausdrucks eine tragende und nicht selten zentrale Rolle spielen. Ein einschlägiges Beispiel sind die im Beitrag 13 dieses Bandes beschriebenen Sequenzen aus Michelangelo Antonionis Film *Zabriskie Point*.[9] Hier ist es zum einen die aus heterogenen Klang- und Bildfragmenten montierte Fahrt durch eine zerklüftete industrielle Zone, die der im Film entworfenen Perspektive auf die US-amerikanische Gesellschaft einen ebenso beredten wie ambivalenten Ausdruck verleiht. Der als surreales Geschehen inszenierte Warenverkehr wird zum Zeichen einer aus Sicht der protestierenden Studenten verkehrten Welt. Zum andern überführt die finale Passage des Films die in der Szene am Anfang vorgeführten versteinerten Verhältnisse in ein nochmals gesteigertes audiovisuelles Spektakel, in dem einzig die in der Phantasie der weiblichen Hauptfigur aus ihrer Verfügbarkeit herausgesprengten und nun in schwereloser Freiheit schwebenden Dinge die gescheiterte utopische Hoffnung der jungen Protagonisten am Leben erhalten.

---

8 »Authentische Kunst kennt den Ausdruck des Ausdruckslosen, Weinen, dem die Tränen fehlen.« Adorno, Ästhetische Theorie, a.a.O., 179.
9 Die folgende Passage ist gegenüber der Originalfassung geändert (Anm. 2014).

17. Notwendige Beliebigkeit. Kontingenz als Organisationsprinzip künstlerischer Objekte

Sowohl der Titel als auch der Untertitel meines Beitrags klingen paradox. Zusammen stellen sie die Frage, ob – und falls ja, wie – diese Paradoxie aufgelöst werden kann. In einer kurzen theoretischen Überlegung werde ich zunächst zeigen, wie eine solche Auflösung gelingen kann und welche begrifflichen Differenzierungen hierzu nötig sind. Diesen Vorschlag werde ich anschließend an vier Beispielen aus unterschiedlichen Künsten auf die Probe stellen.

1. Kontingenz in den Künsten

Die Wendung »Kontingenz als Organisationsprinzip künstlerischer Objekte« kann unterschiedlich gelesen werden. Eine erste, generelle Lesart wäre: *Jede* künstlerische Gestaltungsweise ist in dem Sinn arbiträr, dass sie auch anders hätte ausfallen können. Jede ist – in diesem Sinn – notwendigerweise beliebig. Künstlerische Gelungenheit oder Stimmigkeit gleich welcher Art setzt voraus, dass andere (und vielleicht ebenso gute) Formalternativen ausgeschlagen wurden. Künstlerische »Kontingenz« in diesem generellen und schwachen Sinn bedeutet: Die (gelungene) künstlerische Gestaltung hätte nicht notwendigerweise (genau) so ausfallen müssen. Ihre Form hätte auch anders sein können.

In dieser Lesart löst sich der Anschein einer Paradoxie geradewegs auf. Eine solche Deutung dürfte im Übrigen einigermaßen trivial sein. Denn es verhält sich nun einmal so, dass jede künstlerische Gestaltung auf Entscheidungen beruht, die sich einer strikten Begründung entziehen. Die zweite, spezielle Lesart meines Titels hingegen ist alles andere als trivial. Sie besagt: *Manche künstlerischen Präsentationen enthalten Kontingenz als Verfahren*: eine besondere Form der Gestaltung durch einen partiellen *Verzicht* auf eine ausgefeilte oder durchgearbeitete Gestaltung. Vor allem um diese Lesart wird es im Folgenden gehen. »Notwendige Beliebigkeit« bedeutet dann, dass es in der Gestaltung künstlerischer Objekte notwendig sein kann, die Notwendigkeit ihres Erscheinens teilweise preiszugeben. »Kontingenz« in dieser speziellen Lesart bedeutet, in der Gestaltung jeweiliger Werke Prozessen des Zufalls und der Willkür Raum zu geben – so, dass ihre Form *offensichtlich* hätte anders ausfallen können. Meine These ist, dass es sich hierbei um ein durchaus verbreitetes künstlerisches Verfahren handelt.

Um dieser These einen klaren Sinn zu geben, sind zwei weitere Unterscheidungen hilfreich.

Zum einen muss Kontingenz als *Verfahren* unterschieden werden von Kontingenz in der *Herstellung* künstlerischer Objekte. Viele Kunstwerke, auch solche, in deren Organisation Kontingenz als Verfahren keine oder kaum eine Rolle spielt, verdanken sich oft in wichtigen Aspekten einer kontingenten Entstehung. Während der Produktion haben sich Prozesse ereignet, die von den jeweiligen Künstlern weder beabsichtigt noch antizipiert wurden, die sie in ihrer Arbeit als willkommenen Zufall oder formbildende Zugabe anerkannt haben. Dies *allein* aber hat noch nichts mit Kontingenz als *Organisationsprinzip* künstlerischer Objekte zu tun. Ein Künstler kann das, was ihm bei der Arbeit an seinen Werken zufällt, aufnehmen, ohne den Zufall zu einem Prinzip ihrer Konstruktion zu erheben. Dies geschieht vielmehr erst dort, wo an den entstandenen Objekten selbst Kontingenzen ihrer Gestaltung auffällig werden, und mehr noch, wenn Dimensionen des Zufälligen oder Willkürlichen eine entscheidende Dimension ihrer internen Konfigurationen darstellen. Dann – und nur dann – haben wir es mit Kontingenz als künstlerischem *Verfahren* zu tun.

Eine zweite Unterscheidung kann den Status dieses Verfahrens zusätzlich verdeutlichen. Das künstlerische Verfahren der Kontingenz*erzeugung* lässt sich von dem der künstlerischen Kontingenz*darstellung* abgrenzen. Letztere kann zwar durch Techniken der Ersteren erfolgen, dies muss aber keineswegs der Fall sein. So lässt beispielsweise Heimito von Doderer seinen Roman *Die Strudlhofstiege* im ersten Satz mit der Ankündigung eines dramatischen Zufalls beginnen, der sich freilich erst auf S. 843 ereignen wird. Eine elaborierte Kontingenzdarstellung findet man oft auch in den spektakulären Verfolgungsjagden, wie sie im heutigen Actionkino gang und gäbe sind. Hier werden kontingente Prozesse mit hohem Aufwand künstlerisch dargeboten, ohne dass diese Darbietung selbst einen kontingenten Charakter gewinnt. Kontingenz als künstlerisches Verfahren jedoch kann durchaus auch zur Darstellung zufälliger Zustände, Ereignisse oder Prozesse eingesetzt werden. Man denke an die *écriture automatique* in der Literatur, an die Verwendung der Technik der *frottage* bei Max Ernst zur Darstellung wuchernder Vegetationen, an die Verwendung von Materialien in Malerei oder Plastik, die sich mit den Schwankungen von Temperatur, Licht und anderen Umwelteinflüssen auf eine nicht antizipierbare Weise verändern, oder an Formen der Videokunst, deren Bildverläufe aus Aufnahmen zufälliger Begebenheiten komponiert sind. Ebenso aber ist es möglich, dass Kontingenz als Verfahren – zumal in der Sphäre der Musik – gar nicht in der Funktion einer Darstellung kontingenter Weltzustände steht. Und schließlich ist es auch möglich, ein künstlerisches Kontingenzverfahren zur Darbietung nichtkontingenter Verhältnisse einzusetzen; hiervon wird das letzte meiner Fallbeispiele handeln.

Bevor ich diese Polaritäten in meinen Interpretationen verdeutliche, seien zwei Stimmen zu Gehör gebracht, die Kunst und Kontingenz auf unterschiedliche Weise in ein enges Verhältnis zueinander setzen. Die erste dieser Stimmen gehört Odo Marquard, der in seiner *Apologie des Zufälligen* beiläufig auf die Funktion der Kunst zu sprechen kommt: »Sicher gehört zum Umgang mit dem Beliebigkeitszufälligen die Kunst: die Beliebigkeitsersparung durch Form; und sicher gehört zum Umgang mit dem

Schicksalszufälligen die Religion: die Verwandlung von Grenzsituationen in Routinen. Beide – Kunst und Religion – sind Kontingenzbewältigungsversuche; jene – die Kunst – bewältigt (vielleicht) Beliebigkeitskontingenz; diese – die Religion – bewältigt (vielleicht) Schicksalskontingenz.«[1] Auf Marquards Unterscheidung von »Beliebigkeit« und »Schicksal« in Sachen Kontingenz kommt es hier nicht an, wohl aber darauf, dass Marquard Kunst und Religion beide als Institutionen der Kontingenz*bewältigung* und nicht etwa der Kontingenz*entfesselung* versteht, wie es der Titel seiner Abhandlung hätte erwarten lassen können.

Erheblich kontingenzfreundlicher fällt Niklas Luhmanns Kunsttheorie aus: »Mehr als irgendeinem anderen Funktionssystem scheint es der Kunst zu gelingen, oder jedenfalls ist ihr daran gelegen, die moderne Gesellschaft in der modernen Gesellschaft darzustellen, also – mit einer glücklichen Formulierung von David Roberts – die ›Emanzipation der Kontingenz‹ als Modell der Gesellschaft in der Gesellschaft ins Werk zu setzen.«[2] Emanzipation »*der*« Kontingenz bedeutet hier gerade nicht Kontingenzüberwindung und auch nicht in erster Linie Kontingenzbewältigung, also Emanzipation *von* Kontingenz, sondern die Anerkenntnis der wesentlich kontingenten Verfassung sozialer Systeme. Als eine besondere Leistung der Kunst erscheint bei Luhmann die Offenlegung von Kontingenz als zentralem Organisationsprinzip moderner Gesellschaften. »Man könnte (...) der Vermutung nachgehen, daß die Kunst fiktionale und doch reale Arrangements ausprobiert, um der Gesellschaft in der Gesellschaft zu zeigen, daß es auch anders geht. Aber gerade nicht: daß es beliebig geht.«[3] Dass es in der Gesellschaft »nicht beliebig« zugeht, heißt für Luhmann keineswegs, dass ihre Ordnung über alle Beliebigkeit erhaben wäre. Gemeint ist kein *anything*, aber

---

1 O. Marquard, Apologie des Zufälligen, in: Ders., dass., Stuttgart 1986, 117–139, 130.
2 N. Luhmann, Die Kunst der Gesellschaft, Frankfurt/M. 1995, 497 f.
3 Ebd., 504.

doch ein *manything goes*. Und es ist für Luhmann vor allem die Kunst, die daran erinnert, dass die Ordnungen des sozialen Lebens nicht auf festen Grund gebaut sind. »Kunst demonstriert deshalb immer die beliebige Erzeugung von Nichtbeliebigkeiten oder die Zufallsentstehung von Ordnung.«[4] Durch das Moment der Beliebigkeit in *ihrer* Anordnung zeigen Kunstwerke die unausweichliche Dimension des Zufalls und der Willkür in *jeder* sozialen und kulturellen Ordnung.

Damit sehen wir uns freilich wieder auf die *generelle* Bedeutung der Rede von Kontingenz als eines Organisations- oder Formprinzips zurückgeworfen. Es definiert Ordnungen, dass sie auch anders sein könnten; ihre Legitimität als Ordnungen aber ist daran gebunden, dass sie als nichtbeliebig erfahren werden, was am besten dadurch gewährleistet wird, dass sie nicht durchweg willkürlich sind. So viel dürfte auch von künstlerischen »Ordnungen« gelten. Die Willkür, der Zufall, die Beliebigkeit, sofern sie in ihnen einen Auftritt erhalten, sind hier immer Teil der Kür, also eines jeweiligen künstlerischen Kalküls. Dies aber bedeutet: Auch Kontingenz als künstlerisches *Verfahren* – dies sagt ja schon das Wort »Verfahren« – muss in diesem Sinn als eine *nichtwillkürliche* Operation verstanden werden! Sie ist Teil des jeweiligen künstlerischen Kalküls, aber eben ein besonderer, mit zugelassener und gegebenenfalls ostentativer Beliebigkeit operierender Teil.

Vor diesem Hintergrund sind es drei Thesen, die ich durch die nun folgenden exemplarischen Interpretationen glaubhaft machen möchte:

i. Inwiefern ist Kontingenzerzeugung ein formbildendes künstlerisches Verfahren? – Insofern das zufällige und darüber hinaus sichtbar arbiträre Geschehenlassen von Werkpartien ein produktives Prinzip der künstlerischen Darbietung ist.

---

4 Ebd., 506.

ii. Inwiefern kann angesichts bestimmter Kunstwerke (in der speziellen Bedeutung dieser Wendung und ohne Paradoxie) von »notwendiger Beliebigkeit« die Rede sein? – Insofern bestimmte Arten der zugelassenen und ausgestellten Beliebigkeit für die individuelle Verfassung der jeweiligen Werke konstitutiv sein können.

iii. Was sagt dies über die Rolle der Kontingenz in den Künsten? – Zu den grundlegenden Funktionen der Kunst gehört nicht allein die Kontingenzüberwindung, zu ihnen gehören gleichermaßen (und vielleicht sogar primär) Kontingenzerzeugung und Kontingenzbejahung.

2. Eine Fotografie

Fotografische Bilder sind stärker als andere Formen des Bildlichen an den Ort und die Zeit ihres Entstehens gefesselt. Sie unterbrechen das zeitliche und räumliche Kontinuum des Schauplatzes, an dem sie entstanden sind. Sie halten eine augenblickliche Konfiguration von Dingen fest, die damals dort – am jeweiligen Ort der Aufnahme – gegenwärtig war. Sie sind daher ihrer Natur nach ein Indikator dessen, was kontingenterweise die Spuren des Sichtbaren auf dem fotografischen Material erzeugt hat. Mit diesen Vorurteilen, so scheint es, räumt die Bildkunst des Fotografen Thomas Demand auf. Doch das ist nur die halbe Wahrheit. Denn seine Fotografien bleiben auf eine vertrackte Weise Wahrzeichen der Kontingenz gerade da, wo sie alle Kontingenz abzustreifen scheinen. Es handelt sich um Aufnahmen von Modellen aus Papier und Pappe, die prägenden Bildern, Orten oder Motiven der Zeitgeschichte und ihrer medialen Verarbeitung nachgestellt sind.[5]

5 Zu Demands Bildpraxis vgl. S. Gronert, Reality is not totally real. Die Infragestellung des Sichtbaren in der zeitgenössischen Fotografie, in: Große Illusionen. Thomas Demand – Andreas Gursky – Edward Ruscha. Katalog Kunstmuseum Bonn, Köln 1999, 12–31.

In seinem großformatigen *Büro* (1995, Kunstsammlung der DZ Bank im Frankfurter Städel) ist in einem künstlich klaren Licht eine über funktionale Möbel sich ausbreitende, wie zufällig erscheinende Unordnung von Ordnern und unbeschriebenen Blättern zu sehen. Jedoch verdankt sich der Raum im Bild erkennbar einem durch und durch artifiziellen, von keiner Szene des Lebens berührten Arrangement. Gerade in dieser absichtsvollen Sterilität, in seiner strikten Askese gegenüber jedem fotografischen Kult des Augenblicks aber spricht das Bild so eindringlich wie nur je ein Foto von der Abwesenheit des in ihm Abwesenden – von der Veränderlichkeit, Zufälligkeit und Hinfälligkeit, der die leblosen wie die lebendigen Objekte außerhalb seiner erstarrten Zone ausgesetzt sind.

Angesichts eines solchen Bildes werden die Betrachter kaum – wie von Walter Benjamin diagnostiziert – »unwiderstehlich den Zwang [verspüren], das winzige Fünkchen Zufall, Hier und Jetzt, zu suchen, mit dem die Wirklichkeit den Bildcharakter gleichsam durchsengt hat«.[6] Denn diese Glut des Realen ist hier methodisch gelöscht. Auch werden die Betrachter bei dem Studium dieses Bildes kaum von einem Widerspiel zwischen »Detailpunctum« und »Zeitpunctum« ergriffen werden, wie es Roland Barthes für die klassische Fotografie beschrieben hat.[7] Denn Demand hat der fotografischen Kontingenzdarstellung jede Spur eines Kontingenzverfahrens ausgetrieben. Gerade deswegen aber wird dieses fotografische Bild zu einer negativen Ikone des Kontingenten: Durch Beliebigkeitsverzicht dramatisiert es die Tücken (der bildlichen Fixierung) der Beliebigkeiten des Lebens und Handelns.

Dies wird nur umso deutlicher, wenn man das Vorbild für das Modell vor Augen hat, das als Vorlage für Demands Bild gedient hat. Seine Fotografie ist das Bild eines einem fotografischen

---

6 W. Benjamin, Kleine Geschichte der Fotografie, in: Ders., Gesammelte Schriften, Bd. II.1, hg. v. R. Tiedemann u. H. Schweppenhäuser, Frankfurt/M. 1977, 368–385, 371.
7 R. Barthes, Die helle Kammer, Frankfurt/M. 1985.

Bild nachgebildeten plastischen Gebildes. Die ursprüngliche Aufnahme von Thomas Uhlemann, die seinerzeit durch die Presse ging, zeigt ein Büro des Ministeriums für Staatssicherheit nach seiner Stürmung am 15.1.1990.[8] Dies ist ein eminent politisches Bild, von dem bei Demand freilich nur ein stark abstrahiertes, atmosphäreloses Double zu sehen ist – ein Double, das Zweifel daran sät, wie nah eine fotografische Duplizierung von Ereignissen diesen tatsächlich kommen kann.

3. Ein Film

Diesem extremen Fall einer negativen Kontingenzdarstellung ohne Kontingenzverfahren lässt sich das Beispiel einer direkten und positiven Darstellung kontingenter Zustände gegenüberstellen.[9] Ein solches Beispiel habe ich in Beitrag 13 dieses Bandes – wenn auch in einem anderen Zusammenhang – ausführlich präsentiert: den Film *Zabriskie Point* von Michelangelo Antonioni. So sehr wir es in der dort zunächst kommentierten »Übergangsszene« am Anfang dieses Films mit einer virtuosen künstlerischen Darstellung von Kontingenzen zu tun haben, um einen eindeutigen Fall der Anwendung von Kontingenz als Verfahren handelt es sich hier noch nicht. Zwar bringen es die filmischen Außenaufnahmen von städtischen Signalen und Szenen mit sich, dass diese in ihrem jeweils zufälligen Erscheinen erfasst werden, aber das beherrschende Prinzip dieser Sequenz ist die hochartifizielle Montage dieser Bildeindrücke. Verantwortlich für das entfesselte Geschehen auf der Leinwand ist in erster Linie eine dichte Komposition von Klang- und Bildverläufen. Anders dagegen verhält es sich mit der spektakulären Schlusssequenz von *Zabriskie Point*,

---

8 Bundesarchiv, Bild 183–1990–0116–014.
9 Die folgende Passage ist gegenüber der Originalfassung geändert (Anm. 2014).

in der eine junge Frau die Explosion einer luxuriösen Villa am Rand der Wüste imaginiert. Auch hier freilich haben wir es mit einer – einigermaßen extremen – Form der Kontingenz*darstellung* zu tun. Es ist ja ein ungelenkter Ausbruch der domestizierten Welt aus ihrer Ordnung und Formung, der sich hier ereignet. Somit ist auch diese Sequenz das Ergebnis einer höchst artifiziellen künstlerischen Produktion und Komposition. Überdies handelt es sich auf der narrativen Ebene um die Darstellung einer Kontingenz*imagination* – eine repräsentative Funktion jedoch, von der sich die Organisation des Leinwandgeschehens zugleich radikal emanzipiert. Denn das visuell Erscheinende beruht während der gesamten Passage im Kern auf dem Verfahren eines Verzichts auf durchkonstruierte Gestaltung. Es entfaltet sich in Bildverläufen, die selbst nicht arrangiert worden sind. Es ist eine technisch hervorgerufene und formal zugelassene Kontingenz von Ereignisfolgen, die hier die Bildbewegung insgesamt trägt.

4. Ein Gedicht

Im Fall Rolf Dieter Brinkmanns, dem ich mich jetzt zuwende, sind die Suchbewegungen, die ihn zu seinen Gedichten führten, ungewöhnlich gut dokumentiert. Eine wichtige Quelle sind zumal die posthum veröffentlichten tagebuchartigen, von Text- und Bildcollagen durchsetzten Konvolute.[10] In meist nächtlichen Sitzungen überlässt sich Brinkmann dem sprachlichen Gang seiner Wahrnehmungen und Halluzinationen, wobei sich oft Formen des Schreibens herausbilden, die später in die lyrische Produktion Eingang finden. Die kontingenten Prozesse der *Herstellung* seiner Texte sind hier mit Händen zu greifen. Der Autor schreibt

---

10 R. D. Brinkmann, Rom, Blicke, Reinbek 1979; Ders., Erkundungen für die Präzisierung des *Gefühls* für einen Aufstand, Reinbek 1987; Ders., Schnitte, Reinbek 1988.

sich an die Rhythmen, Bilder und Gesten seiner Gedichte heran. Aus absichtslosen Schreibbewegungen entstehen Rohgedichte, in denen sich Techniken vorgebildet finden, die Brinkmann in späteren Texten weitergeführt und abgewandelt hat, etwa in Langgedichten wie *Rolltreppen im August* oder *Mondlicht in einem Baugerüst*, nicht zu vergessen die wiederum dem Mond gewidmete Passage in dem Gedicht *Westwärts, Teil 2* oder die ebenso grimmige wie heitere *Hymne auf einen italienischen Platz*.[11] Die Vorform späterer Gedichte ergibt sich aus einem losgelassenen Schreiben, dem freilich die Gelassenheit und Komik, das surrealistische Spiel der fertiggestellten Texte noch weitgehend fehlen.[12]

Ein Gedicht, das aus einem derartigen Schreibprozess hervorgegangen sein mag, trägt den Titel *Im Voyageurs Apt. 311 East 31st Street, Austin*.[13] Aber es ist nicht allein – vermutlich – aus einem teilweise kontingenten Prozess hervorgegangen, sondern beruht zudem auf einem bemerkenswerten Kontingenzverfahren. Die Überschrift des Gedichts nennt Brinkmanns Adresse während eines Aufenthalts in Texas. Dies könnte eine autobiographische Lesart nahelegen, aber dafür geben die drei Stücke wenig her (oder nicht mehr als viele andere Texte von Brinkmann auch). Eher verweist der Titel darauf, dass es amerikanische Eindrücke sind, von denen die Stücke ihren Ausgang nehmen. Das erste skizziert einen erotischen Traum, der in einen imaginierten Albtraum mündet. Das zweite ist eine im Format eines Songs gehaltene und mit Zitaten von Chuck Berry und Little Richard verzierte, mild melancholische und leicht obszöne Hommage an den

11 Alle in: R. D. Brinkmann, Westwärts 1 & 2. Gedichte, Reinbek 1975.
12 Den teutonischen, alles zermalmenden und verachtenden Furor der Tagebücher gibt es in Brinkmanns Gedichten kaum. – Zu Brinkmanns Schreibprozess sowie der nun folgenden Interpretation vgl. ausführlicher: M. Seel, Im Voyageurs Apt. 311 East 31st. Street, Austin [Teil 3:] Sie träumen alle vom Süden [...], in: J. Röhnert/G. Geduldig (Hg.), Rolf Dieter Brinkmann. Seine Gedichte in Einzelinterpretationen, Berlin 2012, Bd. 2, 528–534.
13 In: Brinkmann, Westwärts 1 & 2, a. a. O., 76–79.

Rock 'n' Roll. Richtig Fahrt nimmt das Gedicht aber erst in seinem letzten Stück auf. Nun *spielt* Brinkmann den Rock, den er zuvor nur angehimmelt hatte. Er spielt ihn mit puren Worten, die aber, eben weil es Worte sind, ihre eigene Musik entfachen. Diese Musik ist auf einem einzigen Akkord aufgebaut, der in diesem Text aus 235 Wörtern 72-mal erklingt: dem zweisilbigen, mal selbständig, mal als Endung anderer Substantive und gelegentlich auch in adjektivischer Form aufgerufenen Wort-Laut »Süden«. Hier sind die ersten drei der insgesamt zehn Strophen:

Sie alle träumen vom Süden, Wörtersüden,
nächtlicher Gaukelsüden, Schwebetiersüden,
Bunte Hose Süden! Asphalt und Autowracksüden!
Scheißkötersüden, Turnschuhe und Ölkanistersüden.

Schneller Blick Süden, vieläugiger Süden, Mottensüden
und grünblauer Swimming Pool Süden, das monotone
Lied des Südens der Klimaanlage, ein Süden voller
Appartements. Gelbstaubiger Sandwegsüden, Chitinpanzer

Süden, Käfersüden, Musikbox und helle Wellblechtür,
Schottersüden, Aluminiumbierdosensüden, südliche
Radiostation nachts um halb drei! Und Flippersüden,
teurer Vorortsüden, Balkone, südliche Viehlologie, (...)

Dies ist ein außerordentlich körperliches Gedicht, nicht nur weil es beständig leibliche Zustände aufzählt, vielerlei lebende und tote Dinge durcheinanderwirbeln lässt und dabei mit allerlei Wortungetümen aufwartet (»Zigarettenkippensüden«; »Aluminiumbierdosensüden«), die diesen Kosmos südlicher Gegebenheiten und Gelegenheiten zum Tanzen bringen. Zugleich ballt es die Einwirkungen aller dieser Gestalten auf den empfindenden Leib derjenigen zusammen, die dem Licht und den Farben südlicher Zustände ausgesetzt oder verfallen sind. Trotz der unverkennbar texanischen Accessoires, unter denen das »Stinktier« besonders auffällig ist, lässt das Gedicht im Ungewissen, ob es ein realer Süden ist, der hier den Aufstand probt, oder ob es Vorstellungen vom Süden sind, von denen »alle« mit unstillbarer Sehnsucht umgetrieben werden. In seiner massiven Körperlichkeit wehrt es zugleich jede Romantisierung des Südens ab, wie sie zumal in der deutschen, nach Italien ausblickenden Lyrik lange Zeit gang und gäbe war – eine metapoetische Geste, wie sie Brinkmanns *Hymne auf einen italienischen Platz* am Schauplatz der Piazza Bologna in Rom für ein städtisches Ambiente zelebriert. Dennoch ist es kein irgendwo lokalisierbarer, sondern ein universeller Süden, der hier aufgeführt wird. Die amerikanischen Elemente werden zu einem phantasmagorischen Klangbild verbunden, das jede topographische Eingrenzung überschreitet. In einer berauschenden Schönheit, die sich beständig mit betörender Hässlichkeit mischt, beschwört das Gedicht einen Mythos vom Süden, dem seine konkreten Landschaften niemals zu entsprechen vermögen. »Südwärts, eine Fiktion«, heißt es deshalb in der siebten Strophe, eine Wendung, die im Übergang zur letzten nochmals variiert wird, bevor das Gedicht mit einem irritierenden Kontrast (warmer Beton vs. raschelndes Laub) und einer letzten Anrufung seines Urwortes endet:

südliche Grenze, Gitter, Rost, Banksüden, direkte
Linie, Taumelsüden, ein Wirbel, gelbblasser Sandweg
Süden, Lippenstiftsüden, und tiefer. Der Süden der Nacht,
Baumgesichter, arbeitender Süden, zerfallene Tankstelle

Süden und totes Stinktier, Bretterzaunsüden, Kriechtier
Süden, pumpender Körper Süden, Motel. Staubsüden,
Betonsüden, südliche Konstruktion, fortzufliehen, in
den Süden, wo der Süden ist, aus der Realität in die

Fiktion Süden, weiter, über den warmen Beton, wo Gras
zwischen den Fugen sprießt, Süden, durch die Schatten
Tunnel, helle Flecken, raschelndes Laub, Süden.

Ein neues Schlüsselwort hat sich in der 8. Strophe eingefunden, das vom ›Taumelsüden«, das gleich mehrfach für die Unfassbarkeit südlicher Zustände steht: Es ist der Süden, der taumelt, es ist das Schwindelgefühl in südlichen Zuständen, von dem real oder träumend Reisende ergriffen werden können, und es sind die Leser des Gedichts, die in ein *rolling and tumbling* versetzt werden. Der Süden dieses Gedichts bleibt bei aller materiellen Konkretheit zugleich ein phantasmagorisches Gebilde.

Das eigentliche Mysterium dieses Gedichts aber dürfte darin bestehen, dass in ihm, von dem einen Hauptwort abgesehen, beinahe nichts als notwendig erscheint. Bei allem aufgesogenen Lokalkolorit könnte jede der aneinandergereihten Wendungen dennoch anders lauten.[14] Ein wie in einem Zeitraffer sich veränderndes Kaleidoskop von Zuständen, Eindrücken, Erinnerungen, Assoziationen, Affekten und Klischees wird hier in einer *ersichtlich arbiträren* Kombination vorgeführt, ohne zu einer ehernen Form zusammengepresst zu werden. Vielleicht besteht darin Brinkmanns ganze Kunst: den oft zufälligen Bewegungen seines Schreibens noch in den austarierten Fassungen des Geschriebenen treu zu bleiben.

5. Eine Musik

Kontingenz als Verfahren kann aber auch zur Darstellung nichtkontingenter Verhältnisse und somit als ein ästhetisches Verfahren der Transzendierung des Zufälligen eingesetzt werden. Freilich ist dies eine ähnlich unwahrscheinliche Operation wie im Fall der Fotografie von Thomas Demand. Hatten wir es dort mit

---

14 Es gibt eine frühere Fassung dieses Gedichts, die von der zunächst veröffentlichten späteren deutlich abweicht: Sie alle träumen vom, in: R. D. Brinkmann, Eiswasser an der Guadelupe Str. Gedichte, Reinbek 1985 (ohne Paginierung).

einer Kontingenzdarstellung durch radikalen Kontingenzentzug zu tun, so steht mein letztes Beispiel für eine künstlerische Imagination der Kontingenzüberwindung durch radikale Kontingenzerzeugung.

Eine legendäre, knapp 33 Minuten lange Kollektivimprovisation eines neunköpfigen Ensembles unter Leitung des Tenorsaxophonisten Pharoah Sanders trägt den Titel *The Creator has a Master Plan*.[15] Allein dies ist eine explizit religiöse Botschaft, die freilich so eindeutig auch wieder nicht ist, wenn man bedenkt, dass die Langspielplatte, auf der dieses Stück im Jahr 1969 zuerst veröffentlicht wurde, den zur Vorstellung eines Schöpfergottes nicht unbedingt passenden Titel *Karma* trug. Die Aufnahme setzt mit einem eindeutigen, von einem der Bassisten gespielten Zitat des Beginns von John Coltranes musikalischer Meditation *A Love Supreme* aus dem Jahr 1965 ein (beide Stücke, das klassische von Coltrane und seine ekstatische *cover-version* von Sanders sind überdies genau gleich lang). Vor dem Hintergrund eines vielstimmigen und polyrhythmischen Klangteppichs steigen anschließend die rauen Klänge des Saxophons von Sanders mit erhabener, aber vorerst noch getragener Geste auf. Bald darauf trägt die Gleichmut und Zuversicht ausstrahlende Stimme des Sängers Leon Thomas einige Liedzeilen vor, die mantraartig wiederholt werden. Diese Zeilen lauten: »God Creator has a working plan / Peace and happiness for every man. God Creator makes but one demand / Peace and happiness through all the land.« Friede, Freude, Eierkuchen, könnte man da noch denken. Aber weit gefehlt. Denn dies war erst das Vorspiel. Die Stimme des Sängers verlässt nun den Text und geht in eine exzessive Vokalimprovisation über, bei der Leon Thomas sich einer afrikanischen

---

15 Pharoah Sanders, The Creator has a Master Plan, in: Karma, 1969, Impulse AS-9181. Pharoah Sanders, tenor saxophone; Leon Thomas, vocals, percussion; Julius Watkins, French horn; James Spaulding, flute; Lonnie Liston Smith, piano; Richard Davis, bass; Reggie Workman, bass; Nat Bettis, percussion; Billy Hart, drums.

Koloraturtechnik bedient, die einem europäischen Hörer wie ein avantgardistischer Jodelgesang vorkommt. Das Saxophon von Sanders nimmt diese Klanglinien auf, Flügelhorn, Flöte, Piano, zwei Bässe und zwei Schlagzeuge steigen mit aller Macht ein. Es entwickelt sich ein Sound-Gefecht, bei dem die eruptiven, nun von jeder Melodieführung befreiten Schreie des Saxophons immer wieder – aber nur knapp – die Oberhand behalten. Dieser immer stärker anschwellende Bocksgesang kulminiert in einem orgiastischen, fünf Minuten andauernden Free-Jazz-Spektakel äußerster Wildheit und Expressivität, bevor das Stück am Ende wieder zu den schwebenden Klängen des Anfangs zurückkehrt.

Die Aufgabe der Kunst, hat Adorno in Anlehnung an eine Sentenz von Karl Kraus verschiedentlich gesagt, sei es, Chaos in die Ordnung zu bringen. Die Musiker um Pharoah Sanders machen Ernst mit dieser Maxime. Aber sie tun es mit einer furiosen Ausgelassenheit, die alle Bindung an ein musikalisches und weltanschauliches Dogma meilenweit hinter sich lässt. In einer Kombination der Bestimmungen von Marquard und Luhmann könnte man von einer »Kontingenzbewältigung« durch das Verfahren einer »Emanzipation von Kontingenz« sprechen, oder einfacher: von Kontingenzverneinung durch Kontingenzbejahung. Dies ist nun gewiss ein paradoxer Zustand, einer jedoch, der anders als philosophische Paradoxien nach keinerlei Auflösung verlangt. Die Unterscheidungen, die ich vorgeschlagen und erläutert habe, sollten vielmehr dazu dienen, genauer begreiflich zu machen, warum das Unwahrscheinliche – das nahezu Undenkbare, das schier Unmögliche nicht weniger als das Kontingente oder kontingent Erscheinende – ein Herzstück vieler künstlerischer Produktionen ist.

18. Schönheit – eine kurze begriffliche Reise

Was es mit einer begrifflichen Reise auf sich hat, wie sie im Titel dieses Essays versprochen wird, ist nicht ohne weiteres klar. Man könnte an eine begriffs*geschichtliche* Unternehmung denken, mit der ich mich dem Schönen annähern möchte, also an eine Erzählung von den vielfältigen Verständnissen des Schönen, wie sie sich im Lauf von Jahrtausenden entwickelt haben. Das hätte ich aber auch gleich sagen können. Nein, die Reise, die ich unternehmen möchte, wird eine strikt begriffliche, die Kategorie des Schönen in systematischer Hinsicht betreffende sein. Sie wird, wie das bei philosophischen Unternehmungen üblich ist, in steinigen Niederungen beginnen und in unübersichtlichen Höhen enden; aber sie wird, so viel ist gewiss, kurz sein. Das heißt, ich werde meinen Leitbegriff auf eine zunehmend abenteuerliche Weise entwickeln – oder doch so abenteuerlich, wie man im Feld des Begrifflichen eben operieren kann.[1]

I. Die Reise

1.

Das Schöne ist eine Spielart des Guten, denn »schön« kann – zumindest im Deutschen – alles genannt werden, was ohne weiteres als gut erfahren wird – als gut nicht (allein) für etwas anderes,

---

[1] Dieser Text geht zurück auf einige Denkbilder in meinem Buch *Theorien*, Frankfurt/M. 2009, 230–236.

sondern in sich selbst. Ein schöner Beweis, eine schöne Veranstaltung, ein schöner Zug von dir (mich ausschlafen zu lassen): sie alle genügen einer Grundbedingung des Schönen – so zu *sein*, dass es für sich genommen einnehmend ist.

Dies dürfte die alltäglichste Bedeutung der Rede vom Schönen sein. Sie weist auf etwas hin, das für sich genommen einen Wert hat – auf etwas, das in einem nicht oder nicht nur instrumentellen Sinn gut und daher achtens- oder wenigstens beachtenswert ist.

2.

In einem stärkeren Sinn schön aber ist, was auch eine zweite Bedingung erfüllt – so zu *erscheinen*, dass es sich als etwas für sich genommen Wertvolles *zeigt*. Erst hier gewinnt die Rede vom Schönen ihren eigentlich ästhetischen Sinn. (Das Wort »schön«, das ergab sich aus meiner ersten Bedingung, hat nicht immer eine ausdrücklich ästhetische Verwendung.) Was seinen Zweck in sich selbst hat und in diesem *vorästhetischen* Sinn schön ist, muss in seinem Gutsein nicht eigens erscheinen; gewinnt es aber diese Ausstrahlung, ist es allemal schöner (und das *Wort* »schön« gewinnt dann einen eindeutig ästhetischen Sinn). Das für sich genommen Gute offenbart sich hier dem sinnlichen Vernehmen: der schlüssige Beweis ist elegant, die Veranstaltung findet bei wunderbarem Wetter statt, die Fürsorge – und anderes mehr – leuchtet in deinen Augen. So sehr das Gute in Fällen wie diesen von seinem *Erscheinen* als Gutes getrennt werden kann, erst dieses unwahrscheinliche Erscheinen macht vollends gegenwärtig, was es denn ist: etwas um seiner selbst willen Gutes, das wahrzunehmen sich unbedingt lohnt.

Auch hier sind wir noch ganz in der Nähe einer Ästhetik der Alltagserfahrung: bei Objekten und Situationen, die in ihrer sinnlichen Präsenz beliebige Wahrnehmende für sich einnehmen oder für eine Weile gefangennehmen können – ob es sich nun um Parks oder Personen, Restaurants und ihre Menüs, Hörsäle oder Autos handeln mag. Bei diesen Gelegenheiten des möglicherweise Schönen spielen übrigens auch instrumentelle Qualitäten häufig eine nicht geringe Rolle: Der schöne Stuhl ist wenigstens halbwegs bequem, das schöne Auto fährt auch einigermaßen gut, die schöne Lampe gibt ein brauchbares Licht, das schöne Gebäude ist zugleich funktional. Aber solange wir vom Schönen reden, ist dieses instrumentelle oder funktionale Gutsein niemals allein der springende Punkt des Umgangs mit den betreffenden Objekten (und folglich des Urteils über sie); dieser liegt vielmehr in der Eröffnung einer entlastenden, beschwingenden oder sogar betörenden Gegenwart der Begegnung mit ihnen.[2]

3.

Auf eine wiederum andere, oft als gesteigert erfahrene Weise schön aber ist dasjenige Gute, das allein kraft seines Erscheinens in die Welt tritt, womit es einer weiteren Bedingung des Schönen genügt: etwas in sich selbst Gutes zu sein, das von den Attraktionen seines Erscheinens überhaupt nicht zu trennen ist. In bewegenden Landschaften und leidenschaftlichen Werken der Kunst gewinnen Raum und Zeit eine Gestalt, an die alle Erfüllung in ihrer Sphäre gebunden bleibt. Wie viel Sinn und Bedeutung, Wert und Wahrheit diese Situationen auch enthalten mögen, alles an ihnen zehrt von der Intensität eines Spiels unerschöpflicher Formen.

Die Teilhabe an diesem Spiel, wo und wann auch immer sie zustande kommt, enthält stets einen Bruch mit den Kontinuitä-

---

[2] Ein schöner Stuhl dagegen, der einem beim Sitzen Qualen bereitet, befriedigt unser ästhetisches Bedürfnis so wenig wie ein hässlicher, auf dem zu sitzen das reine Behagen ist; ein Stuhl ist eben nicht nur eine Skulptur, aber, sobald er zu einem Objekt ästhetischer Begierden wird, auch nicht nur ein Gebrauchsgegenstand.

ten des alltäglichen Lebens und eröffnet nicht selten einen Ausstieg aus ihnen, selbst wenn die Gelegenheiten zu diesem Sprung ins Außeralltägliche beinahe an jeder Straßenecke lauern. Das entscheidende Merkmal dieser Art des Schönen bildet eine wechselseitige Abhängigkeit von sinnlicher *Gestalt* und – je nachdem – existentiellem, historischem, kulturellem, politischem oder philosophischem *Gehalt* angesichts seiner jeweiligen Manifestationen. Wie etwas in ästhetischer Hinsicht ist und berührt, hängt hier jederzeit davon ab, wie es sich an ihm selbst darbietet; alles leibliche wie geistige Bewegtsein aufseiten der Wahrnehmenden ist hier von der phänomenalen Bewegtheit des ästhetischen Objekts bedingt. Hier gibt es nichts Gutes, außer es tut es: Die Qualität des Schönen ist dabei nicht länger ein Zusatz oder eine Zugabe zu Qualitäten, die auch in anderer Hinsicht wertvoll wären; sie liegt in den Sensationen seiner kontingenten oder artifiziellen Konfigurationen allein.

4.

Eine letzte Modifikation erfährt die Gegenwart des Schönen, wenn sich in ihr eine vierte Bedingung erfüllt: wenn etwas zum Ereignis wird, das gar kein *anderes* Gut mehr offenbart als den Wirbel seines Erscheinens – wenn ein begehrter Körper, eine betörende Stadt, ein tosendes Unwetter oder ein hinreißendes Gebäude jetzt so anwesend sind, dass wir von ihrem Dasein und unserem Hiersein einfach nicht lassen wollen. Hier verschmilzt die Differenz von ästhetisch wahrgenommenem Objekt und ästhetisch wahrnehmendem Subjekt zu einer ekstatischen Affirmation der Situation dieser Wahrnehmung selbst, deren Intensität von einer augenblicklichen Konfiguration von Dingen und Ereignissen, ihrem Entstehen und Vergehen, ihrer Anwesenheit und Abwesenheit gleichsam gezündet wird. Insbesondere das Rauschen von Natur und Musik lädt hierzu ein ums andere Mal ein. Für dieses Schöne empfänglich zu sein bedeutet, empfindlich zu sein für – und damit gefährdet zu sein durch – das Ereignis eines Aufstands der Gegenwart inmitten der übrigen Zeit.³

5.

Das war es eigentlich schon. Unsere Reise – dass sie kurz war, dürfte sich kaum bestreiten lassen – hat uns zu vier Stationen geführt.

i. In seiner einfachsten Form ist das Schöne eine Sache des Gutseins in einem nicht oder nicht nur instrumentellen Sinn.

ii. In einer elementaren *ästhetischen* Form ist das Schöne die Angelegenheit eines zudem als gut Erscheinens von Gegebenheiten und Gelegenheiten verschiedenster Art.

iii. In einer zusätzlichen Bedeutung führt die Erfahrung des Schönen in ein selbstzweckhaftes Verweilen bei Objekten, deren innere Qualität von dem Spiel ihrer Erscheinungen nicht länger zu trennen ist.

iv. In einer ekstatischen Form ereignet sich das Schöne als das ungezügelte Vernehmen einer Gegenwart, die in einer einmaligen Verquickung von Anwesenheit und Abwesenheit bejaht werden kann.⁴

Um es noch einmal in einem einzigen Satz zu sagen: Alles Schöne ist etwas in sich Gutes, insbesondere aber das *Erscheinen* von

---

3 Zu diesem Motiv vgl. M. Seel, Von Ereignissen, in: Ders., Paradoxien der Erfüllung. Philosophische Essays, Frankfurt/M. 2006, 11–26.
4 Vgl. M. Seel, Über den kulturellen Sinn ästhetischer Präsenz – mit Seitenblicken auf Descartes, in: Ders., Die Macht des Erscheinens. Texte zur Ästhetik, Frankfurt/M. 2007, 82–94.

etwas in sich Gutem, zumal in den Sphären der Natur und der Kunst.[5]

6.

Diese vier Schritte machen immerhin verständlich, warum immer wieder einmal behauptet worden ist, Ethik und Ästhetik seien eins, oder doch zumindest aufs engste miteinander verwandt. Denn einiges, was in sich gut ist, ist auch in ästhetischer Bedeutung schön, und alles, was schön ist, ist in sich gut. Insofern hat meine kurze Geschichte vom Schönen durchaus eine starke historische Ingredienz enthalten. Denn genau genommen habe ich auf eine heterodoxe Weise die platonische, für die gesamte Tradition der Ästhetik bis hin zu Gadamer und Adorno wirkmächtige Vorstellung in Erinnerung gerufen, das Schöne sei ein Erscheinen des Guten und – aber das ist an dieser Stelle meine Einschränkung – *manchmal* auch des in einem kognitiven Sinn Wahren. Diese philosophische Verbindung des Schönen mit dem Guten und Wahren ist oft verspottet worden (man denke nur an Nietzsche). Dennoch trifft sie etwas vom Kern der Sache. Sie trifft ihn insbesondere dann, wenn wir das Wahre in dem attributiven Sinn verstehen, in dem es ohnehin mit dem Guten konvergiert (etwa wenn wir von wahren Freunden oder Freuden sprechen oder wenn die Reklame uns das einzig wahre Bier anzupreisen versucht). Die Verbindung zwischen diesem Wahren – dem wahrhaft Guten – und der propositionalen (oder auf propositio-

---

5 In mündlicher Diskussion hat Jerrold Levinson hiergegen eingewandt, »intrinsische Eigenschaften« und also auch Arten des »in sich Guten« könnten per definitionem nicht »erscheinen«. Wie immer es mit diesem Vorbehalt generell stehen mag, im Feld der Ästhetik führt er in die Irre, da ästhetische Objekte in ihrem Wesen Erscheinungen oder Erscheinendes sind. Vgl. M. Seel, Ästhetik des Erscheinens, München 2000, bes. 223.

nale Wahrheit bezogenen) Erkenntnis ist aber keineswegs zufällig; schließlich ist es – mit nur wenig Übertreibung – der ganze Sinn des begrifflichen oder begrifflich instrumentierten Erkennens, uns bei der Orientierung an den vielfältigen Formen des existentiell, moralisch und politisch Guten zu leiten.

Die mir im gegenwärtigen Zusammenhang wichtigere Konsequenz aber ist eine andere. Es ist der Begriff des Schönen und nicht einer der in neueren Zeiten immer wieder ins Spiel gebrachten Konkurrenzbegriffe, der das Feld der Ästhetik nicht allein in der Tradition beherrscht *hat*, sondern auch in unseren Tagen weiterhin beherrschen *sollte*. Zwar hat das Prädikat »schön« nicht anders als das Prädikat »gut« nahezu unübersehbar viele Stellvertreter, man denke nur an ästhetische (oder oft ästhetisch *gebrauchte*) Wertworte wie »hübsch«, »bezaubernd«, »elegant«, »spannend«, »überwältigend«, »großartig«, »subtil«, »erschütternd« usw. oder, was die Rede vom Guten betrifft, an Adjektive wie »gerecht«, »ehrlich«, »ernsthaft«, »couragiert«, »klug«, »großzügig« oder eben »schön«. Diese zahllosen Wertwörter geben unserer Wertschätzung – und im negativen Fall: unserer Missbilligung – für ethische und/oder ästhetische Phänomene je nach Lage einen oft angemesseneren, weil präziseren Ausdruck als die nackten Oberbegriffe des Guten und Schönen. Dennoch verhält es sich mit dem Begriff des Schönen hier nicht anders als mit dem des Guten: Er, und nur er, stellt die grundlegende und in dieser Hinsicht konkurrenzlose Kategorie einer philosophischen Ästhetik bereit – und damit natürlich eine grundlegende Kategorie der Philosophie überhaupt.

Im fünften Buch der *Nikomachischen Ethik* unterscheidet Aristoteles zwischen »Gerechtigkeit« in einer speziellen und einer allgemeinen Bedeutung. In der speziellen Bedeutung handelt es sich um eine unter vielen anderen Tugenden – um einen Kontrastbegriff zu anderen Aspekten menschlicher Vortrefflichkeit. In seiner allgemeinen Bedeutung hingegen fungiert »Gerechtigkeit« als Inbegriff und Leitstern der Tugend überhaupt – als ein Wahrzeichen der Einheit der Tugenden.⁶ Analog verhält es sich auch mit dem »Schönen«. In seiner speziellen Bedeutung verweist der Begriff auf eine unter anderen ästhetischen Qualitäten. In seiner allgemeinen Bedeutung dagegen akzentuiert er die innere Verbindung der vielfältigen Formen ästhetischer Attraktion. Die Explikation solcher Grundworte, in unserem Fall des »Schönen«, vermag das elementare Interesse zu erhellen, das Menschen an den vielfältigen Formen des Ästhetischen haben. Kein Wunder also, dass sich die Zeichen für eine Rehabilitierung des Schönen seit längerem mehren.⁷

II. Nachbetrachtungen

Nun haben es auch begriffliche Reisen an sich, dass man hinterher so einiges zu erzählen hat. Deshalb werde ich nun eine wiederum kleine Serie von Nach-Erzählungen – oder eben: Nach-Betrachtungen – präsentieren, die vor allem den Sinn haben, zu

---

6 Vgl. M. Seel, 111 Tugenden, 111 Laster. Eine philosophische Revue, Frankfurt/M. 2011, 264 ff.
7 Z. B. E. Scarry, On Beauty and Being Just, Princeton 1999; A. Nehamas, Only a Promise of Happiness: The Place of Beauty in a World of Art, Princeton 2007; B. Recki, Herabkommen ins Sichtbare. Eine Apologie der Schönheit in pragmatischer Hinsicht, in: R. Konersmann (Hg.), Das Leben denken – Die Kultur denken, Bd. 1: Leben, München 2007, 176–196; R. Scruton, Beauty: A Very Short Introduction, Oxford 2009; K. P. Liessmann, Schönheit, Wien 2009; K. H. Bohrer, Was kann Kritik sein am Ende der Kunstkritik?, in: Merkur 63/2009, 1072–1077, bes. 1075; G. Figal, Über die Schönheit der modernen Kunst, in: Internationales Jahrbuch für Hermeneutik 9/2010, 117–128; C.-S. Mahnkopf, Die Schönheit (in) der Musik, in: Musik & Ästhetik 14/2010, H. 55, 5–17; C. Menke, Die Schönheit: zwischen Anschauung und Rausch, in: Ders., Die Kraft der Kunst, Frankfurt/M. 2013, 41–55.

verdeutlichen, dass meine bisherige Überlegung nicht ganz so reaktionär war, wie es vielleicht den Anschein hat. Sie war es – jedenfalls nach meinem Dafürhalten – deshalb nicht, weil meine *short cuts* eine heterodoxe Botschaft enthalten, die gleichermaßen das klassische wie das klassisch moderne und auch das heutige Verständnis des Schönen betrifft.

1.

Für eine »schöne Geste« sind weder Anmut noch Grazie erforderlich; manchmal tut es auch eine Banküberweisung. Die Steigerungsformen des Schönen sind keine des sonstigen Guten. Das Schönere ist darin besser, dass es schöner ist, nicht darin, dass es auch in anderen Hinsichten besser wäre. (Es gibt Steigerungsformen der Arten des Guten, aber keine, und schon gar keinen Superlativ, des Guten selbst; von unüberbietbarer Qualität ist höchstens das Böse.)

2.

Das radikal Schöne – vor allem jenes, das die dritte und erst recht die vierte Bedingung erfüllt – ist oft für einen Feind des sittlich Guten gehalten worden, nur weil es sich gelegentlich indifferent zu ihm verhält. In dieser Indifferenz aber liegt keine Gegnerschaft, was freilich manche unter den Feinden der Künste besonders in Rage versetzt (sie fühlen sich von ihm nicht einmal ignoriert). Indifferent gegenüber moralischen Festlegungen und auch Prinzipien ist zumal die Kunst insofern, als es ihren Werken, soweit sie denn sittliche Verhältnisse berühren, auf ein imaginierendes *Durchspielen* von Möglichkeiten des Tuns und Lassens, Denkens und Fühlens ankommt, das seinen Zweck schon erfüllt hat, wenn es dazu kommt: wenn durch das künstlerische Formleben eine wie immer dunkle Erhellung des Lebens gelingt. Dies ist ein wesentlicher Aspekt der *Kunst* aller Kunst: durch die Gegenwart ihrer *Werke* reale oder vorstellbare Gegenwarten des menschlichen *Daseins* zum Erscheinen zu bringen. Wo immer dies gelingt, haben wir es mit Objekten zu tun, die als solche gut sind, gleichgültig, wie anrüchig die präsentierten Inhalte auch scheinen mögen. Denn entscheidend ist immer die Komplexität und Raffinesse der *Sicht*, die bedeutende Kunstwerke auf das in ihnen Dargebotene gewähren. Gewähren sie diese, so tragen sie zu einer Intensivierung unseres Selbstverständnisses bei. Sie lassen uns sehen – in einer Weise, die gerade die moralische Wahrnehmung und Reflexion bereichern kann. De Sades *Juliette* etwa ist ein besonders in seinen satanischen Zügen fesselnder Romanessay, weil hier eine Logik der Lustmaximierung variantenreich in ein Äußerstes getrieben wird, wodurch das Gewaltmoment und der Aberwitz sexueller Phantasien vorgeführt werden. Immoralistische Kunst, die ihren Namen – den der Kunst – wirklich verdient, ist niemals amoralisch. Wenn es sie nicht gäbe, müsste sie erfunden werden, um einer Blindheit gegenüber den Abgründen des Menschlichen entgegenzuwirken.

3.

Dennoch *gibt* es eine grundsätzliche Opposition zwischen dem Schönen und dem Guten. Denn jenes enthält eine Absage an alles *bloß instrumentell* Gute: an alles, was nur für etwas anderes gut ist, anstatt – auch oder allein – um seines und unseres Daseins willen da zu sein. Die Vielfalt des Schönen ist eine unaufhörliche Werbung für die Vielfalt *dieser* Arten des Guten. Der vierfache Sinn des Schönen enthält somit eine einfache Moral: es mit der Suche nach höherem und weiterem Sinn und Zweck immer mal wieder gut sein zu lassen. (Der Sinn für das Schöne ist ein antifundamentalistischer Sinn.)

4.

Aber wenn sich einer als Zeichen eines vermeintlichen Triumphs bei dem Anblick eines Bergs von Leichen berauscht? Und sich hierin zu einer gesteigerten Gegenwart herausgehoben fühlt? Dann wird *er* dies als einen Gipfel des Guten erleben, ganz gleichgültig, wie grausam es ist. Dass die *Erfahrung* des Schönen von der eines Guten nicht zu trennen ist, heißt jedoch nicht, dass das hierbei als schön und gut *Erfahrene* tatsächlich das eine oder andere sein müsste. Es kann weder das eine noch das andere sein. Das Scheinen des Schönen kann mehr noch als jeder andere Anschein blenden, aber diese Blendung ist nicht das Schöne. Was bejaht wird, ist nicht darum schon bejahenswert – weder im Fall des Schönen noch sonst eines Guten.

5.

»Die beiden abgehackten Köpfe lagen auf zerknülltem, grauweißem, blutfleckigem Tuch. Kissen, unter das Laken geschoben, gaben den Häuptern Halt. Wären nicht die rohen Schnittflächen an den Hälsen, das wäßrig ausgeronnene Blut zu sehn gewesen, so hätte der Eindruck eines im Bett nebeneinanderliegenden, vom Tod überraschten Paars entstehn können. (…) Das Antlitz der Frau war dem Mann zugewandt. Ihr Mund war leicht geöffnet, zwischen den umschatteten Lidern glänzte ein Punkt vom Augenweiß. Eigentümlich nackt ragte das Ohr aus dem zur Guillotinierung kurzgeschnittenen Haar hervor. Das Gesicht des Manns, mit dem Anflug eines Barts um die eingefallenen Wangen, war noch vom Entsetzen geprägt. Die tief in den Höhlen liegenden Augen standen offen, auch der Mund war aufgesperrt, die klaffenden Lippen, die Zähne, die Zunge schienen noch den letzten Schrei zu tragen. Ihn mußten sie zum Fallbeil geschleppt haben, die Frau hatte schon vorher aufgegeben. Es wäre vermessen gewesen, die Erloschenheit auf ihrem Gesicht mit einem

Frieden zu vergleichen, denn wie hätte, auch nach dem Eintreten der endgültigen Ruhe, der Gedanke des Friedens mit ihrer Existenz verbunden werden können. Und doch enthielten ihre Züge, fahl beleuchtet auf Schläfe, Jochbein, Nase und Kinn, etwas Weiches, ihr Kopf lag da wie eine überreife, abgefallne Frucht.«[8]

Beim ersten Lesen erscheint es fast obszön, mit welcher Zuneigung zum Detail, mit welcher Ausdeutungslust hier die Köpfe zweier enthaupteter Menschen beschrieben werden. So ist man als Leser erleichtert zu erfahren, dass es sich bei dieser Passage um die Beschreibung eines Bildes handelt. Im zweiten Teil seiner *Ästhetik des Widerstands* beschreibt Peter Weiss das Bild *Têtes de suppliciés* (Köpfe Enthaupteter) von Théodore Géricault – oder vielmehr: er beschreibt den Eindruck, den das Bild in einem Nebenraum des Stockholmer Nationalmuseums auf die jugendliche Hauptfigur des Romans macht. Diese Szene einer Bildbetrachtung bereitet die ausführliche Schilderung der Hinrichtung einer Gruppe von Widerstandskämpfern im dritten Teil des Romans motivisch vor. Die Beschreibung des Bildes setzt ohne Vorbereitung am Beginn eines neuen Absatzes ein. »Mit Schwarz und Weiß und einem geringen Zusatz von bräunlichen und rötlichen Tönen war das Bild gemalt«, heißt es jedoch im Text bereits nach dem dritten Satz, so dass der Leser recht bald weiß, woran er ist. Aber sobald er sich darüber beruhigt hat, dass es ja »nur ein Bild« ist, das hier einer höchst intensiven Betrachtung unterliegt, drängt sich umgehend das prekäre Verhältnis auf, in dem dieses *Bild* zu seinem Gegenstand steht. Denn hier haben wir es tatsächlich mit der äußerst anschmiegsamen Vergegenwärtigung eines grausamen Ereignisses zu tun. Das Bild verwendet seinen ganzen künstlerischen Ehrgeiz darauf, einen Zustand sehen und spüren

---

8 P. Weiss, Die Ästhetik des Widerstands, Frankfurt/M. 1983, Bd. 2, 119f. – Diese und die folgende Passage habe ich übernommen aus: M. Seel, Variationen über Kunst und Gewalt, in: Ders., Ästhetik des Erscheinens, a. a. O., 295–323, 311f.

zu machen, der das Ergebnis eines sehr realen Vorgangs, nämlich der Guillotinierung zweier Menschen, ist. Und es ist gerade diese Kunst, von der die Beschreibung des Schriftstellers Weiss ein beredtes Zeugnis gibt. »Zwischen den umschatteten Lidern glänzte ein Punkt vom Augenweiß« – so ist das, wenn ein Künstler die Gewalt unter Menschen zu seinem Sujet erhebt. Zwischen den Greueln, die er aufleben lässt, leuchtet die Farbe, mit denen er sie bannt.

6.

Der Sinn für das Schöne schließt einen für das Schreckliche ein. Nicht, weil das Schreckliche schön wäre, denn das ist es für sich genommen ja gerade nicht. (So erscheint es nur denen, die ohnehin verblendet sind.) Sondern: Indem wir beim Schrecklichen verweilen, verweilen wir bei unserem Blick auf es – bei einer Kraft der Wahrnehmung, die an allem, auch dem Schrecklichsten, ihr Vermögen zu steigern, einer Kraft, die im Unscheinbarsten das Ergreifende und im Glänzendsten das Trostlose aufzuspüren vermag. Im Namen des Schönen ist der Sinn für das Schöne nicht auf das Schöne fixiert. Er kann seine Hingabe an das Besondere selbst dort noch aufrechterhalten, wo der Schock eines Erscheinenden außer der puren Ausübung äußerster Wachheit überhaupt nichts Gutes verheißt. In diesem Grenzfall entfällt aller Genuss der Gegenwart eines schönen *Objekts*, nicht aber derjenige der Erschütterbarkeit des wahrnehmenden *Subjekts*. Adorno hat diesen Grenzfall zum paradigmatischen Fall einer Ästhetik in finsteren Zeiten erhoben, als er in seinen *Minima Moralia* schrieb: »es ist keine Schönheit und kein Trost mehr außer in dem Blick, der aufs Grauen geht, ihm standhält und im ungemilderten Bewusstsein der Negativität die Möglichkeit des Besseren festhält.«[9]

---

9 Th. W. Adorno, Minima Moralia, Frankfurt/M. 1973, 21.

Auch wenn es fragwürdig ist, dieses Extrem des Schönen zu seinem Kern zu erklären, weil dadurch die Ausnahmesituation, die es darstellt, überhaupt nicht verständlich werden kann (ein übertreibendes Verfahren, das freilich in diesem Buch Methode hat); auch wenn Adornos *overstatement*, sofern man es denn wörtlich nimmt, die fatale Konsequenz hätte, die Erfahrung des Schönen zum bloßen Vorschein eines imaginierten Besseren zu nivellieren – so viel ist wahr: Der Sinn für das Schöne macht vor nichts und niemandem Halt. Er ist grausam darin, dass er auch vor der Wahrnehmung der Grausamkeit nicht zurückweicht. *So* schreckt er vor ihr zurück – indem er sehenden Auges die Verklärung verweigert; *so* hält er ihr stand – indem er zu einer Wahrnehmung des Schrecklichen steht, die nicht den Schritt zu seiner Bejahung vollzieht. Er lässt sich von vielem betören und verstören, aber er lässt sich weder weismachen, dass es zum ästhetischen Schrecken das Schreckliche braucht, noch dass die Lust an der *Darstellung* des Schrecklichen in der Gefahrenzone der Kunst eine Lust an seinem *Dasein* wäre.

Ich möchte diesen zentralen Unterschied an dem Roman *Atemschaukel* von Herta Müller verdeutlichen. Der Roman spielt in einem sowjetischen Arbeitslager, in das viele rumäniendeutsche Männer und Frauen am Ende des Zweiten Weltkriegs deportiert wurden. In einem Kaleidoskop kurzer Kapitel wird von den elenden Zuständen dort aus der Perspektive des jungen Leo Auberg erzählt – eine Figur, die der Leidensgeschichte Oskar Pastiors nachgebildet ist, mit dem zusammen Müller das Buch ursprünglich schreiben wollte, wozu es durch Pastiors Tod im Jahr 2006 allerdings nicht kam. Obwohl die Autorin gründlich recherchiert hat – auch ihre Mutter war fünf Jahre lang in einem solchen Zwangslager – und somit ihre Fiktion ein gutes Stück *faction* enthält, fehlen ihrem Roman alle Kennzeichen einer Reportage. Er bietet vielmehr eine in hohem Maß poetische Phänomenologie des Lagerlebens dar. Äußerst anschauungsnah und mit einer geradezu körperlichen Konkretion wird von vielen, teilweise absurden, surrealen und auch komischen Episoden eines von Angst und Hunger dominierten Lebens berichtet. Besonders auffallend an der Erzählweise des Romans ist die ebenso suggestive wie verstörende Rolle, die einzelne Namen und Begriffe im Erleben des Helden spielen. Er wird von diesen Ausdrücken gleichsam erfasst, ist von ihnen besessen und klammert sich an sie, um in einer Welt ohne Halt doch einen Halt zu finden. Es hat selten einen Roman gegeben, in dem einzelne der Worte, aus denen er gemacht ist, so sehr herausleuchten aus dem Gang des Textes – jedoch dieses Mal nicht als Zeichen eines souveränen Akts künstlerischer Selbstreferenz, sondern eines existentiellen Weltverlusts. Der Roman ist eine virtuose Imagination der Grausamkeit unter Menschen und lässt doch nie einen Zweifel an der Grausamkeit, der ihre Opfer ausgesetzt sind. Die Schönheit seiner Sprache bleibt jederzeit mit dem Schrecken solidarisch, dem sie Ausdruck verleiht.

7.

Der Gegensatz zwischen dem Schönen und dem Erhabenen ist künstlich. Die Welt in anschaulicher Proportion *oder* in anschaulicher Disproportion zu den eigenen Möglichkeiten zu erfahren – nicht hierin besteht die ästhetische Lust, sondern darin, im Entgegenkommenden das Widerständige und im Widerständigen das Entgegenkommende, in der Konsonanz die Dissonanz und in der Dissonanz die Konsonanz zu vernehmen. Je nach Tonmischung mag man den Anlass hierzu eher »schön« oder eher »erhaben« nennen oder mit einem anderen der ästhetischen Prädikate belegen. Aber das eine wie das andere bleibt spannungslos ohne die Ingredienz des jeweils anderen. Schönheit, die besänftigt, ohne zu irritieren, ist keine; Erhabenes, das erschüttert, ohne zu befreien, kann nicht erheben. So hat es selbst Hegel gesehen, als er bemerkte, im »klassischen Ideal« der antiken Kunst zeige sich »die Erhabenheit desselben in die Schönheit verschmolzen und in sie gleichsam übergegangen«, woraus sich ein Ausdruck der »schönen

Erhabenheit« ergebe.[10] Das Land des Ästhetischen kennt keine Grenzen. Eben das ist das Ästhetische: dem Vermögen unserer Anschauung keine Grenzen zu ziehen. Meine These freilich lautet keineswegs, dass es im Land des Ästhetischen keine Unterschiede gibt, denn von diesen gibt es hier bekanntlich übergenug. Ich meine aber, dass man eine Differenz wie diejenige zwischen dem Schönen und dem Erhabenen missversteht, wenn man sie nicht als eine Polarität *innerhalb* des Schönen versteht, und damit zugleich als eine oft latente Spannung vor allem innerhalb der dritten und vierten seiner Spielarten, die ich anfangs unterschieden habe.

8.

Eine Ästhetik des Hässlichen, die diesem einen Eigenwert beimessen könnte, kann es nicht geben. Wenn wir beliebigen Dingen, die wir üblicherweise mit gutem Grund als hässlich verbuchen, eine hiervon freigestellte Aufmerksamkeit schenken, erweisen auch sie sich als anziehend, nicht weil sie hässlich, sondern weil sie auf ihre Weise einzigartig und darin bemerkenswert sind. Dass hingegen *Kunstwerke* hässliche, ekelhafte, abstoßende oder grausame Dinge zeigen, hat mit einer ihnen selbst anhaftenden Hässlichkeit rein gar nichts zu tun. Wenn es denn Kunst ist, mit der sie zeigen, was immer sie zeigen, sind sie, ja was denn sonst: schön (oder welches aussagekräftigere Stellvertreterwort hier jeweils angebracht erscheint).

10 G. W. F. Hegel, Vorlesungen über die Ästhetik II, in: Ders., Werke in zwanzig Bänden, hg. v. E. Moldenhauer u. K. M. Michel, Frankfurt/M. 1970, Bd. 14, 84. – Die Interdependenz des Schönen und des Erhabenen ist ein Leitmotiv in: M. Seel, Eine Ästhetik der Natur, Frankfurt/M. 1991, bes. 59 ff., 107 ff., 169 ff.; vgl. auch S. Majetschak, Erhabene Schönheit, schöne Erhabenheit. Überlegungen zur impliziten Ästhetik der modernen Kunst, in: C. Gutwald/R. Zons (Hg.), Die Macht der Schönheit, München 2007, 245–271.

An dieser Stelle freilich könnte der Einwand erhoben werden, es gehe bei Werken der Kunst weniger um harmonische Schönheit als vielmehr um artistische Gelungenheit. Dieser Einwand aber würde in meinen Augen nur zählen, wenn der Begriff und die Erfahrung des Schönen an irgendwelche harmonistischen Ideale gebunden wären. So verhält es sich aber mitnichten. Zwar mag dies in bestimmten *Traditionen* der Erfahrung und der Theorie des Schönen der Fall sein, über die *Sache* dieser Erfahrung und ihrer Theorie aber ist hiermit noch gar nichts gesagt – und erst recht nicht über ihre *gegenwärtige* Sache.

Wer die Bilder von Goya, Géricault oder Francis Bacon nicht schön findet, wird an ihnen das Erschütternde nicht finden können. Oder denken wir gleich an das Kino. In gewissen Kreisen haben Horrorfilme wie *The Texas Chainsaw Massacre* einen Kultstatus, und das sind freilich in ihrer – auch in diesem Fall – wohlkalkulierten Primitivität und Scheußlichkeit keine im üblichen Verstand schönen und folglich auch keine nach gängigen Standards guten Filme. Trotzdem finden die Fans solcher Sachen hieran einen spezifischen Gefallen, gerade weil sie als Exemplare einer sehr speziellen artistischen Gattung jeden guten Geschmack vermissen lassen. *Für sie* – diese Fans – freilich handelt es sich um formal durchaus raffinierte Konstrukte, deren Spiel mit dem Grauen einen besonderen ästhetischen Reiz ausmacht und die ihnen als gelungen erscheinen, weswegen die Rede von einem »schönen Horrorfilm« aus dieser Perspektive keinerlei Paradoxie enthält. Ganz anders steht es nach meinem Urteil – und natürlich fälle ich jetzt ästhetische Urteile, um bestimmte Konsequenzen meines theoretischen Verständnisses vom Schönen zu verdeutlichen – mit den Filmen eines Quentin Tarantino (etwa *Reservoir Dogs*, *Kill Bill* oder *Death Proof*), die in ihrer ziemlich massiven Gewaltförmigkeit ein surrealistisches und ironisches Spiel mit verschiedenen filmischen Genres entfalten. Viele weitere Filme wären hier zu nennen, etwa *Scarface* von Brian De Palma, in dem ebenfalls eine Kettensäge einen üblen Auftritt hat, oder die *Alien*-Pentalogie, insbesondere die erste, unter der Regie von Ridley

Scott entstandene Folge – Filme, die Grausamkeit, Schrecken und Ängste in einer irrlichternden Weise ins Dunkel stellen und beleuchten; Filme, die in faszinierende Zonen der Ambivalenz menschlicher Selbsterfahrung führen, weil sie hierfür eine herausragende Form – und damit eine Form der Schönheit – erschaffen.

9.

Aber nicht nur das Schaurige kann ein wesentliches Element des Schönen oder seines Bewusstseins sein, auch das Schäbige vermag eine eigene ästhetische Anziehungskraft zu entfalten – und zwar selbst dann, wenn es uns in seiner Schäbigkeit auffällt. Daran wird nochmals deutlich, dass die Attraktionen des Ästhetischen nicht geradewegs mit einem ungebrochenen Gefallen an schönen Objekten schlichter oder komplexer Natur gleichzusetzen sind. Jedoch, so möchte ich behaupten, kann dieses merkwürdige Gefallen am vergleichsweise Schäbigen allein von der Irritation des *Schönen* her verstanden werden. Es dürfte keine bessere Begründung für diese Behauptung geben als eines der hintersinnigen, dem Reiz des Schönen gewidmeten Gedichte von Robert Gernhardt[11]:

Nachdem er durch Metzingen gegangen war

Dich will ich loben: Häßliches,
du hast so was Verläßliches.

Das Schöne schwindet, scheidet, flieht –
fast tut es weh, wenn man es sieht.

---

11 R. Gernhardt, Gesammelte Gedichte 1954–2004, Frankfurt/M. 2006, 274.

Wer Schönes anschaut, spürt die Zeit
und Zeit meint stets: Bald ist's so weit.

Das Schöne gibt uns Grund zur Trauer.
Das Häßliche erfreut durch Dauer.

Zwar spricht dieses Gedicht vom Hässlichen, um den poetischen Kontrast zum Schönen möglichst stark erscheinen zu lassen, der begrifflichen Sache nach – um die sich der Lyriker nicht zu kümmern braucht – aber geht es eher um die Wonnen des Gewöhnlichen, Unscheinbaren, Unspektakulären oder eben Schäbigen. Genau genommen ist es sogar das ästhetisch Nichtssagende, Uninspirierte und Banale, das Gernhardt listig beschwört. Dabei nähert sich das Gedicht einer Parodie der berühmten Zeilen am Beginn der ersten *Duineser Elegie* von Rainer Maria Rilke: »Denn das Schöne ist nichts / als des Schrecklichen Anfang, den wir noch grade ertragen, / und wir bewundern es so, weil es gelassen verschmäht, / uns zu zerstören.« Eine derartige Zumutung erspart die Anmutung der schwäbischen Kleinstadt dem anonymen »er« im Titel von Gernhardts Gedicht, wodurch freilich auch die bedrohliche »Bewunderung« entfällt, von der Rilke spricht. Gernhardts ironisches Memento über das Hässliche weist darauf hin, dass es allerlei Spielarten des ästhetisch Gefälligen gibt, die sich deutlich unterhalb einer starken Norm der Schönheit bewegen – und eben deswegen selbst den raffiniertesten Gemütern gelegentlich ein besonderes Vergnügen bereiten.[12]

---

12 Hierzu M. Seel, Von der Macht der Schönheit und dem Charme des Kitschs, in: P. Gaitsch, K. Lacina (Hg.), Intellektuelle Interventionen. Gesellschaft. Bildung. Kitsch, Wien 2013, 230–243.

10.

Zum Abschluss möchte ich zwei Stimmen von Künstlern zitieren, die nun überhaupt nicht im Verdacht stehen, in ihren Werken einer beschönigenden, besänftigenden, verniedlichenden oder gar kitschverdächtigen Ästhetik zu folgen. Der erste ist Michael Haneke, dem anlässlich seiner Filme – unter ihnen *Funny Games*, *Code inconnu*, *La pianiste* und *Caché* – immer wieder (wenn auch zu Unrecht) vorgehalten wurde, seinen Geschichten und Figuren gegenüber eine übertriebene, ja unmenschliche Haltung der Kälte zu favorisieren. In einem 2008 erschienenen, langen Interview mit Thomas Assheuer äußert er sich zum Verhältnis von Genauigkeit und Schönheit: »Ich kann enthusiastisch sein, um der Schönheit einer Sache willen. Ich kann aber auch enthusiastisch sein, um der Genauigkeit willen. Die oberste Tugend der Kunst ist die Genauigkeit. Ob in der Malerei, in der Literatur oder im Film – es ist die möglichst genaue Beobachtung und die möglichst genaue Wiedergabe dieser Beobachtung. (...) Man könnte sogar sagen: Intensität entsteht durch Genauigkeit im Detail. Deshalb ist Genauigkeit sowohl eine ästhetische wie eine moralische Kategorie. Sie stellt eine Verpflichtung dar. Sozusagen den moralischen Imperativ der Kunst.«

»Und aus der Genauigkeit entsteht wiederum – Schönheit?«, fragt der Interviewer. Hanekes Antwort: »Ja. Schönheit hat nichts mit Behübschung zu tun. Auch das Fragment ist eine Form, und eben nicht das Gegenteil von Form. Man muß immer die angemessene Form finden. (...) Das Maß des künstlerischen Werts ist die Genauigkeit, und darin liegt pure Lust. (...) Darum allein lohnt es sich zu arbeiten, und daraus entsteht Enthusiasmus. Damit muß ich niemanden beglücken wollen. Ich glaube, daß Genauigkeit per se beglückt.«[13]

13 Nahaufnahme Michael Haneke. Gespräche mit Thomas Assheuer, Berlin 2008, 46 f.

Mein zweiter Kronzeuge ist Imre Kertész, der ungarische Nobelpreisträger, der als Jugendlicher die Internierung in verschiedenen Konzentrationslagern überlebte, worauf sein 1975 erschienener *Roman eines Schicksallosen* basiert und auch alle seiner späteren Werke direkt oder indirekt bezogen bleiben. Sein 2006 veröffentlichtes Buch *Dossier K.* entstand aus einem ausführlichen Interview mit einem befreundeten Lektor, das Kertész zu einem zwischen Ego und Alter Ego sich abspielenden, virtuos zwischen Selbstzweifel, Selbstprüfung und Selbstbehauptung schwankenden autobiographischen Dialog umgearbeitet hat. An einer Stelle ist die Rede von Adornos Diktum, es sei barbarisch, nach Auschwitz Gedichte zu schreiben. »Ich kann nicht nachvollziehen«, sagt Kertész (und es ist der Schriftsteller, der dies sagt, denn um Rollenprosa handelt es sich hier gerade nicht), »daß ein Geist wie Adorno annehmen kann, die Kunst würde auf die Darstellung des größten Traumas des 20. Jahrhunderts verzichten. Sollen wir die Gedichte Celans oder Miklós Radnótis als barbarisch betrachten? Das ist ein schlechter Scherz, sonst nichts. Und was den ›ästhetischen Genuß‹ angeht: Erwartet Adorno von diesen großen Dichtern, daß sie schlechte Gedichte schreiben? Je mehr du diesen unglücklichen Satz drehst und wendest, desto unsinniger wird er.«[14]

Zuvor hatte der fiktive Interviewpartner den Schriftsteller Kertész nach dessen Erzählung *Die englische Flagge* gefragt und bemerkt, diese scheine die Schrecklichkeit des Geschilderten zu »verklären«. »Verklären?«, antwortet Kertész, »Ich verstehe nicht, was du meinst.« Sein Gegenüber zitiert eine Passage. Wieder fragt Kertész: »Was für ein Problem hast du mit diesem Text?« Der Interviewer antwortet: »Daß ich ihn gern lese. Ja, genieße. Während es in der *Englischen Flagge* doch um die Aporie geht, die Realität schreibend zu erfassen.« Darauf der Autor: »Es geht nicht *nur*

---

14 I. Kertész, Dossier K. Eine Ermittlung, Reinbek 2006, 120 f. – Ein ähnlicher Kommentar zu Adorno findet sich in R. Klüger, weiter leben. Eine Jugend, München 1994, 127.

darum, aber ich beginne zu verstehen, worauf du hinauswillst. Ob es uns gefällt oder nicht gefällt, die Kunst betrachtet das Leben immer als Feier.« – »Als Karneval oder als Trauerfeier?« – »Als Feier.«[15]

11.

Die Stimme von Kertész behauptet hier wohlgemerkt nicht, dass das Leben eine Feier *ist*, wohl aber, dass die Kunst es in eine solche *überführt*, wie schrecklich oder abseitig das auch sein mag, womit sie sich und womit sie uns befasst. Und es ist gerade diese extreme Passage, von der ich meine, dass sie, zusammen mit Hanekes Apologie ästhetischer Genauigkeit und Grausamkeit, etwas über die spezifische Gelungenheit der Kunst zu verstehen gibt. Die Werke der Kunst bringen das, was sie jeweils präsentieren, in eine Form, die die Leser, Betrachter oder Hörer zu einem spürenden, im selben Atemzug fesselnden und befreienden Auffassen nötigt: zu einer Feier zugleich ihrer Rezeptivität und Spontaneität, zu einer Belebung ihrer mit Einbildungskraft und Einsichtsfähigkeit gepaarten Empfänglichkeit und Empfindlichkeit, mit der das übrige Vernehmen und Verstehen nun einmal nicht mithalten kann.

---

15 Kertész, Dossier K., a. a. O., 118.

Nachweise

1. *Die Fähigkeit zu überlegen. Elemente einer Philosophie des Geistes* – zuerst erschienen in: Deutsche Zeitschrift für Philosophie 53/2005, H. 4, 551–566.
2. *Kenntnis und Erkenntnis. Zur Bestimmtheit in Sprache, Welt und Wahrnehmung* – zuerst erschienen in: G. W. Bertram/D. Lauer/J. Liptow/M. Seel (Hg.), Die Artikulation der Welt. Über die Rolle der Sprache für das menschliche Denken, Wahrnehmen und Erkennen, Frankfurt/M. 2006, 209–230.
3. *Perspektivität und Objektivität. Überlegungen mit Rücksicht auf Robert Brandom* – zuerst erschienen in: M. Hartmann/J. Liptow/M. Willaschek (Hg.), Die Gegenwart des Pragmatismus, Berlin 2013, 151–165.
4. *Vom Nachteil und Nutzen des Nichtwissens für das Leben* – zuerst erschienen in: D. Gugerli/M. Hagner/P. Sarasin/J. Tanner (Hg.), Nicht-Wissen (= Nach Feierabend. Zürcher Jahrbuch für Wissensgeschichte, Bd. 5), Zürich-Berlin 2009, 37–49.
5. *Paradoxien der Verständigung. 17 Stichworte* – zuerst erschienen in: Neue Rundschau 120/2009, H. 3, 238–250 sowie in: Zeitschrift für Internationale Strafrechtsdogmatik – www.zis-online.com, 5/2010, Ausg. 1, 49–53.
6. *Über sich selbst schreiben. Betrachtungen zu Nietzsches Spätstil* – zuerst erschienen in: WestEnd 7/2010, H. 1, 26–37.
7. *Spuren einer eudaimonistischen Ethik in der Kritischen Theorie* – zuerst erschienen in: R. Schmidt-Grépály/J. Urbich/C. Wirsing (Hg.), Der Ausnahmezustand als Regel. Eine Bilanz der Kritischen Theorie, Weimar 2013, 144–156.
8. *Neugier als Laster und als Tugend* – zuerst erschienen in: Merkur 62/2008, H. 9/10, 824–832.
9. *Anerkennung und Aufmerksamkeit. Über drei Quellen der Kritik* – zuerst erschienen in: R. Forst/M. Hartmann/R. Jaeggi/M. Saar (Hg.), Sozialphilosophie und Kritik, Frankfurt/M. 2009, 157–178.

10. *Ist eine rein säkulare Gesellschaft denkbar?* – zuerst erschienen in: K. P. Liessmann (Hg.), Die Gretchenfrage. »Nun sag', wie hast du's mit der Religion?«, Wien 2008, 61–81.
11. *Dialoge zwischen Kunst und Natur im Zeichen ökologischer Krisen* – dieser Text geht zurück auf meine Beiträge *Das Unsichtbare sichtbar machen. Zur aktuellen Lage des Austauschs von Kunst und Natur*, in: Ferne Nähe. ›Natur‹ in der Kunst der Gegenwart. Katalog Kunstmuseum Bonn, Bonn 2009, 161–181; *Der Schutz der Natur ist ein Schutz vor uns selbst*, in: Die Zeit Nr. 16, 12. 4. 2007, 56; *Landscapes of Nature and Art*, in: C. Girot/A. Freytag/A. Kirchengast/D. Richter (Hg.), Topology. Topical Thoughts on the Contemporary Landscape, Berlin 2013, 227–249.
12. *Aktive Passivität. Über die ästhetische Variante der Freiheit* – leicht überarbeitete Fassung des gleichnamigen Beitrags in: G. Hindrichs/ A. Honneth (Hg.), Freiheit. Stuttgarter Hegel-Kongress 2011, Frankfurt/M. 2013, 195–214.
13. *Was geschieht hier? Beim Verfolgen einer Sequenz in Michelangelo Antonionis Film* Zabriskie Point – zuerst erschienen in: S. Deines/ J. Liptow/M. Seel (Hg.), Kunst und Erfahrung. Beiträge zu einer philosophischen Kontroverse, Berlin 2013, 181–194.
14. *Bewegtsein und Bewegung. Elemente einer Anthropologie des Films* – zuerst erschienen in: Neue Rundschau 119/2008, H. 4, 129–145.
15. *Die Imagination der Fotografie* – leicht überarbeitete Fassung des gleichnamigen Beitrags in: REAL. Aus der Sammlung der DZ-Bank. Katalog Städel Museum Frankfurt/M., Ostfildern 2008, 20–33.
16. *Expressivität. Eine kleine Phänomenologie* – zuerst erschienen in: M. Saxer/J. Cloot (Hg.), Expressionismus in den Künsten, Hildesheim 2012, 25–36.
17. *Notwendige Beliebigkeit. Kontingenz als Organisationsprinzip künstlerischer Objekte* – zuerst erschienen in: F. Döhl/D. M. Feige/T. Hilgers/F. McGovern (Hg.), Konturen des Kunstwerks. Zur Frage von Relevanz und Kontingenz, München 2013, 111–123.
18. *Schönheit – eine kurze begriffliche Reise* – eine frühere Fassung ist erschienen in: A. Beyer/D. Cohn (Hg.), Die Kunst denken. Zu Ästhetik und Kunstgeschichte, Berlin 2012, 1–11.

Personenregister

Adams, Dennis 309
Adorno, Theodor W. 8, 29, 71, 101f., 118f., 129, 146f., 149–159, 161, 179, 188–192, 196, 198, 223, 228, 230–232, 237f., 240, 251–258, 262, 273, 283, 307, 334–336, 339, 354, 360, 367f., 375
Antonioni, Michelangelo 269, 283, 298, 303, 339, 347
Apel, Karl-Otto 18
Aristoteles 36, 126, 152, 361
Assheuer, Thomas 374
Augustinus 129f., 163, 168f.

Bacall, Lauren 332f.
Backhaus, Eva 9
Bacon, Francis (1561–1626) 164
Bacon, Francis (1909–1992) 371
Barthes, Roland 346
Baumgarten, Alexander Gottlieb 102
Becker, Werner 204
Beckermann, Ansgar 24
Beckett, Samuel 175
Benigni, Roberto 280
Benjamin, Walter 102, 118, 125, 154, 156, 254, 263f., 346
Bernhard, Thomas 263
Berry, Chuck 349
Bertram, Georg W. 50, 79, 98, 119

Bettis, Nat 353
Bieri, Peter 24, 94, 195
Blumenberg, Hans 164
Boberg, Oliver 312
Böckenförde, Ernst-Wolfgang 202–204, 212
Boehm, Gottfried 230f., 300
Bogart, Humphrey 332f.
Bohrer, Karl Heinz 362
Brando, Marlon 333
Brandom, Robert B. 18, 72, 77–87, 118
Brinkmann, Rolf Dieter 348–352

Cameron, James 297
Carroll, Noël 272f., 279
Cavell, Stanley 179f., 183–185, 241–244, 263f.
Cézanne, Paul 231
Chaplin, Charlie 280
Cohen, Leonard 338
Coltrane, John 353
Coppola, Francis Ford 105, 333

Danto, Arthur C. 272
Davidson, Donald 18f., 34, 44, 54, 79, 98f., 101, 118
Davis, Richard 353
De Palma, Brian 371
Dean, Tacita 323
Degas, Edgar 310

Demand, Thomas 312, 345–347, 352
Demmerling, Christoph 44
Dennett, Daniel C. 24, 94
Derrida, Jacques 98, 118
Descartes, René 32, 122, 132–134
Dewey, John 179, 185
Doderer, Heimito von 342
Dostojewski, Fjodor 214
Dworkin, Ronald 159

Ernst, Max 342
Esch, Sebastian 9
Evans, Gareth 66

Fassbinder, Rainer Werner 338
Fichte, Johann Gottlieb 128, 244
Figal, Günter 362
Ford, John 293
Forst, Rainer 180, 184, 221
Foucault, Michel 156
Frankfurt, Harry G. 94, 195
Frege, Gottlob 27, 72, 83, 89
Freud, Siegmund 120

Gadamer, Hans-Georg 33, 273, 360
Gehlen, Arnold 172
Géricault, Théodore 366, 371
Gernhardt, Robert 372 f.
Goethe, Johann Wolfgang von 90, 205, 256
Goya, Francisco de 371
Griffin, James 159
Gronert, Stefan 345
Gunning, Tom 276
Gursky, Andreas 225, 320
Gütschow, Beate 320

Habermas, Jürgen 18, 33 f., 82, 101, 128, 145 f., 157–161, 179, 195, 204 f., 221
Halprin, Daria 282
Hamacher, Werner 120
Hamann, Johann Georg 118
Haneke, Michael 280, 374, 376
Hart, Billy 353
Hawks, Howard 332
Hearst, Patricia 309
Hegel, Georg Wilhelm Friedrich 14–17, 26, 28, 40, 74, 84, 97–99, 118, 126, 151, 153, 156, 200, 203, 240–242, 244, 251, 255–258, 261–264, 272 f., 298, 369 f.
Heidegger, Martin 33, 94, 118 f., 122, 133, 156, 169, 174 f., 179, 185, 243 f., 262 f., 311
Heitsch, Ernst 108
Herder, Johann Gottfried 14, 20, 118
Hobson, Peter 182
Hogrebe, Wolfram 100
Holländer, Matthias 315–317
Honneth, Axel 160, 177–193, 195, 197, 200
Horkheimer, Max 129, 146–148, 158, 191, 203
Humboldt, Wilhelm von 20, 109 f., 114 f.
Hume, David 152

Iseminger, Gary 281

Jaeggi, Rahel 196
Joas, Hans 208 f., 212

Kambartel, Friedrich 18
Kandinsky, Wassily 231

Kant, Immanuel 48, 58, 61, 63, 65, 72, 75f., 84–86, 99f., 118, 145f., 152f., 160, 190, 232f., 240, 244f., 247–251, 257f., 263
Keil, Geert 98
Keppler, Angela 208, 269, 292, 297
Kertész, Imre 375f.
Kiefer, Anselm 64
Kierkegaard, Søren 214
Kleist, Heinrich von 71
Klüger, Ruth 375
Koch, Gertrud 283
Kraus, Karl 354
Kürnberger, Ferdinand 101

Lang, Fritz 337
Lauer, David 60, 62, 79, 98, 119
Levinson, Jerrold 360
Liessmann, Konrad Paul 206, 362
Liptow, Jasper 50, 60, 79, 98, 119
Little Richard 349
Lorre, Peter 337
Lubitsch, Ernst 280
Luckmann, Thomas 207f.
Luhmann, Niklas 343f., 354
Lukács, Georg 178f., 188, 263

Mahnkopf, Claus-Steffen 362
Majetschak, Stefan 370
Marquard, Odo 342f., 354
McDowell, John 59–63, 66, 79, 118
Menke, Christoph 261, 362
Mondrian, Piet 172, 231
Monet, Claude 231
Montaigne, Michel de 129f.
Müller, Herta 368
Musil, Robert 198

Nehamas, Alexander 362
Nestler, Peter 298
Newman, Barnett 310
Nida-Rümelin, Julian 40
Nietzsche, Friedrich 72, 122, 124, 126–130, 132–140, 156, 220, 244, 251, 263, 360
Nussbaum, Martha 128, 159

Pankow, Edgar 120
Pascal, Blaise 129f., 214
Pastior, Oskar 368
Peacocke, Christopher 66
Platon 108f., 116, 126, 135, 148, 152, 360
Pollock, Jackson 231, 310
Popp, Frederike 9
Potter, Henry C. 280
Proust, Marcel 103, 150, 154, 156, 175

Rawls, John 145f.
Recki, Birgit 362
Redgrave, Vanessa 304
Richter, Gerhard 227, 230
Rilke, Rainer Maria 373
Roesler, Alexander 9
Rorty, Richard 80
Rousseau, Jean-Jacques 129–131, 134, 140
Roth, Gerhard 22

Sade, Donatien Alphonse François de 364
Sanders, Pharoah 353f.
Sartre, Jean-Paul 95
Scanlon, Thomas M. 30
Scarry, Elaine 362
Schildknecht, Christiane 66
Schiller, Friedrich 253

Schlegel, Friedrich 253
Schmidt, Thomas M. 213
Schmitt, Carl 203
Schnell, Reinald 298
Schopenhauer, Arthur 128, 135, 251, 263
Schuff, Jochen 9
Schwarzenegger, Arnold 297
Scott, Ridley 371
Scruton, Roger 362
Searle, John 24, 31, 80
Sellars, Wilfrid 27, 118
Sheen, Martin 333
Singer, Wolf 22
Šklovskij, Viktor 263
Smith, Lonnie Liston 353
Sokrates 91, 93, 95, 108, 135, 148
Spaulding, James 353
Steinvorth, Ulrich 34
Strasser, Peter 205 f.
Strawson, Peter F. 86
Struth, Thomas 310 f.

Tarantino, Quentin 371
Thomas von Aquin 173
Thomas, Leon 353
Tizian 310 f.
Tolstoi, Leo 214
Tomasello, Michael 182
Tugendhat, Ernst 33 f., 122, 159, 220

Uhlemann, Thomas 347

Valéry, Paul 93, 102, 118, 198, 251, 263
Venables, Raïssa 313

Watkins, Julius 353
Wayne, John 293
Weber, Max 205
Weiss, Peter 366 f.
Wellmer, A. 85
Wilde, Oscar 229
Wittgenstein, Ludwig 18, 50, 76, 80, 86, 98, 118 f., 128 f., 183, 185, 188, 243, 265, 330
Wolf, Ursula 159
Wollheim, Richard 300
Wood, Sam 280
Workman, Reggie 353

Martin Seel
Theorien
256 Seiten. Gebunden

Philosophische Theorien gelten als schwer zugängliche, abstrakte Gedankengebäude. Martin Seel zeigt, dass es auch anders geht: In geschliffenen Sätzen, Beobachtungssplittern, Aphorismen, Denkbildern und kurzen Erzählungen lässt er die großen Themen der Philosophie im Kleinen aufscheinen. In der literarischen Tradition von Lichtenberg, Nietzsche, Wittgenstein, Benjamin oder Adorno macht er Ernst mit der These, dass Theorien Anschauungen sind.

»Ein faszinierendes Lektüreerlebnis [...]
Tatsächlich ist ›Theorien‹ ein ausgefuchstes Buch, in dem einzelne Motivstränge sich beinahe unhörbar zu Leitthemen entwickeln.«
Frankfurter Allgemeine Zeitung

S. Fischer